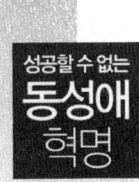

성공할 수 없는
동성애
혁명

Outlasting the Gay Revolution

ⓒ 2017 by WND Books, Inc. All Rights Reserved.
Translated and Published in the Korean language by
Qumran Publishing House under license.

성공할 수 없는 동성애 혁명

| 마이클 브라운 지음 · 자유와인권연구소 옮김 |

발간사

　신앙과 양심의 자유는 민주주의를 민주주의답게 하는 가장 기초적인 인권이고, 오늘날 대한민국은 세계 어느 나라에 비교하여도 이러한 자유와 권리가 잘 보장되어 있는 나라임에 감사한다. 그러나 오늘날 글로벌화되고 민주화된 세계라고 하지만 대한민국의 경계를 넘어서서는 그러한 기초적인 자유조차 보장되고 있지 않는 나라가 너무도 많다.

　가깝게는 북한과 중국은 물론이고, 아시아와 아프리카의 독재와 종교적 근본주의가 지배하고 있는 대부분의 나라들에서는 그러한 자유가 바로 체제에 대한 위협으로 여겨져서 억압을 받고 있고, 이로 말미암아 사람들은 자기의 양심대로 표현하고 신앙할 자유를 보장받지 못하고 있다. 신앙과 양심의 자유는 모든 자유의 기초로서 이것을 억압하는 나라는 민주주의는 물론이고 경제적 번영도 누리기 어렵다는 것은 인류가 오랜 역사를 통하여 경험한 바이다.

　그런데 이런 신앙과 양심의 자유에 대한 침해가 아이러니하게 민주주의의 본산이라고 말하는 유럽과 미국 같은 선진국에서도 일어나고 있다는 점에서 놀라움을 금치 못한다. 동성애를 둘러싼 논쟁은 이제 자기가 좋아하는 성생활의 형태를 영위하는 것을 넘어서서 민주주의, 다양성, 소수의 인권 보호라는 미명으로 이것을 반대하는 사람에 대하여는 가차 없이 편협한 차별주의자, 정당한 삶의 형태에 대한 부당한 혐오라는 오명을 씌우고 억압하는 양상을 띠고 있고, 이로 말미암아 성경적 가치관을 고수하면서 동성애를 반대하는 서구 교회는 거의 질식당할 위기에 놓여 있다.

이미 많은 목사들과 평신도들이 동성애를 반대하는 설교를 한다 하여 구속을 당하거나 동성애자에 대하여 에로틱한 결혼 케이크의 주문을 거부하였다고 하여 손해배상 소송을 당하고, 동성애가 비윤리적이고 성경에 어긋난다는 발언을 했다는 이유로 처벌을 받고 직장에서 쫓겨나고 있다. 어떻게 민주주의가 고도로 발달한 서구에서 그런 일이 있을 수 있을까 하고 의구심이 들 수도 있지만 이것은 엄연한 사실이다.

Advocates Korea는 종교와 신앙의 자유를 보장하기 위한 국제 변호사들의 단체인 Advocates International과 연대하여 활동하면서 이미 10여 년 전부터 일어난 이러한 서구 사회의 풍조에 대하여 한국 사회와 교회에 알리면서 경종을 울린 바가 있다. 이에 대하여 그 당시 대부분의 한국 사람들은 동성애와 같은 비윤리적인 행태가 어떻게 '동방예의지국'인 한국 땅에 상륙할 수 있겠느냐고 반문하였지만, 이제는 우리 사회에도 시급을 다투는 문제로 발전하였다. 이미 젊은 층들 사이에는 '동성애도 사랑의 한 표현이고 자기가 좋아하는 것을 하면 어떠냐?' 하는 식의 동정론이 갈수록 힘을 얻고 있고, 일부 진보적인 성향을 가진 사람들은 동성애의 보호를 위한 차별금지법의 제정을 끊임없이 시도하고 있는 가운데, 급기야 금년에 치르는 대통령 선거에서는 유력한 후보들 가운데 공공연하게 동성애 보호를 위한 입법을 지지하는 입장을 밝힌 바가 있어 이러한 열풍은 조만간에 한국에도 들이닥칠 전망이다. 그야말로 동성애 혁명이 글로벌하게 일어나고 있고, 이제 한국도 태풍의 눈 속으로 들어온 느낌이 든다.

먼저 우리가 확실히 해두고 싶은 것은 우리가 동성애를 반대한다고 하여 동성애자들이 사람으로서 살 권리를 인정하지 않겠다고 하는 것은 아니다. 이 점을 강조하는 이유는 서구에서 동성애 활동가들이 마치 반대자들을 동성애자들로부터 사람으로서의 존엄과 가치를 빼앗고 있는 가해자인 것처럼 선전 선동함으로써 이 논쟁에서 우위를 차지하고 결과적으로 서구 사회 여론의 주도적인 위치를 차지하였고, 우리나라 동성애 활동가들도 그런 서구의 전략을 답습하고 있는 경향을 보이기 때문이다.

우리가 문제 삼고 있는 것은 그들이 공적 영역에서 동성애를 공공연히 조장하고 그것이 자연스러운 인권인 것처럼 선전하고 자라나는 세대들에게 교육을 시키는 일이다. 사적인 영역에서 벌어지는 일은 그것이 국가의 법질서를 위반하지 않는 한, 마땅히 개인의 윤리와 도덕, 그리고 신앙에 맡겨야 한다. 그러나 그것이 공적인 영역으로 표현되면(예를 들면 동성결혼이 인정되면), 사회 전체의 도덕과 윤리에 영향을 미치고 나아가 국가 정책에도 영향을 주기 때문에 마땅히 비판을 받아야 한다. 지금 서구에서는 바로 이런 비판의 자유와 권리가 심히 제약되어 있고, 반동성애 진영에 선 사람들은 동성애자들의 독재가 시작되었다고 비판하고 있다. 이 책의 내용에서도 나오지만 이미 서구에서는 직장에서 업무와 상관없이 동성애가 성경적으로 어긋나는 비윤리적이라는 개인적인 의사 표현을 했다는 이유로 해고되는 사태가 벌어지고 있다. 그런 사회는 이미 표현의 자유, 양심과 신앙의 자유가 심히 침해받고 있다고 보아야 하고 적어도 우리나라에서는 이런 일이 일어나서는 안 된다.

지금까지 우리는 Advocates Korea 활동을 하면서 다른 나라의 신앙과 양심의 자유를 보장하고 신장시키기 위하여 활동하였으나 이제는 한국 사회가 문제가 된다는 인식을 가지고 2016년 11월 17일 자유와인권연구소를 설립한 바가 있다. 사실 자유와 인권에는 책임이 따르지만 최근 우리 사회는 자유와 인권이라는 미명으로 방종과 일탈을 합리화하는 풍조가 있기 때문에 무엇이 진정한 자유와 인권인지를 밝히고, 이것을 널리 알려 국민적 합의를 이루어 건전한 사회를 이루는 데 기여하는 것이 우리의 목적이다. 우리는 이것이 그리스도인 법조인으로서 사회적 책임을 이행하는 것이라고 믿는다. 그리고 우리가 자유와인권연구소의 첫 사업으로서 이 책을 번역하는 것도 그런 책임을 이행하는 일이라고 믿기 때문이다.

이 책의 저자 마이클 브라운(Michael Brown)은 원래 유대인이었고, 십대 시절 프랑스 6·8 혁명의 영향을 입어 자유 분방하고 마약을 복용하며 히피족과 다름없는 생활을 하다가 기독교 신앙에서 자아를 찾고 그 이후 신학을 전공하고 목회를 하면서 다양한 저술 활동을 하였지만, 동성애 문제를 다룬 일은 없었다. 그러나 이 책에서 저자가 밝히는 바와 같이 2000년 이후 동성애 혁명이 본격화되는 것을 목격하고, 이 혁명이 교회와 사회에 미칠 중대한 영향을 직감하고, 그 때부터 본격적으로 이 문제에 대하여 집중 연구하기 시작하였다.

그는 단지 동성애 문제를 학문적으로만 연구한 것이 아니라, 동성애자 활동가들과 직접 만나서 대화하고, 때로는 그들과 함께 아파하면서도 무엇이 진정한 해결책인지 격론을 벌이면서 자신의 연구실적과 경험을 이 책에 옮겨 담았기 때문에 매우 실제적이고 생생한 자료가 담겨 있어 학술적인 가치가 높다. 또한 무엇보다도 저자는 동성애를 일방적으로 반대하는 것이 아니라 그들의 아픔이 무엇인지를 공감하고 반대하면서도 사랑으로 일관하고 있는 모습이 매우 인상적이다.

원래 이 책의 제목은 "Outlasting the Gay Revolution"인데, "outlasting"이라는 단어를 번역하기가 쉽지 않았다. 이를 직역하면 '~보다 더 오래 가는 것'이라는 뜻이지만 책의 의도가 동성애 혁명은 생래적 한계로 인해 성공할 수 없기 때문에 이에 현혹되지 말고 가정의 가치를 굳게 지켜야 한다는 의미를 담고 있어 '성공할 수 없는 동성애 혁명'으로 번역하였다.

미국 동성애 혁명의 연원, 실태, 앞으로의 전망, 교회와 사회의 대책에 대하여 좀더 상세히 알고 싶으면 저자가 2011년에 저술한 《이상한 일이 미국에 일어났다》(A Queer Thing Happened to America)를 보면 도움이 될 것인데, 우리 연구소는 이 책도 조만간 번역할 예정이다. 이 문제에 대하여 심층적인 연구를 원하는 사람에게 큰 도움을 줄 것으로 믿는다.

　이 책이 나오기까지 여러 분들의 노고와 헌신이 있었다. 목회학 박사이면서 전문 번역가로 이름이 높은 이광식 목사, 고려대 법대와 대학원, 한동대 로스쿨, 그리고 미 아메리칸대 로스쿨을 졸업한 유정우 연구원, 아프리카 의료 선교의 꿈을 꾸고 있는 닥터 이우영, 미국 변호사 남지현과 조수찬, 한동대 로스쿨 재학생 조유민이 거의 자원 봉사로 번역을 해주었고, 국민일보 백상현 기자가 책 제목을 정하는 데 조언을 아끼지 않았다.
　마지막 교정은 자유와인권연구소의 자문위원장 심동섭 변호사가 꼼꼼히 살폈다. 이 책이 나오기까지 여러 분들의 격려가 있었다. 한국동성애대책위원장이신 소강석 목사, 미래포럼 대표회장이신 박경배 목사의 격려가 있었고, 무엇보다도 공직에서 물러나서도 여전히 나라를 걱정하면서 노심초사하시는 김승규 전 국정원장님의 지원이 없었더라면 이 책을 출판하기까지 더 많은 시간이 걸렸을 것이다. 이 자리를 빌려 깊은 감사를 드린다.

　부디 이 책자가 동성애 운동의 실체를 밝히고 우리나라가 올바른 자유와 인권을 더 잘 보장하는 사회가 되는 데에 도움이 되기를 바랄 뿐이다.

2017년 2월 15일
자유와인권연구소 소장 변호사 고영일
자문위원장 변호사 심동섭

추천사

성경은 인간이 하나님의 형상을 따라 남자와 여자로 지어진 존귀한 존재라는 것을 선언하고 있습니다. 또한 성경에 따르면 결혼은 한 남자와 한 여자의 완전한 결합으로 하나님께서 직접 세우신 질서인 것을 알 수 있습니다. 그리하여, 결혼을 통해 세워지는 가족은 인간 사회가 형성되고 유지되는 데 있어 가장 중요한 기초가 됩니다.

사람은 가족 안에서 태어나 부모의 손에 양육되어 사회 구성원으로 자라납니다. 따라서, 남녀의 구분과 결혼 그리고 가족제도는 인류의 존립에 관한 사안이며, 고대 근동의 풍습에서부터 현대 공산주의에 이르기까지 역사는 사람이 이 제도를 인위적으로 변형하려 했을 때 어떤 결과가 초래되었는지 잘 알려주고 있습니다.

이것이 우리가 동성애를 단순히 서로 성적 끌림이 있는 두 사람 사이의 사적 관계에 국한되는 사안으로만 볼 수 없는 이유입니다. 동성애는 생물학적 성별의 폐지, 동성간의 결합, 일부일처제의 포기, 동물과의 결합에까지 이어지는 결혼과 가족제도에 대한 전면적인 부정입니다. 그래서, 동성애 운동을 '혁명'으로 부르는 것입니다.

실제로, 이 동성애 혁명이 지나간 서구 선진국들은 성별의 구분이 사라지고 가정의 개념이 해체된 결과 지금 국가의 존립을 위협하는 초저출산 문제에 직면하고 있습니다. 또한 성적 무질서의 만연으로 사회의 도덕적 기초가 허물어지고 있습니다.

그리고, 이 동성애 혁명은 미국 등 서구 선진국들의 경제력을 바탕으로 국경을 넘어 전 세계로 맹렬히 전파되고 있습니다. 더욱이 전통적 우방국인 미국을 휩쓸고 있는 동성애 운동의 물결은 이미 우리 사회의 현실로 다가와 있습니다.

동성애 혁명의 폐해를 앞서 체험한 서구의 지도자들은 입을 모아 세계를 향해 또 다음 세대를 향해 강력한 경고의 메시지를 보내고 있습니다. 우리는 그들의 말에 귀를 기울여야 합니다. 특별히, 지금 동성애 혁명과 반동성애 혁명의 투쟁이 한창 진행되고 있는 미국의 경험은 우리에게 귀중한 타산지석이 될 것입니다.

이 책은, 아름다운 결혼과 건강한 가족제도를 지키기 위해 20년 가까이 동성애 혁명의 현장을 누비며 얻은 통찰력으로 많은 저서들을 통해 대안을 제시해 온 마이클 브라운 박사의 열정과 고민이 담겨 있는 경고이자 희망의 소식입니다.

부디 이 책이 동성애의 심각성을 아직 잘 모르고 있는 많은 사람들에게 읽혀 동성애 혁명의 본질과 결혼과 가족제도의 소중함을 널리 알리는 계기가 되기를 소망합니다.

2017년 2월 10일
김승규 장로
(변호사, 전 국가정보원장, 전 법무부장관)

추천사

전 세계적으로 반기독교 세력의 공격이 쓰나미처럼 밀려오고 있다. 그런데 대부분의 목회자와 교회는 이런 심각성을 느끼지 못할 정도로 영적으로 둔감해져 있다. 이러한 때, 우리는 시대정신과 사상의 흐름에 눈을 떠야 한다. 파도를 일으키는 것은 바람이라는 말이 있듯이, 보이지 않는 시대정신과 사상의 바람이 눈에 보이는 현상 세계의 파도를 일으키기 때문이다.

산업화 시대에는 모든 관심이 경제성장에 집중되어 있었다. 하지만 최근 아젠다는 생태계 보존에 맞추어져 있다. 아마존, 남극과 북극의 생태 변화에 대해 많은 관심과 비용을 지불하고 있다. 생태계 문제는 곧 인류의 생존과 직결되기 때문이다. 그래서 세계 각국의 정상들이 기후변화협약까지 하며 생태계 복원을 위해 노력하는 것이다.

한국교회도 마찬가지다. 전 국민이 기독교였던 영국교회가 목회생태계가 파괴되면서 2%까지 쇠락하고 미국교회도 점점 약해지고 있는 것처럼, 목회생태계를 지키지 못하면 사멸의 길을 걷고 말 것이다. 그런데 목회생태계를 위협하는 가장 큰 문제 중의 하나가 바로 동성애다. 그리고 그 이면에는 네오맑시즘 사상이 있다.

동구권 공산국가들이 몰락하면서 공산주의가 폐기처분될 위기에 처했을 때 빌헬름 라이히가 마르크스주의와 프로이드 심리학을 아주 교묘하게 접목하여 네오맑시즘을 만들었다. 그는 성정치를 주장하면서 가정, 학교, 종교로부터 억압받고 있는 성적 욕망을 해방시켰을 때 새로운 맑시즘의 세상이 온다고 말한다.

특별히 동성애를 앞세워서 가정의 고정관념부터 깨는 운동을 하였다. 그런데 네오맑시즘이 추악한 정체를 숨기고 교묘하게 인권이라는 탈을 쓰고 젊은이들에게 다가가니까 동성애를 수긍하고 환호하는 것이다. 물론 우리가 동성애자들을 증오하고 저주하자는 말이 아니다. 우리는 그들을 끝까지 사랑으로 껴안고 치유하고 복음을 전해야 한다. 그러나 동성애 자체는 반대하는 것이다.

이러한 때, 심동섭 변호사님과 그의 동료들이 《성공할 수 없는 동성애 혁명》을 번역, 출간한 것은 참으로 뜻 깊은 일이다. 나는 한국교회동성애대책협의회 대표회장으로 섬기고 있는데 심 변호사님은 함께 하나님의 도성을 지키는 아름다운 동역자이고 한국교회 생태계를 보호하기 위해 이 시대에 귀하게 쓰임받는 하나님의 귀한 종이다. 거룩한 의협심과 정교한 통찰력으로 동성애 문제의 본질과 배후를 밝혀내고 대응책을 수립하는 탁월한 전략가이기도 하다.

이 책의 저자인 마이클 브라운은 이미 동성결혼법이 통과된 미국을 향하여 "미국이여, 동성애 문화 전쟁에서 절대로 포기하지 말라!"고 외치면서 8가지의 원칙을 제시한다. 이 책이야말로 동성애와 영전을 해야 하는 거룩한 전사들이 읽어야 할 필독서요, 교과서와 같은 책이다.

이 책이 한국교회 목회자와 성도들에게 많이 읽혀져서 동성애 문제의 심각성을 일깨우고 한마음으로 대응하는 데 기폭제가 되기를 바란다. 동성애 문제는 사회 이슈나 정치적인 문제가 아니라 결코 타협할 수 없는 진리 문제다. 한국교회와 미래사회의 존폐가 달려 있는 문제다. 이 책이 어두운 시대를 밝히는 등불이 되고 희망의 이정표가 될 수 있기를 바란다.

2017년 2월 10일
소강석 목사
(새에덴교회, 한국교회동성애대책협의회 대표회장)

추천사

　소수자 인권이란 명분으로 동성애가 이 땅에 뿌리를 내리려 하고 있습니다. 동성애가 잘못이라고 말하면 소수자를 무시하는 혐오세력으로 몰아가고 있습니다. 아무리 개인의 인권이 중요하다 하더라도 기존질서와 기존가치를 무너뜨리고 비도덕적이고 비윤리적이라면 받아들이지 말아야 하고 말하지 말아야 하는데 자기가 무슨 인권운동가나 된 것처럼 동성애를 옹호하는 세력들이 많아지고 있습니다.

　더욱 안타까운 것은 나라의 대통령이 되고자 하는 자들이 동조하고 부추기고 있다는 것입니다. 만약에 자기 자식들이 동성과 결혼하겠다고 한다면 그래 너희들의 인권이니까 그렇게 하라고 할 수 있을까 묻고 싶습니다. 이런 사람들이 나라의 대통령이 되면 나라꼴이 어찌될까 상상만 해도 끔찍합니다.

　무엇이든 창조의 목적대로 사용되어야지요. 어떻게 코로 밥을 먹을 수 있습니까? 창조의 목적을 어기니까 에이즈가 발생하는 것이지요. 이는 하나님의 심판이라고 생각합니다. 동성애로 인해 성

윤리가 문란해지면 가정이 파괴되고 저출산과 더불어 국가가 부담해야 할 사회적 비용지출은 천문학적이라고 생각합니다.

동성애를 조장하는 세력들이 차별금지법을 입법화시키려고 했지만 여의치 않자 시·도·군에 인권 조례안을 만들어 동성애 교육을 시키고 동성애 문화 활동을 지원하고 시설공간을 만들어 보호하고자 조례안을 통과시키고 있습니다. 이미 40.5% 이상이 국민적 공감대 없이 통과되어 버렸습니다.

이에 대하여 하나님의 사람들과 교회가, 건강한 국민들이 적극적으로 대처하지 않으면 복음의 생태계는 여지없이 무너지고 나라는 망하고 말 것입니다. 생각보다 이러한 부분에 많은 목회자들이 모르고 있습니다.

모르기 때문에 평신도들에게 가르치지 않고 있습니다. 알고 있다 하더라도 심각성을 느끼지 못하여 지나치고 있는 안타까운 현실입니다. 내 백성이 지식이 없어 망한다고 했습니다. 유럽과 미국의 교회들이 초창기에 동성애 문제를 하찮게 여겼다가 성도들이 교회를 떠나고 교회가 문을 닫고 가정이 무너지고 있습니다.

이러한 때에 시기적절하게 장종현 목사님 지도로 자유와인권연구소를 개소하시고 자유와인권연구소에 존경하는 심동섭 교수님(목사·변호사)께서 《성공할 수 없는 동성애 혁명》(미국이여, 동성애 문화 전쟁에서 절대로 포기하지 말라!)이란 귀한 책을 번역하여 발간하게 된 것에 진심으로 감사를 드리며 기쁜 마음으로 추천합니다.

  바라기는 많은 사람들이 본서를 읽고 대한민국을 지키고 살리는 사명자들이 되시기를 간절히 소망합니다.

  감사합니다.

2017년 2월 10일
미래목회포럼 대표 박경배 목사

추천사

미국 역사상 지금처럼 진실한 영적 지도자들을 절실히 필요로 하는 시대는 없었다. 내면의 깨어짐과 영적 담대함 사이에 놓여 있는 성경적 긴장 속을 살아가는 예수 혁명가들, 시대의 흐름을 이해하고 하나님의 백성들이 무엇을 해야 하는지 깨닫고 있었던 잇사갈 지파의 족장들(역대상 12:32) 같은 리더들, 부흥을 위해 부르짖으며 이 나라에 하나님의 역사하심을 바라볼 준비가 되어 있는 그런 지도자들 말이다.

마이클 브라운 박사가 바로 그런 분이다. 우리의 영적 멘토이자 가까운 벗이었던 인물들 중 한 사람으로서 그는 십 년이 넘는 세월 동안 우리의 등대요 진리의 기둥이었다. 우리가 HGTV 방송사에서 해고된 후 깊은 좌절 속에 있을 때 그는 힘든 시기를 잘 견딜 수 있도록 매일 조언을 해 주었다.

브라운 박사의 도움은 단순히 우리가 예수님을 향해 굳건히 서기 위해 필요한 도구들을 갖춰주는 정도의 수준이 아니었다. 그의 영감은 우리가 삶 속의 하나님 나라에 더욱 높고 깊이 닿을 수 있도록, 그리하여 겸손과 인격을 갖춘 사람이 되도록, 그리고 아내와 자녀들을 더욱 아끼고 사랑할 수 있도록 해 주었다. 그의 일상이 자신의 메시지와 일치했기에 우리는 그의 교훈들을 쉽게 받아들일 수 있었다.

우리가 브라운 박사를 만난 것은 2003년이었다. 당시 그가 대표로 섬기던 F.I.R.E.[1]가 우리가 살고 있던 노스 캐롤라이나 샬럿으로 이사를 왔다. 그의 설교를 처음 듣고 우리의 마음은 불타오르기 시작했다. 그의 메시지는 우리의 심령을 찔러 쪼개고 속사람을 끄집어냈다. 브라운 박사가 설교를 마치면 우리 둘 다 강대상 아래 무릎을 꿇고 꽤 오랜 시간 기도하곤 했다. 한 편 한 편의 설교가 우리를 담대한 하나님의 사람으로 이끌어가는 여정의 디딤돌과 같았다.

오늘 우리는 지금 미국과 그 국민들의 영혼을 뒤덮고 있는 이 엄청난 전투 속에서 그와 함께 서 있는 영광을 누리고 있다. 언제든 또 어디서든 우리는 그를 따를 것이다! 마이클 브라운 박사는 미국 교회가 필요로 하는 '지금 이 때를 위한' 리더이다. 우리는 그가 '지금'이라는 역사의 트랙을 힘차게 내닫고 있는 것에 깊이 감사한다.

데이빗 벤험 & 제이슨 벤험
《Whatever the Cost》 공동저자

---

[1] 역자 주: Fellowship of International Revival and Evangelism(F.I.R.E) - 국제부흥복음연대.

한국어판 서문

한국을 깊이 존경하고 한국교회를 순전하게 사모하는 마음으로, 저는 이 책을 통해 여러분께 미국발 경고의 메시지를 보내드립니다. 동성애 운동 문제를 다루는 데 있어 꼭 미국의 실책을 타산지석으로 삼으시기를 바랍니다!

지난 수년간 저는 미국 사회가 도덕적 영적으로 쇠락하는 이유는 교회의 도덕적 영적 쇠락 때문이고, 교회가 그리 된 데에는 교회 지도자들의 도덕적 영적 타락이 있었기 때문이라고 거듭 외쳤습니다. 예수님께서는 우리를 세상의 소금이요 세상의 빛이라고 부르셨습니다(마태복음 5:14-16). 그리고 상당한 규모의 기독교인들이 든든히 살아 있는 나라는 교회가 가는 길을 따라가게 되어 있습니다. 그리고 교회는 그 리더들이 가는 길을 따라가게 되어 있습니다.

예수님의 제자들로서 또 그분의 교회를 섬기는 리더들로서 우리에게는 우리가 속한 나라가 올바른 길로 나아가도록 해야 할 책임이 있습니다. 그래서 다시 여러분께 강권하고 강권합니다. 미국의 실패로부터 배우십시오. 여기 우리가 LGBT[2] 문제에서 실패한 분야들이 있습니다.

첫째, 우리는 자신을 스스로 LGBT라고 밝힌 사람들에게 사랑으로 다가가지 못했습니다. 우리는 종종 그들을 가장 흉악한 죄인으로 바라보았습니다. 마치 그 옆에만 다가가도 죽을병을 얻을 것 같이 대했습니다. 또 그들 중 과격한 운동가들의 말과 행동 때문에 그들을 정죄했습니다. 교회로서, 우리는 그 잃어버린 영혼들에 대해 사랑의 세례를 베풀어야 합니다. 그들 중 많은 이들은 성적으로 깨어졌거나 깊은 거절감의 상처를 입은 사람들입니다. 그들의 죄나 아젠다를 용인해서는 안 되지만, 그들에게는 하나님의 사랑으로 다가서야 합니다.

기억합시다, 예수님의 죽음은 우리뿐 아니라 그들을 위한 것이기도 하다는 사실을. 십자가 밖에서 우리 모두는 길을 잃고 깨어진 존재들일 뿐입니다. 절대 자기 의에 빠지면 안 됩니다!

어느 목사님 한 분이 지혜롭게 하신 말씀처럼, 구세대는 "동성애"라는 단어를 '이슈'로 이해합니다. 하지만 신세대에게 이 단어는 '사람'을 연상시킵니다. 사실, 양쪽 모두 맞습니다. 우리는 사회 전체에 영향을 미치는 이슈를 다룹니다. 동시에 우리는 하나님이 사랑하시는 '사람'의 문제도 다룹니다. 우리는 늘 이 점을 명심해야 합니다.

둘째, 결혼을 재정의하겠다는 게이 운동에 문을 열어준 것은 바로 교회 내 이성애적 죄악 때문이라는 것을 깨닫지 못했습니다.

---

[2] 역자 주: Lesbian, Gay, Bixesual, Transgender의 약자.

특히 저는 교회 내 급증해 온 무책이혼에 대해 언급하고 있습니다. 즉, 아무 성경적 근거 없이 자행되는 이혼 말입니다. 뿐만 아니라, 교회 내 성적 범죄 특히 주요 리더들 사이의 스캔들과 성도들 사이에 증가하는 포르노도 중요한 문제입니다. 결혼을 재정의하려는 LGBT 운동가들이 다음세대를 파고들게 된 것은 순전히 우리가 한 세대를 지나며 결혼의 신성함을 상실했기 때문입니다. 우리는 세상을 향해 그들의 죄를 회개하라고 외치기 전에 먼저 우리의 죄를 회개해야만 합니다.

셋째로, 많은 교회들 특히 대형교회 또는 영향력 있는 교회의 리더들은 문제를 일으켜 자신의 목숨을 잃기보다 조용히 머물러 자신들의 그것을 보전하려 했습니다. 결국 예수님의 말씀을 거역한 것입니다(마가복음 8:35[3]). 제가 뜻하는 바는 이것입니다: 이러한 리더들은 논쟁과 그 결과를 두려워하여 LGBT 운동을 대적하지 않았다는 것입니다. 그들은 이런 동성애 이야기를 꺼내기 시작하면 사람들을 잃고, 돈을 잃고 결국 그들의 영향력을 잃게 될 것이라고 걱정했습니다.

그래서 그렇게, 그들은 그들의 권세를 잃기보다 이 문제들을 회피하는 것이 좋겠다는 세상적인 계산을 한 것입니다. 그 결과 그들은 자신들의 영혼을 세상적인 지혜와 정치적 프래그머티즘에 팔아넘기고 말았습니다. 비록 세상의 눈으로는 멋져 보일지 모르나, 바로 이것이 영적 실패로 가는 분명한 길입니다.

---

[3] 역자 주: "누구든지 자기 목숨을 구원하고자 하면 잃을 것이요 누구든지 나와 복음을 위하여 자기 목숨을 잃으면 구원하리라".

이 목회자들은 LGBT 운동에 대한 문제를 언급하는 순간 맹렬하고 지속적인 공격에 시달리게 될 것을 알고 있었습니다. 증오자 또는 동성애 혐오자로 낙인 찍히고, 본인의 실명이(교회의 이름도) 소셜 미디어와 지역 신문에 공개되어 조롱을 당할 것이며, 회중 가운데 동성애자가 있는 가족들에게는 분명히 불쾌감을 주게 될 것이고, 게다가 그렇게 불쾌한 마음을 갖게 된 사람들 중에는 교회 운영에 가장 든든한 재정 후원자가 있을 것입니다.

왜 우리가 이 난장판에 뛰어들어 고생을 해야 하지? 그냥 "복음만 전하면" 되지 않나?

제 대답은 이렇습니다: 1) 당신의 교회에 출석하는 성도들은 이 문제를 매일 자신의 삶 속에서 부딪히고 있습니다. 특히 이 문제는 젊은 세대에게는 일상생활의 일부입니다. 그리고, 그들은 당신의 지도와 지혜가 필요합니다. 2) 교회로서, 우리는 이 사회의 도덕적 양심이 되도록 부르심을 받은 것입니다. 그렇기 때문에, 만약 우리가 결혼이나 생물학적 성별의 구별이 왜 중요한지를 외치지 않으면, 이 세상은 잘못된 결론 속으로 빠져들게 될 것입니다.

사회가 이 문제를 스스로 고쳐갈 것이라고 기대할 수 없습니다 (심지어 한국에서조차도 이제 여러분은 아시아의 역사적 보수주의에 의지할 수 없습니다. 시절은 정말 급변하고 있습니다). 여러분은 어둠 속에 빛나는 불빛이 되어 이 사회가 올바른 길을 찾는 데 도움을 주어야 합니다. 도덕적, 문화적 그리고 사회적 이슈에 대해 외치는 것 역시 복음의 한 부분인 것입니다.

넷째, 사랑의 이름으로, 우리는 타협해 왔습니다. 많은 목회자들과 리더들이 교회가 LGBT 사람들을 잘못 대해 왔다는 점을 인정한 것은 긍정적입니다. 제가 앞서 말씀드린 것처럼, 그들에게 긍휼함으로 다가가지 못했다는 것입니다. 하지만 유감스럽게도 그들 중 많은 사람들이 너무 극단적으로 선회했습니다. 그들은 동성애 행위를 죄라 부르는 것을 거부하고, 성경을 재해석해서 하나님은 헌신된 게이 관계를 반대하지 않으신다고 하고, 사람들을 불쾌하게 하면 결국 그 사람들이 하나님을 대적하게 될 것을 염려했습니다.

선의로 시작했을지는 몰라도 결국 이것은 사람들을 돕기보다 상처를 주고 말았습니다. 하나님의 말씀의 증인으로서, 우리는 하나님은 어떤 모양, 정도, 형태로도 동성애 행위를 반대하신다고 분명하게 말할 수 있어야 합니다. 하나님의 말씀은 명백합니다. 그리고, 지난 30년간 동성애에 대한 성경적 평가를 바꿀 만한 원문적, 고고학적, 언어학적, 해석학적 발견도 전혀 없었습니다. 단지 변한 것은 우리를 둘러싼 세상일 뿐입니다.

마지막 다섯째, LGBT 커뮤니티에는 양보가 통하지 않는다는 것을 깨닫지 못했습니다. 벽장에서 나오기를 원했던 그 사람들이 이제는 우리를 벽장 속에 집어넣어 버리려 합니다. 일례로, 한때 게이들은 '생활 동반자' 수준만으로도 만족하다고 했지만, 그것이 실현되자마자 입장을 이렇게 바꾸었습니다. "당신들이 우리를 2등시민 취급하고 있어. 생활동반자도 허용된 판에 결혼은 왜 못해?" 그래서, 동성 결혼을 허용하는 것이 고려될 때쯤, 그들은 이렇게 말했습니다. "당신이 당신의 신념을 지키는 것은 좋아. 하지만, 우리는 결혼할 권리를 요구하는 것뿐이야. 다른 사람들에게 아무런 해도 끼치지 않아." 그런데, 일단 그 권리를 획득하자마자 그들은 교회를 향해 이렇게 말하기 시작했습니다. "당신들도 우리의 결혼을 인정해야만 해. 만약 그렇지 않으면 처벌을 면치 못하게 될 거야."

학교에서 아이들은 동성애를 "수용"하고 "관용"을 베풀어야 한다고 배웁니다. 하지만, 그것이 일단 법이 되고 나면, 그런 태도들마저 동성애 혐오라고 매도됩니다. 이제는 우리에게 동성애를 "지지"하고, "찬동"하라고 요구합니다. 그것도 모자랍니다. 오늘날 우리는 동성애와 트랜스젠더 현상을 "환영"해야 합니다. 그렇지 않으면, 우리는 동성애 혐오자나 트랜스젠더 혐오자로 낙인 찍히고 맙니다.

같은 방식으로, LGBT 조직들과 긴밀히 협력해 온 페이스북도 유저들의 성별 선택란에 남성과 여성만 있다는 이유로 미국 내 트랜스젠더 운동가들의 압력을 받았습니다. 그에 대한 답으로, 페이스북은 유저들이 동시에 10개의 서로 다른 젠더 묘사를 할 수 있도록 해서 결국 50개의 성별 선택을 가능하도록 해 버렸습니다. 하지만, 이것도 성에 차지 않았습니다. 그래서, '빈칸 채우기' 옵션을 추가했습니다. 이제 사람들은 자기들 스스로 젠더를 정의할 수 있게 되었습니다. 스스로를 어떻게 정의하든, 그렇게 되는 세상이 된 것입니다.

이와 같은 태도가 사회 전체적으로 생각이 실재로 오해받는 수준에까지 이르렀습니다. 그래서, 미국의 학교들에서는 자기가 여자라고 믿는 열다섯 살 먹은 남학생이 여학생팀에 가서 운동을 하고 그 여학생들과 함께 라커룸을 쓸 수 있게 되었습니다. 정말 세상이 미쳐버렸습니다.

제 이야기를 주의 깊게 들어 주십시오: 만약 LGBT 운동가들이 여러분의 나라에서 자신들의 아젠다에 성공한다면, 그것은 곧 교회와의 전쟁을 뜻하는 것입니다.

  제 이야기를 주의 깊게 들어 주십시오: 만약 여러분이 타협의 길을 택한다면, 언젠가 여러분은 자녀들과 손주들에게 머리를 조아리며 깊이 사과해야 할 때가 다가올 것입니다.

  제 이야기를 주의 깊게 들어 주십시오: 여러분이 여러분의 가치를 현실의 삶 속으로 실천하여 다음세대로 전수하지 않는다면, 그들은 세상의 길과 하나 되어 오히려 여러분이 그렇게 힘써 거부하는 가치들을 대변하는 자들이 되어 있을 것입니다.

  반가운 소식은, 한국의 교회가 아직 건재하다는 사실입니다. 여러분은 기도의 능력을 알고 있습니다.(결국 본질은 그 무엇보다 영적 전쟁입니다.) 그리고, 아시아에서 LGBT 운동은 아직 그리 활발하지는 않습니다. 하지만, 이 운동은 급속히 성장하고 있습니다. 지금은 교회가 하나 되어 단호하면서도 참사랑으로 일어서야 할 중요한 때입니다. 제가 2005년에 받은 말씀의 방향을 따라, 사람들에게는 긍휼함으로 다가서되 용기를 가지고 아젠다에 대항하는 것입니다.

  이제 무엇을 하시겠습니까?

  저는 이곳 미국에서 여러분을 응원하겠습니다. 이제 미국에서는 교회가 깨어 일어나고 있습니다. 그리고, 이제 이 책이 여러분의 이 귀한 나라, 아시아와 열방에 영향을 주고 있는 한국에서 쓰임받아, 도덕과 문화의 선한 혁명의 불씨로 쓰임받게 되기를 기도합니다.

2017년 1월 1일
마이클 브라운

서문

우리가 말한 것들은 결국 너희를 위한 것이다. 우리가 조사를 받을 때에 우리가 크리스천임을 부정하는 것은 결국 우리 자신의 영역에 속한다. 하지만 우리는 우리가 크리스천이 아니라고 거짓말을 해서 살 수는 없다. - **순교자 유스티누스, 첫 번째 변증, 서기 155년**(Justin Martyr, THE FIRST APOLOGY, CA. 155 AD)

이 인용문은 1,850년 전 순교자 유스티누스가 자신의 믿음을 옹호하기 위해 로마황제 안토니우스 피우스에게 남긴 말이다. 이 말 때문에 그는 자기 목숨이 위태롭게 될 것을 잘 알고 있었다. 하지만, 그는 자신의 양심을 따랐고 주님을 부인할 수 없었다. 물론 쉽게 도망갈 수 있는 방법도 있었다. 그러나 자신의 말대로 "거짓말로 목숨을 부지하지 않았고", 그렇게 그는 순교했다.

물론 미국에서 신앙 때문에 기독교인들을 죽이려고 달려드는 사람은 아마 없을 것이다. 그렇지만 이 고백은 오늘날 우리 상황에 동일하게 적용된다. 우리의 확고한 신념을 타협하게 하고 우리의 말을 희석시키려는 압박이 계속되고 있기 때문이다. 그들의 압력에 굴하는 것은 문화에 적응하는 것으로 보이지만, 결국 우리의 가치관과 자유권들을 직접 공격하는 결과가 된다.

그러나 우리도 또한 "거짓말로 목숨을 부지하지는 않을" 것이다. 이 책이 바로 그 이유다. 우리에게는 진실을 말해야 할 의무가 있다. 이는 우리 자신의 영혼만을 위한 것이 아니다. 우리 사회를 위한 것이기도 하다. 진실을 외치는 것이 아직 늦지는 않았다. 미국 사회가 생명을 살리는 강력한 도덕적 문화적 혁명을 체험하는 것도 아직은 늦지 않았다. 이것은 사실이다.

2014년 2월 초에 쓴 글에서 데니스 프래저[4]는 "동성결혼 문제에서 집단 열정과 위압적인 판사들이 승리하고 있다. 그 무엇보다 그들의 오만함이 승리를 거두고 있다. 그것이 동성애 운동가들이 항상 자신들은 '역사의 올바른 방향에' 서 있다고 주장하는 이유다"라고 언급한 바 있다.

내가 이 머리말을 쓰고 있는 시점인 2015년 3월과 이 책이 출판될 시점인 2015년 9월 사이에, 연방대법원은 동성 '결혼'에 대한 중요한 판결을 내릴 것이다. 그리고 이 기간 동안 어떤 중대 사건들이 터질지는 오직 하나님만 아신다. 나의 낙관론은 완전히 잘못된 것일까? 결국 긍정적인 도덕적 문화적 혁명이라는 것은 없는 것일까? 미국은 성경적 가치와 보수적 도덕성을 영원히 부정하게 된 것일까?

---

4) 역자 주: 미국 내에 영향력 있는 라디오 토크쇼 진행자.

하지만 프래저는, "그러나, 역사는 유구하다. 우리 손자들 또는 그들의 손자들 시대에는 이것이 진리인지 판단할 때가 올 것이다. 마르크스 이래 좌파들은 자신들의 급진적 입장 하나하나가 모두 '역사의 올바른 방향'이라고 주장했었다. 그들은 자본주의가 끝장날 것이라고 예언했다. 과연 그랬는가? 사실 그들의 주장이 실현된 사례는 거의 없다"라며 지혜롭게 말을 맺었다.

정말 그렇다. 역사는 종종 이상하고 극적인 방향으로 틀어지곤 했다. 수년 내에 예상치 못한 방향으로 흘러갈 수도 있다.

이 책을 쓰게 된 이유는, 우리가 동성애 혁명을 견뎌내는 데 도움이 될 수 있는 여덟 가지 실질적인 원칙들을 제시하고, 동성애 혁명은 이미 실패했다는 사실과 어떻게 동성애 내부에 자멸의 씨앗이 숨겨져 있는지를 다양한 측면에서 설명함으로써, 사람들을 격려하고 우리의 신념을 강화하고, 의지를 북돋우고, 필요한 정보를 알리려는 데 있다.

1985년부터 2010년까지 나는 19권의 책을 출간하였다. 이 책들에는 동성애운동에 관한 언급이 거의 없다. 그러나, 나는 2004년부터 이미 동성애운동이 우리 사회에 미치는 영향을 주목하고 있었다. 당시 나는 LGBT 커뮤니티를 이해해 보아야 하겠다는 결심을 하던 때였다. 깊은 관심을 가지고 개척자들이나 리더들의 이야기들을 읽어보았다. 사실 흥미뿐 아니라 그들이 겪는 고통 때문에 아픔도 느꼈다. 그리고 내가 만난 동성애자들의 이야기에 주의 깊게 귀를 기울이고자 노력했다. 비록 그들의 지향점은 나와 달랐지만 그들은 나의 적군이 아니었다.

2005년 초반, 나는 원칙을 하나 세웠다. "다가가서 저항하라" 즉, LGBT 커뮤니티에는 마음에 궁휼함을 갖고 다가가되, 동성애 운동가들이 내세우는 아젠다에 대해서는 확고하게 대적한다는 것이 그 내용이다. 2005년부터 나는 이 원칙에 따라 사역을 해왔고 그간의 연구를 정리해 2011년 《A Queer Thing Happened to America(이상한 일이 미국에 일어나고 있다)》를 펴냈다. 이 책은 동성애 운동이 초등학교부터 대학교까지, 할리우드부터 교회까지, 법원 판결에서부터 우리의 일상 언어까지 미국인들의 삶의 모든 부분에 어떤 영향을 미치는지를 다루었다.

그로부터 4년이 지난 지금, 나는 이 책을 내놓는다. 《이상한 일이 미국에 일어나고 있다》에서 정리된 연구를 발전시키려는 뜻도 있지만, 용기와 희망을 가지고 우리의 행동을 위한 명확한 계획을 분명히 제시하고자 한다. 지금은 우리가 미움보다 사랑 안에 서야 할 때이며, 절망보다 단호함이 요구되는 시점이다. 굴복하고 포기하고 패배를 인정해야 할 것이 아니라 기운을 차리고 함께 모여 행동을 할 때다. 영웅들이 일어서야 할 때다. 그 영웅들은 지극히 평범한 사람들일 수 있다. 하지만, 그들은 자신들의 가치와 선택이 가져올 엄청난 변화를 보게 될 것이다. 독자 여러분도 그런 영웅들이 될 수 있다.

미국 가톨릭대학교 철학과 조교수인 멜리사 모쉘라의 이야기를 들어보자.

아마도 세상의 인간사 어딘가에는 그저 평범하고 좋은 사람 즉 신실한 배우자, 다정한 부모, 진지한 시민, 정직하고 부지런한 근로자, 주일을 성수하는 신자로서 별다른 문제를 일으키지 않고 살아가는 삶이 가능한 때와 장소가 있을 것이다. 그러나, '2014년 미국'은 분명히 그런 시기도 또 장소도 아니다. 지금 미국에서 좋은 사람이 될 수 있는 유일한 길은 담대한 영웅으로 사는 길뿐이다. 그렇지 않으면 우리는 참담한 범죄에 공범이 되는 것을 피할 수 없다.…

우리는 그저 좋은 사람으로서가 아니라 영웅으로서의 삶을 살아갈 준비를 해야 한다. 인간의 존엄성, 성적 순결의 가치, 결혼과 가정에 관한 진리, 그리고 삶의 모든 부분에서 자신의 믿음에 따라 살아갈 수 있는 권리를 지키고 싶다면, 우리는 인기, 평판, 직업적 성공, 경제적 부요(그리고 아직은 아니겠지만) 더 나아가 생명까지 잃어버릴 각오를 다져야 한다.… 우리 모두 이 시대의 험난한 도전 앞에 용감하게 일어서자.[2]

비슷한 맥락에서, 미국 성공회 신학생 윌리엄 페리는 "초기 기독교 공동체에서 가장 매력적인 특징 중 하나는 그들의 철저한 성윤리와 그들이 열정을 가지고 헌신적으로 지켜낸 가족의 가치였다. 이들은 당시 많은 사람들에게 그들을 망하게 만들 수밖에 없는 난잡한 성문화에 환멸을 느끼도록 만들었다. 주류문화를 역행할 수 있는 이런 용기를 오늘날 교회에서 찾을 수 있다면 정말 놀

라운 일이 아니겠는가?"³

그렇다. 이것은 너무나 중요한 일이다. 우리는 분명히 알아야 한다. 지금은 우리가 성적 순결의 아름다움과 능력을 되찾을 때라는 것을, 하나님께서 결혼과 가정을 만드신 놀라운 뜻을 붙잡을 때라는 것을, 휘몰아치는 혼탁한 문화와 패륜의 조류를 거슬러 헤엄칠 뜻을 확고히 할 때라는 것을. 예수님이 이 세대에 재림하지 않으시는 이상, 지금 우리는 여러 세대에 걸친 전쟁의 한가운데서 있다는 것을 깨달아야 한다. 함께 이 신성한 문화혁신의 과업에 동참하지 않으시겠는가? 만약 당신이 오늘부터 이제 앞으로 설명될 여덟 가지 원칙에 따라 살아간다면 당신은 오늘을 위한, 또 다가올 세대를 위한 큰 변화를 만들어 나가게 될 것이다.

39년 동안 내 아내이자, 이 세상에서 가장 멋진 친구이자 동역자, 또 도덕적 신념을 타협하지 않은 여성인 낸시의 도움과 지지가 없었다면 이 책은 세상에 나오지 못했을 것이다. 또한 내 자녀들과 손주들을 생각하면, 나는 그들을 위해 옳은 일을 해야 한다는 마음이 더욱 간절해진다.

또 나의 멋진 사역 팀과 직원들, 나를 위해 지속적으로 기도해 준 사람들에게 감사한다. 내가 그들에게 얼마나 감사하는지 오직 하나님만 아실 것이다.

또한 다른 사람들은 거리낄 만한 이런 주제에 관해 책을 출간하는 데에 관심을 보이고, 나에게 제안해 준 WND의 조셉 파라에게,

또 제프리 스톤과 숙련된 편집팀에게, 그리고 WND의 일류 마케팅팀과 출판팀에게 깊은 감사를 표한다.

하나님, 이 책을 주님을 영화롭게 하는 도덕혁명, 문화혁명의 불씨로 사용하여 주옵소서!

Contents

- **발간사** 자유와인권연구소 소장 변호사 고영일 004
  자문위원장 변호사 심동섭

- **추천사** 변호사, 전 국가정보원장, 전 법무부장관 김승규 장로 010
  새에덴교회, 한국교회동성애대책협의회 대표회장 소강석 목사 012
  미래목회포럼 대표 박경배 목사 015
  《Whatever the Cost》 공동저자 데이빗 벤험 & 제이슨 벤험 018

- **한국어판 서문** 마이클 브라운 020
- **서문** 027

도 입
037 넘지 말아야 할 선을 넘은 날

제1원칙
063 결코 타협하지 말라

제2원칙
119 가장 높은 수준의 도덕적 견지를 취하라

제3원칙
149 성적 순결이 성적 무질서를 이긴다

제4원칙
197 결혼의 재정의를 거부하라

제5원칙
247 성별 구분을 명확히 하라

제6원칙
293 거짓을 떨쳐낼 때까지 지속적으로 진리를 선포하라

제7원칙
343 하나님을 염두에 두라

제8원칙
367 이 책의 마지막 장을 여러분 자신이 쓸 각오로 결단하라

▪ 미주 416

도입

넘지 말아야 할 선을 넘은 날

미국 역사상 이렇게 버젓이 종교의 자유가 침해된 때가 없었다. 넘지 말아야 할 선을 넘어버렸다. - 에릭 메탁사스

그 사건은 어느 날 느닷없이, 예기치 않게, 갑자기 일어나 전국적 관심사가 되었다. 텍사스의 큰 도시 휴스턴의 시 법원이 관내 목사 다섯 명을 상대로 동성애나 성정체성과 같은 이슈들을 언급한 설교나 연설, 발표, 심지어 신도들에게 보낸 이메일을 재판증거로 제출하라는 명령서를 발부한 일이 벌어진 것이다. 몇몇 변호사들은 이를 "마녀사냥" 혹은 "종교재판"이라고 부르기도 했다.[1] 테드 크루즈 상원의원이 즉시 "충격적이고 치욕적인 일"[2]이라고 논평했고, 다른 사람들도 그의 입장을 긴급히 전파했다.

그것은 종교의 자유에 대한 명백한 공격이었다. 그 배후는 누구인가? 레즈비언 운동가인 애니스 파커 휴스턴시 시장, 그리고 그녀의 편에서 이 아젠다를 밀어붙이고 있는 데이빗 펠드먼 시법무

국 국장이었다.

텍사스 주 법무부 그렉 아보트 장관은 보도자료를 통해 "고의 여부를 불문하고 펠드먼 국장의 행동은 연방수정헌법 제1조가 보장하는 종교의 자유에 대한 직접적인 공격이며, 휴스턴 시민들과 종교지도자들이 갖고 있는 생각 즉 자신들의 종교적 사안들은 정부의 관할권 범위 밖에 있다는 원칙에 대한 믿음은 절대적으로 지켜져야 한다"[3]며 맹비난했다.

휴스턴시 전임 시법무국 국장 벤자민 홀은 이 사건이 주는 부담감 때문에 개입하기를 주저했다. 하지만, 펠드먼과 합세한 파커 시장의 조치가 도를 넘었기 때문에 결국 홀 전 국장은, "시법무국장이 목회자들의 사고 과정이나 종교적 신념을 침해했는지 여부를 따져볼 필요도 없이 목회자에게는 자신들의 신념에 따라 설교할 권리가 있다. 시법무국장의 요구는 무모한 행동이다!"[4]라고 자신의 입장을 밝혔다. 심지어 시민인권위원회(US Commission on Civil Rights)의 피터 커사나우 위원은 파커 시장에게 보내는 공개편지를 통해 그녀가 "공권력을 남용하고 있다"고 비난하고, "그 결과 장차 일반적인 종교적 연설까지 위협받게 되었다"[5]고 지적했다.

이러한 상황은 뉴욕타임즈 베스트셀러 《본회퍼》의 저자 에릭 메탁사스가 "만약 지금 깨어 일어나 싸우는 교회가 없다면, 미국에는 교회가 단 한 곳도 없는 것이다. 이것은 금단의 선이다. 그런데 선을 넘고 있다. 이 사건을 듣자마자 나는 즉시 '이것이 바로 내 책 본회퍼가 말하고 있는 것'이라고 생각했다"⁶고 했던 바로 그 극단적 상황이다.

2주 후인 2014년 10월 29일, 파커 시장은 결국 증거보전청구를 철회했다. 하지만 그 이유에 대해서는 "청구가 불법적이었거나 종교의 자유를 침해하려는 의도가 있던 것이 아니었다"며, 단지 휴스턴에 "유익"하지 않았기 때문이라고 해명했다.⁷ 논거치고는 너무 빈약하지 않은가?

사태를 파악한 파커 시장이 다소 정신을 차렸을 때, 이미 전국적인 캠페인이 시작되었다. 11월 2일 대규모 휴스턴 집회를 시작으로, 전 주지사 마이클 허커비, '덕 다이너스티'로 유명한 필 로버트슨 등이 연사로 초청되었다. "나는 주일을 성수한다⁵⁾"라는 제목으로 전국에 인터넷 생방송된 이 집회는 전국의 기독교인들에게 이 사건의 목회자들을 지지해달라고 촉구했다. 미국인들은 깨어났다. 동성애자들이 아니라 동성애 운동이 우리의 양심, 언론, 종교의 자유에 주된 위협이 되어 있었다는 것을 깨닫게 된 것이다.

---

5) 역자 주: "I Stand Sunday" - 이 집회의 제목은, 휴스턴 시장 사건과 같이, 종교의 자유를 침해하는 법이나 법 집행에 항의한다는 의미를 담고 있으며 공권력의 어떠한 압박 속에서도 자신들의 신앙을 지키겠다('주일을 성수하겠다')는 참석자들의 의지를 표현한 구호임.

문제는, 사람이 아니라 아젠다

휴스턴 이야기의 배경을 소개하기 전에, 한 가지를 확실히 짚고 넘어가려고 한다. 나는 동성애적 행위가 이 세상에서 가장 끔찍한 죄라고 믿거나 LGBT 사람들이 이 세상에서 가장 악한 사람들이라고 믿지 않는다. 자신을 LGBT라고 밝힌 어떤 사람들은 어쩌면 당신이 만난 가장 멋지고, 친절하고, 사려 깊고, 존경할 만한 사람들 중 하나일 수도 있으며, 헌신적인 부모이거나, 신뢰할 만한 직원, 열심히 일하는 상관, 친절한 친구, 좋은 이웃들 중 하나일 수도 있다.

내 개인적인 경험을 비추어 보자면, 내가 여섯 살 때 내 첫 오르간 선생님은 남자였는데, 자신이 동성애자라는 것을 숨기지 않았다. 그 선생님과 그의 파트너는 자주 우리 가족을 방문해 함께 저녁을 먹었고, 그 때문인지 어린 시절에 "호모포비아"(동성애혐오증을 뜻함)라는 단어는 내게 낯선 것이었다. 오늘날까지(정말로 지금 더욱), 나는 자신들을 LGBT라고 밝히는 사람들에 대해 깊은 관심을 가지고 있으며, 린다 허쉬먼의 "승리: 멋진 동성애 혁명"[8]과 같은 책을 읽을 때면 내 자신의 관점에 대하여 의문을 던지면서 나를 그들의 입장에 놓고 생각해보는 등, 그들 개개인의 이야기들을 함께 해결하려고 애써 왔다.

2006년에 나는 2003년부터 살던 노스 캐롤라이나의 샬롯에서 한 동성애자 편집장에게 다가가 본 일이 있다. 그는 40대 남자였다. 그는 그의 파트너와 몇 년째 헌신된 관계를 유지하고 있었다.

나는 그에게 같은 도시에 사는 이웃으로서 우리가 서로의 신념과 가치를 존중하며 공존할 수 있을지 만나서 의논해 볼 생각이 있는가 하고 물어보았다. 우리는 그렇게 하기로 합의하고 몇 번 정도 미팅을 갖고 이메일과 전화를 교환하는 사이가 되었다.

우리의 첫 미팅이 끝난 며칠 후, 나는 아내 낸시와 산책을 나섰다.(우리는 1976년에 결혼했다.) 나는 아내에게 내가 얼마나 그녀를 사랑하는지를 나누며 길을 걷고 있었다. 그런데, 그 때 문득 내 마음에 영혼을 향한 애통함이 몰려왔다. 그 동성애자 편집장이 공식적으로는 인정되지 않는 자신과 파트너와의 관계를 감추어야 했던 시간들이 생각났기 때문이었다. 진실로 그 감정은 호모포비아적 편견에서 비롯된 것이 아니었다.

나는 가끔 동성애자 목사님이 성경과 동성애에 대해서 이야기를 나누는 지역 LGBT 센터 모임에 참여한다. 약 20명 정도가 참여한다. 모임 참석자들을 돌아보면 화가 나 있거나 적대적인 얼굴은 하나도 없었다. 물론 내가 참석하는 것이 달갑지 않은 몇몇은 그렇게 보였다. 하지만, 내 눈에 비친 그들 중에는 하나님께 사랑과 포용을 갈구하는 상처입고 깨어진 사람들이 있었다. 나는 그들에게 적이 아니라 그들을 돕고 함께 서 있는 사람으로 받아들여지기를 원했다.

앤드류 설리번이라는 기자가 오바마 대통령이 결혼의 정의를 재정립하는 데 찬성한다는 입장을 밝히자 현장에서 눈물을 흘렸다는 소식을 듣고 당시 내가 어떤 감정이 들었었는지도 회상해 보았다. 설리번 기자는 학식이 높고 영향력도 있었으며 별로 상처받을 것 같지 않은 성격의 사람처럼 보였다. 그는 심지어 오바마 대통령을 자기 아버지 같은 존재로 여긴다고까지 말한 적이 있다.[9] 오바마 대통령은 설리번보다 겨우 두 살밖에 많지 않은데도 말이다. 그를 비웃는 대신, 나는 이것이 그에게 왜 그렇게 의미가 있었는지 그리고 동성애자인 그가 겪은 경험들을 살펴보며 나는 어떤 영감을 얻을 수 있을지 자문해 보았다. 다시 한번 강조하는데 이것은 동성애혐오자가 느끼는 감정이 아니다.

내가 왜 이렇게 많은 시간과 노력을 동성애 문제에 쏟아야 했는가? 그것은 이 이슈가 소란스럽게 우리에게 다가왔기 때문이었다. 그들은 내 문을 두드렸고, 우리 애들이 다니는 학교의 교육과정을 바꿔놓았고, 방송에서 우리에게 고함을 쳤고, 시가행진을 벌였다.(말 그대로 거리를 행진했다.) 또, 법원에 영향을 주고, 우리의 자유를 위협하였으며, 교회와 회당에서 시비를 걸었다. 내 관심사는 동성애 운동이다. 나는 동성애가 제도화되고 결혼의 정의가 재정립되면 우리 사회가 심각한 부작용에 시달리게 될 것이라 생각한다. 그렇기 때문에, 비록 모든 미국인이 법 앞에서 평등한 보호를 받아야 한다는 것을 바라면서도, 또 LGBT 사람들에 대한 혐오나 학대를 개탄하면서도, 나는 결코 동성애 운동과는 타협할 수 없는 것이다.

그 결과 나는 나치주의자, 괴물, 때로는 그보다 더한 비난을 받아야 했다. 그럼에도 불구하고 나는 나를 비난하는 사람들에 대해 적대감을 품은 적은 없었다. 또 많은 게이와 레즈비언들이 "당신이 동성애 운동에 반대한다면, 그것은 나를 부정하는 것"이라고 비난하는 것처럼, 나에 대한 적개심도 또한 이해한다. 나는 그들의 감정을 받아들일 수 있다.

그러나, 나는 하나님의 관점에서 옳은 일, 또 나라를 위한다는 관점에서 옳은 일을 계속 해 나갈 것이다. 이것이 동성애 혁명을 극복하는 장기적인 목표요, 또한 내가 이 책을 쓴 이유이다. 지금 이 책을 읽고 있는 독자에게 한 가지를 묻고 싶다. 지금까지 내가 한 말이 진실되다고 생각하는가? 만약 그렇다면, 당신도 그 진리의 편에 서야 한다.

휴스턴 이야기의 배경

휴스턴 이야기로 돌아가 보자. 파커 시장은 HERO(the Houston Equal Rights Ordinance, 휴스턴 시의회 평등권 조례)라 알려진 LGBT 관련 조례안을 "지극히 사적인 일"이라며 공격적으로 추진했다. 그녀는 "이 논쟁은 나에 관한 일이다… 학술적인 것이 아니다. 지금 논의되고 있는 것은 내 인생 그 자체다"라고 주장했다.[10]

시장의 발언은 당연히 다른 휴스턴 시민들의 우려를 낳았다. 휴스턴광역권침례교목회자연합회의 맥스 밀러 목사는 그와 같은 그녀의 공식 입장에 대해 "우리가 정말 귀로 들었던 한 가지: 이 문제가 당신의 사적인 일이라는 일방적인 주장이었습니다. 시장이

다른 휴스턴 시민들의 사적인 일을 대표할 수는 없습니다"라고 반박했다. 또한 당시 같은 미팅에 참여해서 파커 시장에게 직접 의견을 제시한 보수 성향의 마이클 쿠보쉬 시의원도 "시장님, 당신이 자기 자신에 대해서 말하는 것은 알겠지만, 이 문제는 사실 우리 모두에 대한 것입니다. 당신에 대한 것이 아니라 여기 있는 우리 각 사람에 대한 것입니다."[11]

당시 그 조례안을 반대하는 가장 중요한 이유는 트렌스젠더 화장실 조례에 대한 우려였다. 이 조례안은 자신을 트렌스젠더로 인식하는 사람이면 누구나 생물학적 성에 관계없이 자신이 스스로 화장실을 선택해서 이용하도록 하는 내용을 담고 있었다. 그 결과, 자신들의 사적인 영역이 침해된다고 느끼는 다수의 여성과 남성들의 권리는 묵살되는 것이었다. 이에 대해, 그레이스커뮤니티교회 담임목사와 휴스턴지역목사회 집행위원을 맡고 있는 스티브 리글 목사는 "여장 남자들이 프라이버시를 침해할 수 있는 시 소유의 특정시설을 여자들에게 이용하도록 강요하는 것은 사리에도 어긋날 뿐 아니라 예절에 관한 모든 기준을 무시하는 일"이라고 지적하기도 했다.[12] 또 잠재적 성범죄자들이 이 조례를 변태를 가장하기 위한 도구로 남용할 가능성도 열리게 되는 셈이었다.

하지만 안타깝게도, 파커 시장은 많은 사람들의 반대를 물리치고 조례안을 통과시킬 수 있었다. 리글 목사와 다른 리더들은 휴스턴 시민들이 새로운 조례안에 대해 주민투표를 할 수 있도록 해야 한다는 주민청원 캠페인을 벌여 서명자수 필요요건인 17,000명을 훨씬 넘는 50,000명의 동참을 이끌어 냈다. 그러나, 이 주민청원은 시 법무국 펠드먼 국장에 의해 좌절되었다.

상황이 이렇게 전개되자, 분노한 시민들이 펠드먼 국장의 권한 행사에 대해 이의를 제기하며 시당국을 상대로 소송을 제기하기에 이르렀고, 이에 맞대응하여 시당국이 법원에 증거보전을 요청하고 법원이 본 사건의 당사자도 아니었던 관내 목회자들에게 증거제출명령서를 송부하자 엄청난 전국적 저항운동이 폭발한 것이었다.(다만, 당시 소송을 제기한 목회자는 한 명도 없었다.)

당시 변론을 맡았던 자유수호연맹(Alliance Defending Freedom)은 법원에 제출한 준비서면에서 파커 시장의 증거보전요청이 "지나치게 포괄적이고, 과도한 부담을 지우며, 상대방을 괴롭힐 목적일 뿐이고, 정당한 근거도 없다"고 주장하며 이를 법원이 기각해 줄 것을 요청하였다. ADF가 설명한 바와 같이, "시당국이 단순히 관련 목회자들이 시당국을 비판하거나 반대하는지 여부를 살펴보려는 의도를 가지고 헌법으로 보호되는 목회자 설교문이나 서신들을 제출하도록 요구한 것은 위법"이다.[13]

동성애 운동가들은 후퇴하지 않는다.

당신은 아마 "아니 그럼 왜 이미 종결된 사안을 재론하는가? 법원명령서가 취소되었다고 하지 않았는가?"라고 반문할지도 모르겠다.

그 말은 맞다. 하지만 그것은 정치적 외압을 견뎌내지 못했기 때문이었다. 더 중요한 것은, 동성애 운동가들은 우리의 자유를 위협하는 일을 그만두지도 않았고, 파커 시장을 물러나라고 촉구하지도 않았다. 오히려, 그들은 목회자들과 "나는 주일을 성수한다" 집회를 조롱했다. 사실 그 집회는 동성애자들을 비난하는 행사가 아니라, 기독교인들에게 그들의 믿음을 따라 살 것을 호소하는 집회였는데도 말이다.[14]

법원명령서가 철회되기 전, 어느 뉴스 기사는 "휴스턴시 평등권조례 사건 관련 목사들에 대한 소환으로 겁에 질린 우파"라는 헤드라인을 달았다. 이 기사는 "이미 예상된 바와 같이, 우파 평론가들은 기다렸다는 듯 이 사건을 LGBT 평등권 독재가 종교의 자유를 무너뜨리고 있는 최신 사례라며 잔뜩 겁을 주고 있다. 자동적으로 튀어나오는 그들의 격렬한 반응을 생각해 보라.…"[15] 그래서, 결국 보수주의자들은 "격렬한 반응"을 보이며 "겁에 질렸을" 뿐이다. 그런데, 목회자들에게 설교와 이메일을 제출하라니, 대체 무슨 짓인가?

"나는 주일을 성수한다" 집회 일정이 발표되자, 한 동성애 웹사이트에 다음과 같은 글이 올라왔다.

우파가 휴스턴 지역 목사들에게 발부된 법원명령서 때문에 기겁했다. 명령서는 "HERO나 – 시민청원, 애니스 파커 시장, 동성애 또는 성정체성에 관해 이들이 준비, 전파, 수정 또는 승인했거나, 아니면 점유하고 있는 연설문, 프리젠테이션 자료 또는 설교문 일체"를 제출하도록 하고 있다. 이들은 다음주 일요일 생방송으로 전국에서 몰려든 반동성애 리더들과 단체들이 참가하여 "이 목사들을 지지하고 우리나라를 뒤흔드는 과격한 아젠다에 반대"하게 될 것이다.

중요한 점은, 이 웹사이트는 그 명령서가 어떤 것이었는지 정확히 알고 있었으며, 그 집회를 "호들갑 떠는 반동성애 집회"라고 매도하며 여전히 기독교인들의 반응을 "우파의 기겁"이라고 조롱했다는 사실이다.[16]

비슷한 사례로, 텍사스의 한 동성애 웹사이트는 이 집회를 "반동성애 혐오파티"라 낙인 찍고, 목회자들을 반대하며 휴스턴시를 옹호하는 입장을 펼쳤다.[17] 또 다른 사이트에는 "반동성애 세력들이 규합하여 애니스 파커 휴스턴 시장과 '급진적인 아젠다'인 LGBT 평등권을 대적하다"라는 제목을 달았다. 이는 모두 그들의 정서가 어떤지 선명하게 보여주는 사례라 할 수 있다.

사실, 에단이란 한 남자는 "노예제 폐지와 인종차별 금지, 흑백 간 결혼에 반대했던 인종차별주의자들처럼, 동성애 극혐자들과 차별주의자들이 연대하여 동성애 평등운동에 반기를 들고 있다. 하지만 역사는 언제나 정의의 편으로 기울기 마련이기에 결국에는 그들이 패배할 것이고, 그들의 증오는 필연적으로 시간의 발자취를 따라 쓸려가 버리게 될 것이다"라고 댓글을 달았다.[18] 다른 사람들도 이 의견에 동조해 게시글을 올렸다.

집회가 열린 기간은 물론 그 이후에도 동성애 운동가들은 트위터나 소셜미디어를 적극 활용하여 목회자들을 공격했다. 참가자들이 하지도 않은 말을 지어내는 등 그들은 할 수 있는 한 사실을 왜곡시켜 전달했다. 이것은, 내가 지난 10년 동안 비유로 반복했듯, 벽장에서 나온 즉 커밍아웃한 동성애자들은 이제 거꾸로 우리를 벽장 속으로 집어넣으려 하고 있다는 상황에 해당한다. 이것은 점점 더 부정하기 힘든 현실이 되고 있다.

애틀랜타 시장이 종교의 자유에 대해 전쟁을 선포하다

동성애 운동가들이 자신들을 반대하는 사람들의 입을 틀어막으려 한다는 사실을 확인시켜주는 사건이 애틀랜타에서 벌어졌다. 애틀랜타의 카심 리드 시장이 캘빈 코크런 소방국장을 해고했는데, 그 이유가 코크런 국장의 반동성애 견해 때문이었다.

독실한 기독교 신자인 코크란 국장은 30년간 애틀랜타 시를 위해 봉직해온 인물이다. 2013년 그는 자비량으로 160페이지 분량의 책 한 권을 펴냈다. 성경적 관점에서 쓰여진 책이었다. 그런데, 그 책에서 성적 범죄를 다룬 부분에 동성애 행위를 강력한 어조로 비판한 내용이 몇 줄 포함되어 있었다. 코크런 국장은 시당국 관련부서 담당자가 출판과 관련해서 책 내용에 대해 별다른 문제가 없다고 구두로 확인해 주었고, 또한 그가 시장에게 책을 개인적으로 선물하자 시장이 그것을 읽어보겠다고 약속했다고 주장했다.

하지만, 책 내용에 대한 이야기가 퍼지자 동성애 운동가들은 리드 시장에게 코크란 국장을 해고하라고 요구했다. 시장은 그에게 30일 무급정직 인사조치를 내렸다. 이것만으로도 엄청난 고통을 주는 것이지만, 리드 시장은 여기에 그치지 않고 그에게 편견극복 감수성훈련까지 받도록 조치해 버렸다.(이제 성경이 성에 대해 이야기하고 있는 것을 믿는 것조차 금지되어 버렸다. 공무원이 되려면 완전히 정신이 개조되어야만 하는 것이다.) 게다가, 리드 시장은 코크란 국장의 무급정직 기간이 끝나자마자 그를 해고해 버렸다. 그러나, 그는 자기가 내린 결정의 동기에 대해서는 입을 다물었다.

2014년 1월 6일에 열린 기자회견에서 그는 "시의 입장은 아주 명확합니다. 시장인 나와 애틀랜타 시의회는 시의 차별금지 정책은 타협될 수 없는 사안이라는 점을 분명히 합니다. 우리는 인종, 성별, 종교, 신조, 성적 지향, 신체 능력, 성 정체성에 따른 차별을 반대합니다."[19]

지금 뭐라고 하는가? 도대체 이것이 종교와 신조에 따른 차별이 아니라면 무엇인가! 그러나, 리드 시장은 뻔뻔스럽게도 "시당국과 제 행정직원들은 종교의 자유, 언론의 자유, 자신의 신념을 따를 수 있는 자유를 굳건히 지켜나갈 것입니다. … 이 사안은 종교의 자유에 관한 것도, 언론의 자유에 관한 것도 아닙니다. 이 사안의 근본적인 문제는 정죄입니다."[20] 어떻게 이런 이중 잣대의 앞뒤 안 맞는 이야기를 버젓이 할 수 있는가?

그리고 이제 가장 괴상한 논리가 나온다. "만약 우리가 코크란 국장을 계속 복무하도록 허용했더라면, … 장래 어느 시점엔가는 차별을 당하게 되었을 긴급구조팀 직원들이 소송을 제기하여 승소했을 것입니다. 그런데, 코크란 국장이 많은 이슈들에 대해 자신의 입장을 분명히 드러냈기 때문에 시당국은 이미 잠재적인 법적 책임의 부담을 안게 되었다는 것이 제 생각입니다."[21] 말을 좀 풀어보자면, 비록 코크란 국장이 지금까지는 아무도 차별하지 않았더라도, 그가 나중에 언젠가는 누군가를 차별할 수도 있기 때문에 그를 해고한다는 말이다! 이것은 마치 어떤 사람이 미래 언젠가 범죄를 저지를 가능성이 있기 때문에 지금 그 사람을 체포한다는 말과 똑같다.

그렇다면 동성애 운동가들은 코크란 국장 해고 사건에 대해 어떤 반응을 보였을까? 자신이 동성애자라는 사실을 공개적으로 밝힌 알렉스 완 애틀란타 시의원은 시장의 입장에 박수를 보냈을 뿐 아니라 "나는 캘빈 코크런 국장을 해고한 시당국의 결정을 지지한다. 이 일은 우리가 다양성에 얼마나 높은 가치를 두고 있고 비차별적 환경 유지에 얼마나 많은 노력을 기울이고 있는지를 시 공무원들에게 보여주는 강력한 메시지이다"라며 시장의 궤변을 반복했다.[22]

다양성? "비차별적 환경"? 정말 그런가?

절대 이 사실을 잊지 말라: 만일 당신이 보수적 기독교 신념과 가치를 붙들려고 한다면, 아마도 당신은 동성애 진영에서 노리고 있는 다음 표적이 될지 모른다. 그것은 뉴욕 타임즈의 행태를 보면 더욱 분명해진다. 뉴욕 타임즈는 다양한 주에서 입법을 추진하고 있는 "종교의 자유" 법안은 단순히 "동성애 차별에 대한 법적 구제를 옵션으로 추가하는 수준"이라고 평가하면서, 코크란 국장 사건에 대해서는 만약 그가 "공무원으로서 근무하고 싶다면 … 그는 다른 시 근로자들에게 자신의 종교적 관점을 강요해서는 안 된다.(그는 그런 적이 없다.) 그들은 자신들을 '열등시민'이라고 부르는(그는 그런 말을 하지 않았다.) 보스를 거부할 권리가 있다"고 주장했다.[23]

그러나 코크란은 자기연민에 빠지거나 하지 않고 담대히 하나님을 찬양하며 버텼다. 그런데, 그가 해고된 지 일주일 뒤 미국 내 최고의 교계 리더들을 포함한 수백 명의 기독교인들이 그의 해고에 항의하고 그들의 신앙을 선언하기 위해 애틀랜타에 모여들었다.[24] 넘지 말아야 할 선을 이미 넘어섰고, 이제 반격의 기운이 고조되고 있다. 웰링턴 분 주교가 애틀랜타 집회 연설에서 언급했던 것처럼, 리드 시장은 잠자던 거인을 깨워버린 것이다.

차마 이런 말 하고 싶지는 않지만, 내가 이렇게 될 것이라고 하지 않았던가.

2014년 4월 7일, 나는 Townhall.com에 글을 하나 올렸다. 제목은 "차마 이런 말 하고 싶지는 않지만, 내가 이렇게 될 것이라고 하지 않았던가"였다. 그 글은 이렇게 시작된다:

지난 수년간 나는 미국에 사회, 문화, 정신적 위기가 임박했음을 경고해 왔다. 하지만, 비평가들은 나를 치킨 리틀[6]이라 비꼬고 내 이야기를 히스테리성 근본주의자의 발광 정도로 치부하며 나를 비관론자로 몰아세웠다. 글쎄, 이제는 좀 늦었다 싶은 생각도 든다.

10년 전, 나는 다음과 같은 시나리오를 예견했다:

첫째, 동성애 운동가들은 옷장에서 나왔다.
둘째, 그들은 자신들의 "권리"를 요구했다.
셋째, 그들은 모든 사람들에게 자신의 "권리"를 인정하라고 요구했다.
넷째, 그들은 반대자들의 권리를 박탈하고 싶어 한다.
다섯째, 그들은 자신들의 "권리"를 반대하는 자들을 벽장에 처넣고 싶어 한다.

사역 초반 나는 경멸과 조롱에 시달렸다: "당신을 벽장 속에 처넣으려는 사람은 아무도 없어!"

최근 몇 년간, 이 말의 톤은 "당신같이 편협한 사람은 벽장 속에서나 살아야 해!"로 변했다.
차마 이런 말 하고 싶지는 않지만, 내가 이렇게 될 것이라고 하지 않았던가.

여기에 이어 내가 그 글보다 몇 년 전에 썼던 문단을 덧붙였다.

---

[6] 역자 주: 영국 전래동화에 등장하는 캐릭터로(꼬마 닭) 나무에서 떨어진 도토리를 맞고 하늘이 무너진다고 떠들고 다녀 이웃들을 불안하게 만든다.

2011년에 나온 나의 책 《미국에 이상한 일이 일어나고 있다》에서, 나는 "이제 어떤 사람들에게 인권을 인정하는 것이 다른 사람들의 권리를 제한하는 것이 될 수 있다고 했다. 이것이 분명히 드러난 사례로 캐나다 브리티쉬 콜롬비아 소재 출판사인 GALE(Gay and Lesbian Educators, GALE)이 펴낸 교사참고서를 들 수 있다. 그 책에는 '우리는 오직 이성애만이 용인될 수 있는 성적 지향이라는 지배적인 믿음을 거부해야 한다. 비록 이러한 태도가 기독교나 유대교, 이슬람 등과 같은 종교적 신념을 저버리는 일이라고 해도 말이다"라고 명시하고 있다'고 적어놓았다.[25]

같은 책에서 나는 상황이 어디까지 왔고 무엇이 당면과제인지 설명하면서 다음과 같이 썼다:

- 이제부터 '다양성'을 포용한다는 것은, 모든 종류의 성적 지향,(동성애적)성적 표현, 성 정체성을 포용한다는 것을 뜻한다. 하지만 동시에 그러한 지향, 표현, 정체성을 포용하지 않는 모든 종류의 종교적, 도덕적 신념이 거부된다는 것을 의미한다.

- 이제부터 '관용'은 가정생활이나 직장, 교육, 미디어, 종교 영역에서 LGBT 생활방식과 이데올로기를 완전히 수용하는 것과 동시에, 이에 반대하는 다른 관점들은 거부하는 것을 의미한다.

- 이제부터 '포용'은, 동성애 행사나 목표에 함께 일하고, 지지하고, 후원하고, 독려하는 것과 동시에, 이에 비협조적인 사람들은 모두 제

도적으로 고립시키고 일하지 못하도록 만드는 것을 의미한다.

– 이제부터 '혐오'는, 동성애 아젠다를 반대하는 모든 태도, 사상, 발언을 의미하되 동성애자들은 모든 혐오발언 혐의에서 사실상 면제되며, 얼마나 비도덕적이고 선동적이고 과장적인지와 무관하게 동성애자들은 항상 가해자가 아니라(잠재적) 피해자라는 것을 뜻한다.

정확히 이것이 어떻게 나타날 것인가?

– 초등학생들은 동성애, 양성애, 성전환이 지극히 평범하고 올바른 것이고 이를 부정하는 관점은 위험하고 혐오적이라고 낙인 찍혀 교실에서 금지되고 배제되어야 하는 것으로 배우게 될 것이다.

– 중학교, 고등학교, 대학교 학생들은 동성애를 환영하고 동성애 운동과 깊은 유대감을 갖게 된 것을 격려하게 될 것이다.

– 연방정부와 주정부는 동성결혼을 합법화할 것이며, 이는 모든 이성애자들이 그 적법성을 받아들여야 하고, 이에 반대하는 모든 사람들은 차별행위로 기소될 수 있다는 것을 의미한다.

– 미국 산업계는 모든 비이성애(양성애, 성전환 및 그 밖의 것들을 포함)를 포용하고 이를 반대하는 모든 사람들을 해고해야 한다고 요구할 것이며, 동성애적 행위를 비도덕적이라고 보는 것을 "혐오 발언"으로 낙인 찍으며 종교 그룹들을 금지하게 될 것이다.[26]

나는 Townhall.com 기사에 내 책이 출간된 2011년 이후 벌어진 동성애자 운동가들의 충격적인 활동상을 장황하게 서술해 놓았다. "차마 이런 말 하고 싶지는 않지만, 내가 이렇게 될 것이라고 하지 않았던가"를 쓴 후, 나는 "이제는 내 말을 믿으십니까? 이제 앞으로 어떤 일이 벌어질지, 우리가 뭘 할 수 있을지 알고 싶으십니까?"라고 질문했다.[27]

이것이 바로 내가 이 책을 쓴 동기이다. 그러면서, 여러모로 나쁜 소식이 좋은 소식이라는 사실도 깨닫고 있다. 무슨 뜻인가 하면, 이러한 많은 부정적인 사회변화를 고통스럽게 직면하면 할수록, 이제 사람들이 현실을 깨닫게 된다는 점이다. 사람들은 더 이상 이런 예측과 설명을 부정할 수 없을 것이다. 이제 남은 것은 우리가 어떻게 대응할 것인가 하는 질문이다.

혐오 문제가 아니라 자유와 가족에 관한 문제

2014년 11월 12일 수요일 매사추세츠 주에서 있었던 일이다. 근심에 찬 어머니 한 명이 내가 진행하던 라디오 프로그램으로 전화를 걸었다. 고등학교 1학년인 아들이 학교에서 돌아와서 어머니에게 하는 말이, 학교에서 미리 알려주지도 않은 어떤 행사에 전교생이 참석해야 했었다고 했다. 그 행사는 Gay-Straight Alliance(동성애-이성애 연맹)가 후원하는 모임이었고, 그 모임의 목적은 그 이름이 암시하듯 기독교인이나 다른 믿음을 가진 사람들에게 동성애가 지극히 정상적이고 수용 가능한 것이라고 홍보하는 것이었다. 항상 자신의 아들에게 다른 사람들에게 친절하게 하고 괴롭히지 말라고 가르쳐왔던 엄마는 충격을 받았고, 어떻게 해야 할지 나에게 물어보았다.

다음날, 내가 뉴욕의 퀸즈에서 목사님들 모임에서 말씀을 전하고 있는데, 한 목사님이 자신의 아들도 고등학생인데 성교육 시간에 당황스러운 말을 들었다고 했다. 그 아들의 선생님은 "당신이 동성애자라는 것을 어떻게 알죠?"라는 질문에 "한 달 정도 동성애자로 살아보고 판단해야지"라고 했다는 것이다. 정말이다. '학교 선생'이라는 사람이 이 감수성 예민한 학생들에게 자기가 동성애자인지 아닌지 판단하기 위해 동성애 성행위를 해보라고 종용했다는 것이다.

놀랄 일이 아니다. 어쩌면 당연한 결과일지도 모른다. 동성애 운동가들이 우리 아이들의 학교를 오랫동안 집중 공략해 왔기 때문이다. 왕따방지 캠페인 수준뿐 아니라 청년들을 위한 친동성애 세뇌 프로그램에 이르기까지 경악할 일이 한두 가지가 아니다. 한 가지 사례로, 가족 운동가 린다 하비는 "프라이드웍스"라는 행사를 지목한다. 뉴욕시 북부 외곽의 소도시 화이트 플레인즈에서 1998년부터 시작된 이 행사는 "하루 종일 진행되는 동성애 컨퍼런스로, 동성애 운동 단체인 PFLAG나 GLSEN이 후원하고 있다. … 심지어 학교까지 쉬고 멀리서 스쿨버스를 타고 단체로 참석하는 중학생들도 있다. 몇 가지 주제들은 아예 공개적이기까지 한데, 완전히 세뇌교육인데다 심지어 '동성애 기독교'를 지지하는 '영성'

을 다루는 프로그램도 있다."²⁸ 예를 들어, 2010년 세미나에는 "젠더 퀴어와 트랜스젠더의 모든 것", "학교에서 동성애를 옹호하는 방법", "퀴어왕국: LGBT 공동체 속의 다양성"과 같은 주제들이었다. 기억하시기를. 이 세미나 참가자들이 12살짜리 아이들이었다는 사실을.²⁹

앞서 말했던 퀸즈의 목회자 모임 이야기로 돌아가 보자. 그 모임에서, 아마 20대 정도 된 어린 여성이 울먹이며 자신의 개인적 경험을 나누었다. 그녀는 어느 레즈비언의 입양아였다. 입양된 후에는 그 레즈비언의 파트너가 그 아이를 길렀다. 그 레즈비언 커플은 아이들 셋을 길렀는데, 그녀를 포함한 모든 아이들은 결국 레즈비언이 되었다. 2010년, 이 어린 여성이 예수님을 영접했을 때 비로소 그녀의 삶은 변화되었고(그녀는 또한 과거에 심한 마약 중독 문제가 있었다.) 레즈비언에서 벗어날 수 있었다. 여기서 레즈비언 커플이 기른 세 명의 여자 아이들이 모두 레즈비언이 되었다는 사실이 이상하지 않은가?

나는 그녀에게 그녀를 입양했던 레즈비언 커플이 남자에 대해 어떻게 생각하는지 물어보았는데, 그녀는 "우리는 집에서는 남자에 대해 이야기를 하지 않아요"라고 말했다. 다른 많은 레즈비언들처럼 이들도 남성에 대해 매우 부정적인 시각을 갖고 있었기에, 남편과 아내가 어떻게 상호작용하는지 또는 남성이 여성을 어떻게 대해야 하는지를 본 적이 없는 어린 여자 아이들에게 그 부정적인 시각도 당연히 전이되었을 것이다. 어려운 처지에 처한 아이들을 입양하는 것은 분명 칭찬받을 일이지만, 그들 때문에 이 여자 아이들이 가장 필요로 하는 엄마, 아빠의 양육과 본보기를 접할 기회가 박탈된 것은 분명 비극이다. 이것이 과연 옳은가?

그저 이 "문화전쟁"이 어서 끝나기만을 기다리는 사람들은 다시 생각해 보기를 바란다. 최근 한 게이 커플이 연합감리교단을 고소했다. 자신들의 "결혼식"을 거부했다는 이유에서였다. 연합감리교단 정관은 "동성결혼"을 금지하고 있는데도 말이다.(내가 왜 같은 성을 가진 커플들의 '결혼'에 따옴표를 붙였는지는 '제4원칙 결혼의 재정의를 거부하라'를 보면 알 수 있다.)

이 커플 중 한 명은, 미디어에 "이런 도전이 없다면 변화는 좀처럼 일어나지 않는다"고 했다.[30] 이 "도전"이 당신의 교회나 교파에 닥칠 날이 멀지 않았다. 아마 당신 지역의 학교에는 이미 수년 전부터 들어와 있었을 것이다.

너무 늦은 것이 아닌가?

물론 문화전쟁은 이미 끝났다고, 그리고 미국은 이제 동성애를 이성애처럼 포용해야 할 것이라고 믿는 사람들이 많다. 그리고 확실히, 지금 내가 이 글을 쓰는 동안에도, 오늘날 사회에서 거의 모두가 동성애 혁명의 완전한 승리는 불가피할 것이라 말한다. 많은 사람들이 이렇게 말한다. 조만간 나 같은 사람들은 멸종될 것이라고, 동성애가 죄이고 동성간 '결혼'은 문제가 있다고 믿었던 지나간 세대의 이상한 사람들로 기억될 것이라고 말이다. 2013년 5월 어느 한 잡지에서 실린 연구가 언론인의 글처럼, "간단히 말해서, 문화전쟁에서 동성애자들이 승리했다"는 것이다.[31]

고명한 전문 정치평론가들은, 이미 사망선고는 내려졌고 돌이킬 수 없다고 말한다. 나 같은 어리석은 사람들이나 동성 커플들이 해체되고, 다시 벽장 속으로 들어가고 문을 닫아버릴 것이라고 믿을 뿐이고 게임은 이미 끝난 것이라고 말한다. 이 말을 믿는가?

2014년 11월, "위스콘신 주에서 예수회가 운영하는 로마 카톨릭 기관의 하나인 마케트 대학교에 다니는 어느 학생의 이야기에 따르면, 그 학생이 동성 '결혼'을 반대하는 관점을 제시하려고 하자 그 수업 담당 교수가 이를 허락하지 않았다고 한다(그 기관이 카톨릭 학교라는 것을 기억하라.)."

"그 학생은 The College Fix와의 대담에서 마케트 대학교 철학과 셰릴 아베트 교수가 자신의 '윤리 이론' 강의에서, '동성애권' 논쟁은 이미 끝난 일이다; 찬반논란이 있는 이민이나 시민권, 사형제도 같은 주제들과는 다르다; '모든 사람이 동의한 주제로, 재론의 여지가 없다'고 말한 것을 전했다."[32] 그 학생은 아베트 교수의 조치에 항의하다가 결국 수업에서 쫓겨났다.

"모든 사람이" 동성애에 동의한다는 것은 팩트가 아니다. 사법부나 대중매체가 무슨 말을 하든, 이 문화전쟁은 절대 끝나지 않았다. 우리가 누리는 자유를 공격하여 놀랄 만한 성과를 보였다고 자랑하는 동성애 혁명은, 실제로는, 단지 잠자는 거인을 깨운 것에 불과하다. 싸움은 이제 막 시작된 것이다. 신학자 더글라스 윌슨의 말대로, "나는 어떠한 경우에도 항복하지 않을 것이다. 전쟁이 시작도 되기 전에 항복하는 일은 더더욱 없을 것이다."[33]

나는 여러분을 초대합니다. 다음 장부터 설명할 여덟 가지 원칙들에 따라 살아가며 미국을 그리고 열방을 위해 무엇이 옳은지 또 무엇이 최선인지를 위해 함께 싸워주기를 희망합니다. 이 원칙들은 LGBT 공동체를 맹공격하기 위한 것들이 아닙니다. 사실 한 장은 그들을 비난하는 입장과는 완전히 반대되는 시각을 설명하는 데 할애되어 있기도 합니다. 그보다는, 왜 우리가 그들에 대한 연민과 용기를 가지고 당당히 맞서야 하는지를 사례를 들어 설명하고 격려하기 위한 것입니다. 또 이 책의 사명은, 동성애 아젠다를 꺾어버리기 위한 것이라기보다, 무너질 수밖에 없는 동성애 혁명을 이겨내기 위해 필요한 더 바람직한 아젠다를 제시하는 데 있습니다.

여러분은 우리 세대가 도덕적, 문화적, 영적으로 맞닥뜨리고 있는 이 엄청난 도전에 정면으로 맞설 준비가 되어 있습니까? 긍정적인 변화를 일으킬 주인공이 될 마음의 준비가 되었습니까? 그렇다면 이제 다음 장을 펴고 함께 시작해 봅시다.

제1원칙

결코 타협하지 말라

용기는 전염된다. 그래서 용기 있는 한 사람이 먼저 당당히 나서면, 종종 다른 사람들까지 등을 꼿꼿이 세운다. - **빌리 그레이엄**

1941년 10월 29일이었다. 10개월 전 방문에 이어 윈스턴 처칠은 모교인 헤로우(Harrow)를 다시 찾았다. 당시 세계 2차대전이 한창인 영국은 황폐하고 암울했다. 바로 이러한 배경에서 처칠은 군인이 아닌 학생들을 대상으로 "절대로 굴복하지 말라"는 연설을 했다.

"눈에 보이는 것만으로 앞으로 일이 어떻게 진행될지는 알 수 없다." 그는 이렇게 설명하며 다음을 강조했다. "우리 모두가 - 나는 지금 학생 여러분에게 이야기하고 있다 - 지금까지 겪어온 모든 일들, 이 10개월이라는 기간 동안 얻은 분명한 가르침은 바로 이것이다. 절대 굴복하지 말라. 절대, 절대로 - 그 어떤 것에도, 크거나 작거나, 대단하거나 사소하거나 결코 굴복하지 말라. 명예와 분별에 대한 확신이 있을 때를 제외하고는 절대 굴복하지 말라."

그의 연설은 계속되었다. "절대 힘에 굽히지 마라. 압도적으로 보이는 적의 세력 앞에 굽히지 마라. 1년 전 우리는 홀로 서 있었고 많은 나라들은 우리가 끝장났다고 생각했다. 우리의 수많은 전통, 노래, 학교의 역사, 이 나라 역사의 지금 이 부분이 해체되어 사라져 버렸다고."

그러나 10개월이라는 짧은 시간 안에(비록 전쟁 초기였지만) 극적인 변화가 있었고 처칠은 이에 대해 설명했다. "오늘의 분위기는 많이 다르다. 다른 나라들은 영국이 완전히 파괴되어 사라져 버렸다고 생각했으나 우리는 굳세게 버티었다. 움찔할 생각도 굴복하고자 하는 마음도 없었다. 이 섬 밖 사람들에게는 기적처럼 보일지도 모르나 우리는 결코 의심치 않았던 바로 그 자리, 즉 인내하기만 하면 정복할 수 있는 곳에 도달했다."[1]

그는 아홉 번 "절대(never)"라는 말을 외쳤다. 세 번 "절대 굴복하지 말라"고 소리쳤다. 두 번 "절대 굽히지 말라"고 말했다. 다시 반복하지만 그는 전장의 군인이 아니라 학교의 학생들에게 이 연설을 했다.

이것이 오늘날 우리에게 어떻게 적용될까? 우리는 물리적 전쟁이 아니라 이념적 전쟁 중에 있고 우리의 상대는 나치가 아닌 자신을 LGBT라 밝히며 동성애를 제도화하려는 우리 가족 일원, 친구, 직장 동료나 이웃들이다. "우리는 당신들이 누리는 동일한 권리를 갖고 싶어하는 것뿐이야." 그들은 이렇게 반복해서 말한다.

강렬한 동기 부여, 대규모 재정 지원, 기발한 전략과 이성애 협력자들의 도움으로 그들은 역사상 가장 광범위하고 급격한 문화적 혁명을 일으켰다. 그들 앞에 놓인 완벽한 성공의 길을 막아선 유일한 존재는 바로 교회, 혹은 더욱더 광범위하게 이야기하자면 바로 믿는 자들과 보수적 도덕적 가치관인 것이다. 동성애 운동가들은 이것을 충분히 이해하고 있다.

우리의 결단을 더욱더 견고히 해야 할 때

동성애 운동 선도자들은 초창기에 두 가지 장애물을 극복해야 했다. 바로 동성애를 정신 질환으로 여기는 심리·정신 분야와 동성애 행위를 죄로 여긴 종교계였다.[2] 따라서 그들은 동성애가 질환·장애라는 개념을 "괴롭히기 작전"과 과학적 논증(여전히 논란이 벌어지고 있지만)을 통해 해체하며 체계적으로 공격하기 시작했다. 불과 몇 년 만에 주요 심리·정신의학 단체들은 결국 입장을 바꿨고(솔직히 말해 강압에 의한 것이었지만) 그 이후로 동성애 사회의 주요 협조자들이 되었다.[3]

이것은 1973년의 일이었다. 그 이후부터 교회가 그들의 표적이 되었고(40년 이상의 싸움) 동성애 혁명의 목표들을 실현하기 위한 유일한 길은 믿는 자들의 입을 다물게 하거나 이 사안에 대한 그들의 생각을 변화시키는 것밖에 없었다. 그들의 이러한 맹공격 가운데 나는 모든 종교 지도자들과 모든 믿는 자들에게 이렇게 외치고 싶다. "절대 굴복하지 말라. 절대, 절대로 – 그 어떤 것에도, 크거나 작거나, 대단하거나 사소하거나 결코 굴복하지 말라. 명예와 분별에 대한 확신이 있을 때를 제외하고는 절대 굴복하지 말라."

당신이 어떠한 압박 가운데 있든 – 지위를 상실하든, 교단에서 퇴출당하든, 연금 혹은 직장, 봉급 인상이나 장학금을 잃든, 가족이나 친구가 의절을 하든, 소득을 상실하든 – 성경적 기반의 신념을 결코 타협하지 말라. 당신이 타협하는 순간 당신 안에 그 어떤 것이 죽는다. 당신은 더 이상 자유하지 못하고 여론의 종으로서 대중에게 흔들리게 될 것이며 당신의 진실성을 편의의 제단 앞에 제물로 바치게 되는 것이다. 대체 이런 것을 잃을 만큼 가치 있는 것이 무엇일까?

나는 고집불통으로 불합리하게 떼를 쓰자는 것이 아니다. 게이와 레즈비언에 대한 유언비어를 퍼뜨리자는 것도 아니다. 나는 자신의 신념, 특히 성경의 분명한 가르침에 근거한 신념에 충실한 올바른 행위를 취하는 것에 대해 이야기한다. 결코 편안함이나 정치적 올바름[7] 등의 이유 때문이 아니다.

---

[7] 역자 주: Political Correctness - 용어나 표현에서 인종·종교·성별 등의 편견이 포함되지 않도록 해야 한다는 입장.

이것은 하나님과 우리 사회, 미래 세대에 대한 우리의 의무이다.

우리가 굴복하고 타협한다면 대체 누가 맞서겠는가? 지난 몇 년간 믿는 자들을 향한 공격은 더없이 극심해졌고, 동성애 운동가들이 이를 장기전으로 끌고 갈 것은 분명하다. 당신이 그들 입장이었다면 똑같이 행동하지 않았겠는가? 결국에 이것은 그들의 인생이 달린 문제이고 나는 그들의 행동을 충분히 이해한다. 그렇기에 이 싸움은 불가피한 것이다.

알버트 몰러 박사는 동성 '결혼'에 대해 이렇게 말했다.

시간이 흘러가면서, 이 나라의 모든 성도들이 이 사안에 대해 공개적으로 자신의 입장을 표명하도록 강제될 날이 곧 다가올 것이라는 사실이 더욱 분명해지고 있다. 모든 기독교 신자들 각각에게 결정과 선언의 순간이 다가올 것이다. 언젠가는 닥쳐오게 될 심문으로부터 피할 수 있는 곳도 또 안전한 곳도 없다. 우리는 그 질문에 맞닥뜨려야 한다. 유혹의 기회도 늘어나게 될 것이다. 정책적 결단이 내려지게 될 것이다. 더 이상 피난처는 없다.[4]

여러분은 어떻게 대답할 것인가?

상황은 어떻게 변화되었는가

동성애 운동가들이 우리에게 자신들은 종교적 자유에 간섭할 마음이 없다고 확신시켜 주었던 것은 그리 오래전 일이 아니다. 그들은 그저 그들의 권리를 보장받기 원했을 뿐이었다. 그러나 판세는 바뀌었고 갈수록 동성애자의 권리는 종교적 권리를 짓누르게 되었다. 물론 보다 더 호전적 분위기는 일찍이 스톤월 폭동을 뒤이은 1969년부터 울려 퍼지고 있었다. 뉴욕 경찰들이 맨해튼에 있는 술집 스톤월을 급습하자, 당시 그 안에 있던 여장 남자들과 남자 동성애자들이 거칠게 대항했다. 이 사건은 연쇄 폭동과 대규모 시위로 확대되었다. 그러나 스톤월 사태 이후에도 동성애 운동가들과 그 연합단체들은 보수주의자들에게 "우리는 당신들의 권리를 빼앗거나 당신들의 신념을 침해하려는 것이 아니오. 다만 우리의 권리를 원하는 것뿐입니다"라는 말을 반복했었다.

하지만, 동성애 운동가들이 자신들의 목표를 성취하기 시작하자 말이 이렇게 바뀌었다. "이걸로는 부족해. 당신들이 자신들의 권리를 누리고 자기주장을 고수하도록 놓아 둔다면 편견은 계속되겠지. 우리는 동성애 혐오증을 절대 용납하지 않겠어!"

동성애를 향한 "관용과 용인"을 격려했던 학교들은 결국 그러한 가치관에 "동성애 혐오"라는 낙인을 찍었다. 도리어 동성애에 대한 호의와 지원, 양성과 찬동을 요구하기 시작했다. 마침내, 동성 '결혼' 법안이 통과되기에 이르렀다. 다만, 종교계의 반발을 무마하기 위해 종교적 의무면제 단서를 달았었다. 사실 그 방법이 그 법안이 통과될 수 있었던 유일한 길이었다. 그런데, 입법된 지 얼마 지나지 않아 뉴욕 주에서 몇몇 동성애 운동 리더들이 이 법은 "종교적 편견"을 법적으로 제재할 수 있도록 한 것이라며 시위를 벌였다.

2015년 1월 10일, 뉴욕 타임즈 특별 칼럼니스트인 프랭크 브루니는 자신의 사설에서 "종교인들은 정당성이 없는 출입증을 가지고 있을 뿐"이라며, 우리의 믿음을 "불관용을 위장하려는 빈약한 도구"로 사용하고 있다고 비난하였다.[5] 교회도 시류에 순응해야 한다는 것이다! 덴마크에서도 마찬가지였다. 덴마크인들이(대부분의 덴마크인들과는 무관한) 루터교 국교회에서 동성 '결혼' 예식을 치를 수 있는 권리를 쟁취한 지 몇 년 지나지 않아, 법원은 성직자에게 그런 예식을 수행할 의무가 있다는 판결을 내렸다.[6]

미국에서는 시민자유연맹[8]과 몇몇 선도적 동성애 운동단체들은 고용차별금지법안[9]에 있어서의 종교적 의무면제를 반대했다. 즉 기독교 서점에서 남자 직원이 여성 드레스를 입고 출근해도 그를 해고할 수 없다는 뜻이다. 역으로 학생, 교직원, 교수진의 동성애 행위를 금지하는 기독교 대학의 경우라도 자격만 된다면 자신이 동성애자임을 밝히고 성적으로 활동적인 남성 동성애자를 고용해야 한다.[7]

이와 더불어 시민자유연맹은 기독교 사업체의 종교적 자유가 LGBT의 자유와 충돌할 경우 종교적 자유를 행사할 수 있어야 한다는 기독교 사업체의 권리를 반대했다. 시민자유연맹의 Lesbian

---

8) 역자 주: American Civil Liberties Union, ACLU.
9) 역자 주: ENDA-Employment Non-Discrimination Act - 성적 지향과 성 정체성 범주 포함.

Gay Bisexual and AIDS Project의 책임자인 제임스 에섹스는 "법원은 확고한 종교적 신념도 결코 인종과 성 차별을 정당화할 수 없다고 몇 번이고 반복해 왔다. 이러한 법령은 성적 성향과 성 정체성에도 동일하게 적용되어야 한다"고 했다.[8]

만약 당신이 제과점 등 개인 사업을 운영한다고 가정해 보자. 고객이 당신에게 당신의 종교적 신념과 근본적으로 상충되는 일을 요구한다면 어떻게 하겠는가? 에섹스의 답변은 이렇다. "당신은 사업을 하고 있고 그 사업을 모든 사람에게 열어야 한다. 당신은 종교시설이 아니라 과자점을 운영하고 있다."[9] 말이 되는가? 기독교인 제빵사가 동성 '결혼'을 위한 케이크를 굽는 것과 기독교인 사진작가가 결혼식과 피로연 사진을 찍는 것이(여기에는 동성 커플이 로맨틱한 포옹과 키스 포즈를 취하도록 만드는 행위 포함) 법적인 의무라고 한다면, 무슬림 혹은 정통파 유대교인 요리사도 돼지고기 요리를 만들어야 하는 의무를 져야 한다는 뜻이다.

마지막 시나리오는 다소 어처구니없게 보이지만, 첫 번째와 두 번째(그리고 더 많은 시나리오들이 있지만) 시나리오는 실제로 일어난 사건으로 기독교 사업체들이 차별 행위를 했다는 판결을 받았다. 바로 이것이 종교적 의무면제에 대해 에섹스와 시민자유연맹이 이토록 단호한 입장을 취하고 있는 이유다. 그는 이렇게 강조했다. "종교적 자유와 종교적 의무면제 주장은 너무 강력해서 우리에게 필요한 평등원리를 완전히 꺾어버릴 것이다."[10]

다시 말해 이것은 단순히 "서로 존중하며 살자"의 문제가 아니라 "동성애 운동의 목적과 충돌할 경우 당신은 종교적 자유를 누릴 수 없고 성경이나 당신의 믿음, 역사, 양심이 뭐라고 하더라도 당신은 당신의 신념을 가질 권리가 없다. 동성애 운동의 목적에 순응해야 한다"의 문제인 것이다.

다시 한 번 묻는다. 당신이 이러한 상황을 직면하게 된다면 어떻게 할 것인가? 성경적 도덕성과 하나님이 세우신 결혼의 의미를 지킬 것인가 아니면 백기를 흔들며 투항할 것인가?

옳은 일에는 대가가 따른다

나는 이 영적, 문화적 싸움이 사람들을 지치게 만들며, 특별히 오늘날과 같은 시대에는 더할 수 없이 낙담하게 만든다는 것을 충분히 이해한다. 그러나 포기하면 안 된다. 당신은 당신이 할 수 있는 것들에 대하여는 책임이 있고, 당신이 할 수 있으며 또 해야 할 일에 대하여는 당당하고 굳게 서야 하고, 당신이 올바르고 유익한 것이라고 믿는 것을 행하는 데 자부심을 가져야 한다.

당신이 동성애 혐오자나 편협한 사람으로 낙인이 찍힌다고 해서 무엇이 문제가 되는가? 예수님은 그보다 더한 이름으로 불렸다. 당신의 사업이 보이콧 당하고 당신의 교회가 제명당하고 당신 이름이 블랙리스트에 오른다고 한들 무엇이 문제인가? 미국에서 노예 제도에 맞서던 기독교인들은 이보다 더한 반대에 직면했으나 결코 굴복하거나 무너지지 않았다. 심지어 동성애 운동가들도 자신들의 대의를 위해 이보다 더한 일들을 극복하며 결코 물러서지 않았다. 어떻게 우리가 굴복할 수 있겠는가?

내가 이 글을 쓰고 있는 지금 이 순간에도 급진 이슬람 국가들에 사는 기독교인들은 자신들의 믿음을 지키기 위해 목 베임을 당하고 있는데, 서양 사회에 사는 우리는 페이스북에서 인기를 잃을까 염려하고 있다. 우리는 어찌 이토록 겁이 많은가? 어찌 이토록 나약한가? 하나님의 기준은 조금도 변하지 않았다는 것을 우리 스스로 마음 속 깊이 알고 있으면서 어떻게 굴복할 수 있겠는가?

지금처럼 마르틴 루터 킹 목사의 연설이 적절한 때가 없었다. "비겁한 사람은 이렇게 질문한다. 이것은 과연 안전한가? 편의주의자들은 이렇게 질문한다. 이것이 실리적인가? 허영심은 이렇게 질문한다. 이것이 대중적인가? 그러나 양심은 이렇게 질문한다. 이것이 옳은가? 이제 안전하지도, 실리적이지도, 대중적이지도 않지만 반드시 옳은 것을 선택해야 하는 때가 반드시 온다."[11] 지금이 바로 그 때다.

동성애 인권화 운동은 종종 당신을 겁박하려 들 것이며, 만일 당신을 설득하지 못하면 입을 다물게 만들거나 음해하려 들 것이다. 물론 이런 현상은 매우 역설적이다. 왜냐하면, 많은 동성애자들이 괴롭힘을 당하고 이를 대중에 호소하여 동정심을 얻는 방식을 취해왔기 때문이다. 일반적으로 사람들은 주로 피해자의 손을 들어주는 경향이 있기에 성경적 도덕성을 지키려는 우리가 괴롭히는 자로 그려진다면 대중은 우리에게 등을 돌릴 것이다.

그러나, 정작 오늘날 괴롭힘을 당하는 것은 그들이 아니라 우리다. 동성애 운동의 암묵적 만트라를 읽어보라: "당신이 무릎 꿇을 때까지, 우리는 협박하고 흔들어 댈 것이다." 하지만, 나는 이제 어떠한 대가나 결과를 치르더라도 우리는 절대 굴복하지 않을 것이라고 선포한다. 우리는 결코 우리의 양심을 저버리지 않을 것이며 우리가 확고하게 붙들고 있는 도덕적, 영적 신념을 타협하지 않을 것이다.

당신에 대한 동성애 운동가들의 진짜 생각

이 폭풍은 지나갈 것이라고, 또는 당신의 학교, 사업, 교회나 회중은 이 갈등을 피할 수 있을 것이라고 스스로 속아 넘어가지 않기를 바란다. 결코 그럴 일은 없다. 많은 동성애 리더들은 당신과 내가 KKK나 나치와 다를 바 없다고 진심으로 믿고 있다. 또한 그들은 반대의견까지도 존중하고 용인할 줄 아는 온건한 성품의 직장 동료들을 한사코 대적한다. 동성애 운동가 존 베커의 이야기를 살펴보라.

"우리 문화는 다른 형태의 "편협함"을 "존중"이나 "용인"으로 대하지 않는다. 성차별주의, 인종차별주의, 반유대주의와 같은 편견은 혐오감과 멸시로 다루어야 한다. 그런 사회적 악들에 대해서는 우리 사회가 이미 모욕과 낙인을 받아 마땅하다고 판단해 왔기 때문이다. 성차별주의자, 인종차별주의자와 반유대주의자들은 시민 담론의 과정에 설 자리가 없다. 브렌던 아이크[10] 사례에서 볼 수 있듯이, 이제 대중은 어느 때보다도 이 목록에 동성애 혐오자들을 추가할 준비를 갖춰가고 있다는 사실이다.[12]

뉴욕 타임즈 기자 조쉬 배로의 말을 빌리자면, "반 LGBT 태도[동성 '결혼' 등에 대한 반대]는 모든 사회의 구성원들에게 있어서 아주 끔찍한 것입니다. 이것은 좀처럼 사라지지 않고 우리를 억압합니다. 우리는 이것을 가차 없이 근절해야 합니다."[13]

이 사람들의 글이 의미하는 것은 그들의 표현을 더욱더 위협적으로 만들어 간다는 것입니다. 만약 우리가 성경적 도덕성을 긍정한다면 우리는 "편협"한 사람들이 되는 것이고, "성차별주의, 인종차별주의, 반유대주의와 같은 편견"을 고수하며, "사회적 악"을 수용하고, "좀처럼 사라지지 않는 억압"적인 생각을 하는 사람들이라는 뜻이다. 그렇기에 그들은 우리의 생각이 "모욕적이며 비난 받아 마땅"하고 따라서 우리를 "혐오와 멸시"로 대해야 하며 우리가 "동성애 혐오자"이기에 우리를 시민 담론의 자리에서 쫓아내야 한다는 것이다. 우리의 태도를 그야말로 가차 없이 근절해야 한다는 것이 바로 그들의 생각이다.

당신이 친절하게 대하고 미소 짓는다고 그들이 당신을 다르게

---

10) 역자주: 2008년 동성결혼금지(pro-marriage) 법안에 기부한 이유로 해고당한 CEO.

대할 것 같은가? 절대 그럴 일 없다. 동성애 운동가들의 눈에는 친절한 동성애 혐오자나 친절한 인종차별주의자나 별반 다르지 않다. 베커는 아이크 축출의 여파로 "반대의 자유" 문서를 서명한 동성애자 혹은 이성애자 리더들에게 다음과 같이 물었다.

만약 브렌던 아이크가 백인우월주의 혹은 신나치주의 단체에 기부한 사람이었다 하더라도 판결문의 "반대의견"에 따라 "신중한 고려"나 "활발한 공개 토론"이 필요하다고 요구할 것인가? 심지어 인종차별과 성차별, 반유대주의에 있어서도 동전의 양면같이 도덕적으로 같은 평가가 필요한 부분이 있다는 허구를 지키기 위해 그토록 애를 쓸 것인가? 아니면 동성애 혐오라는 "편협함"에 대해서만 유독 "용납"이 허용되는 것인가?[14]

피해자가 괴롭히는 자가 되다

지금 동성애 운동이 어느 정도까지 "괴롭힘" 운동이 되었는가? 브렌던 아이크가 사임을 강요당한 후, 유명한 동성애 저널리스트 앤드류 설리번이 했던 말을 살펴보자. "관용적이며 다양한 사회를 갈망하는 사람이라면 모두 비슷한 감정일 것이다. 나는 지금 이 모든 사태가 역겹다. 만약 이것이 오늘날 동성애 운동의 모습이라면-종교적 권리와 같은 것을 광신주의로 취급하여 상대를 몰아세우는 - 나는 빠지겠다."[15] 초급진자유주의자 빌 마어 또한 본인의 쇼 리얼 타임에서 이렇게 말한 바 있다. "내 생각에는 게이 마피아가 있는 것 같다. 그들을 거스르면 호되게 당한다."[16]

이것은 레즈비언 저널리스트이자 저자인 카밀 파글리아가 수년 전 자신의 책 《요부와 매춘부》에 쓴 이야기를 상기시킨다. 그녀는 이렇게 말했다. "나는 최근의 동성애 운동에 대해 심한 반감을 느낀다. 내가 나 스스로를 레즈비언으로 인정한 것이 스톤월 사건보다 앞섰다. 예일 대학원(1968-72) 시절 내가 동성애자임을 공개적으로 밝혔을 때, 당시에는 나뻔이었고, 또 나의 솔직함으로 인해 직업적인 면에 있어서 큰 대가를 치러야 했다. 나같이 과격하고 불미스러운 과거를 가진 사람도 "동성애 혐오자"라 불릴 수 있다면 – 실제로 그렇게 불리기도 했다는 것은 – 지금 이 정신 나간 동성애 운동이 얼마나 지나칠 정도로 스탈린주의적 모습을 띠게 되었는지를 여실히 보여주고 있는 것이다."[17]

스탈린주의? 게이 마피아? 그들이 종교적 권리를 그토록 맹비난했던 것처럼 상대방을 광신주의로 몰아세운다?

《A Queer Thing Happened to America》에서 나는 50페이지와 138개의 주석을 "빅 브라더가 당신을 감시하고 있다. 그런데, 그는 정말 동성애자다(Big Brother is Watching and He Really is Gay)"라는 주제에 할애했다. 그러면서 나는 "정말 섬뜩한 것은, 이 주제 하나로 책 한 권 쓰는 것이 그리 어렵지 않겠다는 점이다. 이 책도 상당히 길지만 아마 이보다 훨씬 길어질 것이다(《A Queer Thing Happened to America》는 700페이지 책이다)"라고 했었다. 다작으로 유명한 호주의 예리한 문화비평가 빌 뮐렌버그는 34개월(2011년 1월-2013년 10월)이라는 짧은 기간 동안 "믿음, 자유와 가족에 대한 확산되는 싸움의

165가지 사례"를 기록하며 "이것은 이 기간 동안 일어났던 사건들의 일부만 기록한 것일 뿐 전부는 아니다"라고 언급한 바도 있다.[18]

다음은 뮐렌버그가 인용한 헤드라인에서 발췌한 몇 가지 샘플이다.

- "퀘벡 인권재판소 '동성애 혐오발언'한 남자에 $12,000달러 벌금 선고"
- "동성애 아젠다에 반대한 영국 칼럼니스트 살해 위협"
- "종교적, 양심적 이유로 동성애를 반대한 교목, 군법회의에 회부(미국)"
- "게이 칼럼니스트: 사실을 직시하자. 우리는 아이들을 세뇌시키기 원한다"
- "결혼에 대한 신념을 지키다 해고당한 최고의 스포츠 앵커"
- "페이스북에 동성 '결혼' 비판한 플로리다 고등학교 기독교 교사 해임"
- "암스테르담 선임 랍비 동성애에 대한 입장 때문에 정직"
- "스웨덴에서 동성애 비판시 감옥행: 유럽인권재판소는 문제없다는 입장"
- "홈스쿨링한 14세 소녀 이성결혼 지지로 살해 위협"
- "동성 결혼 반대하는 기독교 결혼컨퍼런스 금지"
- "동성 커플을 위해 NHS 베이비 가이드[스코틀랜드]에서 '아버지' 삭제"

- "덴마크 정부, 교회에 동성 '결혼' 집례 의무화"
- "기독교 숙박업자(B&B) 동성 커플에 $4,500 보상"
- "민주당, '친권에 대한 공격'이야말로 성적 지향 치료를 금지하기 위한 주목적임을 시인"
- "대학에서 칙필레[11] 판매 중단"
- "동성애를 '죄'라고 불러 경찰에 체포된 기독교인, '일상생활 이데올로기 경찰'이라며 경고"

다시 말하지만, 이것은 단지 샘플들 중의 샘플일 뿐이다. 노스릿지 대학에서 쓴 "호모파시즘이라는 용어를 이해하기 위해 반드시 읽어야 하는 300가지 사례"라는 글이 있다. 다음은 "300가지 사례"의 일부이다.

- 전통적·자연적 결혼을 수호하는 14세 아이 살해 위협
- 캘리포니아 8번 개정안 지지자들이 겪는 고통－탄압, 위협, 기물파손, 책임전가, 실직, 경제적 곤란, 분노 시위, 폭력 및 백색 가루 동봉된 편지 배달과 최소 한 번의 살해 위협
- 은행 및 주요 기업체의 직원채용 설문 항목에 반동성애 감시진술 추가[19]

로페즈 교수는 인용된 각 사례에 대해 모두 링크를 걸어 두었다. 그런데, 이 긴 목록도 모든 사례를 소개한 것이 아니라 선택적

---

11) 역자 주: 'Chick-fil-A'는 치킨샌드위치로 유명한 미국의 대표적인 기독교 패스트푸드 사업체(주일 성수를 위해 대형 쇼핑몰에서조차 매장 문을 닫는 것으로 유명).

으로 꼭 필요한 것들만 모아 둔 것이다. 이제 그림이 명확하게 떠오르는가? 우리는 옳은 일을 위해 일어서야 한다. 용기와 결단이 필요하다. 그렇지 않으면 훗날 우리 자녀와 손자들로부터 어떻게 이토록 가혹한 사회적 변화를 눈뜨고 당했느냐고, 고작 힘없는 이념적 저항만 거듭했냐고 물어본다면, 뭐라고 답하겠는가?

믿는 자들과 도덕적 신념을 가진 자들이 최근 경험하고 있는 극도의 불관용 사례를 보자. 바로 이러한 이유 때문에 오늘 우리는 타협하거나 움츠리거나 굴복하지 않기로 결단해야 하는 것이다.

당신은 전문적인 상담을 받을 수 없다

캘리포니아 주나 뉴저지 주에서는 동성 지향을 가진 미성년자가 자신의 성적 지향의 원인을 알고 싶고 또 변화를 경험하고 싶어도 합법적으로는 전문상담을 받을 수 없다. 불법이다. 이 말은 과거에 성적 학대를 당한 17살짜리 여자 아이가 자신의 성적 혼란의 원인이 성적 학대에 있다는 것을 깨달았다 하더라도 또 그것을 벗어버리고 싶어도 이를 도와줄 전문상담가를 만나서는 안 된다는 뜻이다. 부모의 동의와 지원이 있어도 마찬가지다. 또한 동성애 때문에 자신의 종교적 신념, 도덕성, 또는 결혼해서 자녀를 갖고 싶어하는 단순한 욕구가 침해되더라도 자기가 원치 않는 동성 지향에 관해 아무런 상담도 받을 수 없다. 불법이기 때문이다![20]

설상가상으로 캘리포니아 주에서 이 법안을 입법한 테드 리우

상원의원은 "친권에 대한 공격이야말로 이 법안의 핵심이다. 우리는 결코 부모들이 자녀들에게 해를 끼치는 것을 허용하지 않을 것이다"라고 했다.[21] 그는 결혼한 이성애자다. 그의 주장은 정말 납득할 수 없다. 첫째로, 그의 법안은 자녀들이 상담을 받을 수 있는 권리 자체를 박탈한다. 둘째로, 청소년들이 상담을 통해 도움을 받았다는 증언들이 수없이 존재한다. 셋째로, 어떠한 상담이나 치료도 늘 100% 효과가 있는 것이 아니다. 따라서 만약 자녀들에게 잠재적으로 해가 될 만한 상담을 금지해야 한다는 논리라면, 결국 거의 모든 종류의 상담이 금지되어야 할 판이다.

도대체 누가 부모의 지원이나 본인의 선택으로 전문적인 상담을 받는 것을 금지할 수 있는 권한을 국가에게 주었단 말인가? 어떤 이유로도 이것은 결코 합리화될 수 없는 논리다. 2009년 "양성애 회담"(Bisexual Summit)에서 발표된 연구에서(의도적이었는지는 확인할 수 없으나) 양성애자 74%가 아동기 성적 학대를 경험했으며, 많은 사람들이 자기가 원치 않는 성적 이끌림이나 욕구를 갖게 된 근원이 과거의 성적 학대일 수 있다는 사실이 발표되었을 때, 이 문제는 더욱 심각해졌다.[22]

정신건강 전문가인 데이빗 클라크 프루덴은 이렇게 외쳤다. "정신건강 전문가가, 건강한 삶의 방식을 찾고 싶어 하는 환자 본인의 자유와 모든 국민에게 성적 자기결정권(자신의 개인적인 목표와 가치관에 따라 성적 행동, 정체성과 느낌 형성)이 있다는 주장을 법적으로 제한하려는 것을 반대하면, "동성애 혐오자"로 몰릴 수 있는 세상

을 한번 상상해 보라. 지금 2015년 미국이 그런 상태다. 미국에 온 것을 환영한다."²³

여기가 끝이 아니다. 캘리포니아 주 법안이 통과되기 약 1년 전, 같은 주에 거주하는 레즈비언 2명이 뉴스 헤드라인을 장식한 사건이 있다. 그들은 입양한 어린 아들에게 호르몬 차단제를 투여하고 있었다. 사춘기가 오지 않도록 하기 위해서였다.

소녀가 되어가고 있는 11살짜리 소년의 레즈비언 부모들은 아이가 어릴 때 성전환을 하는 것이 아이에게 더 낫다고 주장하며 본인들의 결정을 옹호했다. 지금은 자신을 태미라고 부르는 토마스 로벨은 소년으로 사춘기를 맞지 않도록 현재 효과성 논란이 있는 호르몬 차단제 치료를 캘리포니아 버클리에서 받고 있다. 토마스는 7살 때 스스로 성기를 훼손하겠다며 위협했었다. 정신과 의사는 그를 성정체 장애로 진단했다. 8살 되던 해, 토마스에게 성전환이 일어났다.²⁴

따라서, 캘리포니아 주에서는, 양부모가 어린 아들에게 호르몬 차단 치료를(아이의 건강에 어떤 장기적인 영향을 미칠지 아직 연구가 이루어지지 않은 상태) 받게 하며, 그 아이가 마치 여자아이인 것처럼 옷을 입혀 관계를 형성해 나가고, 영구적이며 되돌릴 수 없는 성전환 수술을 최대한 어린 나이에 받도록 준비시키는 것은 합법이지만²⁵, 동성에 대해 자신이 원치 않는 성향을 가진 미성년자가 심리학자나, 정신과 의사 또는 다른 어떤 상담가나 치료사와 앉아 이야기를 나누는 것은 불법이다.

어떤 주들은 이에 반발하여 유사 법안을 거부하기도 했다.²⁶ 나는 모든 입법자들에게 환자 – 상담가의 권리를 침해하고 있는 공격에 맞서고, 그 과도함을 폭로하며, 교회 지도자들이 이 중대한 사안에 대해 입법자들에게 자신들의 입장을 분명히 밝히도록 할 것을 독려한다. "동성에 대한 원치 않는 이끌림으로 고통 받는 남녀의 회복을 위해 섬기는" 동성애자 어나니머스(Homosexuals Anonymous)라는 온라인 그룹은 SOCE(성적지향전환시도) 권리장전을 발표했다. 그 내용은 다음과 같다.

I. 모든 개인에게는 성적자기결정권에 대한 윤리적, 의학적, 법적 권리가 있다.

II. 모든 개인에게는 "숙고된 결정"을(informed decision) 내리기 위해 본인의 선택에 대해 탐구하며 알아갈 윤리적, 의학적, 법적 권리가 있다.

III. 모든 개인에게는 인간의 성적 유동성에 대한 "진실한 과학"에 대해 관련 단체나 종사자로부터 충분하게 전달 받을 권리가 있다.(fully informed)

IV. 모든 개인에게는 본인의 선택에 따르는 알려진 의학적, 심리학적 위험에 대해 관련 단체나 종사자로부터 충분하게 전달 받을 권리가 있다.

V. 모든 고객 개개인의 문화적, 윤리적 혹은 종교적 신념을 강요, 억압 혹은 교란하려는 어떠한 시도도 행하지 않기로 선서한 전문가들은 선서대로 행할 의무가 있다.

VI. 성적 자기결정권에 대한 권리를 강요, 억압 혹은 교란하고자 하

는 전문가나 단체의 시도나 행위는 선서 위반, 법적 판례의 모독이며 고객의 이익에 반하는 것이다.[27]

그들에게 이것은 근본적인 자유에 관한 문제다.(생각해 보라, 누가 그들의 성적 자기결정권을 박탈할 수 있는가?) 또한 그들은 이 권리장전을 다음과 같이 끝맺고 있다. "우리와 우리의 지지자들은 이러한 결단에 따라 삶을 살 권리, 그리고 우리가 처음 창조된 대로 사는 것을 선택할 권리, 건강과 건전한 영적 생활을 할 수 있는 자유를 요구한다."[28]

어떻게 우리가 그들과 함께, 또 그들을 위해 일어서지 않을 수 있겠는가?

당신은 당신 자신의 의견을 가질 수 없다

매우 존경받는 전 NFL(미식축구) 감독 토니 덩기는 현재 NFL TV 분석가다. 하루는 기자가 그에게 리그에서 처음으로 자신이 동성애자라고 공개한 마이클 샘을 드래프트 했을지에 관해 묻자, 이렇게 답했다. "나라면 그를 드래프트 하지 않았을 것입니다. 마이클 샘에게 뛸 기회가 없어야 한다고 믿기 때문이 아니라 그저 이 모든 것에 대해 신경 쓰고 싶지 않기 때문이죠." 그는 덧붙였다. "결코 조용히 넘어가지는 않을 거예요 … 분명 어떤 일이 터질 것입니다."[29] 그는 자신의 미식축구 철학을 바탕으로 질문에 솔직하게 답한 것뿐이었지만 그 발언 때문에 여론의 거센 비난이 쏟아졌다.

덩기로서는 수많은 비난을 받은 자신의 발언이 있기 수개월 전 1) 샘이 NFL에서 뛸 수 있는 기회를 받을 자격이 있는지(덩기는 "전적으로 그렇게 생각한다"라고 답했다.) 2) 샘의 "성적 지향이 선수 평가의 요인이 되어야 하는지"에 대해(덩기는 "그렇게 되어서는 안 된다"라고 답했다.) 3) 그가 덩기 팀의 일원이 되는 것에 대해 개인적으로 문제될 것이 있는지에 대해(덩기는 "결코 그런 문제는 없다"라고 답했다.) 질문을 받았었던 사실을 밝히며 자신의 답변을 더욱더 명확하게 하기 위해 애를 썼다.

덩기는 또한 "NFL에서 뛰는 것은 선수로서의 실력에 관한 것이며 반드시 그것에 대한 것이어야만 한다"라며 강조하고 리그에서 샘의 성공을 기원하며 다음과 같이 말했다. "제가 간절히 바라는 것은 우리가 그의 성적 지향이 아닌 그의 플레이에 집중하는 것입니다." 덩기가 대답을 했던 질문은 과연 그가 샘을 드래프트 했을지에 관한 것이었으며 샘이 언론의 집중 보도를 받았던 점과 그로 인해 팀의 집중력이 떨어질 수 있기에 덩기는 드래프트하지 않겠다고 한 것이다.

오프라가 샘이 트레이닝 캠프에서 어느 정도의 실력을 선보일지에 대해 리얼리티 쇼를 진행할 예정이었지만 취소되었던(아마도 NFL의 영향력 행사로) 사실을 주목할 필요가 있다. 바로 이러한 큰 맥락 가운데 덩기는 이렇게 설명했다. "그것은 내가 수년간 다듬어 온 드래프팅 철학, 즉 내 팀의 집중력을 떨어뜨리는 요소들을 최소화시켜야 한다는 나의 드래프팅 철학에 대한 질문이었습니다."

그의 답변은 논리적이었고 다른 팀들도 고려했던 부분이었다. "나는 마이클의 성적 지향이 팀원들이나 단체를 산만하게 할 거라고는 생각하지 않습니다. 그러나 분명히 이를 동반하는 미디어의 관심과 집중이 산만하게 할 것이라고 생각합니다. 안타깝지만 지금 우리는 이 모습을 목격하고 있고, 제가 한 말 때문에 상황이 더 산만하게 된 것에 유감을 표명합니다."[30] 간단히 말하자면, 이런 것이다.

기자(인터뷰 진행자): 감독님, 지금 이 상황에 대한 감독님의 진솔한 생각을 듣고 싶습니다.
감독: 아주 좋은 질문입니다. 이것이 제 생각입니다.
기자(인터뷰 진행자): 어떻게 감히 그런 생각을 할 수 있습니까! 우리 동성애 활동에 위반되는 말을 하는군요!

터무니없이 들릴지 모르지만 요즘은 스포츠 분석가나 전 감독들이 정치적으로 정당하거나 동성애적 관점과 조화를 이루는 답변을 하지 않는 이상 이러한 질문에 솔직히 답하는 것은 위험하다. 어쩌다가 이토록 급속하게 이 지경에 이른 것인가? 하루는 NFL 선수가 자신을 동성애자라고 밝히는 것이 논란으로 비춰지더니, 그 다음 날에는 그것을 논란이라고 말하는 것 자체가 논란이 되어버렸다.

또한 이것은 결코 일회적인 사건이 아니다. 토니 덩기가 혹독한 비난을 받고 있던 시기에 뉴욕 자이언츠 미식축구협회는 "선수 개발" 부서 디렉터로 데이빗 타이리가 임명된 것 때문에 비난을 받았다. 타이리는 자이언츠 팬들 사이에서 뉴 잉글랜드 패트리어츠를 상대로 기적적인 캐치를 성공해 슈퍼볼을 승리로 이끈 전설적인 선수였다. 타이리는 또한 독실한 기독교인이며 "동성애자로 태어난다는 주장에 대한 어떠한 과학적인 증거도 없으며" 또한 "한때 동성애자"였던 사람들을 만난 적이 있다며 과거에 결혼에 대한 재정의를 반대한다(이성 결혼을 수호하기 위한 모금 운동을 위해 자신의 유명한 미식축구 헬멧을 기부하겠다고 할 정도로)는 자신의 입장을 분명히 밝힌 바 있다.

이성 결혼을 수호하고자 하는 그의 열정은 박수를 받을 만하며 동성애는 선천적인가 하는 문제 그리고 "한때 동성애자"에 대한 그의 발언은 상당히 정확하다. 물론 동성애 진영의 반대 주장은 매우 히스테리적이다.(더 자세하게는 "제6원칙: 거짓을 떨쳐낼 때까지 지속적으로 진리를 선포하라" 참고) 동성애 운동가들은 모든 논쟁 주제에 억압과 비방을 동원한다. 이런 "괴롭히기 작전"을 따르는 단체인 (매우 부적절한 이름이지만) '인권캠페인(HRC: Human Rights Campaign)'은 자이언츠의 결정을 거세게 비난했다. 그들은 타이리의 주장이 "전미의학협회, 전미정신의학회, 전미심리학회 등 이 나라의 모든 주요 의학 및 정신건강 기관에서 잘못된 것이라고 확인했으며 심지어 규탄까지 하고 있다"고 했다.

이 와중에 HRC 회장 채드 그리핀은 이런 질문을 던졌다. "언제부터 타이리가 이성애자가 되기로 결정했나? 사람이 자신의 성적 지향이나 성 정체성을 전환할 수 있다는 생각은 터무니없는 이야기이다. 그리고, 뉴욕 자이언츠는 이런 쓰레기 과학을 공개적으로 주장하는 사람을 고용해서 본인들의 신뢰도를 위태롭게 하고 있다. 그가 기본적인 법적 평등을 반대하는 것은 차치하고라도 이러한 위험한 관행을 전도하려는 것은 자이언츠가 지난 수년간 쌓아온 선행에 반하는 행동이다."[31]

다시 말해 그들은 기본적인 동성애 교리를 반복하며 그들을 반대하는 사람들을 거칠게 몰아붙이겠다는 것이다. 그리고 만약 누구라도 동성애 진영의 "괴롭힘"에 대해 문제제기를 한다면, 그는 직업과 관련해서 심각한 대가를 치르게 된다는 것이다.

이러한 억압적 사고구조에 따라 뉴욕 스포츠 기자인 댄 그라지아노는 이렇게 자신의 의견을 밝혔다. "타이리는 '선수 개발' 팀의 디렉터 자리에 어울리는 충분한 자격을 갖추었는지 모른다. 아마 그는 정말 그 일을 잘 수행해낼지도 모른다. 또한 이 사안에 대해 그가 갖고 있는 중세 시대적 사고방식이 직무수행 능력이나 선수들과의 교감에 아무런 영향도 미치지 않을 수도 있다. 그러나 현재 NFL과 지금 우리가 살고 있는 세상을 고려했다면, 자이언츠가 이런 귀머거리 같은 결정보다는 좀더 나은 선택을 할 수 있었지 않을까 생각한다."[32]

무슨 말을 했는지 이해했는가? 결혼이 남자와 여자의 결합이라고 믿는 것이 "중세 시대적"인가? 사람이 동성애자로 태어난다는 확실한 과학적 증거가 없다는 것을 깨닫는 것이 "중세 시대적"인가? 동성애라는 이름으로 다양성과 진리를 공격하는 것이야말로 "중세 시대적"인 것이 아닌가?[33]

자이언츠로서는 이것이 타이리의 개인적인 생각이며 구단 입장이 아니라고 해명했다. 타이리는 HRC에 대꾸하지 않고 그저 구단을 위해 일을 할 수 있게 된 것이 기쁘다는 말만 했다. 토니 덩기는 계속해서 아무런 방해 없이 방송을 진행하고 있다. 이것이다. 즉, 과도한 동성애 운동을 극복하는 가장 좋은 방법은 자기 입장을 굳게 지키며 물러서지 않는 것이다. 미안하지만, 우리는 데이빗 타이리를 해고하거나 토니 덩기를 징계할 생각이 없다. 끝.

당신은 탄원서에 서명할 수 없다

2011년 1월 안젤라 맥카스킬 박사는 청각장애 학생들을 위한 최고의 대학으로 널리 알려진 워싱턴 DC의 갈루뎃 대학에서 최초로 최고다양성책임자(Chief Diversity Officer) 자리에 올랐다. 청각장애를 가진 아프리카계 여성 미국인으로서 그녀는 그 일에 아주 적합한 인물이었다. 사실 그녀는 갈루뎃에서 박사학위를 받은 최초의 청각장애 아프리카계 여성 미국인이었다. 그리고 그 자리에 오르기 전까지 약 20년간 그 학교에서 근무하며 학생회의 인기를 한 몸에 받아왔다.

그러나, 여기서 그녀는 큰 죄를 범하고 만다. 그녀는 미국시민으로서 누릴 수 있는 자유를 행사하여, 메릴랜드 입법자들에게 결혼 개념의 재정립 이슈에 대해 주민투표를 허용해 달라는 탄원서에 서명했다. 그녀의 고향은 메릴랜드 주였다. 그것이 전부였다. 그녀는 동성 '결혼'을 비난하지도, 공개적으로 반대하지도, 어떠한 경멸적 발언이나 동성애 혐오도 표현한 적 없다. 오히려 그녀와 그녀의 남편은 그녀가 다니는 교회의 목사가 결혼에 관해 전한 말씀을 듣고 올바른 정신을 담고 있는 탄원서에 서명하기로 결정한 것이었다. 이로써 그녀는 그 탄원서에 서명을 한 20만 명과 함께 하게 되었다.

그렇다면 어떻게 이런 개인적인 행동마저 공적인 관심사가 되는 것일까? 동성애자들의 전형적인 겁주기 공식에 따라, 서명자들의 이름은 동성애 출판물에 공개되었고 뒤따라 한 레즈비언 교수가 맥카스킬 박사를 학교 당국에 고발했다. 결국 학교 측은 총장의 승인 하에 신속히 그녀를 정직시키기에 이르렀고, 맥카스킬 박사는 이로 인한 정신적 고통으로 의사의 치료를 받아야 했다.

이토록 폭력적이고 강압적인 행위가 어디 있는가? 그러나 이것은 "다양성 경찰"의 활동을 완벽하게 보여주는 사례로, 그들은 이렇게 반응한다.

반대자들은 결혼이 한 남자와 한 여자의 결합이라고 믿는 맥카스킬 박사가 최고다양성책임자로서 직무를 제대로 수행해 낼 수 없을 것이라고 주장했다. 하지만, 실제로 그녀의 직무가 LGBT 사안들과 특별히 연관성이 있었던 것은 아니었다.(그녀의 정직 기간 동안 학교 홈페이지에 소개된 "다양성과 포용 사무소" 설명에는 게이나 레즈비언에 관련된 문제들을 언급한 부분이 없음) 그보다 더 중요한 것은 "청각장애자동성애(DeafQueer) 사회를 지지하는 커뮤니티 사이트"인 "Planet DeafQueer"에서 익명의 한 학생이 이렇게 글을 올렸다. "맥카스킬 박사는 학생들 사이에 인기가 많다. 그녀는 LGBT 커뮤니티의 든든한 협력자이며 LGBTQA 지원 센터의 많은 프로그램들을 후원하고 지지해 주었다. 나는 지금 현 상황에 대해 마음이 아프다."[34] 자신의 기독교적 신념과 무관하게 그녀는 모든 학생들의 조력자였다. 그 글은 전교생을 향한 그녀의 진실된 배려와 마음에 대한 찬사였다.

전교생의 종교적 다양성을 고려해서 최고다양성책임자에 적합한 인물은 기독교인이자 동시에 불교신자, 무슬림, 힌두교신자, 유대인, 무신론자여야 한다고 주장할 사람이 있을까? 아니면 올바른 직무 수행을 위해 현재 전교생의 모든 인종을 한 몸에 구현한 사람이어야 한다고 말할 사람이 있을까? 그렇다면, 그녀가 성경적인 기독교적 가치관을 가졌기 때문에 다종교, 다인종, 남녀로 이루어진 전교생을 위해 섬길 수 없다고 누가 주장할 수 있겠는가? "다양성"과 "포용성"은 도대체 어디로 갔는가?

학교 웹사이트에 소개된 내용을 빌려오자면, 최고다양성책임자가 남자와 남자가 결혼할 수 없고 여자와 여자가 결혼할 수 없다고 믿으며 "학교의 모든 다양한 구성원들이 성장하고 발전하도록 학문적인 질을 높이며 지원적인 분위기를 조성하는 것"이 가능한가? 물론 당연히 가능하다. 결혼 개념의 재정의가 필요없다고 믿는 사람도 LGBT 단체의 친구가 될 수 있기 때문이다.

다행히 맥카스킬 박사가 정직 처분을 받은 지 채 1주일이 지나기 전, 워싱턴 타임즈가 "메릴랜드 동성결혼 논란의 양측 리더들이 전통적 결혼에 찬성하는 탄원서에 서명한 일로 해고당한 직원을 복직시킬 것을 갈루뎃 대학에 촉구하고 있음"이라고 보도했다.[35] 기자회견에서 수화로 소통하는 이 여자를 괴롭히는 것은 견디기 힘든 일이었는가 보다.

좋은 소식은 바로 그녀가 복직했다는 것이다. 나쁜 소식은 그녀가 이런 일을 겪은 것 자체가 어처구니없는 사건이었다는 것, 그리고 복직까지 아주 고통스러운 3개월의 긴 시간이 필요했다는 것이다. "메릴랜드 결혼 연합"의 디렉터인 데릭 맥코이 목사는 마땅히 이렇게 질문했다. "만약 그녀의 고용주가 민주주의를 실천하는 한 방법인 탄원서를 규합하는 행동을 규제할 수 있다면, 그녀가 기표소에 들어가 누구에게 투표할 것인지도 그가 지시할 수 있다는 것인가?"[36]

당신이 살고 싶은 나라가 바로 이런 곳인가? 이런 방식으로 삶을 규제하고 위협하는 나라에서 당신의 자녀와 손주들이 자라기를 바라는가?

안타깝게도 맥카스킬 박사는 다시 한 번 수모를 당해야만 했다.

그녀의 기독교적 신념으로 인해 받은 고통과 차별에 대해 학교 당국을 상대로(당초 그녀를 제보한 레즈비언 교수에 대해 구체적으로 언급) 소송을 제기했지만, 연방법원에서 기각되었다. 제임스 보아스버그 판사는 학교의 처사가 결코 불법이 아니라고 보았다. "맥카스킬이 받은 어떠한 부당한 대우도 그녀의 성적 지향이나 혼인 여부, 혹은 인종에 의한 것이 아니었다. 혹시라도 부당한 대우가 있었다면 그것은 바로 정치적인 탄원서를 서명하기로 한 그녀의 결정 때문이었다."[37]

연방법원 판사가 이따위 판결을 내렸다는 것이 말이 되는가? 가령 레즈비언 교수가 동성 '결혼'을 지지하는 탄원서에 서명한 후 맥카스킬 박사와 같은 대우를 받았다면, 그 판사가 같은 결정을 내렸을까? 단지 결혼 개념의 재정립을 위해 투표할 권리를 두고 동료 시민 20만 명과 함께 탄원했다는 이유만으로 교직원들에게 맥카스빌 박사를 개인적으로 직업적으로 비하하고 트라우마를 입힐 권리가 있다고 말하고 있는 것이 아닌가?

이러한 부당한 상황에서도 빛이 비추었다. 비록 완전한 승리는 아니었고 불필요한 고통을 감수해야 했지만, 동성애의 "괴롭힘"은 결국 낱낱이 드러나고 결국 패배했다. 어떠한 것이든 지나치면 부메랑이 되어 돌아오게 된다.

당신은 가정을 보호하는 단체에 기부할 수 없다

2008년 캘리포니아 주 의회에서 의안 8번 개정안이 통과되자, 동성애 운동가들은 법안 통과를 위해 기부한 사람들의 이름을 공개했다. 이 때문에 교회의 기물들이 파손되고 개인과 사업체들이 위협을 받는 사건이 일어났다.[38] 할리우드에 있는 전설적 멕시코 레스토랑 공동 소유주인 마저리 크리스토퍼슨이 8번 개정안에 100달러를 기부했다는 소식이 돌자, 동성애 웹사이트들은 그 레스토랑에 불매운동을 외쳤고 결국 크리스토퍼슨은 LGBT 모임에서 공개적인 사과를 해야 했다. "저로 인해 상처를 입은 동성애 사회의 여러분에게 사과를 전합니다." 그녀는 계속해서 이어갔다. "저의 가족, 친구, 함께 일하는 사람들 중에 동성애자들이 있습니다. 여러분은 제게 너무나도 소중한 사람들입니다."[39] 심지어 이런 내용도 있었다. "동성애자 한 명이 에이즈로 죽었을 때, 마저리는 그의 어머니가 장례식에 참석할 수 있도록 경비를 지불했습니다."[40]

마르고 키가 큰 크리스토퍼슨은 그 모임의 한가운데 섰다. 대략 3분 정도의 준비된 발언을 하는 동안 그녀의 몸은 떨리는 듯했다. 레스토랑 직원에 따르면, 그녀가 기절할까봐 그녀의 딸들이 양측에서 그녀를 붙잡아 주었다. 때때로 크리스토퍼슨은 감정이 격앙되어 연설을 이어가지 못하기도 했다. 캘리포니아 주민들이 한 번도 아닌 두 번 통과시킨 법안, 그리고 그 당시 대통령 후보 버락 오바마가 정의한 것과 같은 결혼의 정의, 즉 결혼을 남자와 여자의 결합으로 정의하는 법안을 감히 지지했다는 대가로 그녀가 반드시 치러야 했던 속죄 의식이었다.

모르몬이었던 크리스토퍼슨은 몸을 떨며 울먹이는 목소리로 말했다. "내가 일생을 굳게 간직했던 믿음을 바꿀 수는 없습니다. 여러분과 여러분의 생각에 대한 저의 사랑과 존중은 어떠한 경우에도 변하지 않을 것입니다." 부정적 여론은 사그라들지 않았고 얼마 지나지 않아 그녀는 사임했다. 전통적 가족의 가치를 지키는 데 앞장서는 지도자 중 한 사람인 매기 갤러거는 이렇게 말했다.

"마저리의 사임은 "반 8번 개정안" 그룹을 더욱더 자극했을 뿐이다. 웨스트할리우드지는 이렇게 보도했다. "다른 불매운동에 대한 뉴스를 전하자면, 8번 개정안에 반대하는 운동가들이 8번 개정안을 후원하고 찬성한 사업체들에게 보복할 목적으로 동료 캘리포니아인들의 시민권을 박탈하고자 찬성자들의 명단을 모아 온라인에 공개하려 한다."

이것은 완전히 새로운 전략이다. 특정 목적에 기부하거나 혹은 손님을 홀대하는 사업체들에 대해 불매운동을 하는 것은 오랜 동안 미국 민주주의 실천의 한 부분으로 수용되어 왔다. 그러나 한 사업체와 관련된 개인이(사적으로) 특정 목적 기부를 했다고 사업 전체를 표적으로 삼는 것은 완전히 새로운 것이다. 이것은 근본적으로 매카시즘과 다를 바 없다. 동성결혼 운동가들은 누군가 공개적으로 그들과 동의하지 않는다고 하면 직장도 갖지 못하도록 만들고 싶어 한다.

정상적인 동성결혼 지지자들은 마저리에게 일어난 일에 대해 개탄할 것이라 생각한다. 그러나 이것이 그들 운동의 실상이다: "우리와 함께하지 않으면 다친다."⁴¹

갤러거는 결코 과장하지 않았다. 우리는 도망치고 숨어서는 안 된다. 오히려 더욱 적극적이며 담대하여야 한다.

당신은 변호사로서 일을 할 수 없다

캐나다의 브리티시 콜럼비아 소재 트리니티 웨스턴 대학은 학생들과 교직원들에게 혼외(여기서 결혼은 남자와 여자의 결합을 의미한다.) 성관계를 갖지 않겠다는 "공동체서약"에 서명할 것을 요구하는 기독교 학교로 알려져 있다.⁴² 그런데, 이것이 캐나다 변호사협회와 충돌을 일으켰고, 2014년 4월 24일, "캐나다 최대 주의 변호사협회는 트리니티 웨스턴 대학 졸업생들의 가입을 허락하지 않기로 결정했고" 노바스코샤 변호사협회도 얼마 지나지 않아 그 뒤를 따랐다.⁴³

그 후 2014년 6월 10일에 발표된 내용이다.

"브리티시 콜럼비아의 변호사들은 그 기독교 대학의 로스쿨 설치 계획을 거부했다. 물론, 이 결정은 구속력이 없다. 그러나, 이는 이성결혼 외 성관계를 금하는 학교정책을 강하게 비난하는 것이다. 이 투표로 브리티시 콜럼비아 프레지저밸리에 위치하고 있는 4,000명 학생

규모의 트리니티 웨스턴 대학은 행정절차에 차질을 겪게 되었고, 사립학교가 학생들에게 동성애에 대한 종교관을 강요할 수 있느냐를 놓고 열띤 논쟁이 가속화될 것으로 보인다."[44]

이에 대한 트리니티 웨스턴 밥 쿤 총장의 응수는 적절했다. "트리니티 웨스턴 로스쿨 인가를 불허하겠다는 투표는 트리니티 웨스턴 대학, 그 신앙공동체 및 수많은 믿음의 형제자매들이 캐나다의 사회적 다원성 원칙 하에서 환영받지 못하는 존재라는 메시지를 전달하고 있다."[45] 그러나 투표는 3,210:968로 끝났고, 결국 학교 측의 손을 들어주지는 않았다.

트리니티 대학은 법원에 이의를 제기했으나 기각되었고, 2014년 12월 12일에 "브리티시 콜럼비아 고등교육부는 동성 관계에 대한 입장으로 논란을 빚어온 트리니티 웨스턴 대학에서 제출한 로스쿨 설립안은 기각되었다"는 보도가 있었다.[46] LGBT가 말하는 "평등"의 이름 아래 이 기독교 로스쿨 졸업생들은 학업과 무관하게 "당신은 변호사로서 일을 할 수 없다"는 이야기를 듣게 된 것이다. 그저 기독교 신념에 따라 동성 결혼을 인정할 수 없다고 하는 이유만으로 그들은 차별을 당하고 있는 것이다.

이곳 미국에서 2014년 8월 40만 명의 회원들로 구성된 미국변호사협회가 "미국과 전세계의 레즈비언, 게이, 양성애자와 트랜스젠더들을 향한 차별의 종결을 촉구하는 새 결의안을 채택했다"고 발표했다.[47] 이것이 기독교 로스쿨에 어떤 영향을 미치게 될 것인가? 이미 몇몇 기독교 대학과 신학교는 성경적 관점에서 동성애를 반대하여 인가 과정에 어려움을 겪고 있다. 그들은 세상의 눈밖에 나지 않기 위해 영적 및 윤리적인 자살을 할 것인가?[48]

이 책을 읽는 모든 교육자와 행정가들에게 말하고 싶다. 인가기관과 변호사협회 및 부유한 기증자나 재단에 당신의 영혼을 팔지 말라. 만약 당신이 이러한 압박에 굴복하게 된다면 이것이 학생들과 졸업생들에게 어떠한 메시지가 될지 한 번 생각해보라. 또한 어느 시점에서 "이것은 도가 지나쳐"라고 말하며 선을 그을 것인지도 생각해보라.

만약 그러한 선이 존재한다면, 지금 선을 긋지 않을 이유가 있는가? 원칙을 고수하며 고결하고 명예로운 사람으로 남는 것이 LGBT 진영의 요구에 굴복하는 것보다 낫다. 그리고 만약 이에 관해 의문이 있다면 이렇게 자문해 보라: 하나님은 어떤 결정을 축복하실까?

당신은 입양할 수 없다

영국고등법원은 최근 15명의 아이들을 위탁양육하거나 입양한 영국의 한 부부가 동성애를 부정했다는 이유로 아이들을 더 위탁받거나 입양할 수 없다는 판결을 내린 바 있다. 60대의 유니스와 오웬 존스는 다음 아이를 가정으로 데려오기 전 동성애자 상담가의 인터뷰를 가졌고 이 상담가는 동성애에 대한 그들의 관점에 대해 깊이 파고들었다. 이 부부는 자신을 동성애자라 밝히는 아이에게 똑같이 사랑과 관심을 베풀 것이지만 그 아이의 동성애를 긍정하지는 않겠다는 것을 분명히 했다. 그 결과 동성애 운동단체가 그들을 상대로 소송을 제기했고 법원은 동성애 단체의 손을 들어 줬다.

유니스 존스는 이렇게 설명했다. "우리는 가정이 필요한 아이들에게 사랑이 넘치는 가정을 베풀고 싶은 것뿐이에요. 우리는 양부모로서 이미 좋은 기록이 있는데 다만 성윤리에 관해 전통적인 견해를 가졌다는 것만으로 양부모로서 자격을 잃은 셈입니다."[49]

판결이 얼마나 극단적이었는지 동성애자이자 무신론자인 데이빗 스타키는 이에 염려를 비쳤다. "나는 동성애자이다. 그리고 무신론자이다. 그러나 이 사건에 대해서만큼은 깊은 의문을 가질 수밖에 없다. 내가 보기에 우리는 지금 과거의 억압적인 모습과 전혀 다를 바 없는 새로운 압제적 도덕성을 만들어내고 있는 것 같다. 동성애자로 커가는 것은 결코 쉬운 일이 아니었다. 사람들은 눈살을 찌푸렸다. … 새로운 진보적 도덕성도 이전과 마찬가지로 불관용적이며 억압적이며 강요적이라는 사실은 아주 깊이 우려스럽다. … 나는 결코 '사상 범죄'를 옹호할 마음이 없다."[50]

BBC의 뉴스 보도를 보자. "법원은 대부분의 일반적인 기독교인들은 좋은 양부모가 되겠지만 존스 부부와 같이 전통주의적 기독교 관점을 가진 사람들은 그렇지 않을 것이라고 판단함으로써

기독교의 종파를 차별했다."⁵¹

영국의 많은 법원에서 동성애 권리가 기독교 권리보다 더욱 옹호되는 것 같은 모습을 보이고는 있으나, 이와 같은 사례는 반기독교적 편견을 드러내는 것으로 돌출적인 사례가 아니다.⁵² 실제로 대법원의 부원장인 브렌다 헤일 여남작은 동성 커플에게 민박 서비스를 거부한 기독교인 부부에게 유죄를 선고하여 대대적인 관심을 받았던 판결에 있어, 그녀와 법원이 틀릴 수도 있다는 사실을 인정한 바 있다.(서면으로 된 민박집 규칙에 따르면 더블룸은 결혼한 부부에게만 렌트한다고 쓰여 있으며 여기서 부부란 당연히 이성 부부를 뜻한다.) 영국의 데일리 메일의 기사에 따르면 "헤일 부인은 최근 연설에서 법이 기독교인들의 믿음을 충분히 보호하지 못하고 있다고 말했다. 특히 게이 커플이 기독교 호텔리어 피터와 헤이즐메리 불을 고소한 역사적 사건에서, 그녀 자신의 판단력 자체에 의문을 내비쳤다. 헤일 부인은 불과 같은 기독교인들을 위한 "양심 조항"을 만들어야 한다고 제안했다."⁵³

다행스럽게도 영국고등법원이 불 부부를 고소한 게이 커플의 변호사비 및 소송 비용을 불 부부가 지불해야 할 필요가 없다는 판결을 내렸다. Christian Institute의 콜린 하트는 이렇게 말했다. "마침내 판사들도 법이 공정하지 않다는 것을 인식하기 시작했다. 대법원이 기독교적 양심을 더욱더 보호할 수 있는 방안들을 많이 마련했으면 하는 것이 나의 바람이다."⁵⁴ 비록 몹시 미미하지만 영국의 형세가 변하고 있는 것은 아닐까?

우리는 이미 미국에서 꽤나 큰 타격을 받았다. 예를 들어, 카톨릭 자선기관들은 아이들을 동성애 가정에 입양 보내야만 하는 상황을 피하기 위해 입양 서비스를 중단할 수밖에 없었다. 수동적으로 가만히 앉아 기다리지 않아도 후에 어떤 일들이 일어날지는 뻔하다. 우리의 상대가 적극적으로 그랬듯이 우리 또한 형세를 전환하기 위해 가족을 지키고자 하는 우리의 뜻을 강력히 밀고 나가야 한다.

당신은 반대 의견을 가질 수 없다

강한 어투로 쓰여진 로버트 오스카 로페즈 박사의 "Gays Gone Wild"의 한 부분을 보면 "무력한 피해자들; 그들은 참으로 포악하다"(For People who are helpless victims, gosh these people are vicious")라는 제목으로 쓰여진 부분이 있다. 그는 거기서 이렇게 썼다:

> 실제로 동성애자들이 직면한 중대한 문제에는 사실상 아무런 영향도 미치지 않지만, 극단적인 반응에 의해 표적이 된 수많은 사람들의 목록은 끝이 없으며 한편으로는 오싹하기까지 하다. 주요 동성애 권리 단체들은 동성애 문화가 제정신이 아니라는 이 진실한 메시지를 어떻게든 피하기 위해 바닐라 파스타, 브렌던 앰브로시노, 브렛 이스턴 엘리스, 미쉘 샤크드, 루퍼트 에버렛, 커크 카메룬, 벤 카슨, 미쉘 바우크만, 브렌던 아이크, 덕 다이너스티, 칙필레, 밥 뉴하트, 카톨릭 교회, 제빵사, 사진사, 플로리스트, 대학 교수, 흑인전문인 등과 다른 수많은 메신저들을 상대로 끝이 없는 전쟁을 벌이고 있다. 동성애 리

더들도 제 정신이 아니다. 동성애자들은 동성애자들로 인해 고통 받고 있다."[55]

여기서 로페즈가 말하는 제빵사란 덴버 콜로라도의 마스터피스 케이크숍의 잭 필립스다. 그는 두 동성애 남자의 '결혼'식을 위한 케이크를 굽지 않겠다고 거절한 것 때문에 차별했다는 판결을 받았다.(다른 기독교 제빵사들도 비슷한 운명을 맞았다)[56] 이것은 시작에 불과하다. 곧 필립스에게 "감수성 훈련"을 받고 분기별로 법을 준수하고 있는지에 대해 보고하라는 법원의 명령이 떨어졌다.[57] 다시 말해 필립스는 그의 양심과 믿음을 거스르는 것은 물론 그의 잘못된 생각을 바로잡기 위한 "사상 교정" 수업에 참석해야만 한다는 것이다. 신체적 고문과 구금만 없을 뿐 공산주의 재교육 수용소의 모습과 다를 바 없다.

제빵사의 변호사는 이 판결의 부당함을 지적했다.

ADF 소속 변호사 니콜 마틴은 판결을 오웰적이라 부르며 항소를 고려하고 있는 중이라고 말했다.

"그들은 신앙의 사람들을 종교적 피난민으로 만들려 하고 있다." 마틴이 [저널리스트 토드 스탄스에게] 말했다. "신앙의 사람들이 사업조차 하지 못하는 이런 사회가 우리가 살기 원하는 사회인가?"

필립스가 웨딩 케이크 판매를 거부한 적이 있는지 그 여부에 대해 매분기별로 정부에 보고해야 한다는 사실에 마틴은 "참으로 무섭다"고 반응했다.

"잭이 자신의 신념 체계대로 더 이상 행동하지 않는다는 것, 즉 자신의 신념을 버렸다는 사실을 입증하기 위해 필요한 보고 요건이 보완될 것으로 보인다." 그녀는 덧붙였다.

또한 직원들을 위한 새로운 내규와 절차를 만들어야 할 것이다.

"우리는 이 보고 시스템의 목적이 잭이 올바른 생각을 갖게끔 만들기 위한 교정에 있다고 생각한다." 마틴은 "이것은 미국이 의미하는 것과 완전히 어긋나는 일이다"라고 말했다.[58]

마틴이 전적으로 옳다. 또한 나는 "사상 경찰"이 하는 괴롭힘에 굴복하지 않겠다는 수백만 명의 미국인들이 있을 것을 의심치 않는다. 어떠한 법원도 우리의 합법적 자유를 앗아갈 권한이나 권리는 없다. 여기서 법원은 다시 한번, 동성애 운동가들의 옹호에 힘입어, 월권을 했다.

필립스는 법원의 압박에 굽히지 않겠다는 의사를 밝혔다. "만약 어떤 부부가 가게로 들어와 웨딩을 위한 에로틱한 케이크를 주문했다면 나는 그 주문도 거절했을 것이다. 이것은 예수 그리스도와 성경을 통해 세운 나만의 기준이다."[59]

미국 재계가 이런 과도한 억압에 동참하고 있다는 사실도 새롭지 않다. J.P 모건은 직원들을 대상으로 반년마다 설문조사를 실시한다. 대체로 무난한 내용으로 구성된 설문조사 2014년판에는 전혀 예상 밖의 새로운 질문들이 다음과 같은 순서로 포함되어 있었다.

1. 당신은 장애가 있습니까?
2. 당신의 자녀에게 장애가 있습니까?
3. 당신의 배우자나 동거인에게 장애가 있습니까?
4. 당신은 LGBT 단체의 일원입니까?
5. 당신은 자신이 LGBT는 아니지만 LGBT 단체의 지지자입니까?[60]

이 질문 리스트의 이해할 수 없는 순서는 차치하고(1번부터 3번 질문이 마지막 두 질문과 무슨 상관이 있는가?) 만약 당신이 "나는 지지자입니다"라고 대답하지 않으면 어떻게 되는가? 불순응에 대한 대가는 무엇인가?

프린스턴의 로버트 조지 교수는 다음과 같은 대답을 제시했다: "직원들을 향한 메시지는 너무도 분명하다: 그들에게 허용된 생각, 그들에게 필요로 하는 생각만 가져야 한다는 것이다. 무조건적인 동의를 요구한다. 암묵적 반대는 더 이상 용납되지 않는다."[61]

카톨릭 운동가 오스틴 루즈가 지적한 부분은 직원들의 성적 지향을 직접 물어보는 그 자체가 "이상하다"는 점이다.

체이스은행은 이러한 질문을 하는 것이 전혀 불편하지 않은 듯 보인다. 이것은 그 사람의 사생활을 침해할 수도 있는 수준의 질문이다. 자존심 있는 LGBT들은 "당신이 알 바 아니야"라고 대답해야 하는 것이 당연하다.

그리고 마지막 질문이다. "당신은 LGBT 단체의 지지자입니까?"

이 질문을 보고 여러 명 이상의 체이스은행 직원들의 얼굴이 새파래졌다. 그들은 매우 당혹해 했다. 이 질문에 올바르게 답변하지 못하면 직장을 잃을 수도 있다는 것을 우리 모두 알고 있다. 아주 잠깐이었지만 모질라의 CEO였던 브랜든 아이크 사태만 봐도 알 수 있다. 그는 해고되었다. 버락 오바마 대통령이 몇 년 전 그랬듯이 동성 결혼을 지지하지 않았다는 이유였다.

그럼 다음과 같은 질문이 떠오른다: 이것은 불법이 아닌가? 전혀 그렇지 않다.

JP 모건 체이스의 설문지에 대답 하나 잘못했다고 해고당할 수 있는가? 물론 그렇게 될 수도 있다. 동성애에 대한 반대의견이 명백하게 종교적 신념에 기초하지 않는 이상 동성애에 대해 "잘못된 의견"을 가질 경우 우리가 의지할 수 있는 보호의 수준은 아주 낮다. 매우 적다.[62] [놀랄 것도 없이 이 설문은 직원의 종교적 신념에 대해 질문하지 않았다.]

기독교 법률가 연합회들은, 조지 교수와 같은 리더들과 함께, 기업의 "사상 감시" 행위에 맞서고 있다. J.P 모건 체이스와 같은 부유한 회사("1,050억 달러의 매출, 170억 달러의 수익, 2조 4천억 달러 수준의 자산과 2,290억 달러의 시장 가치를 지닌")가 재정적인 위협을 느낄 가능성은 극히 적지만 정의는 언젠가 힘을 이길 것이다.[63]

루즈는 또한 흑인인권운동과 LGBT 인권화 운동의 차이점을 정확하게 지적했다. "LGBT들이 부당한 대우를 당한 소수집단 중 가장 큰 힘을 가진 무리라는 것이 이제 보이는가? 미국 흑인들이야말로 부당한 처사로 고통 받은 그룹이었다. 노예살이에 투표도 못했고 주거 문제, 은행 업무 등 모든 부분에서 차별 대우를 받고 린치를 당했었다."[64]

LGBT 커뮤니티가 괴롭힘을 당하던 무리에서 괴롭히는 자로 변해감에 따라 편의가 아닌 정의를 위해, 자유를 쟁취하기 위해 기꺼이 진정한 희생을 치르며 모든 역경을 무릅쓰고 승리한 미국 흑인들의 사례를 기억하자.

토론도 할 수 없다

2011년 3월 내가 쓴 책 《A Queer Thing Happened to America》가 출시되자마자 나는 내 책을 반대하는 사람들 중 자격을 갖춘 사람들과 책 내용의 모든 주제들에 대해 토론을 하자는 제안을 했다. 두 가지 목적이 있었다. 첫째, 관련 사안에 대해 공개적인 장소/무대에서 토론하고 싶었고, 둘째, 정중함과 존중으로 토론을 진행하여 대화와 소통이 가능한 분위기를 형성하고자 했다.

라디오 국장, 목사, 학교 캠퍼스 직원 등 여러 도시에 있는 나의 동료들은 자신들의 네트워크를 통해 그들이 있는 지역에서 토론회를 주최하고자 했다. 그러나 어느 곳에서도, 특히 대학 캠퍼스들은, 토론회를 절대 허가할 수 없다고 했다.

어떤 도시에는 그 지역 대학의 교수이자 존경 받는 흑인 목사가 성경과 동성애라는 주제를 놓고 나와 토론하기로 했지만, 토론회를 주최하고자 하는 대학 캠퍼스는 단 한 곳도 없었다. 학교들은 이 주제를 꺼려했다. 동성애 논의를 하는 것이 두려워서는 결코 아니었다. 반대로 많은 학교들은 동성애를 공개적으로 지지했다. 다만 반대 의견이 공개장소에서 방송되는 것을 감히 허락할 수 없었던 것이었다. 현재의 보편적인 생각을 반대하는 의견은 분열과 붕괴를 초래한다고 보았기 때문이다. 그것이 비록 두 교수간의 학문적이며 격식을 갖춘 토론일지라도 말이다.

여러 주의 캠퍼스 선교단체들도 이 주제를 다루는 일은 결코 없을 것이라고 알려왔다. 그들은 이러한 토론이 LGBT 학생들과의 관계에 악영향을 미치고 공개적으로 이 주제를 다루는 순간 캠퍼스 내 그들의 자리가 위협 받을 것을 두려워했다. 그들은 그러한 위험을 감수할 생각이 없었다. 그러나 대학 캠퍼스에서야말로 날마다 수많은 사상의 토론이 이루어지며 교수가 괴짜 같은 관점을 고수해도 용납이 되는 곳이다. 모든 문제에 대한 반대의견이나 논의는 환영받으나, 오직 동성애에 대한 반대의견만 용납되지 않는 것이 현실이다.

플로리다 주 올랜도에 있는 한 기독교 사역단체는 토론을 위한 장소를 물색 중에 있었으나 주최하려는 캠퍼스 단체를 찾지 못했다. 결국 접촉한 모든 단체로부터 거절당하자(정치 단체, LGBT 단체 및 기독교 단체 포함) 센트럴 플로리다 대학의 한 교수를 찾게 되었고 이 교수는 자기 이름으로 그 대학교의 방 하나를 토론회 장소로 예약했다. 내가 들은 바 이 교수는 이 행사 때문에 학교로부터 징계를 받고 직장을 잃을 뻔했다.

한 지역 대학의 교수인 에릭 스마는 나와 토론하고 싶다는 의지를 밝혔고 우리는 그에게 주제를 정하라고 했다. 그는 "동성 결혼: 합법적이어야 하는가?"라는 주제를 제안했고 그때부터 일이 흥미롭게 진행되어갔다. 내가 들은 소식에 의하면 우선 한 동성애 캠퍼스 리더가 이 행사를 중단시키려 했고, 그 다음에는 "다양성" 부서의 한 관계자가 중단시키려 했고, 마지막으로 대학 부총장이 중단시키라는 얘기를 했다.

이 대학은 대략 6만 명 이상의 학생들이 재학 중인 캠퍼스라는 점을 유념하길 바란다. 따라서 이런 규모의 캠퍼스 부총장이 관여한다는 것은 그만큼 이 문제가 중대하다는 이야기이다. 또한 2008년에 플로리다 주민들이 결혼을 한 남자와 여자의 결합으로 정의하는 "결혼개정법" 통과에 62:38로 찬성했다는 사실을 떠올리길 바란다. 이를 고려한다면, 나는 합법적으로 대중의 입장을 취하고 있는 것이다. 그러나 대학 캠퍼스는 그렇지 않았다!

토론회 전날 - 나는 초대받지 못했지만 - 5명의 부총장, 앞서 언급한 동성애 캠퍼스 리더와 "다양성" 부서 관계자; 스마 교수, 이 행사를 진행한 기독교 사역 단체 리더; 캠퍼스 보안과장(학생 수가 많아 캠퍼스 보안팀이 실제로 존재한다.)을 포함한 총 11명이 컨퍼런스콜 전화로 미팅을 열었다. 장시간의 숙고 끝에 그들은 토론을 취소하면 진행할 때보다 더 안 좋은 여론이 형성될 것이라 생각하고, 우리가 무장 경찰 네 명을 고용한다는 조건 하에 토론을 허락하겠다고 했다(경찰 중 한 명은 나와 견해를 같이 하는 시위자들이 아닌 나의 견해를 적대하는 자들에 대해 우려한다고 얘기했다.).[65]

검열 분위기, 다른 생각의 억압, 반대 견해에 대한 탄압과 위협 등 이것이 바로 동성애 운동가들이 우리 캠퍼스에 조성한 분위기이다. 동성애 운동 앞에 무릎 꿇기를 거부하여 해고, 퇴학 및 징계를 당한 교수, 학생, 교직원들의 수가 나날이 늘어가고 있다.[66] 그러나 우리는 충분히 싸울 준비가 되어 있다. 우리를 해고하고 퇴학을 시키고 징계를 내려도 우리는 우리의 원칙을 고수하며 옳은 일을 행할 것이다. 결국에는 우리가 그렇게 한 것을 기뻐하며 감사할 것이다. 괴롭힘 전략은 역효과를 낳게 될 것이다.

현실을 직시할 때

티쉬 해리슨 워렌은 적대적인 사회에서는 타협적이고 지식이 있는 체 하면서 살 수는 있지만, 기독교 믿음의 근본을 지킬 경우 배척당할 수 있다는 것을 혹독하게 배웠다. 그녀가 크리스채니티 투데이에 기고했듯, "나는 친근한 느낌의 신앙으로 접근한다면 밴더빌트에 기독교인들이 설 자리가 만들어질 것이라 생각했으나, 내 생각은 틀렸다."

"나는 무던한 복음주의자라 생각했다." 그녀는 자신이 근본주의 신앙을 가진 사람이 아니며 "나와 내 친구는 미술, 술, 문화 체험을 즐겨한다. 우리는 상투적인 종교적 문구들과 유행어들은 피하고 진실성과, 학문, 인종간 화합과 사회 및 환경 정의를 가치 있게 여긴다."[67]

워렌은 "Graduate Christian Fellowship"-기독학생회(InterVarsity)의 테네시 밴더빌트 대학 지부 - 회원으로 활동했었고 그녀의 남편이 밴더빌트 대학의 종교학과 박사과정을 공부하는 학생이었을 때 Christian Fellowship은 학교로부터 활동정지 명령을 받았다. 그 이유는 무엇이었는가? 리더들이 기독교인이어야만 하는 자격 때문이었다.(회원이 아닌 '리더'다.) 물론 이것은 충분히 이해가 된다.

독실한 무슬림 신자가 이 대학의 무신론자 클럽을 이끌고 독실한 기독교인이 유대교인 클럽을 이끄는 것이 상상이나 되는가?

혹은 확고한 공화당이 학교의 민주당 클럽을 이끌고 보수적 사상을 가진 사람이 LGBT 클럽의 리더인 것이 상상이 되는가?(실제로 밴더빌트는 이런 결정을 내렸다. 남자가 여학생 클럽을 이끌고 여자가 남학생 클럽을 이끄는 것만 제외하고 누구든 어떠한 클럽이나 모임도 이끌 수 있다는 것이다.)

기독학생회 지부는 언제나 모든 사람을 환영했으나 기독교 캠퍼스 사역이라는 목적 아래 기독교인을 리더로 세우는 것은 너무도 당연했다. 그러나 오늘날에는 캠퍼스에서 기독교 가치관을 갖는 것조차 큰 대가를 치러야만 가능하다. 특히 자신을 "동성애 기독교인"이라고 부르는 사람이 성경에 기초하여 클럽 내규에 대해 이의를 제기한다면 말이다.[68] 어떤 온라인 탄원서는 미국 사회에 널리 알려져 있는 선교단체 CCC를 "테러리스트" 집단이라 부르며 캘리포니아 주의 모든 캠퍼스에서 이들을 내쫓으라는 내용을 담고 있다. 또한 이 탄원서는 "그들이 종교적 차별 행위를 했다"고 주장한다.[69]

워렌은 밴더빌트 측에 어떠한 오해가 생겼고 약간의 대화로 모든 일을 풀어낼 수 있을 거라 생각했다. 학교 측이 그녀에게 얘기하길 "지난해에 기독교 남학생 클럽이 클럽 정책을 위반한 학생들 몇몇을 퇴출시켰고 그 중 한 학생은 자신이 동성애자여서 쫓겨났다는 얘기를 했다. 밴더빌트는 어떤 캠퍼스 단체이든 가입하고자 하는 학생들에게 신념체계를 강요하는 것을 금한다." 다시 말해 어느 학생 한 개인의 성적 욕구와 로맨틱한 끌림이 기독교 단체가 기독교 단체로서의 역할을 하는 것보다 더 우선시되었던 것이다.

워렌은 이렇게 설명한다. "이 새로운 정책은 특정 신념을 가진 그룹에만 특혜를 주고 다른 그룹은 모두 봉쇄한 것이다. 종교단체는 그 단체의 리더들이 어떤 신념에 대해 공언하지 않고 다수의 결정에 좌우되고 대중적 관습과 추세에 맞추며 신학적 안정을 우선시하지 않는 유연하고 순응적인 자세를 보일 때만 환영을 받았다.

학생처장과의 긍정적인 모임 후에 워렌은 "학교의 다른 관리자들과의 만남이 있었고 그때 분위기가 바뀌었다."

"차별이라는 단어가 – 많이 – 사용되기 시작했다. 특히 교리적인 부분에 있어서 더욱 그랬다. 이것은 마치 수류탄을 던지는 것처럼 모든 논쟁을 종결시키기 위해 사용되었다. 학교 측 관리자들은 기독교 학생들을 1960년대의 분리주의자들에 빗대었고 나는 용기를 내어 성경공부 리더들에게 부활을 확신하느냐고 묻는 것을 인종편견과 동일시하는 것이 정당하다고 생각하는지를 그들에게 물어 보았다. 대학 부총장은 이렇게 답했다. "교리적 차별도 차별이다."

이러한 언쟁에 시달린 그녀는 기독교 학생회 관리자와 이런 대화를 나눴다. "그분은 쓴 웃음을 지으며 이렇게 대답했다. '우리는 온건주의자야!' 나는 우리가 섬세하고 합리적이라 생각했다. 그러나 대학교는 우리를 하나의 위협으로 보는 것 같았다."

바로 그 때 워렌은 다음과 같은 깨달음을 얻었다.

내게 있어서 그것은 가히 혁명적이었다. 이 우주와 문화에 있어서 내가 속한 자리를 다시 한번 재설정하는 순간이었다.

나는 교회 안에서 아우구스티누스와 제리 폴웰 사이에 광활한 영역이 있고, 론 사이더 [좌익 복음주의자]와 팻 로버트슨 [우익 복음주의자] 사이에도 큰 공간이 존재한다는 것을 깨닫게 되었다. 그러나 대학의 눈에는 [대부분의 언론도 포함] 폭넓은 정통 기독교를 따르는 자들이 모두 같은 문화적 공간만 점유하고 있는 것으로 보이는 것이다.

옳고 그름의 선이 교리적 믿음과 성적 표현이라는 두 가지 사안에 의해 그어졌다. 만약 종교단체가 특정 진리에 대한 믿음 혹은 제한적인 성적 자율성을 요구한다면 그것은 틀린 것이었다 - 틀린 것보다 그것은 악한 것이고 편협하며 캠퍼스에서 용인하기에는 너무 위험한 것으로 여겨졌다.

우리의 정치적 혹은 인종적 다양성은 물론 우리가 환경을 중요하게 생각하든 주거 문제를 해결하기 위해 집을 짓든, 그런 것은 아무런 상관이 없다. 우리 학생들이 자신이 속한 분야의 뛰어난 인재들이든 캠퍼스 내에서 가장 선하며 사려가 깊은 리더이든, 이것은 아무런 상관이 없다. 이미 선은 그어져 있었고 우리는 있지 말아야 할 쪽에 서 있었던 것이다.

1년 내에 " – 대략 1,400여 명의 가톨릭, 복음주의자와 모르몬교 학생들로 이루어진 – 14개의 캠퍼스 종교단체가 해체되었다."[70]

아직 잠들어 있다면 깨어나야 할 때

친애하는 독자들이여, 이제는 깨어나야 할 때이다. 자신을 온건주의자로 표현해도 좋다. 자신을 계몽되어 있는 사람이라 불러도 좋다. "종교"를 비판하는 자들과 한 무리가 되어 교회의 위선에 대해 얘기해도 좋다. 환경주의자로 활동하며 아주 멋진 블로그를 운영해도 좋다. 그러나 밴더빌트 대학(다른 캠퍼스들도 더더욱 그렇게 되어가고 있지만)에서는 기독 신앙의 근본적인 교리를 고수하며 성경적 윤리를 긍정할 경우 당신은 그저 "틀린 것뿐만 아니라 악하며, 편협하고, 캠퍼스에서 용인하기에는 너무 위험한" 사람으로 치부된다. 하지만, 결코 속아서는 안 된다![71]

국가적 환경이 변화되어, 오늘날에는 결혼이 한 남자와 한 여자의 결합이라고 생각하는 자들은 편협한 극단주의자로 간주되며 동성애 행위를 죄라 믿는 자들은 테러리스트에 비유된다. "동성애 기독교" 운동의 선구자적 인물이자 "레즈비언, 게이, 양성애자, 트렌스젠더, 퀴어, 남녀양성자들을 향한 정치적 종교적 억압에 끈질긴 비폭력적 저항으로 종지부를 찍고자 하는"[72] 단체 소울포스(Soulforce)의 창립자 겸 리더인 멜 화이트 박사도 비슷한 주장을 하고 있다.

그의 글들은 "문 앞에 있는 이방인: 미국에서 동성애자이며 기독교인이기(*Stranger at the Gate: To be Gay and Christian in America*)" 등의 자서전적 기록을 담은 내용에서 "종교가 타락했다: 기독교인의 권리의 숨은 위험(Religion Gone Bad: The Hidden Dangers of the Christian Right)"[73]이라는 버젓이 반대되는 어조의 글로 변했다.[74] 실제로 이 책이 사실상 수정되기 전인 제2판에는 제목이 "종교가 타락했다(Religion Gone Bad)"에서 "거룩한 테러(Holy Terror)"로 변경되었다.(부제도 "기독교인들이 동성애 평등권을 부인하기 위해 말하는 거짓말(Lies the Christian Tells Us to Deny Gay Equality)"로 변경되었다.)[75]

남침례교단이 다시 한번 동성 '결혼'이 시민적 권리가 아님을 확언하자(물론 그들이 그럴 것은 예견되어 있었지만) 화이트는 "남침례교단의 '테러리즘'에 저항하자"라는 기사를 썼다. 그는 물리적 폭력이 아닌 또 다른 형태의 공격적인 저항에 대해 강조했다: "나는 20세기의 지치고 늙은 운동가이다. 당신들은 강력한 새로운 저항을 개시할 수 있는 인터넷이라는 도구를 가진 21세기의 운동가들이다. 다른 누군가 시작하기를 기다리지 말라. 신성한 테러리즘의 희생자인 수백만 명의 우리 형제자매들을 위해 저항하라!"[76]

그렇다. 당신이 만약 결혼에 대한 하나님의 설계를 긍정한다면 당신은 "신성한 테러리스트"이며 세상은 당신에게 저항할 것이다.

그렇다고 우리가 증오에 증오로 맞서거나 우리와 다른 자들을 학대해서는 안 된다. 이런 생각은 집어던져라.(이 부분에 대해서는 다음 장에서 다루도록 하겠다). 그러나 우리가 현재 전면적인 문화전쟁

중에 있다는 현실을 직시할 필요가 있으며 전쟁은 타협과 굴복으로 승리할 수 있는 것이 아니다.

티쉬 해리슨 워렌에게 있어서 밴더빌트의 힘들었던 경험은 그녀의 눈을 뜨게 했고 긍정적인 영향을 미쳤다. 그녀는 복음을 향한 세상의 적대에 대한 진리(예수님께서 요한복음 15장 18절에서 말씀하셨다. "세상이 너희를 미워하면 너희보다 먼저 나를 미워한 줄을 알라"[개역개정])뿐만 아니라 결코 두려워할 필요가 없다는 것을 깨닫게 되었다. 그녀가 분명히 밝혔듯이 "우리는 두려워할 필요가 없다; 세상이 복음을 용납하지 않아도 결코 복음을 방해할 수 없다."[77]

비록 캠퍼스 내에서의 자리는 잃었지만, 기독학생회는 계속해서 캠퍼스 사역을 이어가고 기독학생들은 학교의 일상생활을 통해 다양한 방법으로 믿음을 공유하며 나누고 있다. 결코 복음은 막히지 않는다.

네로와 바울의 가르침

신뢰할 만한 전승에 따르면, 사도 바울은 대략 서기 60년대 중반에 네로에 의해 참수당했다. 이 두 남자의 모습이 이처럼 더 대조적일 수는 없었을 것이다. 하찮은 죄수인 바울은 사슬에 묶인 채 그 당시 최고 권력자인 위대한 황제 앞에 섰다. 그러나 오늘날 네로는 경멸을 당하고 바울은 추앙 받는다.

프랭크 S. 틸만은 이렇게 말했다.

2,000여 년 전 장막 만드는 떠돌이가 큰 소동을 일으켰다는 이유로 감옥에 갇혔다. [이것은 바울에 대한 이야기다. 민중은 바울의 설교에 난폭하게 반응했고 그는 그로 인해 투옥되었다.] 그는 그곳에서 수많은 뻣뻣한 거친 종이 위에 서신을 쓰는 데 상당한 시간을 보냈다. 오늘날 아마 소수의 사람들만 로마 황제의 이름을 기억할 것이다. 비록 네로가 방대한 양의 글을 쓴 저자였지만 그의 문예작품은 더 이상 남아 있지 않다. 반면 바울의 이름은 수백만 명에게 알려져 있고 [사실 여기에 수백만 명을 더 곱해야 할 것이다.] 그가 쓴 서신은 수백만 부의 사본이 남아 있다. T. R 글로버가 말했듯이 지금은 사람들이 자신들의 개를 네로, 아들을 바울이라고 부르는 시대이다."[78]

우리는 바울의 말을 지키기 위하여 힘써야 할 것이다. "그러므로 내 사랑하는 형제들아 견실하며 흔들리지 말고 항상 주의 일에 더욱 힘쓰는 자들이 되라 이는 너희 수고가 주 안에서 헛되지 않은 줄 앎이라"[고린도전서 15:58 개역개정]. 혹은 그가 다른 서신에서 얘기했듯이 "우리가 선을 행하되 낙심하지 말지니 포기하지 아니하면 때가 이르매 거두리라"[갈라디아서 6:9 개역개정].

오늘 새로운 결단을 내릴 것을 격려한다: "하나님의 도움이 있기에 나는 포기하거나 물러서거나 항복하지 않을 것이다. 나는 사람이 아닌 하나님을 기쁘게 하기 위해 무엇이든 옳은 것을 행할 것이다."

　당신이 이렇게 살아간다면 결코 후회는 없을 것이다. 또한 그리하면 결국 역사가 지지할 것이며 사회가 감사할 것이다.

제2원칙

가장 높은 수준의
도덕적 견지를 취하라

악에게 지지 말고, 선으로 악을 이기라 - **사도 바울, 로마서 12:21**

사람들이 당신에 대해 거짓말하고, 당신을 조롱하고, 비난할 때 같은 방법으로 대응하는 것은 자연스러운 것이지만, 그럴 경우에 당신은 당신이 가장 싫어하는 사람과 똑같은 사람이 되고 만다. 이 과정에서 당신은 패배할 수밖에 없다. 다른 사람들이 당신의 수준을 끌어내리도록 허락했기 때문이다. 이기고 싶다면, 당신은 자신의 고결한 도덕적 기초를 포기하지 말았어야 한다. 아니, 더 나아가서는 다른 사람을 높여주었어야 한다.

마틴 루터 킹 주니어 박사는 "증오를 증오로 갚는 것은, 더욱 깊은 어둠을 이미 별이 없는 밤에 더하는 것처럼, 더 많은 증오를 낳는다. 오직 빛만이 별을 빛나게 할 수 있다. 증오는 증오를 없애지 못한다, 오직 사랑만이 할 수 있다."

우리가 증오를 그보다 더한 증오로 대응하는 것이 무슨 유익이 있단 말인가? 만약 우리 마음속에 사랑이 없다면, 어떻게 우리는 하나님과 이웃을 향한 사랑을 실천할 수 있단 말인가? 만약 우리 자신이 악이 된다면, 우리가 어떻게 악을 극복할 수 있단 말인가?

중상모략을 당하고, 비방 당하고, 거짓 진술되고, 악마 취급 받는 것이 좌절감을 갖게 만드는 것임을 안다. 이는 정기적으로 내 소셜미디어 사이트에 사람들이 올리는 이런 댓글들처럼 나에게 항상 일어나는 일이다:

"너는 틀림없이 세상에서 가장 멍청한 놈이다, 너는 히틀러만큼 위험한 놈이고, 이 사회의 위협이다."

"그는 [욕설] 멍청한 놈이다."

"이 '사람'은 무식하고 혐오스러우며 편향된 인종차별주의자다. 사실을 조사하거나, 자기 자신의 의견이나 생각을 발전시킬 지능이 떨어져서 남들이 말해준 것만 맹목적으로 믿는 가장 뛰어난 위선자이다."(내가 '사람'에 따옴표 한 것을 주목해야 한다.)

"인류에게 알려진 가장 큰(정말 가장 "큰"이라고 썼다) 거짓말쟁이 중 하나인 브라우니 보이12)이다."

---

12) 역자 주: 여자 아이들에게 브라우니 과자를 얻기 위해 아첨하는 남자 아이를 말함.

"증오를 퍼트리기 위해서 성경을 사용하는 우파 신나치주의 미치광이. 예수님은 증오가 아닌 사랑이다."

그러나 매번 이러한 포스팅들을 볼 때마다, 나는 나를 증오하는 사람들에 대해서 증오를 느끼진 않는다. 그보다도, 나는 그런 댓글을 다는 사람들에 대한 연민이 들고, 그들에게 어떻게 하면 더 효과적으로 다가갈 수 있을지 나에게 스스로 묻게 되고, 우리가 되어선 안 될 모습들을 보게 된다.

우리는 언제나 욕만 하는 사람이 된다든가, 형편없는 편견주의자가 되어선 안 된다. 우리는 정말 비평가들이 우리를 허위로 욕하는 사람이 되어서는 안 된다.(아이러니하게도, 그들은 우리를 비난하는 그것을 자신들이 하고 있다.) 우리는 반드시 선으로 악을 이겨야 하는데, 이는 우리의 이데올로기적 반대자들이 우리를 어떻게 대하는 것과는 상관없이 우리가 그들을 예의 있게 대하는 것을 의미한다. 하지만 그렇다고 해서 우리가 줏대 없고, 우유부단하며, 머뭇거린다는 것이 아니다.

이는 우리가 단순히 그들이 우리를 비난하기 위해 썼던 똑같이 추잡한 전략을 사용하거나, 무슨 일이 있어도 우리의 진실됨을 굴복하겠다는 것이 아니다. 줄여 말하면, 만약 우리가 지금 사회적 위기를 견뎌내고 싶다면, 우리는 가장 높은 도덕적 우위를 점해서 일관되게 살아야 한다. 이것이야말로 우리가 지금의 사회적 조류에 휩쓸리지 않을 수 있는 유일한 방법이다.

우리는 반드시 사랑은 결코 약하지 않다는 것을, 오히려 진실한 사랑은 막을 수 없고 굴하지 않는다는 것을 기억해야 한다. 사도 바울이 쓴 유명한 구절처럼 "사랑은 모든 것을 참으며 모든 것을 믿으며 모든 것을 바라며 모든 것을 견딘다"(고린도전서 13:7). 만약에 우리가 진실로 하나님과 우리 이웃을 사랑한다면, 아무도 우리가 선을 행하고 옳은 것을 따르는 일을 멈추게 하지 못할 것이다.

진짜 혐오 단체들을 밝혀내기

몇 십 년 전에, 미국 남부빈곤법센터(SPLC, Southern Poverty Law Center)는 특히 백인 우월주의자 그룹 같은 혐오단체들을 공개한 것 때문에 유명해졌는데, 남부 지방의 KKK(Ku Klux Klan 사회 변화와 흑인의 동등한 권리를 반대하며 폭력을 휘두르는, 미국 남부 주들의 백인 비밀단체)를 없애는 데 일조했다. 그리고 이런 기념비적인 일 덕분에, SPLC는 FBI를 포함한 미국 법 집행기관과, 심지어 군사 정보부에까지 중요한 정보를 제공하게 되었다. 만일 SPLC가 어떤 개인이나 단체가 위험하다고 하면, 이는 많은 것을 의미하고, 대중적 인식에도 영향을 미친다. 당신은 SPLC의 리스트에 올라가고 싶지 않을 것이다.

그때 SPLC의 일은 대단히 인정받을 만했다. 그러나 지금은 SPLC가 미국가족협회(American Family Association, AFA)와 가족문제연구위원회(Family Research Council, FRC) 같은 가족 옹호적 단체나 기독교 단체들을 혐오단체로 분류하고 있기에, 그들의 일은 슬프게도 경멸할 만한 정도가 되어 버렸다.² 사실, 그들의 일은 아주 효과적이어서 당신이 아마 그 단체들을 "그런데 그 단체들은 혐오단체들이잖아요"라고 말할 만한 정도가 되었을 것이다.

SPLC는 개인들도 대상으로 삼기 시작했는데, 2012년에 나는 SPLC의 "급진 우익을 이끄는 30명의 새로운 운동가들" 리스트에 올랐다. 그때 같이 올랐던 사람들은 말리크 줄루 샤바즈(그 당시 신흑표범단-New Black Panthers, 미국의 극좌익 흑인 과격파의 리더), 데이빗 듀크(KKK 기사단의 전임 왕초 마법사, a former grand wizard of the Knights of the Ku Klux Klan), 돈 블랙(유대인을 비난하는 백인 우월주의자), 모리스 굴렛(신나치주의자)과 같은 사람들이었다.³

내가 이런 리스트에 올라가기 위해 무엇을 했으며, AFA와 FRC가 도대체 그렇게 비도덕적인 혐오단체들과 같은 리스트에 올라가기 위해 무엇을 했단 말인가? 남부빈곤법센터에 따르면, 우리는 반 LGBT이고, 특히 거짓말과 LGBT 커뮤니티에 대한 잘못된 정보를 퍼뜨리고 있기 때문에 책임이 있다는 것이다. 우리는 위험 단체로 낙인 찍힌 것이다!

개인적으로 나는 그들의 비난이 터무니없을 뿐만 아니라 이죽거리는 말들에 지나지 않다고 생각한다. 하지만 SPLC의 힘과 영향력을 고려한다면, 우리가 숙청 대상 리스트에 올라와 있다는 것은 결코 작은 일이 아니다. 왜냐하면 그들은 무고한 자들을 악마로 낙인 찍어 퍼뜨리는 데에 능숙한 자들이기 때문이다. 그리고 그들은 그들이 비난하는 보수 기독교인들의 공고하고 공정한 연구를 폄하함으로써, 그 연구를 제대로 평가하지 않거나 제시된 사실을 생각하고 싶지 않은 사람들에게 편리한 도구를 제공할 뿐이다. 결국 당신이 SPLC의 혐오단체 리스트에 올라가 있는데, 누가 당신의 말을 듣겠는가?[4]

"당신은 동성애자들에 대해 거짓말을 하고 있다"

전형적인 예를 들자면, 2014년 5월 31일, 내 책《동성애자 크리스천은 가능한가》가 출간된 지 얼마 되지 않았을 때, 브라이언이라는 한 남자가 이렇게 트위터로 메시지를 전달했다: "당신은 동성애자들에 대해 거짓말을 하고 있다. 그건 당신 사정이지 당신은 진리의 전달자가 아니다."[5] 나는 대답했다. "휴, 동성애를 바탕으로 한 사상 전파는 사실을 변화시키지 않아요,"[6] 이에 대해 그는, "당신은 사실이나 진리가 없고, 단지 기독교 근본주의자의 믿음을 가지고서 반동성애로 돈벌이를 할 뿐이다"라고 말하며 나를 공격하는 데에 SPLC 페이지를 들이댔다. 만약 SPLC가 그렇게 말하고 있다면, 그게 진실이 되는 것이다!

흥미롭게도, 린던이라는 한 크리스천 동료가 그 페이지에 갔다가 SPLC가 "마이클 브라운은 진보적인 미디어 엘리트 무리들이 소위 '동성애 아젠다'라 불리는 것을 아이들의 삶에 세뇌시키고 이것이 기독교적 가치를 우롱하고 있다는 생각을 밀어붙이는 전형적인 사람은 아니다"[7]라고 해 놓은 것을 발견했다. 하지만 나는 아직도 악마 취급 받으며, 신나치주의자, 반유대주의자들과 함께 "위험한 지도자"로 낙인 찍혀 있다. 린던이 "SPLC 웹사이트 브라운 공포증 페이지에 브라운은 공명정대하고 대체로 올바르다고 말하니 참 아이러니하네요"라며 농담으로 내 트위터에서 언급한다.(그는 "브라운 공포증"은 "브라운 박사에 대한 비이성적인 공포감, 종종 비이성적인 논증을 보이기도 한다"고 말한다.)

하지만, 많은 다른 사람들은 SPLC의 의견을 심각하게 받아들이고 있고, 처음 의도와는 달리 미디어에서 희화화 되는 현상을 초래한다. 이에 딱 들어맞는 예는 데이빗 팩맨 쇼의 2014년 7월 2일의 에피소드인데, 여기서 팩맨은 Fox News가 연방대법원의 하비 로비 사건에 관한 논란을 조금 해결하기 위하여 "혐오집단 급진주의자"를 불러낸 것에 대해 강력하게 비난했다. 누가 "혐오집단 급진주의자"였는가? 바로, 캐시 루스였다. 그녀는 가족문제연구위원회 법무연구실의 선임연구원이었다. 팩맨은 그녀에 대해 "미국 남부빈곤법센터에서 엄청난 편견에 사로잡힌데다 혐오 시각을 가진 사람이라고 규정해 놓았다"고 혹평했다.[8]

데이빗 팩맨이 정직한 기독교 단체들을 혐오단체라고 언급하고, 캐시 루스를 극단주의자와 다름없다고 지목했을 때, 그는 그 자신이 혐오 발언에 가담하게 되었다는 심각한 아이러니를 인식하지 못했을 것이다.

루스의 공식적인 약력에 따르면, 그녀는 종교의 자유와 언론의 자유에 대한 사안과 더불어 시민권과 인권 이슈들을 관리하는 연방하원 소위원회의 대표 자문역이다.

루스 여사는 조지타운 대학교에서 법학 학위를 받았고, 워싱턴 DC에서 소송변호사로 일할 때, 국립변론연구원(National Institute for Trial Advocacy)에서 자격증을 받았다. 그녀는 스튜벤빌 프란체스코 대학(Franciscan University of Steubenville)에서 명예박사 학위를 받았다.

그녀는 다양한 헌법적 사안에 대하여 전문적인 법률 논문들을 내놓았고, 낙태, 안락사, 음란물 등에 대한 법정 의견서를 제출했을 뿐만 아니라 미국 상원 하원의 의회청문회에 전문가로서 증언한 적이 있다.[9]

이는 "혐오집단 극단주의자"로 칭해진 사람의 뛰어난 약력 중 일부에 불과하다. 하지만 우리는 그녀를 사악한 거짓말쟁이로 알게 된다. 결국 SPLC가 그렇게 말했기 때문이다!

FRC(가족문제연구위원회)는 매년 가치결정정상회의(Values Voter Summit)를 워싱턴 DC에서 개최하고 있는데, 이는 보수적 리더들의 주요 모임 장소이다. 2014년 행사에는 이스라엘 총리인 벤자민 나타냐후(Benjamin Netanyahu), 존스 홉킨스(Johns Hopkins)의 벤 카슨(Ben Carson), 전, 현직 주지사인 릭 페리(Rick Perry), 마이크 허커비(Mike Huckabee), 바비 진달(Bobby Jindal) 등과, 상원의원 랜드 폴(Rand Paul),

마르코 루비오(Marco Rubio) 및 팀 스캇(Tim Scott) 이외에도 많은 사람들이 발제자로 참여하였다. 이는 진실한 가치를 추구하는 기관인 FRC가 올린 많은 성과에 최고의 정치 지도자들이 경의를 표하는 것이다. 하지만, 여전히 SPLC은 뻔뻔하게도 FRC를 "혐오집단"이라고 부르고 있다.

그렇다면 이제 대단히 흥미로운 질문이 나올 수 있다. 만약 FRC나 AFA, 또 나 같은 사람들이 게이와 레즈비언에 대한 거짓과 잘못된 정보를 퍼뜨린 잘못을 한 것이 아니라면 어떻겠는가? 만약 보수적 기독교인들이(유대인과 그 밖의 다른 사람들을 포함하여) 진리를 말한 것이고, SPLC가 그들에 대하여 거짓과 잘못된 정보를 퍼뜨린 잘못을 했다면 어떻겠는가? 그들의 기준에 따른다면, SPLC야말로 진짜 혐오집단이 되는 것이 아닌가?[10] 만약 진실이 알려지면 무슨 일이 일어날 것인가?

돈의 발자국을 따라가라

다음은 2014년 3월 10일 카톨릭 지도자 오스틴 루스(Austin Ruse, 캐시 루스(Cathy Ruse)의 남편)가 보도한 내용이다:

한 학술 연구는 남부빈곤법센터가 발표한 미국의 혐오집단 리스트가 반기독교적으로 편향되어 있다고 비난했다.

한때 미국의 폭력적인 반정부 또는 인종주의자 그룹에 대해서 "황금의 표준"으로 통했던 남부빈곤법센터의 명성은 그 센터가 FRC를 포함한 보수 기독교 단체들을 동성애에 반감을 가지고 있다는 이유로 타깃으로 삼은 뒤로 점점 쇠퇴하였다. …

노스 텍사스 대학의 조지 얀시(George Yancey) 교수는 FRC가 목록에 포함된 것에 대해 어느 쪽으로도 논쟁하지 않고, 단지 SPLC의 분노가 주관적이고 일방적임을 보여줬다. 그리고 진보적인 집단이 보수적인 집단을 비난했던 것을 그들 자신도 범하고 있다는 것을 생각하지 않는다고 말했다.[11]

위선과 편견이라는 단어가 마음에 떠오르는가?

더욱이, SPLC는 미국을 오도하기 위한 많은 진보주의 진영의 자금을 사용하고 있다. 얀시 교수는 "SPLC가 그들 리스트 기준을 변경하거나 변경할 수 없는, 혹은 적어도 좌익 집단들을 그 혐오집단 리스트에 포함시키는 것을 생각조차 할 수 없는 이유로, 1년에 3,850만 달러를 기부하고, 2억 6,500만 달러의 자산을 보유할 수 있게 하며, 30만 달러 이상의 연봉을 주는 그들의 진보주의 기부자들의 뜻에 반할 수 없기 때문이라고 결론 내렸다."[12]

'부패'라는 단어가 마음에 떠오르는가? 최소한의 기금으로 운영되는 보수주의 기관들이 돈을 벌기 위해 게이에 대한 거짓을 퍼트려 비난 받는다는 것이 아이러니하지 않은가? 이는 이중의 거짓말인 것이, 우리는 부자가 되기 위해 그러는 것이 아니라 정말 진실을 전파하기 위한 반면에, SPLC는 ACLU와 같은 급진 진보주의 단체들, 혹은 HRC와 같은 동성애 운동 단체들과 합세하여 엄청난 돈을 끌고 들어오고 있기 때문이다.

그러나 이는 더욱 심각하다. FRC 같은 그룹을 모욕하거나 그들을 신나치주의자나 백인우월주의자와 같은 범주에 넣음으로써, SPLC는 이제 문자 그대로 손에 피를 묻히기 시작했다. 2012년 8월 15일, 플로이드 리 코킨스(Floyd Lee Corkins)는 가능한 한 많은 직원들을 죽이려는 계획을 가지고 워싱턴 DC에 있는 FRC 건물에 들어가서 총을 꺼냈는데, 그 계획이 실행되기 전에 한 경비원이 영웅적으로 코킨스를 제압했고, 그 과정에서 부상을 당했다. 방송에서는 "그는 동성 결혼에 반대하는 입장을 포함한 FRC의 견해 때문에 FRC를 목표로 삼았다"라고 밝혔다. 게다가 "코킨스는 그의 정치적인 진술서에서 직원들의 얼굴에 묻힐 의도로 15개의 칙필레 샌드위치를 들고 왔다고 FBI에게 말했다."[13] (우리는 칙필레에 대한 혐오공격에 대해 짧게 논의할 것이다.)

이게 SPLC와 무슨 상관이 있는가? 코킨스는 SPLC의 웹사이트를 통해서 FRC를 알게 되었는데, 정말로 FRC가 위험한 혐오집단이라고 생각했으며 SPLC 혐오집단 리스트에서 FRC의 사무실 위치를 알아냈다고 자백했다. 코킨스가 FBI 심문에서 설명한 것에 따르면 "미국 남부빈곤법센터는 반동성애 그룹을 나열해 놓았다. 나는 온라인에서 그것들을 발견하였고, 조금만 더 검색해 보았더니 웹사이트로 가서 그와 같은 정보를 얻었다."[14]

내 말을 잘 들어주길 바란다: SPLC는 당신에게 이 보수 기독교 단체들과 개인들에 대해서 진실을 말하지 않는다. 오히려 그들은 보수 기독교 단체들과 개인들이 마치 살인 사건과 연루되었다고 할 수 있을 정도의 증오와 공포심을 조장하고 있다.15 진실은 동정심으로 가득 차 있고 가족을 중시하는 기독교 단체들은 혐오집단이 아니라는 것이다. 오히려 그 단체들을 악마 취급하는 사람들이 혐오스러운 것인데, 우리는 그들의 혐오에 우리의 혐오로 대응할 수 없으며, 우리를 음해하는 사람들을 음해할 수도 없다.

만약 비방하지 않는다면, "비방자"가 아니다.

동성애 운동가들의 주장 중 가장 널리 퍼진 것은 그들의 목표에 반대하는 사람은 누구든 '비방자'라는 것이다. 보스턴 글로브(The Boston Globe, 미국의 신문&방송)의 보수 칼럼니스트 제프 자코비(Jeff Jacoby)가 말한 대로이다. "감히, 동성애가 그렇게 축하할 만한 일은 아니라고 말해보라. 당신은 그 즉시 나치가 된다. … 기독교나 유대교에 대한 당신의 가르침을 동성애로 괴로워하고 있는 학생들과 공유해 보라, 그럼 당신은 KKK 단원만큼 극도로 불쾌한 사람이 될 것이다."16

아래는 1980년대 후반 용의주도하게 마련된 동성애 전략이다.

우리의 목적은 두 가지로 나뉘어진다. 첫째는, 우리는 동성애 혐오에 대한 주류들의 독선적인 자부심을 수치와 죄책감으로 바꾸어 놓으려

한다. 둘째는, 우리는 반동성애자들을 추잡한 사람으로 보이게 만들어서 보통 미국인들이 그들과는 스스로 분리되고 싶어하게 한다.

대중들에게 호통치는 동성애 혐오자들의 이차적인 특징과 신념이 중산층 미국인들에게 혐오감을 느끼게 만드는 모습을 보여줘야 할 것이다. 이러한 이미지들은 아마 다음 전략을 포함하고 있을 것이다: KKK가 게이들은 산 채로 태워지거나 거세시켜야 한다고 주장하는 것; 편견이 심한 남부 목회자들이 웃기거나 정신 나간 것처럼 보일 정도로 히스테리적 성 혐오를 갖고 침을 튀기면서 말하는 모습; 위협적인 날라리, 폭력배들, 죄수들이 "휏스(fags)"(남성 동성애자를 말하는 표현)를 죽였다고, 혹은 죽이고 싶다고 쿨하게 얘기하는 것; 동성애자들이 고문 받거나 가스실에 갇혀 있었던 나치 강제 수용소 투어

가해자를 비방하는 캠페인은 우리의 가장 열렬한 적을 당연히 격분시킬 것이다. 그러나 우리가 무엇을 더 말할 수 있나? 이미 틀은 완성되었으니, 모두가 보는 앞에서 그들을 시험해 보면 될 것이다.[17]

그러나 당연히, 문제는 그 틀이 맞지 않는다는 것이다. 왜냐하면 결혼을 재정의하는 것이 최선이 아니라고 단순히 느끼는 친절하고, 애정이 많고, 이성적이고, 온화한 사람들이 수백만 명이나 있기 때문이다. 그들은 남자와 여자가 각각 서로를 위해 만들어졌고 아이는 엄마나 아빠를 빼앗기지 않도록 생물학적으로 디자인되어 있다고 믿는다. 그들은 남자가 여자 화장실에 있는 것이 불편하게 느껴지며, 그들의 종교적 신념이 동성애 관계를 받아들이

는 것을 허락하지 않는다.

사실상 이러한 사람들은 혐오자나 호모포비아, 나치나 KKK단원도 아닐 뿐만 아니라, 폭력적이거나 불쾌한 사람도 아니고, 때가 되면 이들에 대한 그들의 거짓말들은 밝혀질 것이다. 진실은 승리할 것이며, 아이러니컬하게도 많은 LGBT 사람들은 그들에 대한 과장되고 부정적인 고정관념에 따라서 살아가지 않는 것과 마찬가지로, 게이나 레즈비언들에 의해서 혐오자라고 낙인 찍힌 사람들도 그렇게 살아가지 않는 것이 증명될 것이다. 아니, 더욱 명백히 드러날 것이다.

친근한 가족들을 "야비한 깡패"로 묘사하는 것

2011년, 노스 캐롤라이나 샬롯에서 시에서 매년 개최하는 동성애자자존심행사(Gay Pride Event)에 몇 백 명의 크리스천들이 애정 어린 봉사활동을 하자, 동성애 운동가 웨인 베센(Wayne Besen)은 "마이클 브라운(Michael Brown)은 반동성애 괴물이다"라는 제목의 기사를 썼다. 그는 나의 "장난이 그의 지지자들이 LGBT 사람들에게 위협이 될 수 있게 조장했다. 그는 그가 동성애자들을 사랑한다고 하면서도 동성애자들이 전투적이고 왜곡된 하나님을 만나기를 원한다고 말하는데, 어떻게 그럴 수 있는가?"라며 비난한다. 그는 나를 "말만 번지르르하게 하는 놈", "메시아 콤플렉스(구세주인 역할을 해야 할 사명이 있다는 억압된 생각)"를 가진 "메스껍고 냉소적인" 사람, 혹은 "쉽게 휘둘리는 신봉자들을 조종해서 뭔가 신성한 전쟁 같은 것을 하게 만드는 진저리나는 사람"이라고 부르며, 정작 나 자신이 "전쟁을 시작하기에는 너무 겁쟁이"라고 한다. 그는 "나는 브라운의 궁극적 목표가 물리적 충돌을 위한 상태를 만드는 것이라는 사실을 믿어 의심치 않는다"며, "그 미친놈은 결국 자기의 폭력배들의 가장 불안정한 상태를 더 악화시키는 적대적인 분위기만 만들면 되고, 그들은 결국 이런 병적인 몬스터가 바라마지 않는 갈등을 더 유발할 것이다"라고 말한다.[18] 이 구절들은 정말 농담이 아니고 문자 그대로 쓰여 있었던 것들이다.[19]

하지만 웨인(Wayne)은 아직 끝나지 않았다. 그 다음 기사에서 그는 우리가 "'하나님은 더 나은 방법을 가지고 계신다(God Has A Better Way)'라는 아주 오만한 슬로건으로 페스티벌 참가자들을 적대하고 위협했다"고 주장하고 있으며, 우리를 "광신적인 행동"을 서슴지 않는 "야비한 깡패"라고 언급한다.[20]

실제로는, 대략 400명 정도 되는 우리 측 참가자들은 할아버지들, 엄마들, 아빠들, 아이들, 그리고 대학생들로 이루어져 있었는데, 약 한 시간 동안 약 2,500명 정도의 사람들에게 물병("예수님은 당신을 사랑하십니다(Jesus Loves You)"라고 쓰여 있는)을 나누어 주고, 우리와 이야기하고 싶어하는 어느 누구와든 정중하고 예의 있는 태도로 이야기를 나누었을 뿐이다. 그리고 우리 자신들은 "하나님은 더 나은 방법을 가지고 계신다"라고 쓰여 있는 티셔츠를 입고 있었다. 도대체 언제부터, 이 희망적인 메시지가 써 있는 티셔츠를 입으면서 미소 지으며 물을 공짜로 나눠주는 가족들이 광신적인 깡패가 된단 말인가?

그 동성애 축제 행사는 그 도시의 가장 큰 기업으로부터 후원 받았고, 시장이 직접 참가하여 참가자들과의 연대를 과시했다. 그 지역 세력을 갖고 있는 회사는 그 행사를 축하하기 위해 회사 빌딩을 라벤더로 꾸며 놓았다. 우리 단체는 수적으로 아주 크게 열세였을 뿐만 아니라, 우리가 그 행사에 참석한 동안 갈등 상황이나 불쾌한 대화는 단 한 번도 없었다. 사실, 한 동성애 운동가는 나에게 개인적으로 와서는 거기서의 우리의 존재가 "크리스천의 시위"를 위한 "가장 좋은 모범"이 되어 주었다고 말했다. 그리고 그 활동에 참가한 우리를 실제로 만났던 사람들은 베센(Besen)이 우리를 "폭력배"나 "야비한 깡패"라고 부르는 것은 진실과 거리가 멀다는 것을 알고 있다.

"완전한 사랑"을 맞닥뜨린 동성애 시위

2012년에 지역 경찰이 우리에게 이번 주 일요일 아침에 동성애자 자존심 시위가 우리 교회 건물 밖에서 있을 것이라고 알려주었다. 그리고 그 시위의 리더는 페이스북에 "우리는 예배가 시작하기 직전에 모여 시위할 것이다. 우리는 예배가 진행되는 동안 조용한 시위를 할 것이고, 예배가 끝나면 교인이 떠나도록 내버려 둘 것이다. 우리가 그들이 이해할 수 없게, 평화적이고 예의 바르게 할 것을 명심하라. 우리는 "공동체로서 함께하여" 우리의 사랑이 그들의 미움보다 강하다는 것을 보여줄 것이다."

이에 대한 답으로, 나는 내 블로그에 이렇게 썼다:

FIRE 교회를 대표하여, 나는 당신에게 가장 따뜻한 환영인사를 표하고, 당신이 주일날 우리와 함께 있어 주어 정말 감격스러웠다는 것을 알려주고 싶다. 우리는 당신들을 위해 오랫동안 기도해 왔었다!

언제나 그렇듯이, FIRE 교회의 지도자들과 교인들은 당신들을 사랑과 친절함, 공손함으로 대할 것이고, 다시 한 번 당신에게 하나님의 놀라운 사랑을 보여주고 싶다. 예수님은 우리 죄로부터 우리를 구원하시기 위해 십자가에 달려 돌아가셨는데 이성애자나 동성애자에게나 똑같다. 그리고 오직 그분 안에서만 용서와, 회개와 변화를 찾을 수 있다. 예수님만이 치료자, 구원자, 인도자, 변화시키는 분이시다.

내 라디오 프로그램에서도, 나는 우리가 그들을 환영할 수 있도록 그들이 많이 오기를 격려했다. 그리고 그때 우리 교회의 담임 목사님이셨던 스캇 볼크(Scott Volk)는 그 시위를 하겠다고 알렸던 지역 동성애 사이트에 다음과 같은 포스팅을 올렸다:

FIRE 교회의 목회자로, 나는 우리가 항상 다른 이들에게 보여주려고 노력하는 것과 같은 사랑과 애정으로 당신들을 환영할 것을 당신들이 알아주길 바란다 – 당신들을 언제나 환영한다! 당신들은 우리가 보일 "증오"에 대해서 언급했다. 하지만 우리는 지금까지 이 지역 사회의 모든 사람들에게 사랑을 가지고 다가가길 바랐을 뿐이다. 그들이 게이든 아니든 상관이 없다. 바라건대, 당신들이 시위할 주일날, 그 사랑을 볼 것이다.[21]

일요일 아침에는 약 10명의 시위자들이 나타났고(우리는 그들이 너무 적은 숫자라서 실망했다.), 몇몇 교인들이 그들을 만나서 물과 간식을 주며 하나님의 사랑과 진리에 대해 나눈 후에 교회 예배에 초청했다. 그들은 그들이 시위를 하기에는 우리가 너무 친절하고 다정했다고 설명하면서 몇 분 있다가 떠났다.

그 시위자들은 우리가 성경적인 가치를 추구한다는 것을 알고, 그들 중의 몇몇은 내 라디오 방송을 듣거나 내가 쓴 글을 읽은 사람들이어서 우리가 여러 주요 사안에 대해서 그들과 얼마나 다른지 알고 있다는 것을 주목해야 한다. 하지만 그들은 또한 우리가 그들에게 가지고 있는 진정한 사랑을 인식했고 우리가 증오가 아닌 친절함으로 가득 차 있었다는 것을 보았다.

그 다음날, 시위대의 리더가 그들의 "분노는 … 잘못된 방향으로 향해 있었다"고 설명하며 그 시위에 대해서 공개적으로 사과하려고 내 라디오 쇼에 전화를 했다. 그리고 나서 그는 "우리가 일요일 아침 거기 갔을 때, 우리는 정말 완전한 사랑으로 환대를 받았다. 그러니까, 그건 정말 최고였다"고 말했다.

그 뒤에, 스캇 볼크(Scott Volk)와 나는 그 리더와 그의 파트너를 저녁 식사에 초대했다. 우리 네 명은 우리가 어떻게 우리의 다른 점에도 불구하고 같은 도시에서 이웃이나 동료로 우호적으로 함께 살아갈 수 있을지에 대해서 얘기했다. 그 저녁 식사는 화기애애하고 솔직했다. 식탁에 앉은 우리 중 어느 누구도 동성애 운동가들의 언사 때문에 문제가 될 만한 소지가 있는 증오의 문제는 징후조차도 없었다. 우리 중의 대다수는 이슬람 테러리스트도, 편견이 심한 시골뜨기 목회자도 아니다(이슬람 테러리스트와 같은 취급을 받았다는 것에 대해서는 곧 더 얘기할 예정이다).

우리는 정말 그 묘사에 맞지 않는다. 그리고 우리가 악마 취급을 받을수록 진짜 악마로 만드는 사람들이 드러날 것이기 때문에, 그들의 묘사처럼 행동하지 않는 것이 우리의 성공비결 중 하나가 될 것이다. 빛은 항상 어둠을 드러나게 하고, 그래서 우리가 온전하고 진리와 사랑으로 채워진 빛의 사람이 되기 위해 계속 노력하는 것이 우리의 의무이다.

크리스천들이 이슬람 테러리스트들로 비유될 때

이제, 당신은 조금 전에 내가 "이슬람 테러리스트"를 언급했던 것에 대해 의아하게 생각할 것이다. 나는 이를 직접 경험해본 적이 있다. 2008년, 지역 동성애자 신문이 포토샵으로 AK-47 소총을 들고 있는 무슬림 테러리스트의 몸을 내 머리에 붙인 사진과 함께 내 이야기를 실었다.[22] 어떤 사람들은 정말 예수님을 따르는 보수주의자들이 이슬람 지하디스트와 같은 부류의 크리스천이라고 생각하며 이러한 것들을 진짜라고 믿는다는데, 이는 정말 너무나도 웃기는 일이었다.[23]

이에 대한 정말 충격적인 예시가 캐나다의 한 도시에서 일어났는데, 칙필레가 잔혹하고 살인을 일삼는 나이지리아의 테러리스트 그룹 보코하람에 비유되었다는 것이다. 이 단체는 현재 우리 시대에 극악하고 잔학한 행위를 일삼는 단체인데도 말이다. 보코하람은 무고한 피해자들을 칼로 도살하고, 크리스천 여학생들을 대량으로 납치하는 데에 그치지 않고, 크리스천 학생들을 산 채로 태워 죽이기까지 했다.

한결같은 기독교적 가치, 높은 고객 서비스 만족률, 직원들의 예의 바른 행동으로 잘 알려진 멋진 회사(그들은 심지어 일요일에 영업하지 않는다.)와 그 학살자들을 비교하는 것은 고사하고, 그 학살자들을 문명화 된 사람들 중 어느 누구와도 비교하는 것은 가당찮은 일이다. 칙필레는 또한 일이 있을 때마다 지역 사회를 돕는 걸로 알려져 있고, 고객이나 직원 고용에 있어서 성적 지향으로 차별한 적이 전혀 없다. 그들의 유일한 "죄"라면 회사 재단을 통해 원치 않는 동성애를 느끼는 사람들에게 도움을 주는 사역을 하는 보수주의 기독교 단체에게 약간의 기부를 한 것뿐이다.[24] 그리고 이것 때문에 그들은 지목되어 비판받았다.

정치적 리더들은 칙필레가 그 도시에는 환영받지 못하고 있다고 하고, 학생들은 칙필레를 캠퍼스에서 쫓아내야 한다고 주장했다.[25] 이 험악하고 부당한 공격이 계속되면서, 캐나다의 이 도시 시의회는 완전히 자제력을 잃어버렸다. LifeSite News는 "캐나다 브리티시컬럼비아 주의 너나이모시의 시의회 의원들은 지난달 시 컨벤션 센터에서 팟캐스트(Podcast)로 인터넷방송 될 크리스천 리더십 컨퍼런스를 봉쇄하기 위해 투표를 진행했다. 이는 그 컨퍼런스를 후원하는 업체 중 하나가 미국 레스토랑 체인점인 칙필레였기 때문이다. 한 시의원의 말에 따르면, 칙필레는 CEO의 반동성애적 시각 때문에 사회적 불화와 동성애 공포증, 혐오적 표현을 확산시키고 있다"고 보도한다.[26]

시의회는 TheRealBigots.com이라는 지역 웹사이트를 만들어 사람들의 이목을 시의회의 반기독교적 언사에 집중하려고 할 정도로 지나치게 나갔다.(관련된 비디오와 연설들을 여기서 볼 수 있다.) 그 웹사이트가 설명하듯이, "시의회 의원들은 이 이벤트를 나이지리아 테러리스트 단체 보코하람에 빗대어 '혐오스럽다'고 설명했으며, 공공장소에서 이 이벤트를 금지하기로 한 결정은 폭력단체를 조직하는 것에 반대하는 투표를 한 것과 다를 것이 없다"고 말했다.[27] 투표결과, 8:1로 금지가 결정되었다.

같은 생각으로, 영국 동성애 운동가 피터 태첼(Peter Tatchell)은 "우리와 함께할 모든 사람들을 불러 모아 종교적 권리에 대항하고 세속주의를 옹호하는 국제 전선을 만들자"고 말한다. 그렇다면 정확히 태첼이 말한 "종교적 권리"는 무슨 의미인가? 그는 "이슬람국가들(공식적으로는 Islamic State, ISIS), 사우디 정권, 인도의 힌두교 강경 단체인 Hindutva(Rashtriya Swayamsevak Sangh), 미국과 유럽의 보수 기독교인들, 스리랑카의 불교도군(Bodu Bala Sena), 말리의 알카예다(AQMI)와 서부아프리카의 통일과 지하드를 위한 운동(MUJAO), 나이지리아의 보코하람, 아프가니스탄과 파키스탄, 이란의 탈레

반, 알제리 이슬람 구국전선"을 의미한다고 말한다.

그렇다면, 미국과 유럽의 보수 기독교인들이 보코하람 같을 뿐만 아니라 이슬람 국가들과도 같단 말이냐! 이에 대응하여, Christian Institute의 대변인 시몬 칼버트(Simon Calvert)는 "그들은 살인을 저지르는 테러리스트에 대한 진짜 걱정을 가로채어 복음주의자들을 모략하기 위해 사용한다"고 정확한 논평을 냈다.[28] 정말 놀랍지 않은가?

다시 캐나다 이야기로 돌아가 보자. 거기에는 혐오나 호모포비아에 관련된 것들은 전혀 없었을 뿐만 아니라, 발표자들 중에는 온건파 동성애 지지자였고 나중엔 강경파 동성애 지지자가 된 로라 부쉬(Laura Bush)와 데스몬드 투투(Desmond Tutu)도 포함되어 있었다. 그러나 잘못된 정보 때문에 사실을 오해한 시의회는 그 이벤트 후원자 중 하나가 칙필레라는 이유만으로 그 컨퍼런스를 위해 시 건물을 사용하는 것을 반대하는 데에 투표한 것이다. 점점 더 심해지는 반기독교인들의 편견을 얘기해 보자.

하지만, 이 전략은 역효과를 낳았다. 그 이벤트에 대한 반발과 시의회의 결정에 대한 당혹감은 결국 시의회가 결정한 것을 번복하게 했다. 반기독교 혐오와 잘못된 정보들은 결국 그들이 스스로 무너지기 전까지만 지속될 수 있는 것이다.

그러나 우리는 경계를 늦추지 말아야 한다. 누군가 당신에게 진흙을 던지면 그것을 다시 던져버리는 것은 쉽다. 누군가 우리를 욕한다면, 당신은 같은 것으로 앙갚음하고 싶은 유혹에 빠질 것이다.

"온 덩이에 퍼지는 작은 누룩"

이 주제가 얼마나 중요한지 강조하기 위해서는, 사람들이 '신실한 기독교인들은 정말 혐오스러운 방법으로 행동한다'고 주장할 때 어떤 일들이 일어나는지 생각해봐야 한다. 이는 다른 모든 사람들로 하여금 종교를 부정적으로 보게 만든다. 그리고 많은 미디어 리더들의 반종교적 정서에 힘입어, 종파적 편협에 사로잡힌 소수의 목소리들이 배려심 깊고 너그러우면서도 동성애 운동을 지지하지 않는 다수의 목소리들을 압도하게 될 때까지 증폭되고 재생산될 것이다.

최근에 프레드 펠프스(Fred Phelps)와 그의 웨스트보로 교회(Westboro Church)가 "하나님은 동성애자들을 싫어하신다"는 반대시위 때문에 악명이 높아진 것을 생각해 보자. 만약 어떤 단체가 진짜 혐오단체라면 이 단체가 바로 그럴 것이다. 아래는 그들의 목회자가 시위 중 했던 연설의 일부를 소개한 것이다.

하나님은 미국을 싫어하신다!

IED(Improvised Explosive Device, 급조폭발물)가 미국 군인들을 매일 이상한 나라에서 죽이고 있음을 하나님께 감사하라!

WBC(Westboro Baptist Church, 웨스트보로 침례교회)는 보응하시는 하나님이 미국 병사를 IED로 죽이거나 불구로 만들고 있는 것에 대해 항상 기뻐한다 … WBC는 하나님을 믿지 않는 동성애자 군인이 조각난 몸으로 집에 돌아왔을 때, 그의 장례식에서 피켓을 들고 시위할 것이다. WBC는 또한 그들의 도착지점인 델라웨어의 도버에 일찍 가서 자주 피켓 시위를 할 것이다 … 직면하라, 미국이여! 너는, 동성애자들로 가득 찬 맹목적인 국가 찬양자들과 점쟁이의 나라가 될 것이다. 오직 너의 하나님이 너를 테러하실 것이다. 그분은 너와 직접 싸우신다 … 피의 학살자 부시는 그의 동성애자 군대들로 바빌론을 차지함으로 이러한 사실들을 벗어날 수 있다고 생각하고 있다. 그의 멍청함 때문에 시체를 가득 실은 트럭들이 집으로 돌아오고 있는 것이다.[29]

하나님은 스웨덴을 싫어하신다!

모든 죽은 스웨덴 사람들에 대해서 하나님께 감사하라! 태국과 그 지역의 비싼 리조트들을 파괴한 쓰나미 때문에 아직 확인되지 않은 수많은 스웨덴 사람들이 죽었고, 수천 명이 실종되었고, 그들이 받아 마땅하게도 공동묘지의 머저리들같이 열대기후 때문에 썩어가거나 묻혀 있기도 한다 … 그 참사에 무사한 스웨덴 가족은 한 가족도 없다. 성경의 설교자들이 말한다. "하나님께 모든 것을 감사하라!"[30]

나는 주저함 없이 이 웨스트보로 시위자들이야말로 가장 최악의 편협한 종교주의자라고 말할 수 있다(하나님의 이름으로 살인이나 강간을 실제로 행하는 사람들을 제외한다면.). 그리고 나와 내가 아는 이 세상의 진짜 기독교인들은 이러한 의견이나 정서에 대해 완전히 거부한다. 그러나 그들의 앙심에 찬 미움과 미디어와의 결합 때문에, 이 작은 집단의 사람들이 동성애 운동에 대해 반대하는 "기독교인"의 얼굴이 되어가고 있다.[31] "작은 누룩이 온 덩이에 퍼진다" (고린도전서 5:6 개역개정)는 말씀처럼, 이 약간의 썩은 사과들이 - 정말 나쁘지만 정말 몇 안 되는 - 수백만의 좋은 사과들을 나쁜 사과로 만든다.

그렇다면, 우리는 더욱더 경건한 언행으로 이런 거짓 오명을 떨쳐버려야 할 것이다. 그래서 우리가 "프레드 펠프스"로 불릴수록 - 이는 늘상 내게 일어나는 일이다 - 더 많은 사람들이 그 오명이 우리와 맞지 않는다는 것을 알게 될 것이고, 그렇게 함으로써 진짜 증오와 편협이 무엇이었는지 드러날 것이다.

마틴 루터 킹으로 돌아가기

이 장의 첫 부분에, 나는 마틴 루터 킹 주니어 박사의 "어둠은 어둠을 물리칠 수 없다. 오직 빛만이 어둠을 물리칠 수 있다. 증오는 증오를 물리칠 수 없다. 오직 사랑만이 증오를 물리칠 수 있다"를 인용했다. 박사의 연설은 다음과 같이 이어진다:

> 증오는 증오를 낳고, 폭력은 폭력을 낳으며, 힘은 힘을 낳아 결국 파멸의 소용돌이로 내려갈 뿐이다. 그래서 예수님께서 "원수를 사랑하

라"고 말씀하셨을 때, 그분은 심오하고도 본질적으로 피할 수 없는 권면을 시작하신 것이다. 우리는 원수나 혹은 다른 사람들을 사랑해야만 하는 현대사회의 난국에 빠져본 적이 있지 않은가? 악을 악으로 되갚는 사슬-곧 증오는 증오를 낳고, 전쟁은 전쟁을 부르는 것-은 끊어져야만 할 것이다. 그렇지 않으면 우리는 깜깜한 멸망의 구렁텅이에 빠져버리게 될 것이다.[32]

이 문제는 우리의 정당방위 권리에 대해 말하고자 함이 아니다. 킹 박사도 정당한 전쟁에 대해 부인하는 것이 아니다. 문제는 모든 사람들을 "파멸의 소용돌이로 몰아넣는" 증오의 악순환이 영원히 되풀이되도록 놓아 둘 것인가 하는 문제다. 하지만, 우리 자신의 증오는 우리를 비난하는 그들의 증오와 다른 것처럼, 우리 자신을 속이는 것도 정말 쉽다. 그렇게 생각함으로써 우리는 독선적인 위선자가 되어 우리의 고매하고 종교적인 눈으로 우리와 다른 사람들을 경멸하고 있을 것이다.

하지만 우리가 이렇게 한다면 우리를 증오하는 사람들과 다를 게 뭐란 말인가? 킹 박사는 예수님의 말씀("원수를 사랑하라")을 인용했다. 하지만 산상수훈이라고 불리는 예수님의 가르침의 맥락은 원수를 사랑하라는 단순한 말 이상으로 파격적이었다. 예수님은 "또 네 이웃을 사랑하고 네 원수를 미워하라 하였다는 것을 너희가 들었으나 나는 너희에게 이르노니 너희 원수를 사랑하며 너희를 박해하는 자를 위하여 기도하라 이같이 한즉 하늘에 계신 너희 아버지의 아들이 되리니 이는 하나님이 그 해를 악인과 선인에게 비추시며 비를 의로운 자와 불의한 자에게 내려주심이라(마태복음

5:43-45 개역개정)"고 말씀하신다.

바울 사도도 로마의 성도들에게 그와 비슷한 파격적인 조언을 했다:

> 아무에게도 악으로 악을 갚지 말고 모든 사람 앞에서 선한 일을 도모하라 할 수 있거든 너희로서는 모든 사람으로 더불어 평화하라 내 사랑하는 자들아 너희가 친히 원수를 갚지 말고 진노하심에 맡기라 기록되었으되 원수 갚는 것이 내게 있으니 내가 갚으리라고 주께서 말씀하시니라[33] 네 원수가 주리거든 먹이고 목마르거든 마시우라 그리함으로 네가 숯불을 그 머리에 쌓아 놓으리라[34] 악에게 지지 말고 선으로 악을 이기라(로마서 12:17-21).

이는 인간의 본성과는 완전히 반대되는 일이기 때문에 참 힘든 명령이다. 하지만, 하나님과 함께라면 가능하다.

"다가가라, 그리고 저항하라"

내가 처음 동성애 문제를 언급했을 때, 나는 주로 공격적인 동성애 운동가들의 의견들에 대해 걱정했다. 하지만 내가 그들 각각의 이야기들을 읽고, 가능한 때에는 직접 이야기를 나누어 보며 그들의 관점들을 좀더 잘 이해하게 되었을 때, 나는 사람들의 행복에 대해서도 고민하게 되었다. 이는 "다가가라, 그리고 저항하라"의 접근으로 이어지게 되었는데, "긍휼을 가지고 사람들에게

다가가라. 용기를 가지고 그 문제에 저항하라"는 의미라고 볼 수 있다. 긍휼과 용기가 동시에 필요하다.

솔직히 말하면, 나는 내 인생에서 동성애자를 싫어해 본 적이 전혀 없다(그들을 미워한다는 생각조차도 한 번도 해 본 적 없다). 분명히 오해는 있었을지 몰라도, 내가 그들의 이야기를 더 듣고 읽을수록 난 그들을 더 많이 이해하고 내 마음이 아파오는 것을 느꼈다. 내 마음속에 그들을 미워하는 마음이 없기 때문에 내 입에서 그들을 증오하는 말이 나온 적도 없었다. 또 증오로 가득 찬 모욕적인 말을 들어도 화가 나지 않을 수 있었던 이유이다.[35] 내 안에는 화를 내게 할 증오나 미움이 없었다.

하지만 불행히도 그들은 우리가 동성 '결혼'을 반대하기 때문에 그들을 미워한다고 생각한다.(게이들과 레즈비언들이 우리를 바라보는 눈을 보면 나는 왜 그런지 알 수 있다.) 그리고, 우리가 하나님께서는 남자가 남자와 함께, 여자와 여자가 함께 있으라고 만들지 않았다고 이야기할 때, 우리는 편견에 가득 찬 호모포비아라고 비난을 받는다. 그래도 좋다. 내가 하지 않을 것, 내가 하지 못하는 것이 거짓말이라 불리는 수렁에 빠지고, 그들을 불쾌하게 하고 싶지 않기 때문이라는 이유로 우리 입장을 누그러뜨릴 수도 없다. 다시 말한다: 긍휼과 용기는 필요하다. 그리고 우리가 옳은 것을 위해 맞서고, 옳은 것을 하고 있다고 절대적으로 확신한다면, 긍휼과 용기는 마치 한 짝처럼 서로 정확하게 잘 맞을 것이다.

비만으로 인해 유발될 수 있는 모든 합병증을 열거해 놓은 정말 끔찍한 리스트를 만든 어떤 의사가 쓴 건강한 식습관에 대한 베스트셀러를 읽었을 때 이런 생각이 났다. 그 의사가 뚱뚱한 사람들을 싫어해서 이 책을 썼을까? 그런 생각일랑 집어치워라. 그는 비만인 사람들이 표준 체중을 갖도록 도와주기 위해서 수십 년 동안 연구하고 실험하는 데에 헌신해 왔고, 그는 그들을 걱정하기 때문에 직접적이고, 명확하고, 솔직할 수 있는 것이다. 같은 방법으로 (비만과 동성애를 비교하는 것은 아니고)[36], 우리는 사랑과 진리를, 관심과 대립을, 긍휼과 용기를 함께 결합시킬 수 있는 것이다.

그렇다면, 이제 긍휼과 함께 진리를 지키는 마음을 갖자. 우리가 동성애 혁명을 뒤집고 긍정적 변화를 이끌어 내는 주역이 되기 위해서는 이 두 가지가 모두 필요하다.

제3원칙

성적 순결이
성적 무질서를 이긴다

순결이 명예의 여성형이라면, 진리는 명예의 남성형이다. - 데이빗 헤어

모든 것은 자기와 같은 종(種)을 번식한다는 성경적 원리가 있다. 과실수는 과실수를 번식하고, 고양이들은 고양이들을, 개들은 개들을 번식한다. 그리고 인간은 인간을 번식한다.[1] 우리의 성품과 삶의 방식도 마찬가지이다. 우리는 우리의 행실과 됨됨이를 번식한다. 알코올 중독자들의 자녀들이 알코올 중독자들이 될 가능성이 훨씬 높고, 학대받은 자들이 종종 학대자들이 되는 것은 바로 그런 이유 때문이다.

하지만 이러한 방정식에 흥미로운 변동이 있다. 사랑, 즉 끝없이 증대되는 사랑은 더 많은 사랑을 낳고, 끝없이 증대되는 진리는 더 많은 진리를 낳는다. 하지만 증오가 끝없이 증대될 때, 그것은 꼭 그만큼만 증오를 번식하는 것이 아니다. 미움은 분노와 폭력과 살인을 낳는다. 또한 끝없이 증대되는 거짓이 꼭 그만큼만

많은 거짓을 번식하는 것은 아니다. 거짓은 기만적인 삶의 양식으로 이끌고, 종종 모든 종류의 범죄 행위로 향하는 문을 연다. 같은 방식으로, 성적 순결이 계속해서 증대되면 더 많은 성적 순결을 낳지만, 성적 불결이 꼭 그만큼만 비례하여 성적 불결을 낳는 것은 아니다. 그것은 상상할 수 있는(그리고 때로는 상상할 수 없는) 모든 종류의 성적 도착을 낳는다.

그것이 왜 성적 순결이 성적 무질서보다 더 오래 지속되고 궁극적으로 이기는지를 보여주는 이유이다. 전자는 오래 지속되는 견고한 관계성으로 이끌고, 정절과 성실로 이끌며, 육체적 건강과 정신적 건전함, 번성하는 가정들이 되도록 이끌어준다. 후자는 산산이 조각난 관계성, 간통과 불신, 성병과 약물 남용, 깨어진 가정들과 파산한 삶으로 이어진다. 스티븐 코비(Stephen Covey)가 말했듯이, "생각을 뿌리면 행동을 거두고, 행동을 뿌리면 습관을 거두며, 습관을 뿌리면 성품을 거두고, 성품을 뿌리면 운명을 거둔다."

"하지만 이것이 동성애와 무슨 상관이 있는가?"라는 질문이 있을 수 있다. "결국, 열성적인 게이 커플들이 많고, 복잡하게 뒤섞인 동성애 커플들도 많이 있다. 게다가, 우리 사회가 오늘날 동성애를 옹호하는 이유는 우리가 지나간 세대들보다 더 계몽되었기 때문이 아닌가?"

그런 생각을 잠시 접어두자. 곧 그 문제로 되돌아 올 것이다. 지금 나는 당신과 함께 최근의 역사 속으로 여행을 떠나고자 한다.

그러면 우리가 오늘날 동성애를 수용하는 흐름이 어디서 왔는지 역사적 맥락 속에서 이해하는 데 도움이 될 수 있을 것이다.

1956년은 그리 멀지 않은 과거이다

때는 1956년, 러시아 태생의 하버드 대학교 사회학 교수 피티림 소로킨(Pitirim Sorokin)은 근심에 잠겨 있었다. 미국의 《성 혁명》(The American Sex Revolution)이라는 책에서, 그는 "이혼, 처자식 유기, 추문이 공적인 배척에 의해 처벌받는 것이 중단되었다"라고 언급했다. 더 나쁜 것은, "많은 이혼한 교수들이 우리의 대학들에서 가르치고 있고, 그들 중의 일부는 결혼, 성적 조정, 가족 분야에서 권위자들로 간주되기까지 한다"라고 계속해서 그는 언급한다.[2]

이 말을 담아 두자. 소로킨 교수는 단지 이혼과 가족 유기가 더 이상 사회적 배척의 이유가 되지 않는 것뿐 아니라, 대학들이 이혼한 교수들을 채용하고 있는 현상을 염려하였다. 그리고 "그런 것"은 물의를 빚는 일로 간주되었다. 더욱이 이혼한 교수들이 결혼과 가족 문제 전문가들로 간주되는 것은 더욱 말문이 막히는 일이라고 여겨졌다. 사태가 얼마나 바뀌었는가!

1956년은 그리 멀지 않은 과거이지만(나는 1955년에 태어났다.), 당신의 섹스 테이프를 방출하는 것이 스타덤에 오르는 길이 되어버린 때보다는 명백히 오래 전이다. 이제는 리얼 TV에서 십대 미혼모들과 그들의 아기들에 관한 이야기들을 특집으로 보여준다. 중

학생들이 "섹스팅"에 빠지고, 포르노 영상물들이 인터넷에 넘쳐난다. 대학들이 버자이너 모놀로그[13] 같은 연극들을 상연하도록 주최하고, 여장한 남자 동성애자 미인대회를 개최한다.

한 사람의 일생 동안 그런 일이 일어나는 것은 놀라운 일이다

앤 콜터(Ann Coulter)는 NBA 구단주 도널드 스털링(Donald Sterling)에 관해 이렇게 보도한 적이 있다. "나는 도널드 스털링에 관한 방송을 대략 여덟 시간 동안 청취하였고, 그의 여자 친구가 몰래 녹음한 대화를 통해 그가 했던 추악한 말을 들었다. 예전에 나는 누군가 그의 아내에 대해 말하는 것도 들었다."[3] 스털링은 큰 망신을 당했다.

그렇다. 스털링에게는 오십대 아내가 있었지만, 그의 정부는 공공연하게 그의 팀의 농구 경기장에 나타났다. 그리고, 그들의 전화 통화를 몰래 녹음한 사람이 그의 정부였다는 것은 화젯거리도 되지 않았다.(오히려, 그가 흑인 미국인들을 경멸하며 했던 말 자체가 추문의 화젯거리였다.)

콜터는 기사에서 이렇게 썼다:

---

13) 역자 주: The Vagina Monoloque, 1996년 극작가 이브 엔슬러가 200여 명의 여성을 인터뷰해서 만든 연극. 성폭력, 동성애, 오르가즘, 출산 등 여성이 겪는 모든 상황에 대해 거침없이 다루면서 여성의 성적 해방을 추구하는 대표적인 여성주의 작품. 금기시되어 왔던 여성의 성기를 소재로 삼아 공연함으로써 큰 충격을 주었음.

확실히, 문화적 관습이 변하고 있다. 1947년에, 브루클린 다저스의 리오 더로셔(Leo Durocher)가 기혼 여배우 라레인 데이(Laraine Day)와 바람을 피웠다는 루머가 돌았을 때, 그것은 하나의 추문이었다.

더로셔 자신은 미혼이었지만, 결코 흡연이나 음주도 하지 않았던 데이는 잠정적으로 이혼판결이 내려진 다음날 남편과 이혼하고 더로셔와 결혼했다. 이혼은 확정된 것이 아니었다. 따라서 그 판사는 데이와 더로셔에게 캘리포니아에서 떨어져 살도록 명령했다.(그렇다. 이 일은 아주 오래 전이고, 전통적 결혼제도는 여전히 캘리포니아에서 존중되었다.)

그들은 명령을 따랐다. 그녀는 산타 모니카에 있는 그녀의 어머니와 함께 살았고 더로셔는 근처의 호텔로 거처를 옮겼다.

여러분은 오늘날 그와 같은 시나리오를 상상이나 할 수 있는가? 이혼이 확정될 때까지 판사가 부부에게 떨어진 장소에서 살도록 명령하는 일이 가능하겠는가? 이혼절차의 모든 단계에서, 지금은 그런 일을 생각할 수 없지만, 실제로 그런 일은 일어났었다. 그것도 오늘날 노골적인 TV연속극 캘리포니케이션(Californication)의 본고장 캘리포니아에서 말이다.

콜터는 계속해서 이렇게 썼다:

한술 더 떠서, 카톨릭 청소년 단체(CYO)는 브루클린 다저스에 대한 지지를 철회하였고, 회원들에게 더로셔가 감독직을 유지하는 한 그 팀을 보이콧하도록 조언하였다.

CYO의 대표 빈센트 포엘은 한 서신에서, 더로셔는 "우리의 청소년들이 이상화하고 모방하기를 원하는" 그런 종류의 사람이 아니라고 설명하였다. 또한 CYO는 "우리의 도덕적 가르침과 모순되는 본보기를 제시하는 사람과는 공식적으로 교류할 수 없다"고 덧붙였다.

더로셔는 오랫동안 끊지 못한 도박 때문에 다저스에서 일 년간 자격이 정지되었다.

그 일은 뉴욕에서 있었다! 미주리 주의 캔자스 시티나 미시간 주의 그로스 포인트 같은 곳이었다면 반응은 더 거칠었을 것이다.

하지만 우리는 오늘날 성적으로 더 계몽되지 않았는가?

이 지점에서 당신은 아마도 이렇게 생각할지도 모르겠다. "확실히 우리나라는 성 풍속이 바뀌었습니다. 하지만 동성애의 경우, 우리가 그것을 더 수용하는 이유는 오늘날 우리가 더 계몽된 사회에서 살기 때문입니다." 그렇지 않다. 우리가 오늘날 동성애를 더 받아들이는 이유는 우리의 성도덕 수준이 낮아졌기 때문이다. 다르게 말하면, 동성애 혁명은 1960년대의 시민권 운동의 계승이 아니다. 그것은 1960년대의 성 혁명의 계승이다. 이 점을 명확히 해야만, 우리는 우리의 문화가 진정 어디로 향하는지를 이해할 수 있다. 또 그렇게 하는 것이 동성애(덜 난잡하지만 더 많이 자행되는 형태까지 포함하여)에 대한 포용이 성적 무정부상태로 빠져들게 만드는 더 큰 몰락의 일부임을 알아채도록 하는 일에 도움이 될 것이다.

오늘날 우리가 동성애를 더욱 수용하게 된 배경에 대한 설득력 있는 설명은, 과거에는 많은 게이들이 밀실에 있었고, 대부분의 게이들이 변태적 성범죄자들이며, 최악의 종류에 속하는 저질스러운 일탈자들이라고 믿었으나, 이제 우리들 거의 대다수는 동성애자가 어떤 사람인지 알기 때문이라는 것이다. 실제로 이제 우리는 그들을 안다. 그들은 우리의 친구들이며, 가족 구성원들이며, 직장 동료들이다. 이제 우리는 그들이 이성보다 동성에게 끌린다는 점만 빼고는, 그들이 우리 중 그 누구와도 다르지 않다는 것을 알고 있다.

여기에 일말의 진실이 있다. 우리 중 많은 사람들이 게이와 레즈비언에 대해 과장되거나 심지어 잘못된 관점을 가지고 있었다. 그리고 그런 관점들은 우리의 친자식들 중의 하나가 게이로서 커밍아웃을 했을 때, 또는 가까운 샐리 아줌마가 동성애자였던 것을 알게 되었을 때, 또는 한 게이 커플이 옆집으로 이사 와서 우리가 겪어본 이웃들 중에서 가장 다정한 이웃으로 밝혀졌을 때 바뀌기 시작했다.

하지만 다른 관계성이나 성적 표현들에 대해서도 같은 말을 할 수 있다. 우리 모두는 결혼하지 않고 같이 사는 커플들을 알고 있고, 심지어 혼외 상태로 자녀들을 가진 경우도 알고 있다. 그들 중 많은 이들이 친절하고 평범한 사람들인 것도 안다. 그래서 간음이나 동거가 대수롭지 않게 보인다. 영화나 TV에서 혼외정사는 단지 삶의 한 양식일 뿐이라는 것을 보여주면서 우리의 시각을 바꾸고 있다. 최근의 여론조사가 그것을 보여준다. 조금씩, 일부다처에 관한 오명이 미국에서 줄어들고 있는 현상도 주로 대중매체 때문이다.(추가적인 여론조사 자료를 보려면 다음에 나오는 여론조사 결과를 보라. 정말이지, 자매아내들(Sister Wives)[14]에 등장하는 인물들은 근사한 가족을 이루는 것처럼 보인다!)

그러나, 우리는 다른 남자들과 성적이면서도 로맨틱한 관계를 가지는 남자들을(그리고 같은 행동을 하는 여성들을) 우리 사회가 용납하는 문제를 다른 형태의 성적 부도덕을 용납하는 문제와 단순 비교할 수 없다. 오늘날 동성애가 고양되고 있다는 사실은 우리의 도덕적 쇠퇴를 보여주는 중대한 지표다. 그렇다면, 왜 동성애와 다른 성소수자(LGBT, 레즈비언, 게이, 양성애자, 성전환자를 포괄) 표현들을 축하하는가? 왜 게이 십대 소년들이 동료 학우들에 의해 고등학교 무도회 여왕으로 지명되고 있을까? 도대체 왜 이런 내용이 플로리다 주의 방송 뉴스에서 축하할 거리가 되는가?: "레이크 카운티의 한 고등학생이 그의 학교 홈커밍데이 축제에서 최초의 남자 여왕이 될 것을 기대하면서 이름을 발표하고 있습니다."[4] 왜 남

---

14) 역자 주: Sister Wives, 2010년 처음 방영된 미국 리얼 TV의 연속물로서 한 일부다처주의자 가족의 생활을 보여줌.

자 운동선수가 "나는 다른 남자들에게 끌립니다"⁵라고 말했다는 이유로 국가적인 영웅이 되고 심지어 대통령으로부터 전화를 받는 것일까? 동성애를 축하하는 현상은 심지어 선구자적 동성애 운동가들조차 예견하지 못했던 일이다.

1987년 영향력 있는 동성애 전략가 두 명이 다음과 같은 글을 썼다:

> 적어도 처음에, 우리는 대중의 둔감함을 바랄 뿐 그 이상은 바라지 않았다. 우리는 보통의 미국인으로부터 동성애에 대한 완전한 "인정"이나 "이해"를 필요로 하지도 않고 기대할 수도 없다. 여러분은 동성애가 좋은 것이라고 대중을 설득하려 애쓰는 일에 대해서는 잊어도 좋다. 하지만 여러분이 그들로 하여금 어깨를 한번 으쓱하면서 그것이 단지 다른 것일 뿐이라고 생각하게 만들 수만 있다면, 법률적 사회적 권리를 위한 여러분의 전투에서 이미 승리한 셈이다. 어깨를 으쓱하게 만드는 단계에 이르기 위해, 게이들이 신비적이고, 이상하고, 혐오스럽고, 거슬리는 부류의 사람으로 비춰지도록 하는 것을 멈춰야 한다. 미국에서 게이 이미지를 바꾸기 위해서는 대규모 대중매체 활동이 필요하다.⁶

이 전략가들은 선구자적 운동가 프랭크 카메니¹⁵⁾가 만든 구호

---

15) 역자 주: Frank Kameny - 미국 하버드 출신의 천문학자로서 군사 지도 관련 기관에 근무 중 1957년 게이라는 이유로 정부로부터 해고당했으며, 이후 동성애자 권리를 위해 투쟁하였음.

"게이는 좋다(gay is good)"를 잘 알고 있었으며, "이성애적인 미국의 대대적 개조"를 위해 그들이 제시한 목표들은 상당히 야심찬 것이었다. 하지만 그들의 모든 비전과 야심에도 불구하고, 그들은 다음과 같은 말로 경고하였다. "여러분은 동성애가 좋은 것이라고 대중들을 설득하려는 시도는 잊어도 좋습니다." 그런 설득이란 너무나 터무니없는 상상이었던 것이다.

바로 그런 이유로, 오늘날의 동성애가 축하받는 것은 문화에서 도덕적 관용 수준이 높아졌기 때문이 아니라는 사실을 이해하는 것이 매우 중요하다. 오히려, 이것은 성도덕의 타락 때문이다. 역으로 표현하자면, 그것은 부도덕이 증가했기 때문이다. 그 외에는 이러한 급격한 사회변화를 달리 설명할 방법이 없다.

여론조사 결과가 내 말을 입증한다.

최근의 여론조사 자료의 일부를 제시하고자 한다. 여러분은 동성애가 어디서 개입되었는지 금방 알아채게 될 것이다.

2014년 5월 30일, 갤럽은 이렇게 발표했다. "이 시대의 중요한 도덕적 이슈들인 19가지 목록 중에서, 미국인들은 12가지 항목에서 과거와 같은 또는 더 높은 수준으로 도덕적 수용의사를 밝혔다. 그 12가지 항목 중에는 다혼, 혼외 자녀, 이혼 등과 같은 사회적 관습도 포함된다." 그들은 조사 결과를 요약하는 아래의 도표를 공개하였다:

도덕적 수용성 당신은, 일반적으로, 아래 내용을 도덕적으로 수용할 수 있다고 믿습니까?		
적극 수용가능	산아 제한*	90%
대체로 수용가능	이혼*	69%
	혼외 남녀의 성관계*	66%
	인간 배아에서 얻은 줄기 세포를 활용하는 의학적 연구	65%
	도박	62%
	사형제도	61%
	동물 모피로 만든 의류를 사거나 입기	58%
	결혼 없이 자녀 갖기*	58%
	게이 또는 레즈비언 관계	58%
	동물들에 대한 의학 실험	57%
논쟁거리	의사 도움을 받는 자살	52%
	낙태*	52%
대체로 수용불가	동물 복제*	34%
	포르노물	33%
	십대 사이의 성관계	30%
대단히 수용불가	자살*	19%
	중혼(重婚), 결혼한 사람이 동시에 두 명 이상의 배우자를 가지는 것	14%
	인간 복제*	13%
	결혼한 남녀의 외도	7%
% 예, 도덕적으로 수용할 수 있습니다. * 높은 기록 또는 그 근처에서 도덕적 수용성을 나타냄.		

　　게이와 레즈비언 관계의 수용도가 간음(결혼하지 않은 남자와 여자 사이의 성관계)보다 낮다는 것에 주목하라.

2013년 5월에 갤럽이 발표한 다른 도표를 살펴보면, 이런 현상을 최근의 역사적 맥락 속에서 이해하는 데 도움을 얻을 수 있다:

시대 흐름에 따른 도덕적 수용성의 변화 % 도덕적으로 수용 가능			
	2001	2013	
	%	%	%로 나타난 변화
게이 또는 레즈비언 관계	40	59	19
결혼 없이 자녀 갖기	45	60	15
결혼하지 않은 남녀 사이의 성관계	53	63	10
이혼	59	68	9
인간 배아에서 얻은 줄기 세포를 활용하는 의학적 연구	52	60	8
중혼	7	14	7

이해가 되는가? 동일한 대중이 이제 동성애를 더 호의적으로 보고, 혼외 성관계를 더 호의적으로 보며, 혼외 자녀를 갖는 문제나 심지어 중혼에 대해서도 더 호의적으로 본다. 2013년의 갤럽 연구가 설명하듯이, "미국인들은 일반적으로 일련의 도덕적 행위들에 대해 10-12년 전보다 더 관대하게 되었다. 이러한 추세는 특히 게이와 레즈비언 관계 및 혼외 자녀 문제를 보는 시각에서 특히 두드러졌다."7

2014년에 갤럽의 발표는 더 상세해졌다:

이러한 이슈들에 대한 미국인들의 도덕적 관점은 시간의 흐름에 따라 중대한 변화를 겪어왔다. 예를 들어, 게이와 레즈비언 관계의 수용은 2002년 38%에서 크게 늘어 2010년에는 다수의 지지를 받기에 이른다. 2001년과 2002년에 53%의 미국인들이 혼외 이성간 성관계를 도덕적으로 수용할 수 있다고 말했다. 하지만 올해에는 66%에 이르러 아주 폭넓게 받아들여지는 이슈들에 포함되었다. 마찬가지로, 2002년에는 결혼 없이 자녀를 갖는 문제를 도덕적으로 수용 가능하다고 한 미국인들이 절반 이하였으나, 지난 두 해 동안 수용도는 60%에 이르렀다.

이에 더하여, 널리 비난받는 몇 가지 경우들, 즉 중혼과 같은 일들을 터부시하는 경향이 낮아졌다. 2006년에는 5%의 미국인들만이 도덕적으로 중혼을 수용할 수 있다고 했으나, 이제 그 비율이 14%로 늘어났다. 이러한 증가는 중혼자 가정을 다루는 텔레비전 쇼가 늘어난 것 때문이다. HBO TV에서 방영하는 "큰 사랑"[16]이 한 예인데, 이런 프로가 중혼의 수치심을 경감시키고 있다.[8]

내 말의 요지를 이해하는가? 동성애에 대한 포용 수준은 성 도덕의 타락이라는 보다 큰 과정의 일부라는 것이다.

조사 결과가 보여주는 것

2014년의 조사를 더 깊이 들여다보면 사정이 더욱 명확하게 드

---

16) 역자 주: Big Love - 2006. 3. - 2011. 3.까지 방영된 연속극으로, 한 근본주의 몰몬교도의 일부다처 가정을 보여준다.

러난다. 이에 따르면, 아래 항목들에 대해 민주당원들이 승인한 비율은 괄호 안의 수치와 같다.

- 이혼(78%)
- 결혼하지 않은 남녀 사이의 성관계(77%)
- 결혼 없이 자녀 갖기(72%)
- 게이 또는 레즈비언 관계(71%)
- 십대들 사이의 성관계(33%)
- 중혼(19%)
- 결혼한 남녀의 외도(13%)

대조적으로, 공화당원들은 그 비율이 훨씬 낮았다.

- 이혼(60%)
- 결혼하지 않은 남녀 사이의 성관계(54%)
- 결혼 없이 자녀 갖기(40%)
- 게이 또는 레즈비언 관계(39%)
- 십대들 사이의 성관계(23%)
- 중혼(6%)
- 결혼한 남녀의 외도(1%)

마크 레그너러스(Mark Regnerus) 교수는 신앙을 고백하는 기독교인들로서 동성간 '결혼'을 지지한 사람들을 조사하면서, 그 결과가 위 내용과 동일한 추세를 보인다는 점을 발견했다. 그는 다음과 같이 기록하였다. "교회에 출석하는 기독교인이면서 동성간 '결혼'을 지지하는 사람들은 포르노물, 동거, 하룻밤 정사, 다자성애[17], 낙태 등에 대해 더 수용적으로 생각한다."[9]

동의자들 백분율	교회출석 기독교인들 중 동성애 결혼 반대	교회출석 기독교인들 중 동성애 결혼 지지	일반 인구	게이와 레즈비언 기독교인들	게이와 레즈비언 비기독교인들
포르노물 시청 ok	4.6%	33.4%	31.4%	57.0%	78.1%
혼전 동거는 좋다	10.9%	37.2%	43.0%	49.7%	74.1%
아무 조건 없는 성관계 ok	5.1%	33.0%	35.0%	49.0%	80.5%
학대받는 경우를 제외하고, 자녀를 가진 부부는 혼인상태를 유지해야 한다	52.5%	33.5%	26.9%	22.0%	18.5%
결혼 생활 중 부정은 때때로 무방하다	1.3%	7.5%	7.5%	14.2%	26.9%
3명 이상의 성인들이 성적 관계 속에 사는 것 ok	1.2%	15.5%	16.3%	31.9%	57.8%
낙태의 권리는 좋은 것이다	6.5%	39.1%	37.8%	57.5%	71.7%
표본 크기	2,659	990	15,738	191	233

---

17) 역자 주: Polyamory - 개인들이 각 파트너들의 인지와 동의 하에 두 사람 이상의 파트너와 친밀한 관계를 갖는 것.

어떻게 파이를 자르더라도 결과는 동일하다. 성적 부도덕에 대해 더 수용적인 사람들은 동성애에 대해서도 더 수용적이다. 성적 부도덕에 대해 덜 수용적인 사람들은 동성애에 대해서도 덜 수용적이다. 이 수치를 이해하기 위해 뛰어난 과학지식이 필요한 것은 아니다. 1969년 우드스톡(Woodstock)에서 절정을 이루었던 성 혁명의 등장을 목격했던 그 십 년이, 역시 1969년 스톤월(Stonewall)의 폭동에서 두드러졌던 게이 해방운동의 등장을 목격하였다는 것은 결코 우연의 일치가 아니다.

이러한 관점을 염두에 두고, 21세기에서 두 번째로 맞는 십 년 동안 미국의 상태를 살펴보자. 이것을 가장 잘 묘사하는 단어는 '성적 무정부 상태'가 될 것이다.

성적 무정부 세계로 온 것을 환영하다

2010년 4월, 켄드라 윌킨슨(Kendra Wilkinson)이 십대 때에 만든 섹스 테이프가 있다는 소문이 떠돌았다. 켄드라 윌킨슨이 누구인가? 그녀는 플레이보이 화보집의 누드모델이었고, 휴 헤프너(Hugh Hefner) 처첩들 중 하나가 된 것으로 유명하게 된 인물이다. 후자는 헤프너의 다른 유희 파트너들과 함께 리얼 TV 쇼에서 크게 다루어진 일도 있었다. 2010년경 그녀는 한 NFL 선수와 결혼한 상태였고, 그 부부는 첫 자녀를 가졌다. 따라서 이 오래된 섹스 테이프가 하필 이 시기에 유출된 것이 왜 그렇게 그녀에게 당혹스러운 사건이 되었는지 이해할 수 있을 것이다.

거기서 끝난 것이 아니다. 인터넷 타블로이드 기사들이 그 섹스 테이프를 두고 개탄하던 즈음, 그녀가 또 다른 누드 화보를 찍고 있었다는 사실이 폭로되었다. 그 일은 그녀가 결혼관계에서 첫 자녀를 출생한 뒤에 일어난 일이었다.

당신은 이 일에서 도덕적 정신착란을 감지하는가? 신출내기 누드 스타이자 늙은 남자의 처첩들 중의 한 사람으로서 유명세를 타는 것이 그녀에게는 좋은 일이었다. 또한 결혼한 여성이자 어머니로서 누드 사진을 찍는 것도 그녀에게는 좋은 일이었다. 하지만 오래된 섹스 테이프가 폭로되어 돌아다닐 수 있다는 사실이 그녀를 무척이나 당혹스럽게 만들었다.

섹스 테이프들에 관해 말하자면, 그것들이 처음 유출되었을 때 당신이 아직 결혼하지 않은 상태였다면, 그나마 사정은 나았을 것이다. 사실, 그것들은 당신을 유명인사로 만들어 줄 수도 있다. 패리스 힐튼(Paris Hilton)과 킴 카다시안(Kim Kardashian)과, 그 외 다른 사람들에게 물어보라. 앵커우먼 바바라 월터스(Barbara Walters)가 한번은 카다시안의 가족에게(그러나 명백히 킴에게 초점을 두고서) 다음과 같이 질문을 한 적이 있다. "당신은 실제로 연기하지 않고, 노래도 하지 않고, 춤을 추지도 않습니다. 당신은 – 미안합니다만 – 그 어떤 재능도 없습니다!"

정말 사실이다. 하지만 그녀는 섹스 테이프를 가지고 있었고, 그 이후 리얼 TV 쇼에 등장했다. 킴이 바바라에게 말했다. "리얼 쇼에서 당신 자신을 있는 그대로 드러내서 사람들이 사랑하도록 만드는 건 정말 대단한 도전입니다.'"10 이제는 그것이 재능인 셈이다.

빈정대는 말이 아니라, 무슨 놈의 사회가 한 사람 또는 여러 사람과 성관계를 갖는 것을 찍은 비디오를 공개하는 데 보상을 한단 말인가? 과거 세대에서는, 그런 일은 너무 수치스러워서 비디오에 나온 남자나 여자는 다시는 공중에 얼굴을 드러내고 싶어 하지 않았다. 오늘날에는 자기 얼굴을 사람들 앞에 공개하는 것을 넘어서, 그들을 저명인사로 만들어 버리기까지 한다.

2014년 6월 6일, 폭스(Fox) 뉴스는 플레이보이지 '올해의 플레이메이트' 케네디 서머스(Kennedy Summers)가 누드사진 촬영 대가로 받은 10만 불을 의과대학 학자금으로 사용하고 있었다고 보도했다.(보도에 따르면, 그녀는 세 가지 언어에 능통했고 이미 보건행정 분야에서 석사 학위를 가지고 있었다.) 그녀는 화상 환자들의 치료를 돕는 성형외과 의사가 되기를 원했다. 하지만 플레이보이 특집 기사가 그녀의 메디컬 경력에 상처를 입히지는 않을까? 시리우스엑스엠(SiriusXM) 라디오 진행자 리치 데이비스(Rich Davis)의 이야기를 들어보면 그렇지도 않은 것 같다.

첫째, 그의 말에 따르면, 그녀는 소아과 의사가 되려는 것이 아니라 성형외과 의사가 되고 싶어 하며, 그녀의 환자들은 아마 그녀를 누드사진들로 판단하지는 않을 것이다. 오히려 그들은 그 사진들을 참고기준으로 삼을 것이다. 더 중요한 사실은, 심지어 서머스의 플레이보이 기사는 앞으로 그녀를 찾는 환자들에게 그녀가 보다 순수했던 시절을 상기시켜 주는 묘한 역할을 할 수도 있다.(그렇다, 오늘날이 바로 그 "보다 순수했던 시대"다.)

"한 소녀가 대학 학자금을 벌려고 포르노 스타가 되는 것이 괜찮은지를 놓고 토론한 것이 불과 몇 개월 전이다. 앞으로는 아무도 그런 일에 신경 쓰지 않을 것이다"라고 그는 말했다. "앞으로 십 년 혹은 이십 년이 지나면, 지금 자라고 있는 어린아이들과 현재 대학생인 십대들은 인스타그램과 스냅챗으로 누드 사진들을 자기 남자친구나 여자친구에게 보내는 것이 아무 일도 아닌 세상에서 살게 될 것이다." 플레이보이에 투고하는 정도는 이제 별일 아닌 것이 된다.[11]

그것이 모든 것을 말해준다.

뒤떨어진 이성애에서 동성애와 다자성애로

이러한 성적 무질서의 시대에, 당신은 아이들이 좋아하는 '한나 몬타나' 대신, 뮤직비디오를 촬영하기 위해 '레킹 볼'[18]에서 알몸 포즈를 취하거나 거대한 남근상을 소품 삼아 TV에서 공연하는 비행청소년 '마일리 사이러스'[19]로 변신할 수 있다. 그저 그런 스타에서 한밤의 슈퍼스타로 뜰 수도 있는 것이다. 또 노래하면서 불

---

18) 역자 주: 철거 건물을 부수기 위해 크레인에 매달고 휘두르는 커다란 쇳덩이.
19) 역자 주: 마일리 사이러스는 2006년 디즈니채널에서 학생이자 가수로서 이중생활을 하는 인물을 주인공으로 하는 Hanna Montana에서 그 이름의 역할을 맡아 스타덤에 올랐다가 2010년 이후 점차 성인적인 이미지로 변신했다.

알을 움켜쥐거나 가장 추잡한 용어로 여성의 신체 부위들을 묘사하는 랩 가수가 되면 수천만 달러를 벌 수 있다. 조그만 어린이들이 당신의 말과 몸동작을 흉내 내게 하면서 말이다.¹²

레즈비언 여배우 릴리 톰린(Lily Tomlin)은 비욘세(Beyonce)의 음악을 염려하며 이렇게 말했다. "그녀는 팝송이나 패션에 관심이 많은 어린 십대 소녀들에게 성을 너무 많이 팔고 있다. 내가 만일 열 살짜리 소녀라면, 대부분 십대들이 그렇듯 그녀를 따라하려고 애쓸 것이다."

계속해서 톰린의 이야기를 들어보자:

나는 그녀의 이미지에 익숙하고, 그녀가 얼마나 놀랄 정도로 발랄하고 섹시하게 보이는지 잘 안다. 나는 그것이 문화가 되었다고 생각하며, 더 이상 거기에 주목하지 않는다. … 소녀들과 여성들에게 문화가 너무 성적이다. 나는 한 녹음 스튜디오에 TV를 시청하고 있는 네 살 무렵의 작은 소녀와 함께 있다. TV에서 누군가가 춤을 추고 있다. 아주 정교하고도 노골적인 성행위 같은 몸동작에 그 꼬마가 이렇게 반응한다. "오, 핫하네!" 나는 생각에 빠졌다. 이런 아이가 네 살이라니!¹³

하지만 이처럼 과도한 성적 표현에 열광하는 사회는 동시에 동성애에도 열광한다. 사실, 어린 아이들에게 성을 파는 일에 대해 톰린의 염려를 실었던 같은 논설에서, 그녀가 "오랜 여자친구 제인 와그너와 [2014년] 새해 전야에 결혼했다"는 소식이 언급되었다. 이 얼마나 역설적인가!

의미심장하게도, 동성애를 허용하는 사회는 범성애(pomosexuality, pansexuality로 불리기도 함)까지도 허용하기 시작한다. 범성애란 양쪽 성 모두에게 성적으로 이끌리며, 상대의 정체성이 남성이든 여성이든 개의치 않는 것이다. 다른 말로 하자면, 무엇이든 좋다는 것이다.

비디오 예술가이자 기독교 변증가인 에릭 홀름버그(Eric Holmberg)에 따르면, 범성애야말로 "성혁명의 진면목이다."[14]

2009년 7월 뉴스위크지에 "다자간 합의 파트너 관계"에 대한 특집기사가 실렸다. 그 제목은 "다자성애: 새로운 성혁명"이었다.[15] 뉴스위크 기사에 언급되었듯, 그것은 "일부일처주의자들의 머리를 돌아버리게 만들기에 충분하다." 그 후 2012년에, 미국의 케이블 TV 채널 쇼타임(Showtime)은 "다자성애: 결혼과 데이트"라는 시리즈물 방송을 시작했다. (아마 그 용어를 이미 사용하지 않았더라면, 그 쇼 제목은 '행복한 가족'으로 불릴 수도 있었을 것이다. 물론 상당히 뒤틀린 의미의 "가족"이겠지만 말이다. 이것은 부부교환 프리섹스를 추구하는 사람들과는 신중히 구별되어야 하지만, 사회적 타락에 관한 또 하나의 징표다.) 물론 이 모든 것은 굉장한 일, 사랑과 자유의 칭송, 일부일처의 단조로움과 긴장으로부터의 해방 등으로 포장되어 화제가 되었다.

쇼타임 예고편은 가릴 것도 없이 솔직하며 어떤 변명도 하지 않는다:

내레이터: 다자성애 삶의 양식은 어떤 사람들에게는 충격일 것입니다. 하지만 미국의 이혼율은 50% 주변을 맴돌고 있으며, 이런 가족들은 전통적인 일부일처 관계에서 일어나는 혁명의 최전선에 있습니다.

마이클: 나는 이런 라이프 스타일이 좋다는 것을 사람들이 알면 좋겠습니다. 이런 삶도 좋을 수 있어요. 실제로 그러니까요. 그것은 아름다워요. 우리는 그것을 좋아합니다.

제니퍼: 나는 사람들이 일부일처가 유일한 방식은 아니라는 것을 알기 원합니다.

바네사: 만일 사회적으로 받아들여질 수 있다면, 더 많은 다자성애주의자들이 생겨날 거예요.

타알: 그것은 우리가 정말 살아가야 할 방식이라고 느껴집니다.

나탈리아 가르시아(연출가): 나는 정말 많은 사람들이 이 쇼를 보게 될 것이고, 그들의 입이 떡 벌어질 거라 믿습니다. 그리고 아마도 그들은 궁금하게 생각하겠지요. "나는 다자성애자일까?"라고 말입니다.

내레이터: 그다지 전형적이지 않은 두 가족들을 따라갑시다.

카말라: 엄마와 아빠는 제니퍼와 타알에게 와서 우리와 함께 살자고 할 것입니다. 당신은 어떻게 생각하세요?

아이: 예, 나는 좋아요.

내레이터: 그것은 미국이 사랑에 대해 생각하는 방식을 바꾸고 있습니다.16

다자성애자들이 '동성애자 자존심 퍼레이드'에서 행진하고 그들 스스로를 LGBT 선구자들의 후예로 자처하는 것은 전혀 놀라운 일이 아니다. 우리 사회가 다자성애와 범성애에 대해 점점 개방적으로 변해가는 이유가 동성애와는 다르다고 설명할 수 있는 사람이 있을까? 이 모든 변화들은 "미국이 사랑에 대해 생각하는 방식을 바꾸고 있다"는 그 내레이터의 해설에 요약되어 있지 않은가?

다자성애 옹호자인 애니타 와그너 일리그(Anita Wagner Illig)는 이렇게 말했다. "우리 다자성애자들은 LGBT 형제자매들이 결혼 평등의 루트를 환히 밝혀준 것에 감사하고 있습니다." 그녀는 이렇게 덧붙였다. "[대법원에서] 결혼 평등에 대한 우호적 판결은 복수 파트너 결혼에 대해서도 우호적인 것입니다. 왜냐하면, 이제 반대 세력은 비전통적인 관계를 결혼으로 인정하는 선행판결이 없다고 더 이상은 주장하지 못할 것이기 때문입니다."17

기독교 뉴스 편집자 제니퍼 르끌레어(Jenifer LeClaire)는 다음과 같이 논평했다:

NBC에서 '진실로 믿는 사람들'이라는 보고서를 발표했다. 그것은 어느 다자성애 "가족"에 관한 개인적 밀착 보도였는데, "가정의 안락함을 희생시키지 않고서 다수의 파트너들과 함께 산다는 것이 어떤 것인지"를 보여주는 것이었다. 이러한 소위 "가족"은 다섯 명의 성인들과 아홉 살 소녀를 포함하고 있으며, 그들은 그들의 삶의 스타일이 전적으로 정상적이라고 믿는다.

그렇다. 다자성애는 비도덕적 미디어의 새로운 스타다. 나는 다이애나 애덤스(Diana Adams)의 프로필을 소개한 금년 초 애틀랜틱[20]의 기사를 언급했다. 다이애나는 브루클린에 근거를 둔 한 법률회사를 운영하고 있는데, 그 법률회사는 다자성애 관계에 있는 비전통적 연인들에게 전통적 결혼의 권리를 제공하기 위해 싸운다. 발렌타인 데이에 다자성애 관련 기사들이 줄을 잇고, 다자성애를 둘러싼 신화를 벗겨내려는 활동을 목적으로 하는 '라이브 사이언스'(Live Science) 같은 사이트들도 넘쳐난다.

하지만 사정은 점점 나빠지고 있다. 나는 그런 모바일 어플리케이션까지 있다는 것을 최근에야 알았다! 3nder라는 앱은 차마 내가 전할 수 없는 방법으로 다자성애를 선전하고 있다.[18]

이제는 "3인조 성관계를 쉽게 하는" 앱도 생겨났다. 계속 업그레이드되고 있다. 인터넷 폭스뉴스 헤드라인에서 "'나체로 데이트하기', '나체와 두려움'이 '쇼케이스 누드 TV의 추세가 되다"라고

---

20) 역자 주: The Atlantic, 1857년 창간된 미국 종합지.

공표할 정도다. 그 기사에는 전직 TV 프로듀서이면서 현재 골드만 매코믹 광고회사에서 미디어 전문가로 활동 중인 라이언 매코믹(Ryan McCormick)의 발언이 소개되어 있다. "이런 쇼들을 수용하는 것은 노골적으로 성적 만족을 추구하는 미국인들의 성향과 관련 있다. 우리는 전 세계에서 포르노물을 제일 많이 보는 국민이다."[19]

정력 소진, 포르노, 그리고 성병

결혼과 성 문제에 대해 포괄적인 상담과정을 운영하고 있는 내 동료들 중 한 사람의 이야기다. 상담을 하다보면 성관계가 없는 이십대 커플들을 자주 만나게 되는데, 그들이 그렇게 된 이유는 고등학교와 대학교 때 난잡한 성생활로 기력이 소진되어 피차 성에 흥미를 잃었기 때문이다. 또 성중독 상담 경력이 많은 전문가 친구가 내게 들려준 이야기다. 요즘 청년 남성들이 성행위를 위해 비아그라가 필요한 경우가 종종 있는데, 이것은 그들이 포르노물에 너무 몰입되어 실제 로맨틱한 성적 관계에서는 발기가 되지 않기 때문이다. 동성애까지 수용하고 환영하는 사람들은 바로 이런 젊은이들이다.

요약하자면, 부도덕한 이성애와 모든 형태의 동성애 행위 사이에(더 자극적인 동성애 행위를 포함하여) 근본적인 차이는 없다. 그것은 사회 전체의 도덕적(그리고, 때로는 도덕을 초월한) 몰락 때문이다.

2014년에 발표된 또 다른 보고서를 살펴보자:

뉴욕 주 정부가 최초로 발행한 청년층 성적 건강 계획에 따르면, 청춘남녀 네 명 중 한 명이 성병에 감염된 것으로 보인다.

… 주 보건당국은 뉴욕 주에 있는 고등학생 약 60%가 고등학교 최고학년 때, 그리고 25% 이상이 신입생 때 성관계를 가졌다고 밝혔다.

… 성병에 관한 2012년 통계들은 두려울 정도다. 15세와 24세 연령층 사람들이 알려진 성병들의 63%를 차지했다.

새롭게 진단된 에이즈 바이러스(HIV)의 경우, 감염된 개인들 중 다섯 명에 한 명은 25세 이하였다.[20]

놀랄 일은 아니지만(하지만 분명 비극적인 일로서), 미국 질병통제센터(CDC)의 한 보고서는 이런 내용을 담고 있다. "동성애자, 양성애자, 그리고 남자들과 성관계를 맺는 다른 남자들(MSM)은 미국의 다른 어떤 그룹에 비해서도 HIV에 더 심각하게 감염된다." 더 나쁜 것은, "모든 남자 동성애자와 양성애자들 가운데, 흑인·아프리카계 미국인 게이와 양성애 남자들 중 10,600명(36%)에 이르는 사람들이 2010년에 새로운 HIV 감염자들인 것으로 추정된다. 흑인·아프리카계 미국인 게이와 양성애 남자들 중 새로운 감염자들 가운데 가장 많은 수(4,800명 45%)가 13세와 24세 연령대였다. 2008년에서 2010년까지 새로운 감염자들은 젊은 흑인·아프리카

계 미국인 중 13세와 24세 사이의 게이와 양성애 남자들 사이에서 20%가 늘어났다.²¹

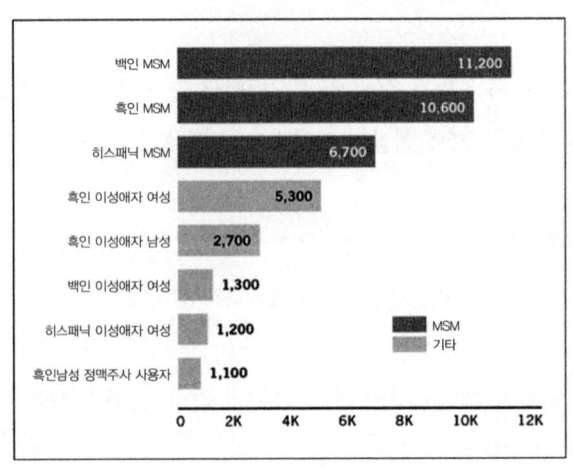

어떤 각도에서 보아도, 여전히 결론은 마찬가지다. 지금까지 보고된 모든 종류의 성병에서 젊은이들이 불균등하게 높은 수치를 차지하고 있다. 그리고 그 중에서도 남자들과 성관계를 맺은 젊은 남자들이 더욱더 불균형적으로 높은 성병 감염율을 보이고 있다. 특히 남성 동성애자 인구가 전체의 2% 미만인 점을 감안하면 사태는 더욱 심각하다. 우리의 젊은이들 사이에서 이러한 난교, 동성애, 성병 등이 치명적으로 증가하고 있는 것은 성혁명이 초래한 결과의 일부일 뿐이다.²²

초등학생 어린이들에게 콘돔이라고?

우리의 학교 시스템은 어떻게 반응해 왔을까? 뉴욕 포스트의 보고서에 따르면, 학교 성교육 프로그램은 다음과 같다:

- 고등학교 학생은 가게에 가서 콘돔 상표, 가격, 윤활유 등의 특징을 적어두라.

- 십대들은 학교에서부터 출산 통제와 성병 검사 등을 제공하는 병원까지 과정을 조사하고, 그 병원의 기밀유지 지침을 기록해 두라.

- 11세와 12세 정도의 어린이들은 여러 가지 행위들의 안정성에 급수를 매기는 "위험카드"를 분류하라. 그 카드들에는 "콘돔과 윤활유를 사용하는 성교", 상호간의 자위, 프렌치 키스(혀를 맞대는 깊은 키스), 구강성교, 항문성교 등이 포함되어 있다.

- 십대들은 콜롬비아 대학의 '가서 앨리스에게 질문하세요' 같은 웹사이트를 찾아보라. 그 사이트는 "강아지 스타일"과 그 외 다른 자세들, "가학·피학성 섹스게임", 폰섹스, 구강섹스, 보조기구, 주물, 포르노스타, 진동기구, 수간과 같은 주제들을 탐구한다.[23]

지금은 성교육 프로그램에서 "5학년 학생들은 – 10세, 11세 – 질성교와 항문성교 모두를 위해 여성용 콘돔과 윤활유 사용법을 배워야 한다고 발표하고, 특히 더 오래 지속되는 성교와 성적 쾌감의 강화를 위해서 그렇게 해야 한다고 강조하는" 시대다. 뿐만 아니라 "물놀이용 미끄럼틀 위에 있는 어린아이 사진" 옆에 나란히 "항문 삽입을 용이하게 하는 윤활유 사용법에 대한 지침"[24]을 소개하는 시대다. 이를 어찌 성적 무정부 시대라고 하지 않을 수 있을까? 또 이 시대는 "그건 거대한 호박이야"라는 찰리 브라운의 어린이 애니메이션 장면에서 곧바로 "에로틱한 섹스" 장면으로 요란스럽게 전환되는 시대가 아닌가?[25] 78%의 남성들이 16세 무렵에 포르노물을 보았고, 그들 중 거의 열에 아홉은 16세가 되기도 전에 처음 보았다. 또 그들 중 17%는 9살이 채 되기도 전에 보았다.[26]

매사추세츠 주의 프로빈스타운(Provincetown)에 있는 한 초등학교 교육위원회는 그 학교의 학생들에게 콘돔을 배포할 것을 만장일치로 가결했다. 2010년도의 일이다.[27] 콘돔은 학생들이 요청하면 지급되어야 했고, 부모의 인지나 동의도 없이 1학년부터 그렇게 하도록 되어 있었다. 여섯 살짜리 아이가 무슨 용도로 콘돔을 사용할 수 있단 말인가?

학교 당국은 공개적인 비난이 뒤따르자 5학년 이상 즉 열 살 정도 이상의 아이들에게만 콘돔 배포 제한을 숙고하기로 동의했다. 공식 정책자료에 의하면, "콘돔을 나누어주기에 앞서 학교 보건교사가 학생에게 상담을 실시하고 절제에 관한 정보를 제공하게 되어 있다."[28] 이 얼마나 미친 짓인가?

오리건 주 포틀랜드에서, "한 학군이 6학년생부터 학생들에게 콘돔을 제공할 것을 계획하고 있다. 이는 십대 임신을 줄이기 위한 최신 성교육 정책의 일환으로서, 11살 아이가 그런 프로그램에 적합한 나이인지를 둘러싸고 불꽃 튀는 논쟁이 있었다."

그 뉴스 기사는 이렇게 설명하고 있다:

위원회는 중학생들을 포함시키기로 결정했는데, 그 이유는 중학교와 고등학교들이 아주 근접해 있고, 중학생 소녀들 역시 임신이 가능하기 때문이다.

"중학생이 임신을 하거나 또는 임신과 관련된 사건이 몇 년마다 일어난다. 그 위원회는 그 프로그램 과정이 중학생들에게도 해당되어야 한다고 느꼈다."

하지만 어떤 이들은 11살이거나 12살인 6학년생들에게 정말 콘돔이 필요한지에 의문을 제기한다.[29]

여러분은 이런 주제가 60년대 성혁명 이전 세대들에게서 토론될 수 있었겠는지 상상할 수 있는가? 슬프게도, 2014년 그 위원회는 그 정책을 만장일치로 통과시켰다.

2014년 6월 9일 캘리포니아 주에 이런 기사가 실렸다. "캘리포니아 주 파인 밸리 중학교에서 성교육 일환으로 학생들에게 'X 등급'의 사진들을 보여준 것에 부모들이 격노했다." 그 사진들 중의 하나는 입과 얼굴이 월경 피로 뒤범벅되어 있었고, 사진 옆에는 "진정한 남자라면 자기 여자의 한 달의 모든 날을 사랑한다"는 설명이 붙어 있었다. 이런 사진을 중학생들에게 보여준 것이다.

교육감인 캐시 그레인저(Kathy Granger) 박사는 몹시 난처한 듯 보였으며, 그 교육과정은 "사실적으로나 의학적으로 정확하다"고 진술했다. 그녀는 이렇게 덧붙였다. "우리는 임신과 HIV/에이즈 감염을 예방하기 위한 최선의 방법으로서 절제를 강조하는 것과 함께, 지침이 연령대에 적합한지를 확인하기 위해 계속 자료들을 검토하고 마운틴 헬스 센터와 협력할 것입니다."[30]

성적 무정부 상태인 우리의 문화 속에서, 8학년[21]들에게 임신과 성병을 예방하는 최선의 방법을 가르치는 것이 이제는 "나이에 적합한" 일이 된 것인가? 그리고 어떻게, 제발 설명해보라, 월경 피로 뒤범벅된 성인 남자 얼굴 사진이 열서너 살 학생들에게 절제를 강조하는 데 도움이 된단 말인가?

또한 캘리포니아 주에 있는 프리몬트 통합 학군은 "9학년[22] 교과과정의 일부로 '오늘 당신의 건강'이라는 제목이 붙은 책을 '건강교육' 교재로 채택했다. 이 책은 어린이들에게 가학피학성 성애, 성 장난감들, 자위, 오르가즘 등을 가르친다. 심지어 그것을 세련된 방식으로 가르치는 것도 아니라, 생식기 사진들을 보여주면

---

21) 역자 주: 한국 학제에서는 약 중학교 2학년(캘리포니아 주, 샌 라몬 카운티).
22) 역자 주: 한국 학제에서는 약 중학교 3학년(캘리포니아 주, 샌 라몬 카운티).

서 발기의 다양한 상태 및 콘돔 구입과 사용방법 등을 상세히 설명한다.[31] 이것은 포르노물에 불과하지만, 그럼에도 그것은 9학년 생들을 위한 필수 교과 과정의 일부이다.

2012년 말, 뉴욕시 출신 고등학교 교사 한 사람이 내 라디오 쇼에 전화를 걸어왔다. 그는 학교사정이 내가 상상할 수 있는 것보다 훨씬 심각하다는 것을 알았으면 좋겠다고 했다. 아이들이 옷 입는 것과 행동하는 것에서부터, 그들 중 많은 아이들이 독서보다는 끔찍하게 폭력적인(그리고 종종 성적으로 격렬한) 비디오게임에 훨씬 많은 시간을 보내고 있다는 사실에 이르기까지, 상황은 상상을 초월한다고 했다. 그는 내게 그의 학교에는 복도에 콘돔과 윤활유 제품이 놓여 있는 탁자가 있다는 것도 들려주었다. 학생들은 무료로 가져갈 수 있다.(다른 교사들과 청소년 상담자들은 이런 일이 전 미국의 많은 도시들에서 흔한 일이라고 알려주었다.)

그 뉴욕시 교사가 불과 며칠 전에 내게 설명하기를, 어느 학생이 보급용 기드온 성경책 한 꾸러미를 그 탁자에 올려놓고 학생들이 마음껏 가져가도록 하였다. 그런데, 학교에서 난리가 났다. 콘돔 때문이 아니라 성경이 놓여져 있던 것 때문에 학생들이 격분한 것이다. 그 성경책들은 즉시 치워졌다. 이런 환경에서 성혁명이 탄력을 받은 것이다. 그와 같이 문화적으로 광범위하게 수용되어 버린 성적 문란과 부도덕이 아니었다면, 동성애적 행위도 받아들여지거나, 지지되거나, 환영받는 일은 없었을 것이다.

리얼 TV 외설물과 할리우드 변태

좀 더 생생한(지나치게 생생하다!) 사례들을 찾기 위해 다른 리얼 TV 쇼들을 살펴보자. 한 쇼는 양성애자로 신원을 밝힌 한 젊은 여성을 집중 조명하였다. 그녀와 한 그룹의 남성들과 여성들은 어느 큰 저택에서 함께 산다. 그리고 매주 그녀는 다른 남성 또는 여성과 하룻밤을 – 아마도 섹스를 하기 위해 – 보낸다. 그리고 마침내 그녀는 그녀가 가장 좋아하는 상대가 누구인지를 결정했다.[32]

시청자들은 그녀의 연속적인 부도덕한 행동에 미소를 보냈고 또한 그녀의 양성애에 대해서도 미소를 보냈다. 이 동일한 청중이 바로 일종의 성적 쓰레기로 쾌감을 얻는 자들이다. 문화 평론가 래리 톰작크(Larry Tomczak)의 논평을 살펴보자:

건전한 서부사람들과 더불어 자랐으면 여러분은 존 웨인과 게리 쿠퍼를 즐기거나, 또는 론 레인저(Lone Ranger), 보난자(Bonanza), 로이 로저스(Roy Rogers) 부류의 쇼를 즐겼을 것이다. 지금 할리우드는 서부극 장르를 장악하고 있고 우리에게 "익살스러운" 패러디를 제공한다. 지금 극장에서 상영 중인 영화 중 하나는 "서부에서 죽는 백만 가지 방법"이다.

이 영화에서는 50번 이상의 욕설과 하나님의 이름을 모독하는 자들이 24번이나 등장하며, 줄곧 외설과 조잡한 성적 표현이 이어진다. 자위, 구강섹스, 수간, 나체, 배변, 성교, 매춘, 약물, 그리고 쉴 새 없는 음담패설이다.

진지한 영화배우이자 스타인 리암 니슨은 최근에 투데이 쇼에 출연하여 다음과 같이 말했다. "그들이 이런 영화를 찍어서는 안 됩니다. 그들이 이렇게 하도록 허용해서는 안 됩니다! 하지만 그들은 그렇게 하고 말았습니다!" 하. 하. 하.[33]

바로 이 할리우드가 공공연하게 수치심도 없이 동성애를 환영하고 있다. 더 말할 필요가 있는가?

밀레니엄 세대와 결혼

이 문제를 다른 각도에서 보도록 하자. 밀레니엄 세대, 즉 그 이전 세대에 비해 동성애를 훨씬 더 많이 받아들이는 더 젊은 세대가, 한편으로는 결혼 제도에 대해서는 훨씬 낮은 관심을 보인다는 사실이 흥미롭다.[34] 오하이오 주 보울링 그린(Bowling Green) 대학교에 있는 가족과 결혼연구를 위한 국립센터(NCFMR)의 보고서에 따르면, "미국의 결혼률은 최근 수년간 역대급으로 낮은 단계로 떨어졌다. 1970년 – 당시는 매 1,000명의 미혼 여성 중 결혼은 약 74건이었다 – 이후 결혼률은 60% 가량 줄어들어, 2012년 즈음에는 1,000명의 미혼 여성당 31건으로 떨어졌다." 놀랍지도 않은 것이, "결혼률 저하는 밀레니엄 세대에서 훨씬 더 심각한 것으로 발표되었다. 1960년에는 20대 인구 중 2/3가 조금 넘는 68%의 20대가 결혼하였다. 퓨 연구소에 의하면, 2008년에는 20대의 26%만이 결혼

하였다."³⁵

2014년 6월 17일자 타임지에 따르면, "자녀를 가진 26세에서 31세 사이의 대다수 미국 여성들은 결혼하지 않았다. 이러한 밀레니엄 세대의 싱글맘 숫자는 증가하고 있다. 사실상, 존스 홉킨스 대학의 연구원들이 발표한 최근 연구에 따르면, 20대 후반의 모든 어머니들 중 기혼자는 단지 1/3 정도였다.³⁶

그런 충격적인 통계들을 – 20대 여성들에게서 태어난 모든 아기들의 2/3가 결혼과 관계없이 태어났다는 – 잠시 곱씹어보라. 그리고 그 다음에는 이 동일한 세대의 집단이 동성 '결혼'을 그토록 지지한다는 점도 기억하라. 이 패턴은 확실하기 때문에 부인할 수 없다. 이 더 젊은 세대들이 혼외 성관계, 결혼 없이 자녀 갖기, 동성애 및 동성 간의 '결혼'에 대해 훨씬 더 수용적이다. 결혼 그 자체에는 관심이 훨씬 낮다.

결혼에 대한 관심이 이처럼 줄어드는 이유는 무엇일까? 뉴스 웹사이트인 비즈니스 인사이더(Business Insider)에 따르면 그 이유들 중 하나는 "공중의 인식 전환"(Shifting Public Attitudes)이다. 그 기사는 이렇게 설명한다: "경제적 요인들을 제외하고, 사람들은 오늘날 하나의 제도로서의 결혼을 다르게 느끼고 있다. 종교성의 두드러진 쇠퇴가 이러한 인식 변화의 원인일 수 있다." 대단히 흥미로운 기사이다!

그 기사는 또 다른 이유로 "피임제 사용"을 들고 있다. 피임은 "임신하는 것에 대해 크게 걱정하지 않고 혼외 성관계를 가질 수 있도록 하여, 양쪽 모두가 결혼을 미루는 것이 더 쉬워졌다."[37] 다시 한 번 반복하지만, 이 역시 놀랄 일이 아니다. 섹스가 사소한 일이 되어버릴 때, 헌신된 관계는 점점 줄어들게 되고, 반면 대안적인 관계나 성적 표현들은 점점 더 흔해진다.

여론 조사 결과도 역시 이것을 확인시켜 준다:

- 18~29세의 44%가 "결혼은 점차 쓸모없이 되어간다"에 동의한다.
- 같은 연령 집단의 46%가 "새로운 가족 제도는 좋은 것이다"라고 믿는다.
- 18~29세의 44%가 "어린이들이 행복하게 성장하기 위해서 한 어머니와 아버지를 필요로 하지 않는다"에 동의한다.
- 18~29세의 20%는 "더 많은 게이·레즈비언 커플들이 자녀들을 양육하는 것이 좋은 일이다"라고 믿는다.
- 2010년 퓨 연구소의 조사에 따르면, 질문을 받았을 때, 나이와 무관하게 미국인 열 명 중 네 명꼴로 "결혼이 점차 쓸모없이 되어간다"에 동의하였다. 1978년 타임지에 의해 실시된 비슷한 여론 조사에서는 단지 28%만이 그렇게 답했다. 이혼율 또한 그 당시가 거의 역대 최고였다.[38]

사회를 위한 최선은 무엇인가?

우리 앞에 놓인 질문은 분명하다: 이러한 변화들은 한 사회를 위해 최선의 이익인가? 결혼 없는 성관계와 출산이 정상적인 것이 될 때 무슨 일이 벌어질 것인가? 성적 부도덕이 환영되며 자행될 때, 평생의 결혼이 거의 소멸되어 버릴 때, 어떤 일이 벌어질까?(다음 장에서 우리는 결혼이 무의미하게 될 때 어떤 일이 벌어지는지에 대해 논의할 것이다.)

미국을 염려하는 여성들(CWA)의 베버리 라하예 연구소(Beverly LaHaye Institute) 선임 연구원인 제니스 쇼 크루즈(Janice Shaw Crouse)는, 젊은 여성들이 결혼 없이 자녀를 가지는 문제를 언급한 존스 홉킨스 대학의 연구에 대해 논평하며 이렇게 말했다:

존스 홉킨스 대학 연구의 요점은, 결혼 없이 동거하는 부모들은 스트레스가 높은 자녀양육 초반 몇 년 사이에 깨어지기 쉽다는 것이다. 오늘날 이런 선택을 하는 젊은 성인들이 엄청나게 늘어나는 것은 슬프게도 사회학자들이 "다중 파트너 번식"(multiple partner fertility)이라고 부르는 것과 대중문화가 복수의 "아기 엄마들"이라고 부르는 것이 사실임을 증명한다. 미국의 여론 주도층은 진작부터 가혹한 현실에 대비했어야 했다. 모든 형태의 가족들이 똑같이 가능하다는(단지 우리가 그들을 지지하기 위해 충분한 돈을 정부 프로그램에 쏟아 붓기만 하면) 진보주의자들의 신화는 가족 불안정성, 복잡한 가족 역동성, 가정 구조의 지속적인 변화라는 유독물질을 배출해왔고, 결과적으로 "불평등의 심화"를 가져왔다.

점잖은 방식으로 말하자면, 결혼 없는 육아는 여성들과 자녀들에게 재앙이며, 미국 사회를 위해서는 더더욱 해롭다.[39]

보수적 정책분석가 레이첼 셰필드(Rachel Sheffield)가 요약한 바에 따르면, "결혼 문화의 회복이 오늘날의 세대와 그들이 일으킬 세대들에게 너무나 중요하다. 모든 개인들과, 가족들과, 교회들과, 공동체들과, 국가정책 담당자들의 목표는 모든 아이에게 – 경제적 배경과 무관하게 – 안정된 결혼관계를 유지하고 있는 어머니와 아버지의 손에 의해 양육될 수 있는 기회를 최대한으로 제공하는 것이어야 한다.[40]

벤자민 프랭클린은, 현대적 통계자료 없이도, 안정된 결혼과 가족의 중요성을 인정했었다. 그는 다음과 같은 기록을 남겼다. "행복한 결혼 상태는, 의심의 여지없이, 가장 확실하고 또 가장 오래 지속되는 위로와 사랑의 토대이며, 관계와 친밀감에서 비롯되는 모든 사랑스러운 보살핌과 애정의 원천이며 … 세계의 모든 선한 질서의 기초이다. 오직 그것만이 극도의 혼동으로부터 선한 질서를 지켜주는 것이기도 하다. 모두 요약하자면, 그것은 무한한 지혜가 이러한 위대하고 선한 목적들을 위해 만든 것이다."[41]

오늘날 우리가 사회 속에서 목격하고 있는 도덕적 사회적 혼동은 이 "세계의 모든 선한 질서의 근원"이고 "극도의 혼동으로부터 선한 질서를 지켜주는 것"인 가족제도가 사방에서 공격받을 때 어떤 일이 일어나는지를 생생하게 보여주는 사례들이다. 이는 성적 무질서로 인해 치러야 하는 대가가 분명히 있다는 것을 뜻한다. 기독교 저술가인 필립 얀시가 1994년에 언급했듯이, "만일 우리가 성이라는 우상을 만든다면, 그 우상은 전인(全人)에게와 아마도 전 사회에 악영향을 미치는 방식들로 인간을 실망시킬 것이다."[42] 얀시의 말은 아주 중요하면서도 오랫동안 잊어졌던 영국의 사회인류학자이자 인종학자인 언원(J. D. Unwin)의 연구에 근거한 것이다. 《성과 문화》(Sex and Culture)라고 제목이 붙은 언원의 책은 1934년에 출판되었다.[43]

언원의 흥미로운 연구

얀시(Yancey)는 언원의 연구 배경을 설명한다.

문명은 억압된 성의 부산물이라는 프로이드의 개념을 검증하려고 애쓰면서, 학자 언원은 86가지의 서로 다른 사회들을 연구하였다. 그의 발견은 많은 학자들을 놀라게 했으며, 무엇보다 언원 자신을 놀라게 만들었다. 왜냐하면 86개의 사회 모두 문명의 "팽창하는 에너지"가 일부일처제와 직접적인 관련성이 있다는 것을 보여주었기 때문이다.

언원은 기독교적 확신이나 도덕적인 판단도 적용하지 않았다: "나는 옳고 그름에 관해 어떤 견해도 제시하지 않는다." 그럼에도 불구하고 그는 이렇게 결론을 내릴 수밖에 없었다: "인류의 기록에는, 한 사회의 완전히 새로운 세대가 혼전(婚前)과 혼후(婚後)의 성적 절제를 무시하는 전통을 수용한 후에도 그 에너지를 유지했던 사례는 없다."[44]

1927년에 언윈이 설명하였듯이, "인류 전체의 역사에는 일부일처제가 아니면서 문명화된 사례는 단 한 건도 없었다. 또 한 집단이 덜 엄격한 풍속을 채택한 뒤에도 그 문화를 유지했다는 본보기도 전혀 없다.[45] 이 얼마나 놀라운 관찰인가. 특히 자기도 자신의 발견에 놀란 내용이니 말이다! 언윈은 결코 "열광적인 복음 전도자"가 아니었다.

얀시는 언윈이 단지 세계의 외딴 지역들에 있는 부족 사회들을 관찰한 것이 아님을 지적했다. 그는 수 세기 동안 지속된 주요 문명들을 관찰하였다. "로마, 그리스, 수메르, 무어, 바벨론, 앵글로색슨 문명에 관하여, 언윈은 수백 년간의 역사를 살펴보았다. 그는 어떤 예외도 없이 이러한 사회들이 번성했던 때는 성적 정절을 가치 있게 여겼던 시기였다는 사실을 발견했다. 불가피하게, 성적인 규율이 느슨해지면 그 사회들도 연이어 쇠퇴하기 마련이었고, 더 엄격한 성적 기준들로 되돌아갈 때에만 그 사회들은 다시 일어설 수 있었다.[46]

바로 지금 미국은 성풍습에 있어서 심각한 내리막길의 한가운데에 있다. 동성애와 양성애가 환영받고 있으며, 다음 차례는 그것을 초월하는 더욱 심각한 도덕적 타락에 이르는 것이다. 어느 순간에 우리는 문화적 붕괴 또는 문화적 회생을 경험할 것이다.[47] 만약 그것이 후자라면 – 그것이 내 노력들이 투자되는 곳이다 – 그 회생은 동성애에 대한 관점의 변화를 포함하는 것이 될 것이다. 작금의 동성애 포용은 우리의 문화적 붕괴를 가속시키는 데 기여하고 있다.

동성애 '결혼' 모델이 이성애적 결혼을 바꿀 것인가?

흥미롭게도, 선두주자 격인 게이 유대인 지식인 한 사람이 동성애와 결혼생활의 부정(不貞) 사이의 연관성에 대해 연구결과를 발표하였다. 물론 그는 이 문제에 대해 실제로 긍정적이다. 나는 제이 마이클슨(Jay Michaelson)에 대해 말하고 있는데, 그는 히브리 대학에서 유대사상으로 박사학위를 받았으며 현재는 브라운 대학의 객원 연구원이다. 그의 기록은 다음과 같다.

> 결혼의 미래는, 사실상, 상당 부분 기독교 우파의 악몽으로 판가름 날 수 있다: 광범위하게 친밀하고 감정적인 경험을 허용하는, 성교에 긍정적이고 몸을 긍정하는 두 성인 간의 계약. 아마도 누구도(권위적인) "남편"이지 않을 것이며 누구도 종속되는 동산(動産)이지 않을 것이다. 아마도 질투 대신, 일부일처가 아닌 커플들이 그들의 파트너들의 성적 기쁨을 기꺼이 즐거워하는 "컴퍼션"[23]을 일구어 나갈 것이다. 가장 위험한 것은, 결혼이 단지 그러한 계약의 수많은 형태들 중에 하

---

23) 역자 주: Compersion - 다자성애자들이 자신의 연인이나 배우자가 다른 사람과 연애하는 것을 보고 즐거워하는 것을 의미하는 단어로, 질투의 반대어로 사용됨.

나로 취급되는 것이다. 아마도 사람들은 국가로부터 강요가 없는, 그들 자신의 친밀한 선물(先物)을 선택할 것이다. 경악할 일이다![48]

마이클슨이 빈정대는 것이지만, 우리 중 많은 사람들에게 그가 예견한 악몽은 결코 웃을 문제가 아니다. 그는 계속해서 말한다:

나는 해방의 출구인 약물 개념처럼 동성 결혼을 좋아한다. 마치 사람들을 여성들, 비백인들, 비앵글로인들, 그리고 비기독교인들 등의 범주에 포함시켜 왔던 것처럼, LGBT 사람들(성소수자들)을 결혼 같은 제도 속에 포함시키는 것은 결과적으로 그 제도들을 변형시킬 것이다. LGBT들의 경험과 관점들은 이성애자들의 그것들과 다르다. 그것도 상당히 다르다.

그래서, 내가 만약 예고해야 한다면, 점차 보수주의자들의 악몽이 실현된다는 것에 걸고 싶다. - 단, 그것은 악몽이 아닐 것이며, 많은 이성애자들이 그것에 대해 우리에게 감사하게 될 것이다. 그리고 아마 게이들이 결혼의 의미를 재정의하고, 확장하고, 뜯어고침으로써 결혼을 정확하게 보전할 것이다. - 아마도 그 때쯤이면 결혼이라는 것이, 많은 옵션들 중의 하나로서, 진보주의자들에게도 구미에 맞는 것이 될 수 있을 것이다.

우리가 미래에 대해 이런 이질적인 비전을 즐길 수 있는 이유는 동성 결혼이 실제로는 단순한 운동(movement)이 아니라 조직적인 활동(campaign)이었기 때문이다. 잠시 동안, 그것은 자유주의자들, 진보주의자들, 심지어 보수주의자들까지도 한데 모았다. 하지만 이제 목표가 가시화되었으므로, 중간 자리는 없다. 자, 사태가 흥미롭게 되어 간다.[49]

아마도 "흥미롭다"는 말은 쓰기에 가장 좋은 단어가 아닐 것이다. 어쩌면 "비극적으로 부도덕하다"가 더 좋은 표현일 것이다.

"중간 자리는 없다"고 한 마이클슨의 말은 절대적으로 옳다. 또한 그가 한평생 한 남자와 한 여자가 일부일처로서 연합하는 결혼이 주는 속박으로부터 해방을 의미하면서, 동성 결혼이란 "해방의 출구인 약물"과도 같다고 했을 때, 그 표현도 전적으로 옳다. 이 역시도 우리 사회의 성적 무질서의 확산에 기여한 60년대 성혁명의 필연적인 부산물이다.

하버드 사회학자로부터의 확인

그의 걸작, 《가족과 문명》(Family and Civilization)으로 존경받는 하버드 대의 사회학자이자 역사학자인 카를 지머맨(Carle Zimmerman)은 문화적 쇠퇴의 지표를 8가지로 제시했다. 다음은 가족학연구소(Institute for Family Studies) 블로그에 편리하게 요약된 내용이다:

- 결혼이 그 신성함을 잃었다. 그것은 이혼으로 빈번하게 깨어졌다.
- 결혼예식의 전통적 의미가 상실되었다. 결혼의 대안적인 형태들과 정의(定義)가 부상했고, 전통적인 혼인 서약이 개인적인 결혼 계약으

로 대체되었다.
- 페미니스트 운동이 등장했고, 여성들이 권력과 영향력 추구를 선호하여 자녀 출산과 육아에 흥미를 잃었다.
- 부모들과 권위에 대한 공개적인 경멸이 일반적으로 증대되었다.
- 청소년 범죄, 상대를 가리지 않는 성행위, 반항이 가속화되었다.
- 전통적인 결혼을 하는 사람들이 가정의 책임을 받아들이기를 거부하였다.
- 간통에 대한 욕망과 수용이 증대되었다.
- 모든 종류의 성도착(性倒錯), 특히 동성애가 증대되었고, 그 결과 성 관련 범죄들도 증대되었다.[50]

이것이 익숙하게 들리지 않는가? 그렇다. 불행하게도, 그것은 아주 익숙하게 들린다. 하지만 다행스럽게도, 우리는 성도덕을 강조하고, 결혼의 근본적인 의미를 중요시하고, 우리의 가족들을 올바르게 정돈함으로써 이런 추세를 역전시킬 수 있다. 문화적 풍조는 역전될 수 있다.

시대의 풍조를 역전시킬 때

세상의 일은 주기적으로 순환한다. 따라서 성적 무질서로 **빠져** 드는 이 몰락의 풍조도 더 나은 미래의 소망을 위한 기초가 될 수 있다. 앞서 언급했듯이, 필립 얀시는 J. D. 언윈의 연구인 성과 문화를 요약하면서 다음과 같이 언급했다. 비록 "성적 관행이 느슨해져 그 사회들이 연이어 쇠퇴하여도" 그 사회들은 "더 엄격한 성

적 기준들로 되돌아갈 때 다시 일어설 수 있다."⁵¹

버지니아주립 대 전미결혼프로젝트(National Marriage Project)의 책임자이자 가족학연구소의 선임연구원인 브래들리 윌콕스에 의하면, "미국에서 사회 계층이 더욱더 세속화되는 것은 가족과 부모의 역할을 우선시하는 가족 중심의 삶의 방식이 퇴조한 것과 관련이 있다. 미국인들이 갈수록 종교적 권위자들(교황부터 목사에 이르기까지)의 의견을 무시하고, 또한 주일 교회 출석률이 줄어들며, 부부간 결속력이 낮아져 셋째 또는 넷째 자녀를 가질 가능성은 점점 더 줄어드는 것 같다." 그는 이 논지를 미국에서의 교회 출석률 감소와 결혼 감소를 비교하여 도표로 제시하였다.

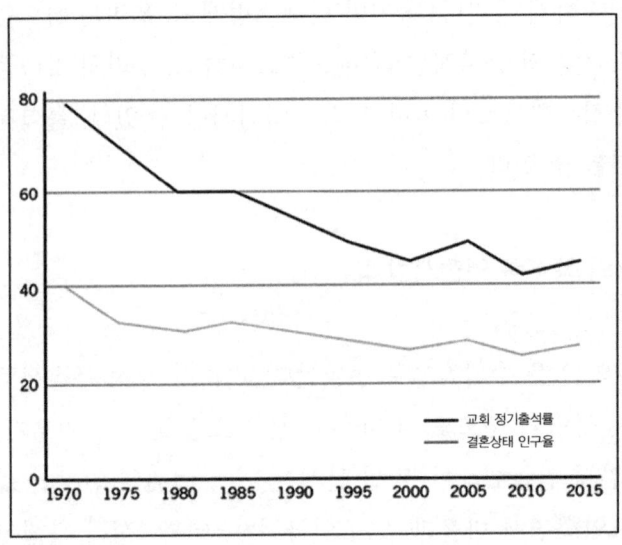

대조를 위해, 윌콕스는 52개 국가들의 자료를 제공하고 있는데, 그 자료들은 "종교에 더 깊이 헌신할수록 결과적으로 더 많은 사람들이 결혼하고, 결혼은 더 충실해지며, 가정마다 더 많은 자녀들을 낳게 된다는 것을 보여준다. 이는 종교적 전통이 혼인 정절과 같은 가정생활의 명확한 기준을 제시하며, 또한 황금률(the Golden Rule)처럼 더 일반적인 규범도 제공한다는 것을 시사한다. 그리고 그들은 이러한 규범들의 중요성을 다른 것에 초월하여 인정하는 경향이 있다."[52]

이것은 하나님과 성경적 토대로 돌이키는 길은 – 이는 성적 무질서와 정확히 반대방향으로 가는 길이다 – 성적 순결, 결혼생활에서의 더 큰 헌신, 결혼 및 더 강하고 건강한 가정들에 대한 더 큰 존중이라는 것을 의미한다. 또한 그 길은 정부의 도움이 있든 없든, 우리 각각의 개인들과 부부들과 가정들로서 걸어갈 수 있는 길이다. 이런 일들은 우리 모두가 할 수 있는 선택들이다.

언원의 연구를 다시 생각해보자. 지금이 다시 미국이 일어설 수 있을 때가 아닐까? 지금이야말로 우리가 성적 순결의 아름다움과, 혼인 정절의 힘과 남성-여성이라는 구분의 중요성을 회복할 수 있을 때가 아닐까?

나쁜 소식은, 우리가 계속해서 성적 무질서의 내리막길로 내달린다면 필연적으로 가공할 결과를 맞게 된다는 것이다. 좋은 소식은, 성적 순결이 성적 무질서를 이긴다는 것이다. 따라서 만약 우리가 우리 자신의 가정들을 질서정연하게 정돈하고 그다음 쌓인 먼지들을 치우는 데 주력한다면, 우리와 우리의 아이들과 그 다음 손자들 세대까지 번성하리라는 것이다. 그 때 우리는 우리 사회가 다시 건전하게 되도록 앞장설 수 있다.

이것이 우리가 동성애 혁명을 이기는 길이다.[53]

제4원칙

결혼의 재정의를
거부하라

울타리가 세워졌던 이유를 알기 전에는 결코 그것을 치우지 말라.
- G. K. 체스터턴

　한 사회가 안정적으로 유지되기 위해서는 무엇보다 결혼과 가정이 건강해야 한다. 이것보다 더 중요한 것은 없다. 건강한 결혼은 건강한 가정을 낳고, 그것이 차례로 건강한 사회를 낳는다. 건강하지 못한 결혼은 건강하지 못한 가정을 낳고, 그것이 차례로 건강하지 못한 사회를 낳는다. 우리가 감히 결혼의 의미와 목적을 함부로 변경해서는 안 되는 이유가 그것이다. 만일 우리가 그렇게 한다면, 그것은 사회의 토대를 뒤흔드는 셈이다.

　결혼은 안정된 사회를 위한 기초이기에, 비록 지난 수 세기 동안 동성애적 남성들과 여성들이 존재하긴 했어도, 그리고 심지어 그들 중의 일부가 '결혼'이라는 행위에 관련되기는 했어도 - 자기 연인들 중의 하나와 "결혼한" 네로 황제처럼 - 적어도 최근까지는 결혼을 재정의하려는 움직임은 결코 없었다.¹ 많은 문명들이 흥망성쇠를 거듭하는 동안 모든 종류의 동성애 관계들이 있었지만, 결혼의 기본적인 의미를 바꾸려고 시도했던 사회는 역사의 기록에서 찾아볼 수 없다.

당연한 사실이지만, 일단 결혼이 근본적으로 재정의되면, 그것은 의미를 잃게 된다. 그뿐 아니다. 어머니와 아버지, 남편과 아내와 같은 기본적인 용어들이 재정의되면 그것들 역시 의미를 잃게 된다. 그것은 마치 "부부"(couple)가 둘 혹은 그 이상의 사람들로 구성될 수 있다고 말하거나, 하나의 "짝"(pair)이 둘 혹은 그 이상의 항목들로 구성될 수 있다고 말하는 것과 마찬가지이다. 그런 말들은 의미를 잃고 공허하게 된다.

이 말이 아주 헌신된 동성 커플이 없다거나 그들 중의 다수는 깊이 사랑하지 않는다는 것을 의미하지는 않는다. 그 말은 그들이 함께 자녀를 기르기를 원치 않는다는 의미도 아니다. 오히려 그 말은 그들이 아무리 서로에게 헌신되고 서로를 사랑하며, 또 그들이 양육하는 아이들에게 아무리 열중한다 하여도, 그들의 연합은 참된 결혼(근본적인 정의에 따른 결혼을 의미)이 아니며 또 자연스러운 결혼(명백한 생물학적 차원에서의 결혼을 의미)도 아니라는 것을 의미할 뿐이다.

그것이 바로 우리가 우리 스스로 결혼과 가족을 잘 정돈하고 – 나는 이성 부부의 무책이혼이 모든 게이 활동들을 한데 묶은 것보다도 더 크게 결혼을 파괴해왔다고 종종 말해왔다 – 결혼을 재정의하려는 시도에 맞서야 하는 이유이다. 또한 그것은 비록 우리가 소송을 당하고 대법원이 우리에게 불리한 판결을 내린다 해도 우리가 굳게 서야 한다는 것을 의미한다. 이 문제와 관련하여 우리는 긴 수고와 노력을 기울여야 한다.

이 점을 염두에 두고, 결혼이 재정의될 때 어떤 일이 일어나는지를 정확하게 살펴보도록 하자.

레즈비언 "트라우플"[24], 또 그 이상의 관계

자기 자신과 결혼한 여성에 대해, 혹은 결혼하여 레즈비언 "트라우플"을 형성한 세 여성들에 관해 들어본 적이 있는가? "하지만 그건 결혼이 아니지요"라고 당신이 말한다, "결혼은 법적으로 성인이 된 두 사람의 결합이지요."

누가 그러던가? 만일 결혼이 한 남자와 한 여자의 연합이 아니라면, 왜 그것이 두 사람에게 제한되어야 하나? 혹은, 그 문제에서 두 사람이 요건인가? 하나, 셋, 혹은 다섯은 왜 안 된단 말인가? 만일 결혼이 한 남자와 한 여자의 연합을 의미하지 않는다면 둘이라는 숫자에 무슨 특별한 의미가 있는가?

한 남자와 한 여자는 육체적으로와 생물학적으로 서로를 위하

---

24) 역자 주: trouple - 커플과 트리플의 합성어로서 3자간의 결합 관계.

여 설계되었고, 그 자신들 속에 정자와 난자라는 독특한 구성요소를 지니고 있으며(여전한 사실은 한 남성과 여성이 관련되지 않는 아기는 없다는 것이다.) 따라서 결혼을 형성하려면 그 둘이 반드시 하나로 합쳐져야 한다. 남자와 여자는 정서적으로나 영적으로 특유의 상보성(相補性)을 공유하며 – 당신은 화성에서 온 남자, 금성에서 온 여자에 대해 들어보지 않았는가?[2] – 그런 이유로 남자와 여자의 연합은 특별하고, 독특하고, 심지어 신성하기까지 하다. 또한 그런 이유로 한 남자와 한 여자의 연합은 많은 세대를 거쳐 결혼으로 구조화되어 왔다.

문화분석가인 로버트 나이트(Robert Knight)는 이렇게 설명했다. "'결혼'이라는 용어는 특별히 이성(異性)인 두 사람의 결합을 의미한다. 그 의미가 상실될 때 '결혼'은 무의미하게 된다. 한쪽 성을 빼고 '결혼'이라 할 수 없는 것은, '초콜릿 브라우니' 조리법에서 초콜릿을 뺄 수 없는 것과 마찬가지이다. 그렇게 하면 그것은 다른 무언가가 되고 만다.[3] 그리고 그것이 다른 "무언가"가 될 때, 그것은 사실상 다른 어떤 것이라도 될 수 있다.

일단 그 개념이 재정의되면 대체 어떻게 '결혼'의 가능성들을 제한할 수 있겠는가? 누군가는 그 자신 또는 그녀 자신과 "결혼한다"고 하지 않겠는가? 또 사람간의 어떤 숫자의 결합이나 조합으로도 '결혼'이 구성될 수 있다고 하지 않겠는가?

나이트를 다시 인용하자면, "결혼하지 않은 관계에 결혼과 동등한 지위를 부여하는 것은 결혼의 정의를 확장하는 것이 아니라, 도리어 그것을 파괴하는 것이다. 예를 들어, 만약 당신이 비슷한 특성들이 있다는 이유로 포도주에 포도 주스와 똑같은 라벨을 부착해야 한다고 주장한다면, 당신은 '포도주'와 '포도 주스' 양쪽의 정의(定義)를 모두 파괴하는 셈이다. 소비자는 구입하려고 하는 것이 무엇인지 알 수 없게 된다."⁴

수년 동안 나는 동성 '결혼'의 옹호자들에게 같은 질문을 제기해왔다. 만일 결혼이 한 남자와 한 여자의 연합이 아니라면, 왜 그것이 두 사람에게만 제한되어야 하는가? 이날까지 나는 단 하나의 분명한 대답도 얻지 못했다. 1+1=2는 수학이지 철자 풀이가 아닌 것처럼, 또 C-A-T라고 발음하면 고양이 cat의 철자를 말하는 것이지 수학 계산이 아닌 것과 마찬가지로, 결혼이란 그 고유하고도 역사적인 의미 규정에 의해 한 남자와 한 여자의 연합인 것이지, 결코 아무나(남녀가 아닌) 두 사람이 결합하는 것이 아니다. 따라서 당신이 일단 결혼의 의미를 재정의하면, 당신은 그것을 무의미하게 만드는 셈이다.

아주 최근까지는 거의 모든 사람들이 이 점을 인식해 왔다. 힐러리 클린턴도 마찬가지였다. 그녀는 2008년에 대통령 후보로 유세하는 동안 결혼의 의미를 재정의하는 것에 반대했을 뿐 아니라, 2000년에는, 동성애 커플이 결혼한 부부와 마찬가지로 정부의 건강보험 혜택을 받을 수 있어야 한다고 주장하는 동안에도 여전히 다음과 같이 말할 수 있었다: "결혼에는 시간의 처음으로 거슬러 올라가는 역사적, 종교적, 도덕적 내용이 포함되어 있습니다. 그렇기 때문에, 나는 결혼이 언제나 그래왔듯이 한 남자와 한 여자 사이의 결합이라고 생각합니다."[5] 2004년에 버락 오바마 역시 비슷하게 진술하였다: "결혼은 한 남자와 한 여자 사이의 일이며, 게이 결혼은 시민의 권리가 아니라는 것이 나의 종교적 신념입니다." 2008년에도 그는 이런 의견을 밝혔다: "나는 결혼이 한 남자와 한 여자 사이의 연합이라고 믿습니다. 그리스도인으로서 그것은 신성한 연합이기도 합니다."[6]

앞 장에서 제시했듯이, 성적 무질서가 증대하고 있는 오늘날의 분위기에서, 결혼 제도의 중요성은 시간이 갈수록 약화되었으며, 반면 무책이혼이 만연하게 되어, 결혼을 언제든 버릴 수 있는 엉성한 것으로 만들어버렸다. 하지만 이 때문에 미래 세대들이 치러야 할 대가는 무엇일까?

결혼의 붕괴는 미래의 붕괴를 의미한다

영국의 저널리스트이자 작가인 피터 히천스(Peter Hitchens)는 이혼법의 완화가 가져온 여파를 겪고 있는 작금의 영국 상황에 대해 논평하였으며, 그에 앞서 독자들에게 그 법률이 통과되었을 때 이러한 변화들이 얼마나 광범위하게 받아들여졌는지를 상기시켰다. 그의 이야기는 다음과 같다:

이제는 모든 가족, 모든 일터, 모든 학교, 모든 선술집, 모든 주말 축구 또는 크리켓 팀, 모든 정당, 모든 교회 단체에 거대한 문화적 도덕적 혁명을 찬성하여 서명한 수많은 사람들이 있다. 그 혁명은 1960년대에 시작되었고 1970년대에는 강력한 돌풍처럼 온 나라를 휩쓸었다.

그 혁명의 핵심은 1969년의 이혼 개혁법(Divorce Law Reform Act)이다. 이 변화는 아주 인기를 끌었다. … 그것은 당시 사랑 없는 결혼에 빠진 사람들에게 친절한 법으로 묘사되었고, 그 새로운 법은 문제 많은 연합을 지키려고 분투하기보다는 끝장내는 것을 훨씬 더 쉽게 만들었다.

그리고 일단 이것이 일반화되면, 결혼은 엄청난 속도로 변하여 일생의 헌신관계에서 단순히 생활스타일의 선택적 문제로 바뀐다. … 남자들은 결혼이 그럴 가치가 없다고 계산하기 시작했고, 피임약과 쉬운 낙태(1960년대 혁명의 다른 부분들)는 상대를 임신시킨 책임 때문에 어쩔 수 없이 하는 결혼을 사라지게 만들었다.

오늘날 그 결과가 무엇인가?(히천스는 이 글을 2013년에 썼다.) 유년기가 끝날 무렵, 영국의 소년이나 소녀는 자기 침실에 TV를 두는 경우가 가정에 아버지가 있는 경우보다 훨씬 더 많을 것이다. 전통적인 가족의 삶에 반대하는 전국적 투쟁이 45년간 너무나 성공적으로 이루어져, 이제 부모 양쪽과 함께 살지 않는 15세 아이들의 비율은 거의 50%에 이른다.

그는 계속해서 다음과 같이 서술한다.

아버지의 부재(不在)라고 하는 전례 없는 국가적 경험의 비용은 이제 연간 490억 파운드에 이르며, 이는 방위 예산보다도 많은 액수이다. … 어머니들에 의해 양육되는 열 명의 어린이들 중 네 명꼴은 - 약 120만 - 자기 아버지들과의 접촉이 전혀 없다. …

통계적으로 볼 때, 깨어진 가정 출신의 젊은이들이 행동에 문제를 일으킬 가능성은 건전한 가정 출신의 젊은이들에 비해 두 배가량 된다. 그들은 더 쉽게 우울해지고, 약물이나 알코올 남용에 빠지며, 학교에서 나쁜 행동을 하고, 상대적 빈곤 상태에서 삶을 마칠 가능성이 더 높다. 아버지 없는 소녀들은(미국과 뉴질랜드에서의 연구들에 따르면) 아버지가 있고 아버지와의 의미 있는 접촉 속에서 지내온 소녀들에 비해 십대 임신율이 무려 7~8배나 높다. 대조적으로, 결혼과 건강 사이의 연관성은 아주 강력하여, 한 연구는 결혼으로 건강이 개선된 정도가 금연의 효과와 비슷하다는 것을 보여주었다.[7]

결혼제도를 손대고 모성애와 부성애의 중요성을 경시하면 엄청난 사회적 결과가 초래된다. 우리는 여기서 단지 통계에 관해 말하는 것이 아니다. 우리는 사람들에 관하여, 모든 세대의 사람들에 관하여 말하고 있다. 한 걸음 더 나가서 실제로 결혼의 의미를 재정의할 때는 어떤 일이 일어날까?

신부들과 신랑들, 남성 아내들과 여성 남편들

세계 정상의 신학자들 중의 한 사람으로 알려져 있는 라이트(N. T. Wright) 교수는 중요한 단어들의 근본적인 의미들을 변경할 때 수반되는 심각한 결과들을 다음과 같이 설명한다:

어느 누구든지 - 압력 집단들, 정부들, 문명들 - 핵심 단어들의 의미를 갑자기 바꿀 때는, 정말이지 조심해야 한다. 여러분이 독일어 사전을 펼치면, 아마도 자그마한 꺾쇠괄호에서 "N.S."라는 단어들을 발견할 수 있을 텐데, 그것은 국가 사회주의자(National Socialist) 혹은 나치(Nazi)를 의미한다. 나치 당원들이 그 단어들에 특정한 의미를 부여했다는 뜻이다. 1917년 이후 러시아에서는, "이전의 사람들(former persons)"[25]이라고 불리던 범주의 사람들이 있었다. 공산주의자의 강압에 의해 그들은 국가와 관련되기를 중단해야 했다. 일단 그들을 '이전 사람들'이라고 부르면 그들을 다른 어딘가로 추방하거나 죽이는 것은 너무나도 쉬웠다.

결혼의 재정의에 관해 말하자면, 라이트 교수가 설명한 바로는, "그것은 검은색이 흰색이 되어야 한다고 강요하는 정부와도 같다. 유감스럽게도, 여러분은 원하는 대로 투표할 수 있고, 전체적 다수에 의해 그것을 통과시킬 수는 있지만, 그것이 실제로 현실을 바꾸는 것은 아니다."[8] 오늘날 자기 자신과 "결혼하는" 여성이나,

---

25) 역자 주: former persons - 혁명 이후 사회적 지위를 잃어버린 사람들을 가리키는 표현으로서 귀족, 황제의 군대, 관료, 성직자 등이 포함됨.

서로 "결혼하는" 세 여성들의 사례들을 볼 수 있는 이유가 그것이다. 말할 것도 없이 다른 "결혼들"의 유형도 있으며, 거기에는 자신의 개와 "결혼한" 여성, 뱀과 "결혼한" 다른 여성, 건물과 "결혼한" 또 다른 여성, 자신의 컴퓨터와 "결혼하기를" 원하는 남성 등의 경우들도 포함된다.[9]

당신은 "하지만 그건 완전히 미친 짓이잖아요"라고 말할 수 있다. "사람이 동물이나 무생물체와 결혼할 수는 없으니까요." 정확히 옳은 지적이다. 남자가 남자와 "결혼할" 수는 없으며, 여자가 여자와 "결혼할" 수는 없는 것이다. 그렇지 않으면 말이 전적으로 의미를 잃어버린다. 나는 그것을 2013년의 한 기고문에서 지적한 바 있다:

> 영국이 결혼을 재정의하려는 방향으로 움직이자, 데일리 텔레그래프(Daily Telegraph)가 이렇게 논평했다: "정부는 장차 '남편'이라는 단어가 여성들에게 적용되고, '아내'라는 단어가 남성들에게 적용될 것이라고 결정해 버렸다." 존 빙햄(John Bingham)에 따르면, "공무원들이 배우자라는 단어의 전통적 의미를 폐지해 버리는 바람에 옥스퍼드 영어사전과 수백 년 전통의 일상 용법이 변경되게 되었다."

> 정부가 제안한 지침에 보면, "'남편'이 한 여성과 결혼한 한 남성을 지칭했던 것처럼, 동성 결혼에서는 한 남성이나 한 여성을 포함할 것이다. 마찬가지로, '아내'는 다른 여자와 결혼한 여자 또는 다른 남자와

결혼한 남자를 포함할 것이다."

그런 식으로, 한 남자가 다른 남자와 결혼하면(또는 결혼하지 않았어도) 아내가 될 수 있고, 반면에 한 여자가 다른 여자와 결혼하면(또는 결혼하지 않았어도) 남편이 될 수 있는 것이다. 결국 이런 질문이 생긴다. 어떤 말이 본래 의미를 완전히 잃어버렸다면 대체 그 말을 왜 사용한단 말인가? 그것은 마치 "위"를 "아래(또는 위)"라고 말하는 것과 같고 아래를 위(또는 아래)라고 말하는 것과 같으며, 북을 남(또는 북)이라 하고 남을 북(또는 남)이라 말하는 것과 같다.

이런 일이 결혼의 의미를 재정의할 때 발생한다.¹⁰

2010년 8월 12일, CNN.com에서는 다소 특이한 "결혼식" 장면을 묘사했다:

커스틴 오트(Kirsten Ott)는 끈 없는 흰 드레스를 입고 통로를 걸어 내려갔다. 드레스의 윗부분은 자수로 장식되었고 아랫부분은 늘어진 주름장식 모양이었다. 마리아 팔라디노(Maria Palladino)는 흰색의 정장을 입고서, 그 통로의 끝에서 한 목사와 함께 그녀를 기다렸다. 가족들과 가까운 친구들에게 둘러싸여 그 여성들은 남은 생을 서로에게 헌신하기로 하였다.

아름다운 파티가 이어졌다. 그것은 전통적인 결혼식의 요소들을 모두 갖추었다. 하지만 그들은 스스로를 '신부와 신랑'(bride and groom) 대신, '신부와 여(女)신랑'(bride and broom)이라고 불렀다.¹¹

하지만, 한 신부와 한 신랑이 아니라 두 명의 신부들이 있으면, 그것이 어떻게 "전통적인 결혼식"이 될 수 있을까?(그 여성들 중 하나는 드레스를 입고 또 다른 하나는 바지를 입었다는 점에도 주목하라.) 이 커플이 "신부와 여신랑"으로 불린 것은 그런 이유 때문이다. 그 사실은, 비록 그 결합이 아무리 사랑이 넘치고 진지하다 해도, 단어의 의미를 근본적으로 재정의하지 않는 한 '결혼'으로 정당하게 묘사될 수 없다는 것을 부각시킨다.(대체 과거에는 "여신랑"이라고 불리는 것을 누가 긍정적으로 보았겠는가?)

이런 일에 언제나 앞장서는 캘리포니아는 2014년 7월에 주 법률에서 남편과 아내라는 단어들을 삭제하는 법안을 통과시켰다. "제리 브라운(Jerry Brown)이 주 법에서 '남편과 아내'라는 구식의 표준을 삭제하는 법안에 서명한 이후, 캘리포니아 동성 커플은 배우자와 배우자로 호칭될 수 있게 되었다." 그렇다, "상원법안 1306조가 마크 레노(Mark Leno) 주 상원의원에 의해 도입된 것은, 캘리포니아 헌법에서 주 법률과 상충하는 차별적 표현들을 수정하고 혼란을 없애기 위해서였다."¹²

이것이 개선일까? 부부를 "배우자와 배우자"로 공표하는 것이 "혼란"을 없애는 것일까? 그것은 그 문제에서 우리의 도덕적 감수성을 법률적으로 강탈해 버린 것은 아닐까?

2014년 5월 5일, 나는 이러한 메시지를 트위터로 전했다. "인류에게 보내는 짧은 편지: 사회에서 무슨 이야기를 듣든지, 남자가 남편을 얻을 수는 없고 여자가 아내를 얻을 수는 없다." 그에 대한 반응으로, 한 남자가 조롱조의 트윗으로 응대했다, "인류에게 보내는 짧은 편지: 나는 구역질나는 고집불통이다. 종교가 나를 이런 식으로 만들었으니, 종교를 금지하라." 다른 말로 하자면, 오직 구역질나는 고집불통들, 종교에 의해 세뇌된 사람들만이, 남자가 남편을 얻을 수 없고 여자가 아내를 얻을 수 없다고 믿는다는 조롱이다.

우리 사회는 사상적으로 그 정도까지 퇴보했으며, 의미 없는 말들이 무성하게 되었다. 그런 이유로 같은 날 나는 다시 이렇게 트윗하였다. "인류에게 추가로 보내는 짧은 편지: 영국에 변화들이 생기더라도, 남자가 아내가 된다거나 여자가 남편이 될 수는 없다." 이 역시도 오늘날 많은 사람들에 의해 종교적 편협으로 간주되고 있다. 다음에는 세상에 무슨 일이 닥칠까?

동성애의 새로운 세계로 온 것을 환영하다

사실상, 우리는 추측할 필요가 없다. 그것은 이미 여기에 있다. 사실 그것은 상당 기간 이곳에 존재해 왔다. 2011년에 나는 이렇게 말한 바 있다:

캐나다 온타리오에서는, 동성 결혼을 합법화한 결과 남편, 아내, 과

부와 같은 모든 참조 용어들이 2005년 법률 서적들에서 삭제되었다. 스페인에서는, 출생증명서의 용어들이 "아버지"와 "어머니"에서 "조상(Progenitor) A"와 "조상 B"로 바뀌었다.

미국에서는, 국무부가 2011년 1월 7일 다음과 같이 충격적인 발표를 한다:

"'어머니'와 '아버지' 같은 말들은 미국 여권 신청서에서 삭제되고, 성 중립적 용어로 대체될 것이다." 여권관리국 차관보 브렌다 스프라그(Brenda Sprague)는 그 단어들이 옛 양식에서는 '어머니'와 '아버지'였지만 새로운 용어들로 대체되었다고 말했다.

국무부 웹사이트의 성명은 이렇게 공표하였다: "이러한 개선들은 아이 부모들의 성 중립적 표기를 위해서이며, 또한 다른 형태의 가족들을 인정하려고 이루어지는 것이다."[13]

이런 일이 결혼이 재정의될 때 일어난다. 결국 남성 아내들과 여성 남편들이 생겨나고, 여(女)신랑들과 3인조 부부들, 아버지와 어머니 대신 부모1 부모2가 등장할 것이다. 심지어는 부모1, 부모2를 넘어 때로는 부모3까지도 등장할 것이다. 2013년 2월 7일자 로이터 통신의 보고에 의하면, "한 플로리다 판사가 22개월 된 여자 아이의 입양을 승인하였다. 그 아이의 출생증명서에는 세 사람이 – 한 쌍의 결혼한 레즈비언 커플과 한 명의 남성 – 부모들로 등재될 것이다."[14]

일 년 뒤인 2014년 2월 11일, 허핑턴 포스트(the Huffington Post)의 보도를 보자:

밴쿠버의 한 갓난아기가 캐나다 브리티시 컬럼비아 주의 공식 출생 증명서에 세 사람의 부모가 기재된 첫 번째 아기가 되었다. 델라 울프 캉그로 윌리 리처드라는 이름의 그 아기는 결혼한 레즈비언 커플과 그들의 한 남자 친구의 3개월 된 딸이다. 2013년 3월에 발효된 브리티시 컬럼비아 주의 가족법이 그처럼 독특한 상황을 가능하게 만들었다. 그 법은, 그런 상황이 아기에게 최상의 이득이 되는 한, 한 아기가 셋 이상의 법적 부모들을 둘 수 있도록 허용한다.[15]

"셋 이상의 법적 부모들"이라는 말에 유의하라. 그 말은 하늘이 한계라는 뜻이다. 이는 "네 아빠가 누구니?"라는 표현에 전적으로 새로운 의미를 부여하는 것이다.

상황은 더 나빠지고 있다. 2014년 5월 캘리포니아 주 의회에서 (51대13의 표 차이로) 통과된 한 법안에 의하면, 여성들이 출생증명서에 "아버지"로 지정될 수 있으며, 반대로 남성들이 "어머니"로 지정될 수도 있다. 그런 정신 나간 법제정의 이유가 무엇일까? 동성결합을 반영하도록 가족의 정의를 "현대화"하기 위해서이다!

그 법안의 후원자 지미 고메즈(Jimmy Gomez)의 설명에 따르면, "가족의 정의는 더 유연해질 필요가 있고, 동성 부모들이 출생증명서에 기재할 때 차별화되어서는 안 된다. 1951조에 의거하여,

동성 부모들도 어머니, 아버지, 혹은 부모로서 정확하게 신원을 밝힐 수 있을 것이다."[16]

정확하게? 그 법안에 의하면 한 여성이 그저 레즈비언일 뿐인데 – 아빠가 될 수 있고, 한 남성이 – 그저 동성애에 빠진 남자일 뿐인데 – 엄마가 될 수 있단 말인가? 가족을 더 "유연하게" 규정하는 것이 그런 것인가? 그것은 사회적 정신착란일 뿐이다.[17] 그런 식으로 결혼이 완전히 애매모호하게 되었고 남편과 아내라는 용어가 중요한 의미를 잃어버렸을 뿐 아니라, 이제는 심지어 아버지와 어머니가 새로운(그리고 우스꽝스러운) 의미를 가지게 되었고, 그 단어들을 전적으로 무의미하게 만들고 말았다.

2014년 9월에 호주의 두 이성애적 남성들이 "결혼할" 것이라는 소식이 발표되었다. 그들이 그렇게 한 이유는 커플로서 럭비 월드컵 입장권을 획득하기 위해서였다. 게이 운동가들은 이에 대해 몸서리를 쳤다. 그들 중의 한 사람인 알렉스 그리니치(Alex Greenwich)가 말했다. "그것은 본질적으로 결혼을 조롱거리로 만드는 것입니다. 결혼은 사랑과 헌신에 관한 진정으로 중요한 제도입니다. 결혼을 웃음거리로 취급하는 사람들을 보는 것이 슬픕니다."[18] 명백하게도 그는 자기가 한 말의 아이러니를 깨닫지 못했다.

자기 자신과 결혼하지 말란 법이 있나?

자기 자신과 결혼한 여성에 대해 말해보자. 나딘 스웨이거트

(Nadine Schweigert)는 2012년 5월 그녀의 "결혼식" 이후 저널리스트 앤더슨 쿠퍼에게 이렇게 설명하였다. "나는 매우 강력해지고, 매우 행복하고, 매우 즐겁다고 느낀다. … 나는 이 경험을 그 때 참석했던 사람들을 비롯하여 다른 사람들과 나누기를 원한다. … 나는 내게 다가와서 나를 행복하게 해 줄 누군가를 기다리고 있었다. 어느 시점에, 한 친구가 말했다. '행복해지기 위해 결혼할 누군가를 기다릴 필요가 있겠니? 너 자신과 결혼하렴.'"[19]

왜 안 되겠는가? 만약 동성 '결혼'이 있을 수 있다면, 자기-결혼 (self-marriage)도 없으란 법이 있을까? 이것이 미친 소리처럼 들리겠지만, 그런 일은 일어나고 있다. 쿠퍼의 인터뷰를 시청하고 있던 한 여성이 당장 자기 자신과 "결혼하기를" 원한다고 결심했다. 서른 살의 한 타이완 여성은 2010년 자기 자신과 '결혼'했고, 2014년에는 한 영국 여성이 역시 자기 자신과 결혼했는데, 관련 기사의 헤드라인은 이렇게 발표하였다: "독신에 싫증난 여성이 자기 자신과 결혼하다!" 뭐라고? 왜냐하면 "틀에 박힌 관계를 갖기에는 그녀에게 별로 시간이 없었기 때문이다."[20]

하여간, 나딘 스웨이거트에 관한 앤더슨 쿠퍼의 논평은 이렇게 끝나고 있다: "여러분은 어떻게 생각하십니까? 그것이 너무 심한가요?"[21]

거기에 무슨 잘못이 있는가?

레즈비언 3인조 부부인 "트라우플"(trouple)이 있다. 뉴욕 포스트에 의하면, 그 셋 모두 결혼식장에서 전통적인 하얀 웨딩드레스를 입었고, 그들의 아버지들 중 두 사람이 통로를 따라 행진하였다. 이제 "결혼한" 그 여성들은 "같은 침대에서 함께 자고, 짝으로서뿐 아니라 3인조로도 성관계를 가진다." 슬프게도, 한 술 더 떠, 2014년 4월 23일자 그 기사의 제목은 이렇게 발표하였다: "첫 아기를 기대하는 결혼한 레즈비언 '트라우플'"[22]

결혼의 이 새로운 변이(變異)에 대해 LGBT의 비난이 있었을까? 동성애 운동가들이 수년 동안 우리에게 말해왔던 바는, 그들이 서로 결혼할 수 있는 사람들의 수를 바꿀 의도는 없으며, 단지 결혼하는 부부의 구성을 바꾸고 싶다는 것이었다. 하지만 지금, 우리 보수주의자들이 "위험한 비탈길 예측"이 목전에서 이루어지는 것을 목격 중이고, 다중 파트너들의 '결혼'이 갈수록 흔해지고 있는 이 때, 그 동성애 운동가들은 이상하게도 말이 없다.

몇 해 전, 크리스털 톰킨스(Crystal Tomkins)는 '오, 엄마들이 하는 많은 일들! 엄마가 둘 이상이면 얼마나 좋을까?'라는 제목의 어린이 책을 냈다. 그 책에는 그녀의 "아내"인 린제이 에번스(Lindsey Evans)의 삽화들이 포함되었다.[23] 아마도 그녀는 이 레즈비언 삼인조의 자녀를 위해 새로운 책을 쓸 수도 있는데, 그 아이가 세 명의 엄마들을 가질 것이기 때문이다.(추측건대, 비극적인 일이긴 하지만, 그 아이는 익명의 정자 기증자인 아버지와는 아무런 접촉이 없을 것이다.) 아마 그녀는 그 책의 제목을 '내 엄마들은 내게 큰 기쁨을 가져다주지요! 셋 이상의 엄마를 가질 수 있다면 얼마나 더 신날까?'라고 붙일 수도 있을 것이다.('엄마, 엄마들, 더욱더 많이! 넷 이상이면 더 좋겠지?'라고 제목을 붙이는 건 어떨까?)

나는 많은 레즈비언 엄마들이 대단한 엄마들이고 자녀들에게 헌신적이라고 확신한다. 내가 목격하는 것은 결혼이 재정의될 때, 그것과 관계된 모든 것이 역시 재정의될 수밖에 없다는 것이며, 터무니없는 지경에 이르게 된다는 것이다. '결혼'이 한 사람과 두 사람의 연합이 될 수 있고, 세 사람이나 그 이상의 사람들과의 연합을 의미할 수도 있다. 반면 한 자녀가 편부모를 가질 경우, 그 편부모는 여성 아버지이거나 남성 어머니일 수 있다. 또 한 자녀가 두 명의 부모를 모두 가질 경우, 그 부모들은 양쪽 모두 어머니들(혹은 아버지들)일 수 있고, 셋이나 혹은 그 이상의 법적 부모들일 수도 있다. 두 명의 엄마들에 한 명의 아빠(혹은 그 이상), 또는 두 명의 아빠들에 한 명의 엄마(혹은 그 이상, 레즈비언 '삼인조'일 경우는 세 명의 엄마들에 아빠는 없음)인 경우들이 얼마든지 생겨날 수 있다.

이것은 시시한 농담이 아니다.(그렇다면 얼마나 좋을까.) 그것은 인간 사회의 근간에 대한 공격이며, 말할 것도 없이 인간 이성에 대한 공격이기도 하다. 결혼은 인간 역사에서 줄곧 그러했듯이 매우 특별한 무언가를 의미할 수도 있고, 또는 실제적으로 아무 것이나 의미할 수도 있다.[24]

애완용 상자거북이와 결혼하기?

실제로 상자거북게시판(BoxTurtleBulletin.com)이라고 하는 동성애 감시 웹사이트가 있다. 그 사이트는 존 코닌(John Cornyn) 상원의원의 유명한(또는 악명 높은) 이 논평으로 그 이름을 얻게 되었다: "당신의 이웃이 상자거북이와 결혼한다고 해도, 그것이 당신의 일상 생활에 그리 큰 영향을 미치지는 않는다. 하지만 그것이 옳다는 의미는 아니다. … 이제 당신은 인간과 상자거북이의 연합이 남자와 여자의 연합과 동등한 법적 지위를 얻는 세상에서 자녀들을 키워야 한다."[25]

실제로 코닌 상원의원이 이런 발언을 한 것은 아니었다. 그런 진술이 보좌관에 의해 작성되기는 했으나, 그 상원의원은 실제 연설에서는 그 대목을 뺐다. 하지만 그 연설문 원본이 한 기자의 손에 들어갔고, 그 기자는 해당 대목이 포함된 상태로 기사를 전송하였다.

하지만 상자거북게시판의 편집자 짐 버로웨이(Jim Burroway)는 2006년에 그 상자거북의 진술이 그다지 특별한 것이 아니었음을 지적했고, 그것을 입증하기 위해 다음과 같은 사례들을 제시하였다.

- 빌 오라일리(Bill O'Reilly)는 한 사이트 방문자와 날카롭게 의견을 주고받으면서 이렇게 말했다: "오리와 결혼하기를 원하는 사람들도 들어올 수 있습니다. 좋습니다. … 만일 내가 오리와 결혼하기 원

한다면. … 나는 오리와 결혼할 권리가 있는 겁니다, 맞지 않아요? … 그리고 나는 내 집을 오리에게 남겨줄 겁니다."

- 다른 맥락에서, 오라일리는 이런 견해를 밝혔다: "누군가가 방문하여 '나는 염소와 결혼하고 싶어요'라고 말할 것입니다. 조만간 그런 일이 있을 겁니다. 여러분이 그런 일을 보게 될 거라고 내가 장담하지요."

- 상원의원 릭 샌토럼(Rick Santorum)은 결혼을 한 남자와 한 여자 사이의 일로 묘사하면서 이렇게 설명하였다: "잘 아시다시피, 결혼이란 남자와 아이, 남자와 개 등등의 일이 아닙니다."

- 지미 스웨거트(Jimmy Swaggart) 목사는 결혼의 재정의를 지지한 정치인들이 "모두 돼지와 결혼하여 영원히 함께 살아야 한다"고 말했다.

오리, 염소, 개, 돼지와 결혼하는 사람들? 버로웨이처럼 학식 있는 게이 운동가에게, 이런 종류의 대화는 단지 보수 측을 어리석게 보이도록 만들 뿐이다. 더 나아가, 그는 이런 진술을 했다. "진정으로 우리는 서로 결혼하기를 원하여 동의하는 성인들에 관하여 말하는 것뿐이기에, 이런 식의 논평들은 적절하지 않다."

하지만 버로웨이의 진술조차도, 비록 '결혼'을 인간들의 연합으로 제한하기를 의도한 것이지만, 모든 종류의 폐해들에 문을 활짝

열어버렸다. 첫째, 관계된 사람의 수를 한정하지 않은 채 "동의한 성인들"이라고 말함으로써, 그는 "삼인조 부부" 또는 "사인조 부부"까지를 포함하여 중혼(重婚)의 결합을 허용한 셈이다. 둘째, 비록 그와 그의 동료 게이 운동가들이 진정으로 "동의하는 성인들에 관하여 말하는" 것이어도, 그 묘사는 성인 동기간들, 특히 두 형제들 또는 두 자매들을 포함하며, 심지어 부모들과 그들의 성인 자녀들까지도 포함하는 셈이다. 게이들은 자손을 생산하지 못하기 때문에, 그렇게 함으로써 유전적인 결함 문제를 해결하는 것이다.(생각해보니, 괴상망측한 소리이긴 하지만, 그것이 한 아버지와 그의 성인 아들, 또는 한 어머니와 그의 성인 딸을 위한 방안이 될 수도 있겠다.)

"모두를 위한" 결혼 평등과 근친상간의 "권리"

놀랍지도 않지만, 완전한 결혼 평등(Full Marriage Equality) 블로그는 "동의하는 성인들이 사랑, 섹스, 주거, 그리고 성별과 수와 참여자들의 관계에 제한을 두지 않는 결혼을 나누고 즐길 수 있는 권리"를 옹호한다. 완전한 결혼 평등은 기본적인 인권이다."[26] 사태가 이 지경에 이르렀다!

적어도 이 웹사이트는 결혼 평등이라는 용어를 사용하는 점에서 일관성이 있다. 만약 어찌됐든 "사랑은 사랑"[2013년 6월 대법원이 결혼보호법[26]을 뒤집었을 때 오바마 대통령이 트윗한 글]이고, 또한 내가 사

---

26) 역자 주: DOMA, Defense of Marriage Act - 1996년 제정된 연방법으로, 연방의 목적을 위해 결혼을 한 남자와 한 여자의 연합으로 규정하였고, 주들이 동성 결혼의 인정을 거

랑하는 그 누구와도 결혼할 권리가 내게 있다면, "동의하는 성인들"인 한 어느 누가 연인들에게 "성별, 수, 또는 관계에 제한"을 둘 수 있겠는가? "동의하는 성인들은 권리를 가지고 있다" – 캐나다 인권헌장은 원하는 사람들이 가족들을 형성할 권리를 보호한다 – 는 말에서, 캐나다 인권옹호협회(Civil Liberties Association)의 모니크 퐁그라식 스파이어((Monique Pongracic-Speier)는 캐나다 법률 하에서 중혼(重婚)의 "권리"를 옹호하고 있는 것이다.[27] 왜 안 되겠는가?

이미 2007년에, 타임지는 이런 질문을 제기하였다. "근친상간이 합법화되어야 하는가?" 그 기사의 내용에 따르면, 텍사스 주의 반(反)남색법(anti-sodomy)을 폐기한 2003년 대법원의 로렌스 대 텍사스 사건(Lawrence v. Texas) 판결에 대해, 비평가들은 그 판결이 동성 '결혼'과 중혼을 합법화하는 시도로 이어질 것이라고 논평하였다. 타임지는 "그 비평가들이 옳았음이 판명되었다"고 언급하였으며, 덧붙여서 그 사건의 원고측이 이제는 "로렌스 판결을 근친상간을 반대하는 법률들에 대한 이의 제기에 활용하고" 있음을 지적하였다.[28]

2010년 12월, 컬럼비아 대학의 데이빗 엡스타인(David Epstein) 교수가 그의 성인 딸과 3년 동안 합의에 의한 정사를 가진 이유로 체포되었다. 그의 변호인이 이렇게 진술했다: "동성애자들은 그들의 가정에서 그들이 원하는 무엇을 해도 무방합니다. 이 일이 크

부할 수 있도록 허용하였다. 하지만 2013년 위헌적이라고 결정되었고, 그 결과 현재 미국의 모든 주들에서는 동성 결혼이 합법화되었다.

게 다릅니까? 우리는 왜 어떤 행위는 용인되고 어떤 행위는 그렇지 않은지를 따져보아야 합니다." 놀랄 일도 아니지만, 일부 컬럼비아 학생들은 왜 동의한 성인들 간의 성적 행위들이 범죄로 간주되어야 하는지를 질의하였다.[29] 그다음에 따라오는 것은, 동의한 성인들의 그 어떤 결합도 '결혼'으로 간주될 수 있다는 것이다.

2014년 7월 10일자 시드니의 보도에 의하면,

뉴사우스웨일스(New South Wales) 주 지방법원의 개리 닐슨(Garry Neilson) 판사는 근친상간을 한 때는 범죄이자 "부자연한" 것으로 간주되었으나 이제는 널리 수용되고 있는 동성애에 비유하였다.

그는 말하기를, 근친상간은 현재 자손의 기형으로 이어질 수 있다는 이유만으로 범죄이긴 하지만, 피임과 낙태의 유용성 때문에 그 근거는 점차 희박해지고 있다고 했다.

그 판사는 말했다. "배심원단은 한 형제가 그의 누이에게로 끌리는 것에서, 일단 그녀가 성적으로 성숙하고, 다른 남자들과 성적 관계를 가졌고 또 지금도 그럴 수 있지만 성적 파트너가 달리 없다면, 그녀에게로 끌리는 것에서 아무런 거슬리는 것도 발견하지 못할 것입니다."

그 판사가 계속해서 말했다. "만일 이 일이 1950년대의 일이고 열두 명의 배심원단이 있다면, 그들은 한 남자가 다른 남자에게 관심을 가지거나 또는 어른이 소년에게 관심을 갖는 것은 부자연하다고 말했을 것입니다. 하지만, 그런 사정은 사라졌습니다."

그렇다. 이제는 그와 같은 다른 사회적 금기들도 사라져버렸으니 – 내가 성적 무질서를 다루는 8장에서 지적하듯이 – 합의에 의한, 성인들의 근친상간 관계를 금기시해야 할 이유가 무엇인가? 그 판사가 말했듯이, "우리는 1950년대로부터 먼 길을 지나왔다. 그 때 영국의 관습법으로는 결혼 밖의 성관계가 합법적이지 않았다."[30] 우리는 정녕 먼 길을 지나왔다! 물론, 그 판사의 진술은 분노의 반응을 불러 일으켰다. 하지만 그의 논지는, 도덕적으로 비난할 만하지만, 시대의 정신을 감안하면 상당히 논리적이다.

사실상, 그 호주 판사가 그 터무니없는 진술을 한 이후 넉 달이 되지 않아서, 뉴욕 주는 만장일치로 삼촌과 조카가 "결혼할" 수 있도록 결의하였다. 2014년 10월 29일자 뉴욕 포스트 기사에 의하면, "주대법원은 만장일치의 판결로 문화적 금기를 – 적어도 삼촌과 조카의 관계를 합법화함으로써 근친상간의 한 단계를 – 무너뜨렸다. '부모-자녀 및 형제-자매간의 결혼을 금지하는 법률들은… 인류의 보편적인 혐오에 근거를 두고 있지만… 삼촌 – 조카 간의 결혼에 대한 반대는 비교적 강하지 않다'고 그 판결문은 낭독되었다."[31]

그 판결문은 즉각적인 의문을 불러일으킨다. 우리의 문화에서 "부모 – 자녀 및 형제-자매간의 결혼"에 대해 "인류의 보편적인 혐오"가 없을 때는 어떤 일이 일어날 것인가? 두 남자들 또는 두 여자들이 "결혼하는 것"에 대한 개념이 "보편적인 혐오"로 간주되던 때는 그리 오래지 않은 과거가 아니던가? 그것이 판결의 유일한 기준이라면, 그 기준이 바뀔 때 무슨 일이 벌어질까?

근친상간에 대한 대중매체의 선동

동성애와 모든 종류의 성전환 표현들을 선동하는 대중매체가 (그리고 사회가) 근친상간 역시 선동하기 시작했다는 것은 놀라운 일이 아니다. 최근의 실례로, 아래의 글들을 보라:

- 2010년 5월, Salon.com은 "게이 포르노물의 아주 쇼킹한 금기" 즉 "쌍둥이 근친상간"에 대한 기사를 실었다. 그 쌍둥이 중 한 사람의 표현에 의하면, "내 형제는 내 남자친구이며, 나는 그의 남자친구입니다."[32]
- 2015년 1월 15일, 뉴욕 매거진은 "당신의 아빠와 데이트하기는 어떤 것일까?"라는 제목이 붙은 오락성 기사를 특집으로 실었다. 그 기사는 한 나이든 남성이 한 젊은 여성과 손을 잡고 걸어가는 사진으로 꾸며졌다. 비난의 암시는 없었다. 실질적으로 정당화와 심지어 축하의 분위기였다. 그 기사는 "12년간 떨어져 지냈다가 만난 생물학적인 아버지와 거의 2년에 걸친 로맨틱한 관계에 대해 묘사하는 오대호 지역 출신의 18세 여성"의 이야기를 전하고 있다. 그녀는 그에게 −그녀의 명백한 선택에 의해− 처녀성을 잃었다. 그리고 그들은 공식적인 결혼식을 가지려고 계획하고 있다.[33]

- 2013년 2월, 에밀리 요페(Emily Yoffe)는 – 웹사이트 상의 상담란 "친애하는 분별씨"/Dear Prudence"에서 얻은 별명인 '분별 씨'로 불리기도 한다 – 연인으로 함께 살아왔던 남성 쌍둥이 형제들에게 그들을 위해 가장 좋았던 일을 계속하도록 격려했다.[34]
- 2013년에 근친상간의 관계를 다룬 영화 옐로우(Yellow)를 홍보하면서, 닉 카사베츠(NIck Cassavetes) 감독은 말했다: "우리는 형제들과 자매들이 완벽하고도 절대적으로 서로에게 사랑에 빠진 몇 가지 이야기들을 들어왔습니다. 그것이 무엇인지 아십니까? 이 영화 전체는 판단력에 관한 것이며, 또 그것의 결핍, 그리고 여러분이 원하는 것을 하는 것에 대한 것입니다."[35]
- 인기 있는 TV 판타지 연속극 '왕좌의 게임'(Game of Thrones)은 근친상간의 부부(오빠와 여동생)를 다루는데, 그들은 자녀들을 가질 뿐만 아니라 그들의 자녀들 중 하나가 죽은 후에 그 시신 옆에서 성관계를 가진다.[36]
- 미디어 분석가 브렌트 보젤(Brent Bozell)은 '행복의 나라'(Happyland)로 불리는 새로운 음악 TV 쇼에 관하여 이렇게 썼다: "그 쇼의 스타인 여배우 비앙카 산토스(Bianca Santos)가 그 새로운 음악TV의 모토를 발표하였는데, 그 모토란 '근친상간은 뜨겁고, 우리는 즐길 것이다!'이다."[37]

이런 일이 단지 미디어에 의해서만 추진되는 것이 아니다. 2014년 9월, "정부 지원을 받는 독일의 한 위원회는 정부가 동기들 사이의 근친상간을 차별하는 법률들을 폐지해야 한다고 권고하였고, 그런 금지조치들이 성적 자기결정에 대한 시민의 권리를 침해한다고 주장하였다. 독일 윤리위원회의 조사결과에 의하면, 그 권리는 '근본적인' 것으로서, 사회의 '추상적인 가족 보호'보다 더 큰 무게가 실려 있다."**38**

오, 이런 것이 독일의 최고 윤리학자들의 결정일진대, 내가 무엇을 더 말하리?

2014년 10월 9일자 허핑턴포스트 동성애자 발언 코너에 "동의하는 성인 동기간의 근친상간이 합법화되어야 할까? 전문가들이 소리를 높이다"는 글이 게시되었다. 이것이 우연의 일치일까? '변태: 우리 모두에게 있는 성적 도착'의 저자인 제시 베링(Jesse Bering)은 이렇게 설명하였다. "내 관점은 인기가 없을 것이라고 생각하는데, 나는 그것이 실제로 도덕적 진보라고 생각한다. 우리의 분석에 근친상간이 그른지 옳은지를 포함시킬 필요가 있다. 하지만 내가 보기에, 핵심은 피해가 있느냐 하는 문제이다."

그러면서 그는 "게이 성인물에서 같이 출연했던 체코 태생의 형제들"인 엘리야(Elijah)와 밀로 피터스(Milo Peters)를 예로 들었다. "사실 그들은 이것을 … 즉 형제나 자매는 성적 대상에서 완전히 배제된다고 하는 여러분의 금기 개념을 깨고 있다. 나는 그것이 사람들의 관심을 끄는 이유는 관람하는 대중도 그럴 가능성이 크기 때문이라고 생각한다."**39**

정말인가? 이미 포르노물(이 경우에는, 게이 포르노물)을 관람하는 사람들은 함께 성관계를 가지는 이 사람들이 형제들인 것을 알고서 더 흥분한다고 하는 말에 우리가 놀라서는 안 되는 것인가? 베링은 덧붙여 말했다, "그것은 카니발식의(carnival-esque) 불륜이다. 하지만 그것이 우리에게 실제적인 성적 흥분이 되는 이유는, 우리가 그것을 인정하기를 원하든 아니든, 아마도 그것이 친족에게 끌리는 가능한 방식들에 관하여 우리의 깊은 무의식에 있는 무언가를 두드려 깨우기 때문일 것이다."

이것이 매스껍긴 하지만 놀랍지는 않다. 새로운 웹사이트 공개토론(DebateOut.com)이 – "우리 세대를 위한 뉴스"라는 플래카드를 내걸고 있다. – 상호 동의하는 성인의 근친상간이 합법적일 수 있는지에 대한 서면토론의 문제로 나에게 접촉했을 때 내가 전혀 놀라지 않은 이유도 바로 그것이었다. 그 사이트는 이것이 오늘날 젊은 사람들 사이에 "뜨거운 주제"인 것에 주목하였다. 예상대로, 그 토론의 참가자들 다섯 중에서, 상호 동의하는 성인의 근친상간이 법률에 의해 계속 금지되어야 한다고 말한 사람은 내가 유일하였다.[40]

중혼, 다자성애(多者性愛), 그리고 "열린" 결혼들

TV와 영화들과 대중매체들에서 축하되고 있는 것은 근친상간만이 아니다. 큰 사랑(Big Love), 자매 아내들(Sister Wives), 그리고 다섯 아내들(My Five Wives)과 같은 연속극들은 어떤가? 중혼이 이제는 호평을 받는 것처럼 보인다. 사실상, 자매 아내들의 배역진 중 몇 명은 그들의 고향 유타 주의 법률에 도전하면서, 중혼 금지는 헌법에 위배된다고 주장하였다. 판사는 부분적으로 동의하였고, 그 법의 중요한 부분을 폐기키로 하였다.[41]

중혼에 대한 새로운 태도에 보조를 맞추어, 페미니스트 질리안 키넌(Jillian Keenan)은 "중혼을 합법화하라!"는 기사를 썼다. 그 기사에서 그녀는 이렇게 진술한다:

> 최근에, 가족연구심의회(FRC)의 토니 퍼킨스(Tonty Perkins)는 낡은 상투어를 다시 소개하였다: 합법화된 게이 결혼은, 중혼과 같은 결혼의 다른 법적 형태라는 재앙으로 이어질 수 있다. 상원의원 릭 샌토럼(Rick Santorum), 빌 오라일리(Bill O'Reilly), 그리고 다른 사회적 보수주의자들은 비슷한 주장들을 제기해왔다. 그것은 새로운 예고가 아니다. 우리는 그런 소리를 수년간 들어왔다. 게이 결혼은 미끄러운 비탈이다! 마약의 관문이다! 만일 우리가 그것을 합법화하면, 다음에는 무슨 일이 일어날까? 중혼의 합법화?… 우리는 단지 희망할 수 있을 뿐이다… 따라서 결혼 평등을 위해 싸우자! 그것이 미합중국의 모든 동성 커플에까지 확대될 때까지! 싸움을 결코 멈추지 말자. 우리는 아직 싸움을 끝내지 않았다.[42]

물론이다! 싸움은 끝나지 않았다. 그리고 앞 장에서 논의된 바 있었고 '다자성애(多者性愛): 결혼하고 데이트하기'라는 제목의 새로운 리얼 TV쇼에서 미화된 다자성애에 대해서도 잊지 말자. 뉴스위크는 이런 현상에 관하여 2009년에 "다자성애: 다음번의 성적 혁명"이라는 제목의 기사로 보고하였다. 그 기사는 이렇게 시작한다. "오직 당신, 그리고 당신, 또 당신. 다자성애 – 상호 동의하는 복수의 파트너들과의 관계 – 를 커밍아웃하는 집단이 있다." 뉴스위크는 미국에 실제로 오십만 이상의 다자성애적 가족들이 있다고 주장하였다.[43] 오늘날 어떤 이들은 이와 같은 복수의 유동적 관계들이 어린이들에게도 최상의 유익이라는 주장을 제기하고 있다.[44]

댄 새비지(Dan Savage)에 의해 옹호된 용어를 사용하자면, 유사 일부일처[27]를 위한 움직임 역시 있다. 그는 일부일처야말로 결혼의 불행과 이혼의 큰 원인들 중 하나이며, 두 사람이 다른 파트너들을 가지지 않고 평생 동안 줄곧 함께 지내는 것이 자연스럽지도 않다고 주장한다. 예상대로, 2013년에 새비지와 그의 "남편"인 테리 밀러(Terry Miller)는 그들이 부부가 된 이후로 적어도 아홉 명의 다른 섹스 파트너들을 가지는 것을 자유롭게 인정하였다. 그것은 "열린 결혼"을 옹호하는 다른 게이 커플들과 보조를 맞추는 조치였다.[45]

간통을 옹호하는 자들은 동성애 커플들만이 아니다. 2014년 5월 5일자 허핑턴 포스트에 기고한 글에서 리사 헤이샤(Lisa Haisha)는 물었다. "간음과 결혼에 관한 우리의 관점을 바꿀 때가 아닌가?" 그녀의 기고문 내용이다:

---

27) 역자 주: monogamish – 대체로 일부일처이지만 성적 유희를 위해 이따금씩 예외를 허용하는 결합 방식.

40~50%에 이르는 현대의 이혼율과, 많은 결혼 가정들에서 간음의 확산과 관련하여, 아마 이제는 결혼의 개념이 지속적으로 진화되어야 할 때이다. AP통신의 결혼과 가족치유 저널에 따르면, 41%의 배우자들이 육체적인 또는 정서적인 부정(不貞)을 인정한다. 이것이 나로 하여금 질문하게 만든다. "우리는 정녕 오직 한 사람과 일평생을 함께해야 하는가? 그렇지 않으면, 우리는 다섯 번 정도 결혼해야 하지 않을까? 성공을 보장하는 다른 방식, 결혼에 참여하는 다른 선택적 방식들이 있지 않을까?"[46]

그렇다면, 결혼이란 무엇인가?

결혼에 대한 이런 과격한 재정의는 자연스럽게 이런 질문으로 이어진다. 그렇다면, 결혼에 어떤 의미가 있는가? 오늘날 대부분의 커플들이 결혼하기 전에 성관계를 가진다(현재의 파트너와 관계를 가지기 전에 다른 파트너들과 관계를 가지는 것은 말할 것도 없다). 많은 커플들이 결혼하기 전에 동거하며, 또 상당수가 결혼하기 전에 아이들을 갖는다. 결혼한 이후에도, 어떤 이들은 "열린 결혼"이나 "유사 일부일처"나 "부부교환"을 옹호한다. 그리고 상대에게 싫증나거나 많은 갈등이 생기면 곧바로 그들은 이혼한다. 그러니 대체 결혼이란 무엇인가?

지난 수십 년 동안, 결혼은 점점 더 타당성이 줄어들고, 산산이 찢어지고, 모든 방면에서 하찮게 취급되었다. 사실상, 몇몇 스칸디나비아 나라들에서는 대부분의 커플들이 결혼 외의 관계에서 동거한다. 그것은 전반적인 출산율은 말할 것도 없고, 그러한 가정들에서 태어난 자녀들에게 더 큰 불안정을 야기한다.⁴⁷

하지만 이제 결혼은 근본적으로 재정의되고 있으며, 그 용어는(그리고 제도는) 실제적으로 무의미하게 되고 있다. 갈수록 우리는 동물들 또는 무생물체와 "결혼하는" 사람들의 더 많은 사례들에 관해 듣고 있는 실정이다. 결국, 결혼이 둘(동성) 이상(혹은 그 이하)의 사람들의 연합을 의미하는 것으로 재정의될 수 있다면, 한 사람과 "_____"(빈 칸에 무엇이든 채우라)의 연합을 의미한다고 말하지 못할 이유가 무엇인가? 만일 한 여성이 "남편"도 될 수 있고, 한 남성이 "아내"도 될 수 있다면, 왜 트럭이나 세발자전거나 집안의 애완동물은 "남편"이나 "아내"가 될 수 없겠는가? 어쨌든 그것이 사랑에 관한 것이라면, 샤론 텐들러(Sharon Tendler)가 그랬듯이 돌고래와 결혼하지 않을 이유가 무엇이고, 우베 미셸리츠(Uwe Mitzscherlich)가 그랬듯이 고양이와 결혼하지 못할 이유가 무엇인가?⁴⁸(이런 목록은 계속될 수 있다.) 한 웹사이트는 "무생물체와 결혼한 13명의 사람들"의 목록을 제시하였고, 그들 중에는 롤러코스터와 "결혼한" 에이미 울프 웨버(Amy Wolfe Weber)와 에펠탑(그 외 무엇이든 추측해 보라.)과 "결혼한" 에리카 에펠(Erika Eiffel)이 포함되어 있다.⁴⁹

또 자기 컴퓨터와 "결혼할" 법적 권리를 위해 투쟁하는 사람이 있다. 한 보도는 이렇게 전했다: "게이들을 비롯해서 성적 소수자들의 결혼이 허용되는 것을 반박하면서, 한 남성이 포르노물로 가득한 자기 맥북(Macbook) 컴퓨터와 결혼할 권리를 위해 소송하다."

크리스 시비어(Chris Sevier)가 주장했듯이, 만약 게이들이 "그들의 성적 욕망의 대상과 – 그들에게 상응하는 생식기들을 결핍한 경우에도 – 결혼할 권리를 가진다면, 나도 내가 좋아하는 성적 대상물과 결혼할 권리를 가져야 한다."[50]

당신은 일부 이런 사람들의 정신 상태에 대해 의문을 제기할지 모른다. 하지만 의문을 제기할 수 없는 것은, 일단 당신이 결혼을 재정의하면, 그것은 곧 무엇이든 의미할 수 있고, 그다음에는 그것을 의미 없게 만들어버린다는 것이다. 결혼이 무의미하게 될 때, 사회는 신속하게 해체된다.

결혼이 해체될 때, 사회는 고통을 겪는다.

이 장 앞부분에서, 나는 영국에서 아버지의 부재로 인한 비극적 영향들에 관한 피터 히천스(Peter Hitchens)의 논평을 언급하였다. 여기 미국에서, 문화 변증가인 프랭크 터렉(Frank Turek)은 아버지 없는 가정들에서 자란 아이들의 문제를 다음과 같이 지적하였다.

- 가난하게 살 확률이 7배 높다.
- 자살할 확률이 6배 높다.
- 범죄할 확률이 2배 이상이다.
- 결혼 밖의 관계에서 임신할 확률이 2배 이상이다.
- 학문적으로나 사회적으로 뒤떨어진다.
- 성인이 되었을 때 육체적으로 정서적으로 뒤떨어진다.

그는 또 아버지 없는 가정들 출신의 자녀들이 다음 문제들과 연관된다고 진술하였다.

- 미국 강간범들의 60%
- 미국 청소년 자살률의 63%
- 미국 장기 수용자들의 70%
- 미국 소년원생들의 70%
- 미국 고등학교 중퇴자들의 71%
- 미국 청소년 살인자들의 72%
- 미국 소년수용자들의 85%
- 미국 행동장애 청소년의 85%
- 미국 탈영병들의 90%[51]

어머니가 없는 가정들 출신의 아이들은, 특히 일반적으로 동성애 남자들 사이의 관계가 이성애적 연합에 비해 훨씬 덜 안정적이라는 사실을 감안할 때, 과연 어떨까? 미국 건국의 아버지 존 애덤스(John Adams)의 말이 지금보다 더 적절한 관련성을 가진 적은 없었다:

인간들 중에서 가장 위대하고 훌륭한 성품들이 형성된 것은 여성적인 세계에 의해서였다. 나는 오랫동안 이런 견해를 유지해왔으며, 심지어 내가 어떤 특별한 남성에 대해 들었을 때, 자연적으로나 습관적으로 그의 어머니가 누구인지 물어볼 정도였다. 한 여성의 삶에 있어서, 세상에 쓸모 있는 남편이나, 형제나, 또는 아들의 성품 형성이 그

녀의 덕목들 탓으로 돌려지는 것만큼 명예로운 것은 없다.[52]

어머니 없는 가정들에서 자란 아이들은 "내 어머니는 어떤 분이지?"라는 질문에 답할 수 없다. 어떤 이들은 어머니가 하는 일과 왜 어머니들이 그토록 특별한 존재인지를 정확히 이해조차 할 수 없을 것이다.

다자성애의 가정들에서 자라난 어린이들은 어떨까? 이 거대하고 전례 없는 사회적 실험으로 인해 무슨 일이 일어날까? 남편과 – 아내, 어머니와 – 딸 그리고 아버지와 – 딸, 아버지와 – 아들 및 어머니와 – 아들의 관계를 포함하여, 어린이들이 정상적인 남성 – 여성의 관계가 어떻게 작용하는지를 대체 어떻게 배울 것인가? 아버지들이 익명의 정자 기증자들인 어린이들은 또 어떤가?(동성 가정에서 자란 모든 어린이는 자기 어머니 혹은 아버지와의 정상적인 관계를 박탈당하며, 그것도 그를 길러준 사람들의 선택에 의해 그렇게 된다는 것을 기억하라.)[53]

다음에 시간이 있다면, 인터넷에 접속하여 아버지가 제일 잘 아신다(Father Knows Best), 비버는 해결사(Leave It to Beaver) 또는 오지와 해리엇의 모험(The Adventures of Ozzie and Harriet) 등 오래된 가족 연속극들을 시청해보라. 그것들 중 어느 것도 패러디이거나 실재하지 않는 이상적인 미국 가정을 보여주는 것이 아니라, 오히려 건전한 가족이 함께 즐길 수 있는 것을 제시한다. 그런 다음 스스로 자문해보라. 그런 세계는 오늘날 먼 것처럼 보이지만, 과연 어떤 모델이 더 큰 사회적 안정, 순결, 신뢰, 헌신, 충실과 같은 덕목들을 생겨나도록 하는 데 더 많은 기여를 하는가? - 자기 자신들의 자녀들을 함께 양육하는 헌신적인 엄마와 아빠가 있는 옛 모델의 가정인가, 아니면 현대의 모델 즉 이혼으로 깨어지고, 아버지와 어머니가 없으며, "무슨 짓을 하든 내버려두는"(실제로 무슨 일이든 허용하는) 정신적 분위기의 가정인가?

정자 기증자들의 자녀들

2010년 엘리자베스 마쿼트(Elizabeth Marquardt)와 한 팀의 가족문제 연구자들은 140쪽짜리 심층논의 보고서를 발표하였다. 그 보고서 제목은 내 아버지의 이름은 기증자: 정자 기증을 통해 수정된 청소년들에 관한 새 연구이다. 그 보고서에 의하면,

평균적으로, 정자 기증을 통해 수정된 청소년들은 더 많이 아프고, 더 혼란스러워하고, 가족들로부터 더 많이 소외되었다고 느낀다. 그들은 우울증, 비행, 약물 남용 등의 중요한 항목들에 있어서 생물학적 부모들에 의해 양육된 또래들보다 더 나쁜 결과를 나타낸다. 그들의 2/3 정도는 "내 정자 제공자는 내 정체성의 절반이다"라고 동의한다. 그들 중 절반 이상이 그들을 닮은 누군가를 볼 때 혹시 그들이 친족이 아닌지 궁금히 여긴다. 그들 중 거의 모두가 부지불식간에 친족관계인 누군가에게 이끌리거나 성적 관계를 가진 것이 아닌지 두려웠다고 말한다.[54]

"불확실성이 나를 죽이고 있다"(Uncertainty Is Killing Me)는 제목의

이 시는 웹사이트 AnonymousUs.org에 올라온 많은 글들 중의 하나로서, 성인 아이의 관점을 우리에게 제공해준다. 잠시 멈추어 그 소리에 귀를 기울여보지 않겠는가?

당신은 누구인가?

나는 거리에서 당신을 스쳐지나갈까?
내가 여행 중 주유소로 걸어 들어갈 때
당신은 문을 열고 나를 반기며 미소지어줄까?
당신은 나를 쳐다보면서 혹 내가 당신에게 속한 자인지 궁금히 여길까?
당신은 내가 여기 존재할 수 있는 것을 알고 기뻐하겠지만,
십구 년 동안, 나는 당신이 존재하는지를 아는 것조차 거부당했다.

나의 할머니는, 당신의 어머니는 어떤 분인가?
나의 할아버지는, 당신의 아버지는 어떤 분인가?
왜 당신은 이기적이게도 그들 모두를 당신만 차지하고 있는가?

내 가계도의 절반을 알 수 없게 만든 당신은 누구인가?
족보의 무성하고 강한 가지들에 대한 이야기들을 나는 결코 들을 수 없겠지?
나의 유산을 앗아간 당신, 그것이 거짓된 무언가로 대체될 것을 알면서도 그것을 내게서 앗아간 당신은 누구인가?

내게는 검은 머리, 짙은 갈색 눈을 닮은 형제자매들이 있을까?

나는 학교 교실에서 익숙한 듯 낯선 사람에게 매력을 느낄까?
나는 그와 사랑에 빠져 우연한 근친상간의 행위에서 그에게 열정적으로 키스할까?

당신의 아내에 대해 말한 적이 있나요?
당신의 파트너에 대해 이야기한 적이 있나요?
당신의 자녀들에 대해서는?
당신의 형제들과 자매들에게 그들의 신비한 조카딸에 대해 말한 적이 있나요?

당신은 죽었나요?
혹 당신이 이 글을 읽기나 할는지?
당신이 입에 풀칠하려고 했던 일을 지나간 일로 떨쳐 버린 것인가?

나를 넘기는 대가로 그들이 돈을 지불하던가요?
그 돈을 당신은 무엇에 썼나요?
예전의 여자 친구에게 주려고 반짝거리는 목걸이를 샀던가요?
아니면 책들을 샀나요?
(당신이 간 그 은행에서는 나를 포함한 그 기증의 대가로 대학의 수학 교재 값 절반을 지불했겠지.)
혹 당신은 주유소에서 캔디 바를 샀던가요?
내 가치가 그것이었나요?

나를 그리워했었나요?

나를 생각해본 적이 있었나요?
내 생각이 스친 적이라도 있었나요?
그 불확실성이 당신을 미치게 하지 않나요?
내가 그럴 가치가 있었나요?

내 생일이 언제인지 궁금한가요?
졸업식에서 내가 어떤 색깔의 가운을 입었을까요?
내가 졸업생 대표였다는 것을 알면 당신이 자랑스러워할까요?
내가 기독교인인 것을 당신은 지지할까요?
당신의 삶에서 나를 원하기조차 하는지요?
나는 내 삶에서 당신을 원한답니다.

나는 당신에 관한 그 어떤 것이든 받아들일 것입니다. 내가 당신이 누구인지를 알고, 내 가족이 누구인지를 아는 특권을 가질 수만 있다면 말입니다.[55]

동성 커플들(특히 레즈비언들)에게 난 아기들의 수의 불균형이 익명의 정자 기증자들과 관련된다는 것을 인식할 때, 이 시의 의미는 더욱 두드러진다. 의도된 계획에 의해, 누군가 "호모의 부화한 새끼들[28]"이라고 별명을 붙인 세대가 세상에 나타났다.[56] 우리는 정녕 이 아이들에게 부정적인 영향이 없을 것이라고 생각하는가? 다른 한편으로, 게이 커플들에게 난 아기들은 출생 직후 그들의 어머니들로부터 분리되며, 그다음엔, 대개 나머지 일생 동안 어머

---

28) 역자 주: queer spawn - 동성애자 부모의 자녀들을 가리키는 속어.

니 없이 살게 된다. 이것이 과연 옳고 정당한가? 또는 자연스러운가?

일부 어린이들은 실제로 기증자 배아(胚芽)들의 산물이며, 이는 그들이 그들의 생물학적 어머니나 아버지와 접촉하지 못한다는 것을 의미한다.(이것은 대부분의 입양된 어린이들의 상황과도 다른데, 입양된 어린이들은 장래에 자기 어머니의 - 비록 어머니와 아버지 모두는 아니어도 - 행방을 찾아낼 수 있다. 그러나 전자의 경우 실질적으로 역사가 존재하지 않는다.) 그런 아이들 중의 하나이며, 지금 영국에 살고 있는 십대의 그레이시 크레인(Gracie Crane)은 말했다. "내가 태어나지 말았으면 하고 바랐던 적이 몇 번이나 있었습니다. 내가 [입양으로 맺어진] 나의 부모들을 사랑하는 만큼이나, 내가 누구이며 어디서부터 왔는지를 알지 못한다는 것이 너무나 슬픕니다."[57]

다른 이슈들도 있다. 다음은 2008년 호주에서 일어난 일이다.

남부 호주에서 최고의 복제기술 전문가들 중의 하나인 앤드류 더트니(Andrew Dutney)는 한 임상보고에서 약 30명의 레즈비언들이 한 남자의 정자에 의해 임신되었음을 발표했다고, 애드버타이저(the Advertiser)가 보도하였다. 그 어머니들은 당시 그 모든 자녀들과의 소풍을 준비하였고, 절반의 - 동기간인 그들이 서로 친족인 것을 모른 채 교제하지는 않을까 염려하였다.

또 다른 경우에, 한 남자의 정자가 29명의 아이들을 출생시키는 데 사용되었으며, 그들 중 대부분이 애들레이드(Adelaide)에 살고 있었다. 그들은 그들의 절반의 – 동기들이 누구인지 모르며, 이것이 애들레이드와 같은 "커다란 시골 마을"에서 그들이 우발적으로 근친상간을 범할 수도 있다는 염려를 불러일으켰다.[58]

이는 결국, 2014년 10월의 경우처럼 더욱 비극적인 결과 및 그와 관련된 권고로 이어진다: "덴마크의 한 형사사법윤리학 교수가 성인 동기간의 합의에 의한 성관계는 합법화되어야 한다고 진술했다." 왜 그런가?

로스킬레(Roskilde) 대학 교수인 토머스 죄비르크 페테르슨(Thomas Söbirk Petersen)에 의하면, 정자 기증의 결과에 의한 출생자 수의 증가는 다른 가족들에게 태어나는 생물학적 동기들[형제자매]을 만들어낼 가능성이 있으며, 이는 근친상간에 반대하는 "옛 금기들"을 재고해 볼 필요를 만들어냈다.

"점점 더 많은 아이들이 기증된 정자 사용에 의해 수정되고 있는 사회에서, 생물학적으로 자매 또는 형제로 판명될 낯선 사람과 사랑에 빠질 위험이 증대되어 왔다"라고 페테르슨은 메트로엑스프레스(MetroXpress) 지면에서 말했다. 페테르슨은 [형제자매]동기들이 함께 자녀를 갖기 원할 경우 기증자의 정자나 난자를 사용함으로써, 그들 스스로의 관계에 의해 장애아를 얻을 위험을 줄일 수 있다고 믿으며, 또 그럴 경우 대비용으로 상시 낙태가 가능하다고 말했다.[59]

여기에 무언가 크게 잘못된 것이 있다. 하지만 그것은 결혼의 근본적인 재정의에 따른 또 하나의 부산물이다.

결혼을 정의하기

1828년에 노어 웹스터(Noah Webster) 사전은 결혼(marriage)을 "한 남자와 한 여자의 평생의 연합 행위"로, 혼인(wedlock)을 "한 남자와 여자의 평생의 법적 결합"으로 규정하였다. 2014년에 메리엄(Merriam) 웹스터 사전은 결혼에 대해 이런 정의를 제시하였다: "한 남편과 아내 사이에 존재하는 관계; 동성인 사람들 사이의 유사한 관계; 두 사람이 서로 결혼하는 의식."[60]

그 정의에서 '둘'이라는 수가 삭제될 때까지는 얼마의 시간이 걸릴까? 또 그 사전이 남편이 여성일 수 있고 아내가 남성일 수 있다고 언급하기까지, 또는 "둘 혹은 그 이상의 남편들과 둘 혹은 그 이상의 아내들 사이에 존재하는 관계"라고 정의하기까지는 얼마의 시간이 걸릴까? 새로운(그리고 전혀 개선된 것이 아닌) 정의에는 연합에 "일생 동안"이라는 언급이 없다는 점에도 주목하라.

어쩌면 우리가 혼인 서약을 다음과 같은 방식으로 바꾸어야 할는지도 모른다(여기에서는 남자가 말하는 부분): "나는 당신을 내 아내로 받아들이지만, 아마도 일생 동안은 아닐 것입니다. 나는 당신을 나의 배필로 받아들이지만, 배필이 오직 당신만은 아닐 것입니다. 나는 당신에게 서약하지만, 아마도 다른 사람들에게도 서약할 것입니다. 비록 당신의 이름이 클라이드(Clyde, 남자이름)이지만, 나는 당신을 내 신부로 맞아들입니다."

이것이 크게 억지스러운가? 만약 당신이 신부와 "신랑"을 가질 수 있다면, "남편들"이 여성들이 될 수 있고 "아내들"이 남성들이 될 수 있다면, 당신이 '결혼'하고도 연애하고 부부교환하고 자유분방하게 성생활을 할 수 있다면, 그리고 결혼 전에 함께 살다가 언제든 적당한 때가 되면 결혼을 끝내버릴 수 있다면, 대체 결혼이란 무엇을 의미하는 것인가?

사회학자들은 한 문화의 장기적 안정성을 위해 결혼과 가족의 중요성을 강조해왔다.[61] 로버트 나이트(Robert Knight)는 "결혼은 너무나 중요한 것이기에 법률과 문화에서 특별한 지위가 주어졌다. 그것은 법률과 헌법보다 앞선 것이며, 인류 사회학적인 실재로서, 단순히 법률적인 것이 아니다. 그것이 없이는 어떤 문명도 생존할 수 없고, 그것을 부적절하게 되도록 허용하는 사회들은 역사에서 쇠퇴하였다."[62] 우리는 정녕 결혼처럼 근본적인 것을 함부로 변경하기를 원하는가?

왜 게이 운동가들이 결혼을 재정의하고 싶어하는가?

약 20년 전, 게이 저널리스트 앤드류 설리번(Andrew Sullivan)은 이런 글을 썼다: "아무런 조치 없이 동성 결혼이 합법화된다면, 게이와 레즈비언의 평등을 획득하기 위한 정치적 활동의 90%는 성취

된 셈이다. 궁극적으로는 이것이 정말 중요한 유일한 개혁이다."⁶³ 정확한 말이다!

1996년에 게이 지도자 미켈란젤로 시뇨릴(Michelangelo Signorile)의 말을 들어보자. "동성 결혼은 미국 문화에서 가족의 규정을 통째로 바꾸는 변화이다. 그것은 모든 남색(男色) 관련법들을 폐지시키고, 동성애와 AIDS에 관한 교육을 공립학교에 도입시키는 최종적인 도구이다. 간단히 말해, 그것은 우리를 바라보는 사회적 시각과 대우 면에서 거대한 변화로 이끄는 안내자이다."⁶⁴ 진정 거대한 변화이다.

1990년 샌프란시스코 시장을 위한 특별보고서에 인용된 톰 스토다드(Tom Stoddard)의 글에 의하면, "결혼할 권리를 동성애자들에게 확대하는 것은 - 즉, 결혼에서 전통적인 성 구분의 요건을 폐지하는 것 - 아마도 결혼 제도에서 과거의 성차별적 올가미들을 제거하기 위한 수단들 중의 하나가 될 수 있다. 아마도 가장 중요한 수단이 될 수 있을 것이다."⁶⁵ 그러한 "성차별적 올가미들"의 제거, 그것은 곧 '의미'의 제거이다.

이것이 바로 우리가 결혼의 재정의를 거부해야 할 이유이다. 비록 그 대가로 우리가 직업을 잃고 은퇴해야 하더라도 말이다. 한 운동가 판사²⁹⁾가 사람들의 투표를 뒤집고 동성 '결혼'을 합법화했다. 그러자, 여섯 명의 치안판사들이 사임을 했다. 그들은 진정한

---

29) 역자 주: activist judge - 법률보다는 개인의 정치적 관점이나 입장에 따라 판결하는 판사.

결혼이라고 할 수 없는 결혼식들을 집례해야 하는 것보다는, 평생의 확신에 반하는 행동을 피하기 위해, 개인적인 손해를 무릅쓰고 사임을 선택했다.⁶⁶ 우리는 의사소통에 있어서도 동성애 운동에 굴복해서는 안 된다. 내가 작가들과 언론인들에게 게이 '결혼'을 언급할 때에는 결혼이라는 단어를 따옴표 안에 넣어서 표기하도록 권고하는 이유가 바로 이것이다. 그것은 그 사람들을 천하게 만들기 위해서가 아니라 오히려 결혼이 오직 한 남자와 한 여자의 연합임을 인식하도록 하기 위해서이다.

훨씬 폭넓은 맥락에서, 나이트(Knight)가 "친동성애적이고 친소아성욕자"라고 묘사한 주디스 레빈(Judith Levine) 연구원은 다음과 같이 진술하였다:

미국인의 결혼은 기독교와 불가분의 관계에 있다. 그래서, 마치 노아가 동물들을 방주에 태우는 것처럼 참여자들을 받아들인다. 하지만 이제 그럴 필요가 없다. 1972년 전미동성애기구연합(NCGO)은 "결혼 관계로 들어가는 사람들의 성별이나 수를 제한하는 모든 법령 조항들의 폐지, 그리고 성별과 수에 관계없이 동거하는 모든 사람들에 대한 법적 혜택의 확대"를 요구했다. 무슬림 국가들에서의 여권주의자들이나 몰몬교의 유타 주 검사들이 비난하듯이, 중혼(重婚)이 어린이 신부들과 같은 폐해를 조장하지는 않을까? 그렇지 않다. 집단결혼은 성별의 어떤 조합까지도 포함할 수 있다.⁶⁷

비슷한 인용들은 얼마든지 찾아낼 수 있다. 하지만 부인할 수 없는 것은, 일단 당신이 두 가지 근본요소들 - 즉 대체할 수 없는 결혼의 구성원인 한 남자와 한 여자 - 중에서 하나를 변경할 때, 당신은 그 구조를 근본적으로 변경하는 것이다. 그것은 마치 H_2O(수소와 산소)의 성분들 중 한 가지를 바꾸는 것이 그것을 전혀 다른 무엇, 즉 생명을 지탱해주지 않는 그 무언가로 변질시키는 셈인 것과 마찬가지이다.

아이러니컬하게도, 수년에 걸쳐, 이처럼 미끄러운 내리막길 같은 퇴보를 경고했던 보수적 사상가들은 우리의 긴박한 경고가 결코 성취되지 않을 것이라고 확신하였다.[68] 되돌아볼 때(그리고 즉시 앞을 바라볼 때) 우리는 그것들이 놀랍게도 정확하게 성취되었을 뿐 아니라, 그 내리막길이 예상했던 것보다 훨씬 가파르고 위험한 길이었음을 목격하게 된다. 그것은 사회적 붕괴가 임박할 수도 있음을 뜻한다.

왜 결혼을 재정의해서는 안 되는가

이는 왜 게이 혁명이 여러 세대에 걸치는 난제들을 초래할 것인지에 대한 또 다른 이유이기도 하다. 우리는 그저 오랫동안 남성 "신부들"과 여성 "아버지들", 자기 자신들과(또는 무생물을 대상으로) "결혼하는" 사람들, 서로 뒤섞여 "결혼하는" 세 명의 여성들을 겪으면서 살 수도 있다. 어느 순간, 사회적으로 제정신이 돌아올 것이고, 참된 결혼(진정한, 하나님이 제정하신, 자연적인, 유기적인 결혼을 의미한다.)을 존중해왔던 사람들이 건강한 가족들로서 기능을 하고 또 건강한 남성-여성의 역할모델 기능을 수행하면서, 세상에 진정한 결혼의 진가를 보여줄 것이다. 그것은 우리가 한편으로 결혼의 재정의에 반대하는 입장을 유지하면서, 우리 앞에 놓인 신성한 임무를 수행하는 것, 즉 우리의 결혼과 가족들을 할 수 있는 한 최상으로 만드는 것을 의미한다. 항구적인 보상은 그 과정 자체만큼이나 아름다울 것이다.

《미국에서의 민주주의》(Democracy in America)라는 유명한 책에서, 프랑스의 정치인이자 역사학자이며 사회철학자인 알렉시 드 토크빌(Alexis de Tocqueville)은 1830년에 미국을 바라본 자기의 관찰을 공유하였다. 거기에서 그는 결혼과 가족에 대해 이렇게 말하고 있다:

> 미국은 분명 결혼의 결속이 가장 존중받는 나라이며 또한 부부간의 행복이 가장 고상하고도 참되게 표현되는 나라이다. 유럽에서는, 거의 모든 사회적 무질서가 가정의 불안정에서 비롯되며, 부부의 침상에서 그리 멀리 떨어지지 않았다. 이 사람들은 자연적인 결합과 합법적인 즐거움에 대해 냉소를 느끼게 되었다. 거기에서 그들은 무질서에 대한 취향, 쉬지 못하는 정신, 변덕스러운 욕망들을 증대시킨다. … 미국인은 자기 가정으로부터 질서 있는 사랑을 이끌어내고, 그 다음에는 그것을 국가의 일에도 연결되도록 한다.[69]

건전하고 안정된 결혼은 건전하고 안정된 가정을 이루고, 그것이 차례로 건전하고 안정된 공동체를 이루며, 그 결과로 건전하고 안정된 국가가 이루어진다. 미국에서 결혼과 가정을 재건하는 사명에 헌신하자. 우리가 함께 그 일을 한다면, 하나님의 도우심으로, 우리는 완전히 새로운 혁명의 불씨를 당길 수 있을 것이다.

제5원칙

성별 구분을
명확히 하라

나는 아담이다. 나는 이브다. 나는 나다. - **트랜스젠더 모델 카멘 카레라, 출생이름 크리토퍼 로만**(Christopher Roman)

결혼은 모든 사회의 근본이지만, 그보다도 더 근본적인 것은 남녀의 성 구분이다. 이 성 구분은 구약성서의 첫 권에 적힌 것처럼 인간의 태초부터 시작된다. "하나님이 자기 형상 곧 하나님의 형상대로 사람을 창조하시되 남자와 여자를 창조하시고"[1](창세기 1:27). 그렇기 때문에 문화, 국적, 민족성, 피부색을 불문하고 모든 사회는 남자와 여자, 남편과 아내, 아들과 딸, 남자아이와 여자아이가 있다. 동성애 혁명은 이 성 구분을 무의미하게 하려는 것이다. 바로 이것이 동성애 혁명의 토대가 취약할 수밖에 없는 또 다른 이유다.

나는 명확한 남녀 구분에 있어서 다소 혼란스러운 부분도 있다는 점을 인정한다. 극소수이기는 하지만 태어날 때 생식기 구분이 분명하지 않은 아기들이 있고, 비정상적인 염색체형을 가진 사람들도 있다. 또 자기가 생물학적 혹은 유전적으로 남자 혹은 여자이지만 잘못된 몸을 가지고 태어났다고 생각하는 사람들이 있다. 개인적으로 어떤 소녀가 자기가 소년인 줄 알아서 우울하게 지내다가, 부모님이 아이를 소년처럼 대해주자 우울함이 사라지는 이야기들을 보거나 들으면 나도 감명을 받는다.

이 사람들은 우리의 동정심과 이해를 받을 만하고, 우리는 그들이 자신들의 진실한 모습을 찾을 수 있도록 내면에서부터 도와주어야 한다. 하지만 그것은 성을 적으로 보고, 성 구분을 근절하고, 트랜스젠더라고 하여 남녀의 권리를 바꿔야 한다는 것을 의미하는 것은 아니다.

이 세상에는 많은 시각장애인들이 있지만 모든 사람에게 점자를 쓰라고 강요하지 않는다. 세상에는 청각장애인들도 있지만 모든 사람에게 수화를 쓰라고 강요하지 않는다. 하지만 성소수자 운동이 초래한 성 구분 전쟁에서는 다수가 극소수의 필요를 따라야만 한다. 자기를 여자라고 생각하는 남자아이는 학교에서 여학생들의 생각과 부모님의 걱정은 아랑곳 않고 여자화장실을 이용할 수 있고, 교사는 아이들을 부를 때 성별이 구별되지 않도록 '소년과 소녀' 대신 '친구들'이라고 해야 한다.

네브래스카 주에 위치한 링컨 시에서 일어나고 있는 일이다. 링컨 시의 '젠더포용교육구'는 관내에서 '소년과 소녀' 같은 단어가 사용되지 않기를 바라고 있다. 그 대신 아이들을 부를 때 다른 명칭, 심지어 '보라색 펭귄' 같은 단어의 사용을 원하고 있다. 링컨시 교육청은 교사들에게 공문을 보내 아이들을 가리키는 명칭들 중 성별 표현을 포함하고 있어서 아이들이 주목할 수 있는 구절들, 예를 들어 '소년과 소녀', '너희 사내들(you guys)', '신사숙녀 여러분' 등을 사용하지 말도록 지도하고 있다. 토드 스탄스(Todd Starnes)는 "공문은 선생님들과 직원들에게 트랜스젠더에 관한 사안을 교육시키려고 했던 것이다"라고 밝혔다.[2] 다시 반복하지만, 이것은 극소수의 필요 때문에 학교 전체가 부담을 떠안게 된 것이다. 어떻게 이런 일이 일어났을까?

'인권운동가'라고 소개되는 크리스틴 스칼렛 밀로이(Christin Scarlett Milloy)는 아기가 태어날 때 "여자예요!", "남자에요!"라고 하는 것이 아이들에게는 끔찍하게 모진 짓이라고 주장한다.[이 기사의 제목은 "의사가 당신의 갓난아이에게 해서는 안 되는 일(Don't Let the Doctor Do This to Your Newborn)"이다. 밀로이는 "영아성별지정은 의도가 담겨 있는 결정이다. 따라서, 우리는 그런 행동에 잘못이 없는지 돌아봐야 한다. 그래야 성숙한 사회라고 할 수 있다. 왜 우리가 갓 태어난 아기에게 그 성별을 강제로 지정해야만 하는가? … 신중하게 생각해야 할 일이다. 영아성별지정은 당신 아이의 일생에 러시안 룰렛이 될 수도 있는 일이다"라고 주장한다.[3]

트랜스젠더 이슈는 어디까지 가고 있는가?

불과 얼마 전까지만 해도 동성애 운동가들은 입법가들이 자신들의 활동에 편견을 가질 것을 염려해서 '트랜스젠더'라는 단어가 고용차별금지법에 등장하는 것을 주저했었다.[4] 몇 년이 지난 오늘날, 만약 남자아이가 소녀야구팀에서 활동하는 것이 문제가 있다고 생각하거나, 남자 걸스카웃을 반대하거나, 수염난 '드래그 퀸'[30]이 '유로비전 송 콘테스트'에서 우승하는 것을 기이하다고 느낀다면 당신은 '트랜스혐오자(transphobic)'[31]라고 불릴 것이다.[5]

만일 내가 침소봉대한다는 생각이 든다면, 2016년 7월 16일 NPR에서 방송한 "청년 세대가 성별 범주를 거부하다(Young People Push Back Agasint Gender Categories)"[6]를 찾아보기 바란다. 이 방송은 "우리 사회가 게이나 레즈비언 그리고 트랜스젠더들을 수용하는 폭이 점점 넓어지면서 신세대 젊은이들은 성별 유형을 보다 유동적인 관점에서 이해하려는 태도를 취하고 있다. 그들은 성별이 남성 아니면 여성이라는 관념에 제한되는 것을 거부하고 있다"라고 보도한 바 있다.

여기에 주목해야 한다. 이러한 태도는 동성애 아젠다의 성공에 직접적으로(그리고 정확히) 연결된 사안이다. 또한 이것은 "남자와

---

30) 역자 주: '여장'을 의미하는 '드래그(drag)'와 남성 동성애자가 스스로를 칭할 때 쓰는 표현인 '퀸(queen)'이 합쳐진 말이다. 여자 차림을 좋아하는 남자 동성애자를 뜻한다.
31) 역자 주: 성전환이나 트랜스젠더들에 대하여 적대적인 태도와 감정을 갖는 것.

여자"라는 사회적 토대에 대한 직접적인 공격이라는 점을 염두에 두어야 한다. 지금 젊은 세대가 이것을 밀어붙이고 있다!

'그/그를(he/him), 그녀/그녀를(she/her)'에서 '지(ze), 짐(zim), 그리고 지어(zir)'로[32]

그 NPR 프로그램의 사회자 아우디 코니쉬는 이렇게 말을 열었다: "미국인들이 게이나 레즈비언 그리고 트랜스젠더를 받아들이는 분위기가 확산되고 있습니다. 동시에 새로운 젊은 세대는 성별에 대해 우리가 갖고 있던 생각에 도전장을 내밀고 있습니다. 그들은 단지 남성 아니면 여성이라는 구별을 넘어 보다 유동적인 성별 범주를 요구하고 있습니다. 마고 아들러가 보도합니다."

이어서 아들러가 자신의 눈을 뜨게 만든 경험을 소개한다.

제가 오하이오 주의 오벌린 칼리지(Oberlin College) 행사에 참석했을 때 일입니다. 저는 교목님 그리고 학생 16명과 저녁 식사를 하고 있었습니다. 그 학생들은 초교파종교위원회(interfatih council) 위원들이었습니다. 참석자들이 한 사람씩 돌아가며 본인의 이름, 학년, 전공 등 자기소개를 시작했는데, 저는 그것을 듣다가 깜짝 놀랐습니다. 자기소개를 하면서, 각 학생들이 다른 사람들이 자기를 지칭할 때 어떤 성별 대명사를 사용해 주기를 바라는지를 이야기하는 것이

---

32) 역자 주: He/him은 남자를 뜻하고 she/her는 여자를 뜻하지만, 앞에 글자를 'z'로 대체하여 중립적인 의미를 나타내려는 표현이다.

었습니다. 저는 엄청난 충격을 받았습니다. 제가 도청을 한 것은 아니었지만, 이 경험은 얼마 전 뉴욕에서 만난 고등학생들과의 대화와 비슷했습니다.

아들러가 학생 한 사람만 만난 것이 아니다. 무려 16명의 학생들이 자기가 선호하는 성별 대명사를 이야기했다. 어떤 여학생은 이렇게 말했을지도 모른다. "나는 '그녀'라고 불러줘. '그', 혹은 '지/짐'도 괜찮아." 그런데, 아들러는 그 경험이 처음이 아니라고 한 것이다. 얼마 전 만났던 고등학생들도 그랬다고 했다.

"이 사람들이 이단종교 신도들이 아닌가 하는 것이 제 마음에 떠오른 첫 인상이었습니다. 5만 달러를 내고 학교에 다니며 제일 중요하게 생각하는 것이 자기를 지칭하는 성별 대명사가 무엇이어야 하는가 하는 문제인가라는 생각도 들었습니다. 제가 대학교 다닐 때 이슈는 민권 보장이나 미시시피 주 유권자 등록 투쟁 같은 것이었고, 그래서 최루가스와 물대포에 맞서야 했습니다. 하지만, 그때 저는 판단을 멈추고 다시 생각을 해 보았습니다."

그리고는, 그녀는 이것이 그 학생들에게는 종종 폭력의 표적이 되고 있는 트랜스젠더들을 인정하고 지지한다는 표현의 방법이라는 것을 깨닫게 되었다. 다른 등장인물인 칼 실리시아노는 이렇게 말했다. "제가 보기에, LGBT 커뮤니티에 대한 적대감과 편견 및 혐오가 불러오는 부담감이 너무나 불균등하게 트랜스젠더 아이들(trans kids)을 누르고 있다는 것은 명백한 사실입니다."

이는 단순히 학대받는 소수를 찾아내는 것 그 이상이다. 아들러는, "지금 고등학교와 대학교 세대들이 보여주고 있는 놀라운 사실은 그들이 트랜스젠더 이상의 이슈를 다루고 있다는 점이다. 그들은 '남성 아니면 여성'의 젠더 이분법 세계 그 이상의 것을 추구하고 있다. 이는 나를 포함해서 30대 이상의 세대는 전혀 깨닫지 못하고 있는 현실이다"로 보도를 맺었다.

"젠더 이분법 세계 그 이상의 것"은 정확히 어떤 모습인가? 조이 래딘의 이야기를 들어보자. NPR 패널리스트인 래딘은 "남성에서 여성으로 성전환을 한 '트랜스여성'"으로 알려져 있다. 래딘은 트랜스젠더가 단순히 남성의 몸에 갇혀 있는 여성(또는 그 반대) 정도 수준의 이야기가 아니라고 주장한다: "그들은 활기차게 첨단을 주도하는 사람들이다. 그들의 성별은 가변적이고(fluid) 복잡하며(complicated) 독특하다(queer). 그들이 유지하고 있는 관계성은 역동, 그 이상이다. 하지만, 만약 당신이 트랜스섹슈얼이라면 당신은 그저 한쪽 성별에서 다른 쪽으로 옮겨가는 것을 원하는 것이다. 나는 그 성별 이분법을 날려버리고 싶지는 않다."

그러니까, 젊은 세대는 "활기차게 첨단을 주도하는" 사람들로서 "성별 이분법 – 남성 아니면 여성"을 날려버리고 싶어한다는 뜻이다. 그들의 성별은 '가변적이고 복잡하며 독특하다.' 만약 남성과 여성의 구분이 완전히 '날아가' 버린다면 과연 이런 추세에 한계가 있을 수 있을까? 분명, 끝도 없을 것이다.

아들러는 래딘이 참석했던 어느 행사를 소개했다. "래딘이 어느 유대인 여성 수련회에 참석했다. 그 행사는 유전적 여성이든 성전환 여성이든 자신을 여성이라고 정의하는 사람이면 누구나 환영했다. 그런데, 몇몇 젊은 여성 참가자들이 거북하게 느꼈다. 그들은 '여성'이라는 단어를 모두 없애버리고 싶어했다." 내가 '성별 전쟁' 또는 '성별을 무의미하게 만드는 LGBT운동'이라고 했을 때, 그것이 무엇을 의미하는지 이제 이해가 되기 시작하는가?

만약 '남성', '여성' 또는 '남자', '여자'라는 단어와 개념이 시대에 맞지 않다거나 중요성을 잃어버려 사라지게 된다면, 그 사회가 과연 오래 유지되고 번영할 수 있을까? 생물학과 유전학 그리고 올바른 사회적 분별력에 정면으로 대적하는 현상이 과연 지속될 수 있을까? 그 프로그램에서 인용되었던 고등학생은 퀴어가 된다는 의미를 "일종의 규범으로부터의 일탈 또는 사회가 당신의 성생활, 성별 그리고 누구를 사랑하는지 등에 대해 나에게 요구하는 모습대로 살지 않는 것"이라고 했다. 도대체 어디까지 가야 끝이 날 것인가?

용납하는 데 사회적 정신이상이 필요한가?

미국인들은 약자들을 응원하고 쫓겨난 자들의 편을 들어주며 관대한 사람들이 되고 싶어하는 경향이 있다. 그래서, 지금 상황에 대해 어느 정도 공감과 이해가 되는 부분이 있다. 예를 들어, 어떤 아이가 (또는 어른이) 자신이 엉뚱한 성별의 몸에 갇혀 있다고 확신하거나, 몸과 정신이 충돌해서 괴롭다거나, 특히 다른 사람과 다르다는 이유로 거절, 조롱 또는 폭행을 당했다고 하면, 미국인들은 그 사람에게 깊은 동정심을 보인다.

하지만, 지금 우리가 말하는 관용과 이해는 분명히 차원이 다르다. 거기에 성별을 완전히 해체해 버리려는 시도가 포함될 여지는 없다. 또 상상으로나 가능한 모든 성별 (또는 비성별) 유형을 인정하지 않는다는 이유로 "트랜스 혐오자"라고 내몰리는 것을 기대하는 것도 아니다. 정말 우리가 혐오와 편견에 사로잡힌 사람들인가? 자신을 다중성별자라고 하는 것은 혼란스러운 일이라 도움을 받아 치료할 필요가 있다고 말했다는 이유 때문에? 만약 내가 백인 몸에 갇힌 흑인이라는 생각이 워낙 확고해서 또 내 존재의 중심에서부터 그렇게 믿고 있다고 해서, 내가 역사적 차별피해자 보상조치(affirmative action) 자격을 얻기라도 하게 되는가? 아니면 전문가의 조력을 받아야 하는가?[7]

물론 나는 육체와 정신의 불일치 때문에 고통이 생긴다는 사실은 충분히 이해하지만, 그런 사람들이 겪는 실제 고통을 상상하지는 못한다. 비록 동성애 운동이 이 문제를 전면에 내세우고 있기는 하지만, 성별 문제는 전혀 그런 차원의 이야기가 아니다. 그 프로그램에서 아들러가 지적했듯이, "몇몇 학생들은 더 나가버렸습니다. 조이 래딘이 방문했던 어느 칼리지에는 행사 때마다 각각 다른 성별대명사를 사용하는 상황까지 가 버렸습니다."

래딘의 설명에 따르면, "그러니까, 당신이 어떤 행사에는 '그녀(she/her)'였다가 점심을 먹으러 가서는 좋아 난 이제부터 '그(he/him)'라고 할 수 있다는 거죠. 귀엽게 생긴 여학생 한 명이 나한테 이런 말을 말했습니다. '아, 그래요, 나는 오늘 화장빨 성별대명사(made up pronouns)를 쓸 겁니다.'" 도대체 이 화장빨 성별대명사는 무엇인가?

버클리 대학교에는 성별형평지원센터(Gender Equity Resource Center)가 있다. 이곳에서는 용어의 개념과 정의를 제공하고 있다. 예를 들어, "다양성별자(gender diverse)"를 "성별에 기초한 사회적 기대양식을, 본성적으로 또는 의지적으로, 따르지 않는 사람[예를 들어, 트랜스젠더(transgender), 성전환자(transsexual), 간성(intersex), 젠더퀴어, 크로스드레서(cross-dresser) 등]으로, '성별변종(gender variant)'이라는 단어가, 표준화된 규범성 개념을 배제하고 있다는 점에서, 보다 적절한 표현임."[8]

그렇다. 그저 당신은 사회적 규범을 따르지 않겠다고 선택할 수 있다. 결국, 누가 무엇이 정상이라고 결정하는가?

억압적인 성별 이분법의 거부

HIV를 환자들을 위해 집을 지어주는 단체인 Housing Works의 책임자 린 워커가 NPR 토론에 참가한 사람들 중 제일 충격적인 경험을 소개했다: "우리는 자기를 '트랙터'라고 부르고 지이(zee), 짐

(zim) 및 제어(zer) 같은 대명사를 사용해 달라고 하는 고등학생들을 만났다. 그리고, 그 아이는 자기는 지배문화의 탄압운동 중 하나인 성별 이분법을 거부한다고 했다."

뭐라고? 남자도 여자도 아닌 '트랙터'라고 불러달라는 고등학생? "성별 이분법"이 "지배문화의 탄압운동이라 반항하고 저항해야 한다"고? 이걸 정말 진심이라고 받아들여야 하는 것인가? 그런데, 반복하지만 지금 이 상황에 문제가 있다고 생각한다면, 당신은 "트랜스 혐오자"가 되는 것이다.

아예 학교가 앞장서는 경우도 있다. 캐나다 내셔널 포스트 기사 제목을 살펴보자: "밴쿠버 학교운영위원회, 무성별의 대명사 (xe, xem, xyr)"[9] 도대체 무슨 말인지 이해할 수 없는 제목도 있다: 워싱턴 포스트 "중립적 성별대명사: '그들'이 남성형도 아니고 여성형도 아니라고 한다면[33](Gender-Neutral Pronouns: When 'They' Doesn't Identify as Either Male or Female)"[10]

주님, 우리가 완전히 절벽에서 떨어져 버리기 전에 우리를 붙잡아 주소서. 아니 어쩌면, 우리는 이미 그렇게 된 것인지도 모른다. 아들러와 워커의 대화를 살펴보라. 워커가 정기적으로 만나는 내담자들에 관한 이야기를 나누고 있다:

---

[33] 역자 주: 이 제목은 주어 복수형 'they'에 'doesn't'가 연결되어 있어 언뜻 문법적으로 틀린 문장처럼 보여 독자의 주의를 집중시키고, 'they' 자체의 성별을 인위적으로 지정하겠다는 취지를 담아 의도적으로 3인칭 단수형으로 표현한 것.

워커: 그리고는, 접수 절차의 한 부분으로 이렇게 말해야 합니다. '그래, 오늘은 어떤 성별 대명사를 사용하고 싶니? 그냥 오늘 말이야.'

아들러: 왜냐하면 워커의 내담자가 오늘은 지미34)(Jimmy) 내일은 들로리스35)일 수 있으니까요.

워커: 일단 말하는 습관이 붙으면, 이렇게 됩니다. "아, 그래 그 사람. '그녀'였지? 들로리스 맞지?" 그녀가 지미'답게' 생겼거나 아니면 그 부모들이 그녀를 지미라고 불러서 그렇게 '보이거나', 아무 상관없습니다.

예를 들어, 내가 아는 어떤 사람 중에 오늘은 지미, 내일은 들로리스라고 불러달라는 사람이 있다고 하자. 그저께 내가 그를 '그'라고 불러서 오늘 다시 그를 '그'라고 했더니, 내가 그를 잘못 불렀다고 그가 지적해주었다고 하자. (그리고, 오늘 그는 정말 '남자'처럼 보인다고 하자.) 그리고, 그가 하루씩 번갈아 가면서 '그'와 '그녀'였다고 진지하게 주장한다고 치자. 솔직히 말하자면, 나는 그에게 전문가의 도움이 절실하다고 말할 것 같다. 그러나, 오늘날에는 그런 조언조차 엄청난 비판을 받게 되는 것은 물론이거니와 편견을 지나 극단주의라는 소리를 듣는다. 남성과 여성 간 성 구별을 지지하고, 그런 사람들에게 정말 정신적, 감정적, 영적 문제가 있다고 믿는 우리가 오히려 전문가의 도움이 필요한 사람들이라고 매도된다.

---

34) 남자이름으로 쓰여진다.
35) 여자이름으로 쓰여진다.

성별 전쟁을 선포한 사회가 과연 제대로 돌아갈까? 이 기사 표제를 보라: "양쪽 모두 성전환한 트랜스젠더 커플, 두 아이들에게 어떻게 엄마가 정자를 주고 아빠가 출산했는지를 설명하려고 준비 중(Transgender Couple Who BOTH Changed Sex Prepare to Explain to Their Two Children How Their Father Gave Birth While Their Mom Provided the Sperm)." 기사 내용은 이렇다: "한 트랜스젠더 커플이 자기 아이들이 좀 더 크면 출산은 '아빠'가 했고, 아이들이 '엄마'라고 부르는 사람이 사실 아빠라고 설명할 준비를 하고 있다." 게다가, 성전환수술 비용이 없어 '아빠'는 아직도 여성 생식기를 가지고 있고, '엄마'는 남성 생식기를 가지고 있다는 것을 알려줄 생각이다. 하지만, 그들은 이것이 아이들에게 별 문제 없을 것이라 확신하고 있다.[11]

어느 날 내가 애틀랜타 공항에 있었을 때 일이다. 공항 화장실 표시가 내 눈에 들어왔다. "남자"와 "여자"로 구별되어 있었고, 막대그림으로 남자(바지를 입은 모습)와 여자(치마를 입은 모습)가 표시판에 그려져 있었다. 게다가 그 표시판 안에 전등이 설치되어 있었는데, 남자는 파란색 여자는 분홍색이었다. 나는 그 장면을 사진으로 찍어 페이스북에 올리며 농담조로 질문을 하나 올렸다. '이렇게 명백하고 전형적인 이성애적 표지판이 과연 언제까지 동성애자 옹호자들의 항의를 견디고 살아남을 수 있을까? 가볍게 올린 글이었지만, 어떤 사람이라도 그 표지판을 보고 모욕적이라고 문제제기를 할 수 있는 가능성이 있다는 내 뜻은 결코 농담이 아니었다.

성별 구분에 대한 전쟁 선포

2012년 스웨덴에서 제일 큰 장난감 카탈로그는 성별 중립적이었다. 탑 토이 그룹(Top Toy Group)이 내놓은 2012년 크리스마스 카탈로그에는 너프 건(Nerf gun)[36]을 쏘며 노는 여자아이와 공주 인형을 갖고 놀거나 여자아이의 머리를 헤어드라이어로 말리는 남자아이들의 모습이 실린 것이다. 매튜 데이(Matthew Day) 보도에 따르면, "과거에는 토이자러스(Toys"R"Us)와 비알토이즈(BR Toys)의 프랜차이즈 회사들이 스웨덴에서 여성 차별적 광고를 금지하는 법규 위반으로 제소되기도 했다. 광고기준 옴부즈만은 이미 '남자아이들에게 어울리는 장난감차, 여자아이들에게 어울리는 공주 인형'으로 광고한 TV 상업광고 회사들을 비난했다."

탑 토이는 정책을 바꿨다. 영업부장 얀 나이버그의 설명을 들어보자. "성별에 대한 새로운 인식을 바탕으로 보면 옳은 것도 그른 것도 없습니다. 장난감은 남아적인 것도 아니고 여아적인 것도 아닙니다. 그냥 아이들을 위한 것이죠." 실제로, "스웨덴은 성별 중립적인 문화를 조성하려고 애써왔고, 여성차별적 요소가 들어 있는 광고들은 법적 책임을 지거나 아니면 스웨덴 사람들의 분노를 샀습니다."[12]

이런 맥락에서, 스웨덴 학교들은 성별 구분의 고정관념을 깨고

---

36) 역자 주: Nerf gun - 장난감 총 업계에서 남아용 장난감으로 가장 인지도가 높은 제품(실제 총을 쏘는 것같이 스폰지 총알이 발사됨).

자 성별 중립적인 대명사를 소개하고["헨(hen)"으로 발음되어, '새'와 혼동됨], 부모들에게 남자아이에게 여자이름을, 여자아이에게 남자 이름을 지어주도록 격려하고 있다. 이것은 농담이 아니다.

Slate.com에 쓴 글을 통해 나탈리 로스차일드가 지적한 바와 같이,[13]

많은 스웨덴 사람들에게 있어서, 성별 평등만으로는 부족하다. 많은 사람들은 북유럽 국가들이 성별 '평등'이 아니라 성별 '중립'을 지향해야 한다고 주장하고 있다. 이 아이디어는 정부나 사회가 성별에 있어서 구분 자체를 두지 말아야 한다는 것이다. 좁은 의미에 있어서 이것은 사회가 자신을 남성이나 여성으로 드러내지 않는 사람들에 대한 감수성을 보여주어야 한다는 뜻이다. 여기에는 어떠한 커플 형태의 결혼도 허용된다는 사실이 포함된다. 그러나, 그것은 전체 프로젝트에 있어서 가장 온건한 부분일 뿐이다. 많은 성별 중립화 운동가들이 추구하는 바는 성별의 전통적인 기능과 고정관념을 일상생활 수준까지 완전히 지워버리는 것이다.

운동가들은 부모들이 자녀들에게 어떤 이름이라도 지어줄 수 있도록 하기 위해 로비를 벌이고 있다. (현재 스웨덴에서 법적으로 인정된 남녀공용 이름은 겨우 170개다.) 그들의 아이디어는 이름과 성별이 연결되어서는 안 된다는 것이다. 그렇게 되면, 예를 들어, 여자아이에게 '잭(Jack)', 남자아이에게 '리사(Lisa)'라고 불러도 별 거부감이 없어진다. 어느 스웨덴 아동복 회사는 매장 코너에서 '남아' 및 '여아'

표시를 없애버렸다. 육아 블로그 등을 통해 성별 중립적으로 아이들에게 옷을 입히는 방법들에 대해 많은 논의가 진행되기도 했다. 이 스웨덴 장난감 카탈로그는 최근 생각을 전환하기로 하고, 스파이더맨 옷을 입은 남자아이가 분홍색 유모차를 밀고 청바지를 입은 여자아이가 노란색 트랙터를 운전하는 장면을 연출하기로 했다.

이것뿐만이 아니다.

스웨덴볼링협회는 스포츠 분야의 성별 중립성을 높이기 위해 남녀 볼링 리그를 통합하기로 했다는 계획을 발표했다. 사회민주당 소속 정치인들은 사람들이 공중화장실에서 남녀 구별 때문에 곤란을 당하지 않도록 성별 중립 화장실 설치를 제안했다. 몇몇 유치원들은 아이들을 성별에 따른 호칭을 부르는 대신, 아이들 이름이나 '친구들(buddies)'로 부르기로 했다. 그래서, 교사에게 "남학생들, 여학생들, 굿모닝" 대신 "친구들, 굿모닝" 아니면 "리사, 톰, 그리고 잭, 굿모닝"이라고 하도록 하고 있다. 그들은 이런 노력이 국가 교육과정 가이드라인을 따르는 것이라고 믿는다. 이 가이드라인은 유치원이 "전통적인 성별 유형과 역할이 미치는 영향을 끊어내는 기능을 맡아야 한다"는 내용을 담고 있다. 또한 그렇게 함으로써 남녀학생들에게 "전통적 고정관념에 따른 성별 역할에 제한받지 않고, 모든 아이들이 "자신의 능력과 관심을 찾아보고 개발해 볼 수 있는 동등한 기회"를 주고 있다고 믿는 것이다.

국립대백과사전(National Encylopedia) 온라인 버전에는 새로운 인칭대명사 'hen'을 제안하고 있다. 즉, '스웨덴의 남성형 인칭대명사 han과 여성형 인칭대명사 hon과 대신 사용되는 성별 중립적 인칭대명사'로 소개되어 있다.

이 사안에 관해, 로스차일드의 설명을 들어보자:

국립대백과사전의 시도는 스웨덴 언론사 사설, 방송국, 육아 블로그, 페미니스트 홈페이지 등을 뜨겁게 달구었다. 이 사안의 시발점은 스웨덴에서 출간된 첫 번째 성별 중립적 유아서적 'Kivi och Monsterhund(키비와 괴물 개, Kivi and Monsterdog)'가 발매되었을 때였다. 이 책은 "hen's"의 생일선물로 개를 갖고 싶어하는 Kivi 이야기다. 남성 저자인 제스퍼 룬드비스트는 이 책에서 성별 중립적 단어들을 몇 가지 소개한다. 예를 들어, 단어 mammor and pappor(엄마와 아빠)를 mappor and pammor('엄빠'와 '아마')로 바꾸었다. [이것은 mommy and daddy를 moddy and dammy로 바꾼 것과 유사한 경우다.]

이러한 시도에 우려도 있다: "아이들의 두뇌와 신체가 성장하고 있는 과정에, 남성과 여성 사이에 제3의 성별이 있다는 이야기는 어린 아이들에게 혼란을 유발할 수 있다." 그러나, 스웨덴 교육 시스템은 "다소 조급하고 시기상조인 듯도 했지만 이 새로운 아젠다를 전폭적으로 채택해 버렸다." 반복하지만, 이것은 음울한 실패로 끝나버릴 수 있는 대규모 사회적 실험이다. 오늘날 미국과 다른 국가들에서 성별 전쟁이 격화되고 있다는 점을 고려할 때, 또, 비전통적인 부모로 구성된 가정의 숫자를 고려할 때, 점점 더 많은 아이들이 성별 혼란을 겪고 있다는 사실은 어쩌면 당연한 일이 아닌가?

2012년 독일에서 '올해의 아버지' 상을 받은 닐스 피케르트라는 사람이 있다. 이 사람은 자기 아들을 위해 여장을(네일아트까지) 한 것으로 유명세를 탔다. 그의 다섯 살짜리 아들은 치마와 스커트를 입고 외출하는 것을 좋아하는 것으로 알려졌다.¹⁴ 독일잡지 엠마는 이 이야기를 '해피엔딩'이라고 소개했다. 피케르트는, "그 꼬맹이가 지금 뭘 하고 있느냐고요? 손톱에 매니큐어를 바르고 있어요. 내 손톱도 그렇게 하면 예쁠 거라고 생각합니다. 다른 남자애들이 그 아이를 놀리려고 하면 그냥 웃어 넘깁니다. (그런 아이들은 정말 거의 남자아이들뿐이다.) 그리고는 이렇게 말합니다: '너는 스커트랑 드레스를 입을 생각도 못하지? 그건 너네 아빠가 그런 옷을 입을 생각도 못하기 때문이야.' 이것이 그 아이의 어깨가 쫙 펴지게 된 이유입니다. 이게 다 스커트를 입혀준 아빠 덕분이죠."¹⁵

부자간 연대감은 중요하다. 하지만, 어린 아이가 겪을 혼란을 키우는 것은 전혀 별개의 이야기다.

여기 새로운 아동만화 시리즈를 살펴보자. 제목은 'Shezow', '가이(Guy)³⁷⁾'라는 12살짜리 남자아이가 주인공이다. 이 아이가 "마법의 반지를 써서 범죄와 전쟁을 벌이는 여자아이로 변신한다." 그

---

37) 역자 주: 여자아이로 변신한 주인공을 '가이'(사내놈)라고 부르게 되어, 여자를 남성형 단어로 부르는데 거부감이 사라지게 됨.

여자아이는 "보라색 스커트와 망토를 둘렀고, 분홍색 장갑에 하얀색 부츠를 신었다." 그리고, 남자에서 여자로 변신하려면 간단히 마법의 주문을 외치면 된다, "소녀가 되라!(You go, girl!)"[16]

아이들에게 무해한 어린이용 TV 프로그램? 당신 평생에 그런 프로그램은 없을 것이다. 이것은 성별 구분을 혼란케 하려는 또 다른 시도이자 트랜스젠더 성정체성의 수용도를 높이려는 취지다. 그리고, 이 사례에서 타깃층은 2세에서 11세 사이의 어린이들이다.

그리고, 이 점을 잊지 말자. 걸스카웃의 공식 방침은 의욕적이며 운영에 대해서는 각 지역 리더들에게 폭넓은 재량권을 준다. 그래서, 이 리더들이 자기가 여자라고 성정체성을 밝히는 남자들도 회원으로 받아줄 수 있다. (도대체, 나머지 걸스카웃 대원들이 어떻게 느낄지는 생각이나 하는 것인가?) 걸스카웃 공식자료에 따르면, "걸스카웃은 포용적인 단체이고 유치원부터 12학년까지 모든 여학생은 대원으로 지원할 수 있다. 만일 어떤 어린이가 자신을 여자라고 밝히고 또 그 부모도 그를 여자라고 인정하면, 그 어린이는 콜로라도 걸스카웃에 가입할 수 있다. 트랜스젠더 어린이들을 도와달라는 요구가 늘어나, 콜로라도 걸스카웃은 이 어린이들과 그 가족, 그리고 그들을 돕는 자원봉사자들을 지원하는 데 최선의 노력을 다하고 있다."

콜로라도 걸스카웃 홍보국 레이첼 트루질로 부국장의 설명을 들어보자: "우리가 특별한 이유는 이것입니다. 한 어린이가 여자처럼 살고 또 그 가족이 그 어린이를 데려와 보여주고 자기 '딸'이 걸스카웃이 되고 싶다고 하면 우리는 그녀를 환영합니다." 그러나, 기준은 있다: 남자처럼 사는 어린이는 가입할 수 없다. "지원하려는 어린이는 반드시 여자로서 살고 있어야 합니다."[17]

이렇게 정리된다. 남자 어린이가 한 명 있다. 이 어린이 스스로 자기는 여자라고 생각하고 '여자로서 살고 있다면' (또는 그의 가족들이 그 어린이가 여자라고 '보여주면') "포용적인" 단체인 걸스카웃은 그를 대원으로 맞아줄 수 있다. 이것이 진전인가?

페이스북의 50가지 성별 선택 옵션

2014년 2월, 페이스북은 1억 5천9백만 명의 미국 사용자들에게 자신들이 50가지의 성별 묘사(그렇다, 50가지) 중 하나를 선택하여 자신의 성별을 맞춤형으로 설정할 수 있도록 했다고 발표했다. 좀 더 정확하게는, '한 번에' '열 개까지' 선택할 수 있도록 되어 있다. 페이스북이 이런 새로운 옵션을 시도할 수 있도록 영향력을 발휘한 단체가 있었다. 바로 게이 인권운동 단체인 GLAAD였다 [본래 동성애자명예훼손대책연합(Gay and Lesbian Alliance Against Defamation)을 나타내는 약어지만, 나는 동성애반대자탄압연대(Gay and Lesbian Alliance Against Disagreement)라고 부르기로 했다]. GLAAD 홈페이지에는 다음과 같은 설명이 올라와 있다:

GLAAD의 사라 케이트 엘리스 회장의 말이다.

"이 새로운 기능은 트렌스젠더들에 대한 인정에 한 발짝 더 다가서도록 하고 있습니다. 이제 그들이 자기들의 진짜 이야기들을 직접 할 수 있게 된 것입니다.", "다시 말씀 드리지만, 페이스북은 모든 LGBT 유저들이 접근할 수 있는 안전한 플랫폼을 제공하기 위해 노력하는 선두주자입니다."

이전까지, 페이스북 유저들은 성별 구분 항목에 '남성' 아니면 '여성' 중 하나만 선택해야 했습니다. 여기에 '맞춤형'이라는 옵션이 추가되었습니다. 유저들이 이 맞춤형 옵션을 선택하면, 입력란이 열리고 그 안에 자신의 성정체성을 표현하는 단어를 10개까지 입력할 수 있도록 하고 있습니다. [예를 들어, 트렌스젠더, 앤드로지너스(반성), 젠더퀴어 등][18]

또한 GLAAD는, "맞춤형 옵션을 통해 모든 성정체성을 표현해내는 것은 충분하지 않지만(50개나 되는데도?), 페이스북은 동성애 단체들과 긴밀히 협력하여 더욱 옵션을 개선하고 유저들의 수요에 부응하도록 노력할 것입니다." 뭐, 충분하지 않다고? 서로 다른 50가지 성별 묘사 방법이(심지어 한 번에 10개까지 동시선택이 가능한데도) 충분하지 않다니? 문득 오벌린이 운영하는 다문화지원센터가 올린 인터넷 광고 "Queer@Oberlin"이 떠올랐다. 그 광고는 보이다이크(boidyke)[38]나 펠라걸리(fellagirly)[39] 같은 단어를 포함해서 성

---

38) 역자 주: '소년처럼 하고 다니는 레즈비언'의 의미로, 'boi'(boy에 가까운 성정체성)와 'dyke'(남자 역할의 레즈비언, 단어적 의미는 '뚝방')의 합성어.
39) 역자 주: '남자 같으면서 여성스러운 레즈비언'의 의미로, 'fella'(남자를 의미하는 속어)와 'girly'('소녀티가 난다' 뜻의 형용사)의 합성어.

정체성을 다양하게 드러내려는 49가지 서로 다른 표현들을 나열하였으나, 충분하지는 않다는 의미로 목록을 "…"로 끝맺고 있다.

LGBPTTQQIIAA+

샘 킬러맨이 만든 "LGBTQ+ 용어정의 종합목록"(Comprehensive List of LGBTQ+ Term Definitions)을 들여다보자. 이 자료의 첫 대목은 이렇게 시작한다: "LGBPTTQQIIAA+: 동성애 커뮤니티의 다양한 성정체성을 표현하는 거의 모든 (누락된 단어들도 있음) 단어들의 두문자 조합 – 레즈비언(Lesbian), 게이(Gay), 양성애자(Bisexual), 범성애자(Pansexual), 트랜스젠더(Transgender), 성전환자(Transsexual), 퀴어(Queer), 미상(Questioning),[40] 인터섹스(Intersex), 인터젠더(Intergender),[41] 무성자(Asexual), 협력자(Ally)[42]**19**

2007년에 발표된 어느 보고서에서 인용한 바브 버즈 박사의 견해를 살펴보자. (그녀는 레즈비언이며 맨체스터 대학교 사회사업학과 교수였다.) "성별에 관한 현대사회의 관점은 – 즉, 인간을 남성과 여성으로 양분하는 사회적 구조는 – 억압적인 것이므로, 반드시 함께 철폐되어야만 한다."

그녀가 믿는 바는, 우리 사회가 트랜스젠더적 특성을 가진 개인들

---

40) 역자 주: 자신의 성적 지향을 알아가는 과정이다.
41) 역자 주: 자신이 여러 가지의 성을 가지고 있다고 생각하는 것이다. 예로는 무성이라 생각하면서 양성애자이면 인터젠더이다.
42) 역자 주: 동성애자들을 지지해주는 이성애자.

을 – 사실은, 모든 유형의 사람들을 다 포함한다 – 성정체성장애를 겪고 있는 환자로서가 아니라 엄연한 성별 변종(gender variant)으로서 인정되어야 한다는 것이다. 이러한 유형들로는, 바이젠더(bigenders),[43] 젠더래디칼(gender radicals), 레즈비언남(butch lesbians),[44] 크로스드레싱매리드맨(cross-dressing married men),[45] 트랜스베스티트(transvestites),[46] 인터섹스(intersex individuals),[47] 트랜스섹슈얼(transsexuals),[48] 드래그킹/퀸(drag kings and queens),[49] 젠더블렌더(gender-blenders),[50] 퀴어(queers),[51] 젠더퀴어(genderqueers),[52] 투스피릿(two spirits), or 히쉬(he-shes) 등을 들 수 있다.[20]

이 책이 말하고자 하는 것을 일상용어로 바꾸면 어떻게 될까?(잊지 말라: 이런 표현에 거부감을 느낀다면 당신은 트랜스혐오자 인증서를 받게 될 것이다.) 작가이자 포르노 영화감독인 토비 힐마이어의 사례를 생각해 보자. 토비는, 여성인가 아니면 남성인가?

---

43) 역자 주: 상황에 따라 남성과 여성으로 상호 전환될 수 있다고 생각하는 태도.
44) 역자 주: 남자 역할 레즈비언.
45) 역자 주: 성적 만족감을 위해 반대쪽 성별의 옷이나 장식을 하는 사람.
46) 역주 자: 남자처럼 보이는 여자 역할의 여성트랜스젠더(남성에서 여성으로).
47) 역자 주: 남성과 여성 생식기를 한 몸에 갖고 태어나는 경우(간성).
48) 역자 주: 자신이 잘못된 성별로 태어났다고 생각하는 사람.
49) 역자 주: 주로 행사나 이벤트를 위해 반대쪽 성별의 옷이나 장식을 하는 사람.
50) 역자 주: 여장과 남장을 동시에 하는 사람.
51) 역자 주: 원래 게이를 경멸적으로 부르는 말이었으나, 점차 동성애자 전반을 지칭하는 말로 확장.
52) 역자 주: 자신의 성정체성이 기존의 성 구분 구조에 맞지 않는다고 생각하는 사람들의 통칭.

토비가 공개한 자기소개서의 일부를 살펴보라: "토비 힐마이어는 평균적으로 당신과 비슷한 다중인종자(multiracial), 범성애자(pansexual), 타인종변환자(transracially), 인공수정태생 동성애자 자녀(inseminated queerspawn), 젠더퀴어(genderqueer), 트랜스레즈비언(transdyke), 식민지 혼혈여성 메스티자(colonized mestiza), 포르노제작자(pornogra-pher), 운동가(activist), 그리고, 작가(writer)이다."²¹ 혹시 이 묘사를 읽으며 토비가 성별에 있어서 혼란을 겪고 있다는 사실과 자신을 '퀴어스폰'이라고 인식하고 있다는 사실 사이에 관련성을 찾아내었는가? 퀴어스폰은 '동성애자 부모에게서 태어난 자녀'라는 뜻으로, 자신의 아버지나 어머니가 누구인지 아는 사람은 거의 없다.

유튜브에 올린 동영상에서, 토비는, "남성형트랜스녀⁵³⁾로서 갖게 된 자신의 경험에서 트랜스혐오남⁵⁴⁾과 레즈비언혐오자⁵⁵⁾ 사이의 유사점과 자신의 삶 속에서 태생적 레즈비언녀⁵⁶⁾들과 서로 맺어온 협력적인 관계를 설명했다." 그 동영상을 보고 감동받은 유저 몇 명이 이런 댓글을 달았다: "이거 왕 멋지네요. 난 톰보이팜므트랜스우먼⁵⁷⁾인데, 강추!" 이어지는 댓글, "와우! 난 트랜스가이.⁵⁸⁾ 당신이 하는 말 다 이해해요. 뭐 일종의 '반전' 성체험인 거죠."²²

---

53) 역자 주: butch trans woman - 남자 역할의 트랜스젠더 여성.
54) 역자 주: transmisogyny - 트랜스젠더를 혐오하는 남성.
55) 역자 주: femmephobia - 레즈비언 혐오자.
56) 역자 주: cis femme women - 태생적으로 여성인 레즈비언.
57) 역자 주: tomboy femme transwomen - 남자처럼 보이는 여자 역할의 여성 트랜스젠더 (남성에서 여성으로).
58) 역자 주: Transguy - 남성으로 성전환한 트랜스젠더.

맹세코 단언컨대, 나는 토비를 (또는 토비 같은 사람들) 조롱할 목적으로 이런 글을 쓴 것이 아니다. 그런 마음은 손톱 끝만큼도 없다. 또 이 글은 절대 가벼운 글이 아니다. 반면, 나는 이렇게 성정체성이 혼란스러운 사람들의 글을 읽는 것이 고통스러울 때가 있다.(이 때문에 나는 또 트랜스혐오자가 되고 만다!) 하지만, 성별이 "바로 오늘(아니면 어떤 상황 속에서 또는 수년간의 기간 동안) 내가 어떻게 느끼는가에 따라 정해지는" 유동적인 것이며, 또 그 느낌을 정하는 데 아무런 외부적인 통제도 없이 내 자신이 스스로 정할 수 있는 것이라고 한다면, 이제 무정부 사회로 통하는 문이 열려 버린 것이다.

우리 사회가 장기적으로 부정적인 영향을 입게 될 것이라는 점을 염두에 두지 않았다면, 성별 전쟁을 선포해서는 안 되는 것이었다. 이제 우리는 가수 라 룩스 같은 사람이 점점 더 많아질 것이라는 것을 각오해야 한다. 그녀는, "자신의 성에 대해 공개적으로 라벨링을 하는 것이 거북하다. 남자도 여자도 아니라고 느끼기 때문에 나는 양성별자[59]다"라고 말했다. 그녀가 2010년에 남긴 말을 살펴보자: "내게는 성이 없다. 내가 여자라거나 남자라거나, 그렇게 느껴지지 않는다. 나는 게이 커뮤니티에도 또 (만약 이런 것이 있긴 있다면) 정상 커뮤니티에도 속하지 않는다."[23]

또 록키호러쇼로 유명한 리처드 오브라이언 같은 사람도 점점 더 늘어날 것이라는 점도 예상해야 한다. 그가 이런 말을 했다. "나는 '70% 남자'다." (그런데, 만약 그 "70% 남자"가 속살이 훤히 비치는 드

---

59) 역자 주: androgyny - 양 성의 특성을 함께 갖고 있다고 생각하는 사람.

레스를 입고 다니는 모습을 본다면 아마 당신은 무척 당혹스러울 것이다.)

라 룩스나 오브라이언 같은 사람들이 만드는 가정의 구조는 과연 어떤 모습일까?

우리는 무엇을 재생산하고 있는가?

도발적인 내용을 담고 있는 책 America Alone의 저자이자 저널리스트 마크 스테인은 국가의 존립에 직결되는 여성 1인당 평균 출산율 하한점을 밑도는 나라들의 숫자가 위험할 정도로 많다고 지적했다. 그 하한점은 2.1이다. 그의 이야기에 주목해 보자.

유럽, 캐나다, 일본 그리고 러시아에서 일어나고 있는 중요한 사건이 있다. 바로 신생아 숫자가 줄어들고 있다는 사실이다. … 그리스의 경우 커플당 1.3 수준 언저리에 머물러 있다. 이 수치는, 인구학자들의 말을 빌리면, "최저 중의 최저" 수준이다. 이 수준으로는 한 사회가 인구적으로 회복될 방법이 없다. 그런데, 놀랍게도 그리스가 지중해 국가들 중에 가장 건강한 편이다. 이탈리아는 1.2다. … 이것은 2050년 경에는 이탈리아 국민의 60%가 형제도, 자매도, 조카도, 고모도 또 삼촌도 없는 사람들이 된다는 뜻이다.[24]

출생률이 이렇게 낮아지면, 궁극적으로는 그 사회가 사라져 버린다. 특히 적절한 지원시스템이 전혀 제공되지 못해 노인들이 큰 고통을 겪게 된다.

그런데, 이것이 성별 전쟁과 무슨 상관이 있는가? 간단히 정리하자면, 남녀 구별이 점점 약해질수록, 전통적인 결혼으로 성립되는 커플의 수가 작아져 신생아 숫자도 축소되어 결국 미래 사회 전체가 불안정해지게 된다. 세계 각국의 통계자료에서 확인할 수 있듯이, 이미 많은 나라들의 상황이 위험할 정도로 나빠져 건강하게 가정을 재생산할 수 있는 사회적 여건이 사라져 버렸다. 성별 전쟁과 같은 요소가 덧붙여지면, 정상적인 가정이 파괴되는 속도는 더 빨라진다.

"잠깐만." 이의를 제기하고 싶은 마음도 있을 것이다. "하지만, 우리는 지금 트랜스젠더라고 하는 극히 작은 숫자의 성소수자 이야기를 하고 있던 것이 아닌가? 그 상황은 아무리 생각해도 출산율에 별 영향을 미칠 것 같지는 않은데? 우리에게 정말 비겁한 겁주기 전략을 쓰는 것은 아닌가?"

"다시 한 번 정중히 말씀드리지만, 나는 성별 전쟁은 전반적인 사회적 퇴락(정확히는 인구감소)을 초래하는 부가적인 한 요인일 뿐이라고 했습니다."[25] 한 가지 첨언하자면, 동성애 운동의 목표는 상당 부분 급진적 페미니즘 운동의 방향과 공통점을 가지고 있다. 예를 들어, 대부분 동성애 운동단체들은 또한 낙태지지 단체들이기도 하다. 이 두 개의 축에 함께 참여하며, 결국 가족의 기능과 엄마와 아빠의 역할을 약화시켜가는 것이다.[26](평균적으로, 게이나 레즈비언 커플의 가족 구성원수 크기는 이성 커플보다 작다-그들이 자기 자녀들을 세상에 드러내기가 쉽지 않아서 그렇다는 이유는 별로 설득력이 없다.)

그리고, 자신이 트랜스젠더라고 드러내는 사람들의 숫자가 전체 인구에 비해 정말 얼마 되지 않는 소수라고 한다면, 왜 나머지 사회 구성원 전체가 그들의 특별한 요구를 따라가야만 하는가? 도대체 여자들이 자신을 여자라고 하는 남자들과 화장실 문제로 옥신각신해야 할 이유가 무엇인가? 도대체 회사들이 성정체성 차별 문제에 대해 내규를 만들어야만 하고 또 그것을 지켜야만 한다는 이유가 무엇인가? 예를 들어, 어느 치과 리셉션을 맡고 있는 남자 직원이 어느 날부터 여자 드레스를 입고 나타났다고 하자. 다른 직원들과 손님들이 불쾌해 하는 기색이 역력한데도, 회사는 그 사람을 해고할 수 없다? 아니면, 아직 사리분별력이 없는 애기들을 유치원에서 가르치는데 도대체 왜 의무적으로 여장 남자 유치원 교사를 뽑아야 하는가?[27]

그녀가 "자신의 남성 성기"를 노출시키고 있다

2012년 11월 워싱턴 주 올림피아에 있는 에버그린 칼리지에서 한바탕 소동이 벌어졌다. 그 학교에는 고등학교와 대학교가 함께 쓰는 수영장과 사우나가 있었다. 여성용 사우나에 들어가던 젊은 여대생들이 그 안에 있는 사람을 보고 괴성을 질렀다. (자기를 여자라고 하는) 한 남자가 나체로 앉아 있었던 것이다. 경찰은 '그녀'에 대한 수사 조서에서 "그녀가 '자신의 남성 성기'를 노출시키고 있었다"라고 기록했다. (다시 반복하지만, 내가 지어낸 이야기가 절대 아니다.)

여학생들은 큰 충격에 빠졌고 학부모들은 격분했지만, 정작 대학 당국은 아무런 조치도 취할 수 없다고 했다. 왜? "에버그린 칼리지의 제이슨 윗슈타인 대변인은 ABC News 계열사 KOMO와의 인터뷰에서 '학교 당국은 주법을 따라야만 했을 뿐'이라고 했다. '학교 당국은 성정체성 이유로 학생들을 차별할 수 없다. 성정체성은 워싱턴 주의 차별금지법으로 보호된다."[28]

하지만 그것은 겨우 시작에 불과했다. 이제 그 남자는 법적으로 여자가 되었다. 이름은 콜린 브레나 프란시스. 그런데, 그 '여자'가 이제는 자기가 다른 여자를 사랑하는 레즈비언이라고 주장하고 있다!

> 난 아주 성적인 사람이고, 정기적으로 자주 성생활을 갖는 것이 내 인생을 더 건강하고 균형 있게 해 주는 것 같아요. 뭐 지금 꼭 평생을 함께할 파트너를 찾는 건 아니지만, 규칙적인 섹스가 그립고요 … 정말 뭐 특별히 끌리는 여자 '유형'이 있는 건 아니고. 난 여자들을 사랑하고, 모든 종류의 여자들이 매력 있어요. "통통하게 곡선미 있는 (curvy)" 여자들이 정말 좋고요. 어떤 사람은 "자연미" 있는 여자들이라고. "히피풍 여자들(Hippe chicks)" 정말 좋아해요. 환장한다니까요! [지나치게 자세한 묘사가 출판에 부적절하여 이만 생략한다.][29]

무슨 이런 미친 짓이 있나? 이 사람에게 10대 소녀들이 있는 사우나와 라커룸에 나체로 들어갈 '권리'가 있다고? 그것도, 남자 성기를 달고? 이 사람은 자기가 레즈비언 트랜스젠더녀라고 믿는다. 그리고, 다른 여자에게 미치도록 매력을 느낀다. 이 혼란스러운 남자가 갖고 있는 '권리'를 생각해 보라. 그는 락커룸에 들어가 젊은 여자애들 앞에서 옷을 벗고 – 말할 것도 없이, 그 여자애들은 이 남자 앞에서 옷을 벗어야 하고, 그들과 나란히 서서 샤워도 할 수 있다. 법으로 다 허용되어 있단다. 그러면, 그 고등학교와 대학교에 다니는 여자애들의 '권리'는 도대체 다 어디에 처박아 둔 것인가? 정말 이따위 나라가 당신 아이들과 손주들에게 물려주고 싶은 미국이란 말인가?

여기 캘리포니아 주 의회가 법안번호 1266번으로 통과시킨 주법을 보자. 이것은 법이다. 이 법에 따르면, "고등학교 과정을 제공하는 모든 공립학교들은 트랜스젠더 학생들이 자신의 염색체가 아니라 성정체성에 따라 자기가 원하는 화장실을 선택하고 자기가 원하는 교내 팀에 참가할 수 있도록 해야 한다."[30] 2014년 이 법이 시행된 뒤 몇 달 지나지 않아 남자 야구팀에서 활동하던 17살짜리 남학생 한 명이 자기가 여자라고 밝힌 후 여자 소프트볼 팀에 들어갔다. 놀랄 일도 아니다. 이런 상황에서, 하나님께서 당신에게는 더욱 계몽적이고 관용적이라고 떠들어대는 이런 법에 대해 한 마디 저항도 하지 말라고 하셨는가? 내가 성별 구분에 대해 전면전이 벌어지고 있다고 하지 않았던가?

무한 가지의 성별 표현법

2011년 True Tolerance 홈페이지에 보고서 하나가 올라왔다. 매년 10월 중순쯤 열리는 Ally Week 행사에 관한 내용이었다. "이 행사는 GLSEN(Gay, Lesbian and Straight Education Network, 남녀동성애자 그리고 이성애자 교육 네트워크)가 후원하고 전국적으로 공립학교에서 축하행사가 개최된다." Ally Week 행사의 원활한 진행을 위해 GLSEN은 학생들에게 행사 가이드를 제공해 준다. 이 가이드는 "'트랜스젠더의 동무(ally)가 되고 성별을 따라 살지 않는' 사람이 되는 법"을 담고 있다. 이 자료는 학생들에게 '트랜스젠더의 동무가 되고 성별을 따라 살지 않는 사람은 성별을 표현하는 방법이 무궁무진하게 많다는 사실을 알아야 한다. 동무들은 다양한 성별 표현과 성 정체성을 받아들인다'고 가르친다.[31]

쉽게 풀어 말해 보자. 나는 앞서 이 문제를 언급했었다. 당신이 성별에 있어서 '남자와 여자' 패턴을 벗어버리면 성별은, GLSEN의 표현대로, '무궁무진'해진다.

Ally Week 가이드의 "성별 고정관념에 맞서라" 섹션을 펼쳐보자. 학생들에게 "여러분의 학교는 어디 가나 성별 고정관념으로 꽉 차 있다! 스포츠든, 화장실 색깔이든, 학교 포스터 사진이든, 성별 고정관념은 어느 곳에나 있다! 여러분의 학교에서 성별 고정관념이 들어가 있는 이미지들에 대해 문제제기를 하라. 성별 고정관념이 학생들에게 어떤 영향을 끼치는지 여러분 학교의 GSA(동성애자 이성애자 지지자) 사람들과 이야기해보라"고 말한다.[32]

앞서 언급한 NPR 인터뷰로 잠시 돌아가 보자. 학생들이 했던 괴상한 이야기들은 그 아이들의 환경인 학교 상황을 살펴보면 다

소 이해가 된다. 아들러 래딘의 이야기를 들어보자:

아들러: 조이 래딘에 따르면, 문화의 역설 중 하나는 젊은이들이 혁신을 주도한다는 것입니다.

래딘: 그러니까, 음 말하자면, 그들은 경계선을 이리저리 밀어보고 있는 것입니다. 예전과는 다른 존재방식을 찾아보는 것입니다. 사실입니다. 하지만, 한 가지 확실한 것은 아직 그들도 자신들이 어디로 가고 있는지 모르고 있다는 점입니다.

아들러: 래딘은 미래에는 '남성과 여성'은 모든 사람을 포용하는 것이 아니라 어떤 유형의 사람들만을 지시하는 단어가 될 것이라 믿고 있습니다. 성별 표현이라는 고삐의 양쪽 끝이 더 느슨해지게 될 것입니다.

자, 지금 젊은 사람들은 성인들과 달리 "경계선을 이리저리 밀어보고" 있다. 나이가 든 세대들이 젊은 사람들에게 무엇이 옳은지 가르쳐 그들이 지금과 같은 혼란의 뿌리가 무엇인지 깨달을 수 있도록 돕고자 노력하기보다는 성별 구분을 무시하는 여정을 촉진하고 또 격려하고 있다. 심지어 그것을 축하하고 있다.

"하나의 가슴에 심장 두 개"

본명은 톰 뉴워스이지만 콘치타 부르스트라는 예명으로 활동

하고 있는 예술가 한 사람의 사례를 살펴보자. 톰/콘치타의 홈페이지에 올라와 있는 글이다:

"내 가슴에 심장 두 개가 뛰고 있다"

두 개의 심장이 마치 한 팀처럼 조화를 이루어 뛰고 있다. 서로 한번도 만나본 적 없지만, 거울 속 상대방을 그리워한다. 개인적인 인물인 톰 뉴워스와 예술인 콘치타 부르스트는 마음 깊은 곳에서부터 서로를 존중한다. 그들은 서로 다른 각자의 이야기를 갖고 있는 두 인물이지만, 단 한 가지 핵심적인 메시지는 함께 공유하고 있다. 그 메시지는 관용과 차별 반대이다. "누구나 자신이 살고 싶은 삶을 살 수 있어야 한다. 다만, 누구도 상처를 입어서는 안 되며 또 누구도 자신의 방식이 제한받아서는 안 된다."[33]

나는 어린 시절 톰이 어려움을 겪었는지 잘 모른다. 하지만, 나는 왕따나 또 그저 다르다는 이유로 폭력을 사용하는 것을 반대한다. 그것은 하나님께서 금지하신 것이다. 하지만 우리의 지식을 모두 동원해 봐도, 톰은 남자이지 여자가 아니다. 비록 콘치타라는 캐릭터가 수염 달린 여자이기는 하지만, 그 모습이 진정한 톰은 아니다. 수염 달린 드래그퀸을 떠오르는 스타로 만들어 버리는 사회는 뭔가 단단히 잘못 돌아가고 있는 것이다. (이 경우는 유럽을 말한다.) 미국은 어떤가. 크리스토퍼 로먼으로 태어나 "트랜스젠더 아이콘"이 된 카르멘 카레라, 이제 그녀는 새로운 정상급 여성 모델이 되어 데이빗 라카펠레의 누드 사진 작품 속에 등장해 "나는 아담이다. 나는 이브다. 나는 나다"³⁴라는 독일어 제목으로 등장했다. 여기에 열광하는 미국, 이곳도 뭔가 단단히 잘못 돌아가고 있다.

이것이 새로운 '평범함'인가? 이런 것을 불편해 하면 트랜스 혐오자가 되어야 하는가? 정말로 지금 톰/콘치타가 자기 가슴 속에서 두 개의 서로 다른 감정의 심장들이 뛰고 있다고 믿는다면, 그는 지금 정신과 진단을 받으러 가 봐야 하는 것이 맞는 일이 아닌가? 여기에 열광할 때가 아니잖은가?³⁵

브래들리에서 첼시 매닝이 되기까지

브래들리 매닝이라는 이름을 기억하는가? 매닝은 웨스트포인트 출신의 군인으로 다량의 기밀문서를 유출하여 2013년 7월 간첩죄로 유죄판결을 받은 사람이다. 매닝은 2013년 8월 35년형에 처해져 불명예 제대를 했다.

이 이야기는 2015년 2월 11일 위키피디아에서 가져온 것인데, 잘 살펴보면, "브래들리 매닝"이 아닌 "첼시 매닝"에 대한 자료라고 되어 있다. 위키피디아는 매닝을 "트랜스젠더녀이고, 선고를 받은 다음날부터 자기가 어렸을 때부터 여자라고 느꼈고, 첼시라고 불리기를 원하며, 호르몬 치료를 원했었다"로 되어 있다. 그리고 "유년시절부터 군대 시절까지 브래들리라고 불렸으나, 군대에서 성정체성장애로 진단받았다."³⁶ 매닝이 자기 스스로를 여자로 말하고 있어서, 그 글의 나머지 부분과 보수적인 기독교 웹페이지에서도 매닝을 '그녀'라고 지칭하고 있다.

당시 보고서에 따르면, 매닝은 동성애자였고 동성애 운동에 관여하고 있었다. 군대 내 상황들 때문에 분노에 차 있었다가, 남자친구와 헤어지면서 엄청난 양의 기밀문서를 유출하기에 이르렀다. (그는 자신의 동성애 성향 때문에 괴롭힘을 받았다고 주장했다.)[37] 이제 그는 첼시라고 불리고 있고, 군은 그에게 호르몬 주사를 놓아 주고 있다. 조만간 수감 중 성전환 수술을 받을 것이라고 한다. 간첩 행위로 문제를 일으켜 미국 군인들의 목숨을 위험에 빠뜨린 장본인이 어떻게 LGBT 서클의 유명인사가 되고 2014년 샌프란시스코 동성애자 행사에 명예 대원수(Honorary Grand Marshall)로 불리는 지경에 이르렀는가?[38]

생물학과 유전학도 무시하고, 출생증명서에 뭐라고 적혀 있든 상관없이, 이제 그냥 세상을 향해 "나는 브래들리가 아니라, 첼시다"라고 하기만 하면 된다. 이것이 새로운 현실이다. 그러다가, 몇 년 후 그가 "나는 브래들리다"라고 마음을 바꾸면 어쩔 텐가?[39]

성전환에 대한 후회

영국에서 18세 최연소 성전환 수술자로 기록된 브래드 쿠퍼(일명 리아) 이야기를 소개한다. 2012년 10월 28일 영국 잡지 미러(Mirror) 표지에 이런 기사가 실렸다. "나는 남자였고 … 여자가 되었다. … 이제는 다시 남자가 되고 싶다: 영국 최연소 10대 성전환자의 고통"

기사 내용은 이렇다:

10대 청소년 리아 쿠퍼는 지난해 여자가 되기 위해 호르몬 주사를 맞았다. 본명이 브래드인 그녀는 가슴이 발달하여 육감미 있게 옷을 입고 다녔으며, 여자 가발을 쓰고 여러 남자와 교제를 했다. 18살 때 그는 영국 최연소 트랜스젠더가 되었다. 그런데, 이제 리아는 NHS 치료와 정신과 의사들의 소견을 위해 수천 파운드의 비용이 필요함에도 남자로 돌아가기 원한다. 그녀의 처음 성전환 결정은 두 번이나 자살 시도를 한 끝에 나온 것이기는 하지만 이제 와서는 그녀가 성전환을 하기에 너무 어린 나이가 아니었냐는 비판도 나오고 있다. 리아는 브래드라고 불리고 싶다고 하지만, 언론은 계속 '그녀'를 쓰고 있다.[40]

스포츠 칼럼니스트 마이크 패너도 크리스틴 데니얼스가 되었다가 다시 마이크 패너로 돌아가고 싶다며 자살을 한 비극적인 사건이 있었다.[41] 물론 더 깊은 쟁점들이 있긴 하지만, 그의 성별 혼란을 정신질환 때문이라고 하면 분명 트랜스 혐오자로 몰렸을 것이다.[42]

텔레비전 뉴스 제작자이자 17년의 결혼생활로 3명의 아이를 둔 돈 에니스는 돈(Dawn) 스테이시 에니스가 되었다가 단(Don)으로 되돌아갔다. 그러나 다시 돈(Dawn)이 되었다. 2013년 5월 그는 작은 검은색 드레스를 입고 나와 모두를 놀라게 했는데, 자신은 매우 드문 호르몬 불균형 사례라고 주장하며 여자로 사는 게 더 편하다고 말했다.

그는 자신을 "이해해 달라"고 했다. "이것은 옷 바꿔 입기 게임이 아니다. 7년 이상 아내와 함께 비밀을 지켜왔다. 내가 누군지는 내가 결정하고, 결국 내가 행복해지기 위해 그렇게 하는 것이다."

3개월 후에, 돈 스테이시 에니스는 단(Don)으로 출근길에 나섰다. 그는 기억상실증에 걸렸고 아내가 자기에게 가발을 씌우고 돈(Dawn)이라는 이름의 위조신분증을 만들었다고 한다. "나는 지금 전적으로, 완전히, 부끄러움이 없이 나의 신체적 특징에도 불구하고 남자라고 생각한다"라는 이메일을 동료들에게 보냈다. 에니스는 2014년 기억을 되찾았지만, 여성으로 돌아오지는 않았다.[43]

2014년 6월, 그는 돈(Dawn)이 되어 출근을 했다. 하지만, 나중에 업무 능력 문제로 해고당했다. (성 관련 문제는 아니었다.) 뉴욕데일리뉴스(New York Daily News)는 그의 해고를 놓고, "단(Don) 에니스가 마지막으로 돈(Dawn) 에니스로 전환하고 몇 주 후 그녀는 잘렸다"[44]라는 특집기사를 실었다. 그들은 왜 그를 '그녀'라고 부르는가? 이런 사회적 광기에 편승하기보다 단(Don)의 정신적, 감정적 근본 원인을 찾도록 도와주는 것이 진정 그를 위하는 것이 아닐까?

왜 더 이상 성전환을 후회하는 기사를 읽지 못하는가?

우리는 미디어가 성전환을 축하하고 트랜스젠더 삶의 영광을 보여주는 프로그램을 통해 트랜스젠더를 새로운 시민 평등권 운동으로 만들어 버린 것을 목도하고 있다. 슬픈 현실이다.[45] 그런데, 왜 우리는 성전환을 후회한다는 소식은 듣지 못하는 것인가? 우리는 왜 트랜스젠더의 신음소리를 듣지 못하게 되었는가?

2014년 11월 11일 페더럴리스트(The Federalist)라는 블로그에 올라온 포스팅 속에서 그 실마리를 찾아보자. 제목은, "트랜스토피아(Transtopia)의 문제: 성전환 후회에 대해서 속삭이다. 성전환을 한 트랜스젠더들은 사랑받기보다는 독약 속에 파묻힌다"이다.

글을 올린 스텔라 모라비토는, 19살에 남자에서 여자로 성전환 하기로 마음먹고 20대에 생식기 수술을 했던 알란 핀치의 경험담을 소개했다. 하지만 핀치는 36살이 되던 2004년 영국의 가디언(Guardian)지와의 인터뷰에서 이렇게 말했다:

성전환증은 정신과 의사들의 발명품일 뿐이다. … 근본적으로 성은 바꿀 수 없다. … 수술은 유전을 바꿀 수 없다. 그것은 생식기를 불구로 만드는 것이다. 나의 '질'은 그저 나의 음낭 주머니였다. 그저 캥거루 주머니 같은 것이다. 무서운 것은, 성적으로 흥분될 때 음경이 있는 것처럼 느낀다는 것이다. 환상지[60] 증후군 같은 것이다. 끔

---

60) 역자 주: phantom limb - 사지가 절단된 후에도 그것이 존재하는 것처럼 감각되는 현상.

찍한 사고다. 나는 여자가 된 적이 없었다. 그저 처음부터 알란이었다. … 성전환을 간절히 원하는 사람들에게 해주고 싶은 비유는, 성전환은 신경성식욕부진증 환자에게 지방흡입술을 권하는 것과 마찬가지다.

단어들을 신중히 읽어 보라: "성전환은 정신과 의사들의 발명품이다."

모라비토는 더 심각한 이야기도 소개했다:

또 다른 마음 아픈 이야기는, 여자에서 남자로 전환한 벨기에 국적의 낸시 베르헬스트(Nancy Verhelst)의 이야기다. 그녀는 수술을 끝내고 보니 자기가 남자보다 '괴물'에 가깝게 되어버린 것을 발견하고 경악했다. 그녀는 어렸을 때 어머니가 남동생과 오빠들을 더 좋아했고 자기는 차고의 작은 방에 가두곤 했던 슬픈 어린 시절 이야기를 했었다. 마음이 너무 심란해진 낸시는 의사에게 벨기에의 안락사법을 통해 자신을 죽여 달라고 부탁했고, 그들은 덤덤하게 그녀의 요청을 따랐다.[46]

낸시가 왜 남자가 되고 싶어했는지, 그 어머니가 딸이 자살 후 입을 열었다: "내가 '낸시'를 [태어나서] 처음 봤을 때 내 꿈은 산산조각났었다. 그 애는 너무 못생겼다. 나는 유령을 출산한 것 같았다. 그 애가 죽은 것이 별로 신경 쓰이지 않는다."[47]

사정이 이런데도 온라인 언론들은 낸시의 성별 혼란이나 수치심의 원인에 대해서는 별다른 관심 없이 '그'라고 불렀다. 모라비토는 자신의 기사를 마무리하며 다음과 같은 인상적인 의견을 피력했다, "생물학적 진실은 사라지지 않는다. 우리의 DNA에 '남자' 아니면 '여자'라고 쓰여 있다는 것은 확고한 사실이다. 트랜스젠더 운동가들과 미디어 조장자들은 그 거대한 빙산을 절대 녹일 수 없다."[48]

자멸로 기우는 사회가 되지 말자

성별은 이제 자신이 느끼고 원하는 대로 정할 수 있는 사안이 된 것인가? 생물학적으로도, 해부학적으로도, 유전학적으로도 의미가 없는가? 전면적인 성별 전쟁에서 자신의 성정체성에 혼란을 겪지 않는 대다수의 남자, 여자, 소년, 소년들은 누가 대변하는가?

보수적인 저널리스트 에릭 에릭슨의 이야기에 귀를 기울여 보자:

전국의 좌파들은 성적 설정은 우리가 가지고 태어난 것이지만, 성별은 우리가 선택할 수 있는 것이라고 결정해 버렸다. 이에 반대하는 사람들은 협박이나 괴롭힘을 당한다. 수천 년이 된 사회적 기둥이 관용에 밀려나고 있다. 온전한 정신, 전통, 믿음을 말하는 사람들을 경멸하는 시대가 되었다.

이런 현상은 그 누구에게도 유익이 되지 못한다. … 의도적으로 어느

사회의 영속성의 기반을 허물어 버리면 그 사회는 자멸한다.[49]

어떤 주는 어떤 사람이 트랜스젠더라고 하면 성전환 수술을 안 해도 출생증명서를 바꿔주는 지경에까지 이르렀다.[50] 2013년 캘리포니아 주 의회법안 1121로 통과되고 2014년에 시행에 들어간 이 법은 주민들이 자신의 출생증명서를 바꾸고 싶을 경우 "소정의 서류와 의사의 소견서를 23달러와 함께 주 공중보건부서에 내면 된다."[51] 그 결과, 아이가 남자로 태어났고 (이제 "출생성별"이라 부른다.[52]) 모든 의료 검사에서 그가 남자라는 것이 분명해도 이제는 그가 여자로 태어났다고 바꿀 수 있는 것이다. 그 아이가 16살이 되면 본인이 이것을 바꿀 수 있다.

나중에 그의 부모가 무엇이라 해야 할지 생각해 보라. 그 아이의 출생증명서는 현실을 바꾸기 위한 것이었다. 마치 시간여행 같다. 그리고 이런 법을 만드는 주가 늘어나고 있다. 캐나다는 자신의 인식만으로도 출생증명을 바꿔주는 데까지 갔다. 12살짜리 여자아이가 자신은 남자아이라고 인식했다고 해서 공식적으로 남자아이가 되었고 출생증명서도 그렇게 변경되었다.[53] (잊지 말라: 겨우 12살이다.)

자, 일이 이 지경까지 왔다면, 누가 "종 불쾌증(species dysphoria)"은 틀렸다고 할 수 있을까? 만일 그녀를 자신이 부분적으로 (또는 전적으로) 동물이라고 생각하고, 나이가 들수록 정말 자신이 동물이라고 믿고 동물과 같이 옷을 입고, 이름까지 동물처럼 바꾸고 싶어한다면 어떻게 하겠는가?⁵⁴ 그런 점에서, 2013년에 게이 TV 채널인 '로고 TV(Logo TV)'가 "이런? 내가 동물인가 보다(What? I Think I'm an Animal.)"라는 TV 시리즈물을 내보내는 것은 단지 우연의 일치일까? 그 프로그램은 방송안내문이 설명하듯이, "'내가 동물인가보다'는 아더킨(Otherkin)⁶¹⁾ 운동의 털옷 뒤에 숨은 진실과 동물의 정체성을 가지고 사는 것이 어떤 것인지를 폭로한다."⁵⁵

그 다큐멘터리 시리즈물에 나오는 한 젊은 남성은, "내가 인간의 육신을 입고 있지만, 나는 늑대다"라고 했다. 그는, 자신에게 있어서는, 이것이 영적, 정신적, 행동적인 일이며, 학교 다닐 때 사람들이 그의 정체성을 알아주지 않아 지옥과 같은 삶을 살았다고 한다. 그는 자신들을 들고양이, 집고양이, 파리, 심지어는 벌레(이 사람들은 스스로를 '반인반수자(therians)'라 부름⁵⁶)라고 부르는 사람들 수만 명이 회원으로 있는 단체를 알고 있다고도 했다.⁵⁷

이것은 어떤 이에게는 용감한 새로운 세상이기도 하겠지만, 나머지 사람들에게는 사회적 광기다. 이것은 모든 기초의 기본 전제를 훼손시켜 문명의 기초를 무너뜨리는 길이다: 하나님께서 우리를 하나님의 형상에 따라 남자와 여자로 창조하셨다: "하나님이 이르시되 우리의 형상을 따라 우리의 모양대로 우리가 사람을 만들고 그들로 바다의 물고기와 하늘의 새와 가축과 온 땅과 땅에

---

61) 역자 주: Otherkin - 자신의 본성은 동물이지만 인간의 몸에 잘못 들어와 있다고 생각하는 정신적 상태를 이르는 말로, 자신과 어떤 동물 사이에 본성적으로 관련성이 있다고 믿는 Therians와는 다소 차이가 있음.

기는 모든 것을 다스리게 하자 하시고, 하나님이 자기 형상 곧 하나님의 형상대로 사람을 창조하시되"(창세기 1:26-27).

이는 인간에게는 하나님이 정하신 신성한 질서, 즉 '남과 여' 및 이성애라는 질서가 분명히 존재한다는 것을 뜻하며, "이러므로 남자가 부모를 떠나 그의 아내와 합하여 둘이 한 몸을 이룰지로다"(창세기 2:24; 정말로 "그 둘이 한 몸이 될지니라")라는 말씀이 설명하고 있는 바이다. 인간은 유일하게 감정적, 영적 하나 됨에 어울리며, 유일하게 하나님의 형상을 드러내는 데 어울리며, 유일하게 새 생명을 잉태하고 재생산하는 – "생육하고 번성"(창세기 1:28)하는 데 어울린다. 이것은 단순한 생물학적 프로세스 그 이상이다. 남자와 여자가 한평생 서로를 위해 헌신하고, 영과 육이 하나가 되며, 성적인 사랑을 나누어 자궁에서 새로운 생명을 잉태하고, 아이가 엄마 뱃속에서 자라는 놀라움을 바라보고, 그 아이가 배를 걷어차는 것을 느끼며, 출산일까지 남은 날짜를 세 보며, 마침내 그 새 생명이 자궁을 떠나 태어나는 순간 정말 기적을 체험하는 것 같은 경외감과 환희로 울먹이는 엄마와 아빠 품에 안기는 것이다.

이것이 하나님이 남자와 여자를 만든 이유다. 이것이 자연적인 가족이야말로 아이를 양육하기에 가장 이상적인 곳이 되는 이유다. 딸은 엄마의 지도를 받고 아들은 아빠의 지도를 받으며, 아이들에게 본을 보여주기 위해 부부가 뜻을 모아 하나가 되는 것이다.[58] 이것이 진정 아름다운 그림이다.[59]

이제 우리는 기본으로 돌아가 근본을 회복해야 한다. 인간 존재의 기초에 대한 구조를 다시 설계하지 않더라도, 우리는 지금 몸부림치고 있는 사람들을 긍휼히 여길 수 있다.

제6원칙

거짓을 떨쳐낼 때까지
지속적으로 진리를 선포하라

"기만이 가득한 시대에 진실을 말하는 것은 혁명적인 행동이다." - **조지 오웰** (George Orwell)

만약 미국이 사기를 당하고 있는 것이면 어떻게 될까? 만약 우리가 동성애 운동 - 혁명 - 전체가 거짓과 과장과 기만 위에 지어져 있다는 것을 알게 된다면 어떻게 될까? 만약 우리가 주류 미디어에 속아왔고 허위와 과장된 선전을 퍼뜨리는 언론에게 속아왔다는 것을 알게 된다면 어떻게 될까? 작가 로버트 라일리(Robert Reilly)의 말처럼, "허상은 결국 환멸로 끝난다. 언제나 리얼리티가 승리한다."1

공산주의가 전 세계 많은 지역을 지배하던 때가 있었다. 니키타 흐루쇼프(Nikita Khrushchev)62)의 "내가 당신들을 묻어버리겠다"는 말이 지구에 울려 퍼지며 점점 더 많은 나라들이 공산주의의 영향

---

62) 역자 주: 구소련의 서기장(1894-1971).

권 안으로 들어갔다.² 그리 오래된 이야기가 아니다. 레이건 대통령이 그 유명한 "악의 제국(evil empire)" 연설을 한 것이 1982년이었다. 그런데 오늘날, 그 제국은 놀랍도록 줄어들었고, 이제는 중국에서조차 자본주의가 공산주의보다 훨씬 더 강력한 영향력을 발휘하고 있다.³

이런 극적인 변화의 원인은 무엇이었는가? 공산주의는 약속했던 경제적 평등과 사회적 평등주의를 가져오기보다는 빈곤, 기아, 불평등, 부당함을 초래했다. 간단히 말하자면, 그 공산혁명은 거짓말과 거짓 기대 위에 세워졌기에 실패했다.⁴ 혁명의 세력이 당시 얼마나 강력하고 영향력 있었는지와 무관하게, 거짓에 기초한 혁명은 궁극적으로 실패할 수밖에 없다는 것을 시사하고 있다.

미디어를 통해 동성애 선전을 주입당하는 미국

1980년 후반, 동성애 운동가들은 동성애에 대한 대중의 시각에 변화를 일으키기 위해 전략을 하나 구상했다. 그것은, "계산된 심리적 공략"이었다. "일반적인 미국인들의 감정, 정서, 의지를 변화시키는 것, 곧 미디어를 통해 미국에게 동성애 선전을 주입시키는 것"⁵이라고 할 수 있었다. 그리고 그들은 그 접근방식에 있어서 꽤나 솔직했다. 그간 동성애자에 대한 묘사에 허위적이고 달갑지 않은 부분이 많았기 때문에, 좀 과장되더라도, 동성애와 동성애자를 매우 긍정적으로 미화하는 것이 바람직하다는 것이다. 즉, 나쁜 거짓말과 좋은 거짓말 사이에 균형을 잡겠다는 뜻이었다.

오늘날 미국인들은 모든 합리적 기대수준 이상으로 "선의의 거짓말"을 믿고 있다. 우리는 속고, 세뇌당하고, 단순해졌다. 이것을 증명해 보자.

1948년에 알프레드 킨제이(Alfred Kinsey)가 발표한 영향력 있는 보고서부터 시작하자. 그 보고서는 "10명 중에 한 명은 동성애자다"라고 주장했다. 이 주장은 언론에 대대적으로 보도되었다. 이 수치의 정확성 문제에 시비가 일었다. 심지어 동성애 운동가들조차도 이 수치가 너무 높다고 인정했다.[6] 하지만, 그 수치는 유용해 보였으므로, 결국 영화나 텔레비전 대본에서 "열 명 중 한 명"으로 회자되었고, 결국 "선의의 거짓말"이 되어 널리 퍼져나갔다. 누가 진실과 정확성에 신경을 쓰겠는가?[7]

미디어는 거기에 멈추지 않았다. 오히려 그들은 뉴스에서 시트콤 캐릭터까지, 리얼리티 TV 쇼부터 스포츠 업계까지, 밤낮없이 동성애 이미지와 주제들로 우리를 뒤덮어 버리고 있다. 동성애는 사실상 어디에나 있는 셈이다. 이 때문에 일반적인 미국인들은 동성애자들의 규모에 관해 완전히 잘못된 거짓 인상을 갖게 되었다. 진실을 알고 싶은가?

미국은 과연 얼마나 동성애적인가?

미국 질병관리본부(CDC, Centers for Disease Control and Prevention)에서 2014년 7월에 발표한 주요 건강 연구에 따르면, "미국 총인구의

3퍼센트가 자신을 게이, 레즈비언, 양성애자로 인식하고 있다." 정확하게 말하자면, "성인 중 1.6%가 자신을 게이 혹은 레즈비언으로 인식하고, 0.7%가 양성애자로 인식한다."[8] 이는 스스로를 게이, 레즈비언, 양성애자라고 생각하는 사람들의 비율이 총 2.3퍼센트이고, 이는 40명 중 1명보다 낮은 비율이다. 다른 연구들도, 대략 1퍼센트 정도의 차이가 있을 수 있어도, 이와 비슷한 결론을 냈다. (영국 통계청이 2014년 실시한 연구도 정확히 똑같은 결과를 보여주었다: 1.6%가 스스로를 게이나 레즈비언으로 인식한다.)[9] 그러니, 열 명 중 한 명이 동성애자라는 주장은 잊어버려라. 미국인 50명 중 자신을 동성애자라고 생각하는 사람은 단 한 명도 안 되고, 미국인 100명 중 자신을 양성애자라 생각하는 사람은 단 한 명도 안 된다.

미국인들은 미국 내 동성애자 규모에 대해 어떻게 알고 있을까? 2011년 5월 27일자 갤럽은, "미국 성인들은 미국인의 25%가 동성애자라고 추정하고 있다"고 발표했다.[10] 하지만, 실제로는 인구 중 동성애자 비율은 40명 중 1명도 채 되지 않는다. 반면, 미국의 성인들은 4명 중 1명꼴로 동성애자가 있다고 믿는다. 정말 이상한 일이다.

도대체 이런 결과가 어디에서 나온 것일까? 갤럽은 "저소득층, 저학력, 여성, 젊은 사람 층에서 높은 추산치를 내놓는다"고 하며, 18~29세 사이의 설문 대상자들이 평균적으로 총인구의 29.9%가, 즉 인구의 거의 1/3이 동성애자라고 믿고 있다고 밝혔다. (다른 연령대 사람들의 수치는 이렇게 높지 않았다.)[11] 이 수치는 내가 어느 청소년부 집회에서 강연을 할 때 비공식적으로 해 보았던 조사의 결과와 비슷하다. (그 아이들 중 일부는 홈스쿨링을 받고 있었다. 또, 대회에 참가한 아이들 대부분은 유명한 케이블 TV 쇼에 대해 잘 모르는 등 참가자들 대부분이 또래 일반적인 아이들보다 세상물정에 어두웠다.) 첫 번째 아이는 "30%"로, 두 번째 아이는 "40%"로 답했다.

어떻게 이런 큰 차이를 보일 수 있을까?[12] 실제로는 동성애자가 50명 중 1명도 안 되는 반면(또는 더 높은 추산치를 적용해도 30명 중 1명도 안 되는데), 사람들이 어떻게 4명 중 1명이 (혹은 3명 중 1명이) 동성애자라고 생각하게 되었을까? 갤럽은 "이런 현상은 연예오락물을 통해, 혹은 다른 경로를 통해 미국인들에게 게이와 레즈비언이 노출되는 시간이 점차 늘어나 일상의 삶 속으로 젖어들었다는 것을 시사한다"고 설명했다.[13]

바로 이것이다. 우리는 미디어에 세뇌당했고, 특별히 젊은이들과 교육수준이 낮은 사람들일수록 오해하기 쉽다. 요즘 십대들 사이에서 유행하는 TV 드라마 글리(Glee)[63]의 에피소드를 몇 개만 봐도, 동성애자가 50명 중 한 명도 없다는 사실을 믿기 어렵게 될 것이다.

사실,

---

63) 역자 주: 미국 청소년들이 많이 보는 미국의 유명한 TV 프로그램 - 공립고등학교 합창단을 주인공으로 한다.

GLAAD[64]에 따르면, HBO[65] 황금시간대의 많은 프로그램들에 동성애코드가 포함되어 있다. "Looking[66]"과 "True Blood[67]" 같은 쇼 또는 "The Normal Heart[68]"와 같은 영화를 들 수 있다. 더욱이 MTV는 프라임타임 프로그램에 동성애가 포함된 비율이 49%에 달한다. 대표적으로 "Teen Wolf[69]"와 리얼리티 쇼 "The Challenge[70]"를 들 수 있다.[14]

따라서, 특별히 젊은이들이 동성애에 대해 매우 왜곡된 현실인식을 갖게 된 것은 놀라운 일이 아니다.

잘못된 인식이 그릇된 결론을 낸다.

다음은 노틀담 대학교 로스쿨 교수이자 헌법 전문가 제럴드 브래들리(Gerald Bradley) 교수가 이러한 잘못된 인식이 미치는 악영향에 대해 언급한 내용이다.

---

64) 역자 주: GLAAD, Gay & Lesbian Alliance Against Defamation.
65) 역자 주: 미국의 영화 스포츠 전문 케이블 TV 방송망, Home Box Office.
66) 역자 주: 2014년부터 방송된 HBO의 코미디 드라마로, 샌프란시스코에 사는 게이들의 이야기를 다루고 있음.
67) 역자 주: 샬레인 해리스 원작 수키 스택하우스의 미국 TV 드라마로, 루이지애나에 있는 가상의 마을을 배경으로 일어나는 사건을 다루는 미스터리 판타지물.
68) 역자 주: 래리 크래머의 1985년 원작 희곡을 라이언 머피 감독이 영화화하여 2014년 개봉한 작품이며, 1981~1984년 뉴욕시의 HIV/AIDS 위기를 배경으로 게이 주인공이 펼치는 활약을 그리고 있음.
69) 역자 주: 1985년 동명의 원작 소설을 MTV의 TV 시리즈화한 작품으로, 늑대인간이 된 소년의 이야기를 다룸.
70) 역자 주: 1998년부터 지금까지 MTV에서 방영되고 있는 서바이벌 배틀 리얼리티 쇼.

게이 미국인들은 자신들의 모든 권리를 행사할 수 있을 만큼 경제적으로 여유가 있다. 그들은 투표할 수 있고, 자격을 갖추기만 하면 거의 모든 직업을 가질 수 있고, 살고 싶은 곳에서 살 수 있으며, 여행하는 데 별다른 부담을 갖지 않는다. 이것은 다른 사람들과 다를 바 없다. 인구통계 자료에 따르면, 그들은 미국에서 가장 돈 많고 많이 배운 사람들 그룹에 속한다. 그들의 권리를 빼앗아 가려는 사람은 없다. 그러나 문제는, 오늘날 243,000,000명의 미국 성인들뿐 아니라 우리 이후의 미래세대 사람들에게까지 심대한 영향을 미치게 될 결혼에 대한 정의를 이 극소수의 사람들이 바꿀 수 있냐 하는 것이다.[15]

동성애 운동가들이 "계산된 심리적 공략으로 일반적인 미국인들의 감정, 정서, 의지를 변화시키는 것, 곧 미디어를 통해 미국에게 동성애 선전을 주입하는 것"에 성공했다는 것은 명백해 보인다. 만약 우리가 단순히 우리의 개인 경험에만 의존했더라면, 즉 우리 가족이나 학교, 직장, 이웃, 교회에의 동성애자들 숫자만 고려했더라면, 우리가 4명 중 1명은커녕 10명 중 1명꼴로 오해하는 일은 결코 없었을 것이다.[16]

1980년대 후반 주요전략을 잠시 다시 언급해 보자. 그들의 계획은 "일반인들이 갖고 있는 동성애 혐오감을 줄이기 위해, 가장 이질감이 낮은 수준의 광고를 계속함으로써 그들의 거부감을 낮추고, 그 광고의 홍수 속에서 헤어나지 못하도록 해야 한다. 만약 일반인들이 샤워기를 끄지 못한다면, 적어도 그들은 젖어 들어가는 것에 익숙해질 것이다."¹⁷ 요약하자면, 그들은 "핵심은, 동성애 이슈를 반복하여 더 이상 다루고 싶지 않은 지루한 주제가 되도록 만드는 것이다. … 그렇게 하여 만약 [일반인들이] 동성애란 그저 좀 다른 것이라고 – 어깨를 으쓱하며 대수롭지 않게 취급하는 수준으로 – 생각하게 할 수 있다면, 당신의 법적, 사회적 권리를 위한 싸움에서 사실상 승리한 것이다 다름없다"고 설명한다.¹⁸

몇 년 전, 나는 어느 TV 프로그램을 본 적이 있다. 그 프로에 소매치기이자 전문 마술사 한 사람이 나와서, 진행자에게 그들이 서로 이야기를 나누는 동안 자기가 그 진행자의 시계와 셔츠와 티셔츠를 벗기겠다고 했다. 그 진행자는 무슨 일이 일어날지 전혀 알지 못했다. 놀랍게도, 그 마술사는 진행자 눈앞에서 자기가 말한 대로 그 일들을 해냈다. 이것과 비슷하게, 동성애 운동가들은 우리를 세뇌시킬 것이라고 말했다. 하지만, 사람들은 우리가 그렇게 되었는데도, 아직 무슨 일이 벌어졌는지도 인식하지 못했다. 그들은 우리 눈앞에서 우리를 속였다. 바로 그 어려운 일을, 그들은 해낸 것이다.

우리는 어떻게 세뇌당했나?

이 미디어 세뇌는 우리가 생각하는 이상으로 여러 면에서 우리에게 영향을 미친다. 예를 들어, 지난 20년 동안, 동성애 '결혼'에 대한 미국인들의 시각은 크게 변화했다. 조지아 주 대학교(Georgia State University) 사회학자 던 미셸 바우나흐(Dawn Michelle Baunach)의 이야기를 들어보자. "동성 결혼에 대한 사람들의 관점에 굉장한 변화가 있었다. 1988년에는 72%의 사람들이 동성 결혼에 반대한다고 했고 13%만이 찬성한다고 했다. 그런데, 2010년에는 반대가 거의 절반으로 줄었고, 찬성이 네 배로 늘어난 것을 볼 수 있다."[19]

그런데, 이 변화는 외부와 단절된 상태에서 일어난 것이 아니다. 미국인들이 이제 동성 커플들을 개인적으로 알게 되었기 때문도 아니다. (즉 예전에도 우리는 동성애 커플들을 알고 있었다.) 그보다는, 미디어가 동성애에 대한 일반인들의 인식을 바꾸는 데에 기여했고, 결국 친동성애적 시각을 공격적으로 주입하여 여론을 몰아가는 데에 도움을 주었다. 2013년 6월에 보도된 바와 같이, "퓨연구센터(Pew Research Center)의 새로운 연구에 따르면, 동성애에 대한 연방대법원의 심의가 진행되고 있는 이 시기에, 뉴스미디어의 보도는 동성 결혼을 법제화하자는 의견 쪽으로 박차를 가했다. 동성 결혼을 지지하는 뉴스가 반대하는 뉴스보다 거의 5배나 많았다."[20] 그래서, 미국이 동성 '결혼'의 문제에 대해 양분되어 나뉘어 있는 반면, 뉴스보도는 결혼을 재정의하자는 쪽으로 완전히 기울어 있던 것이다.

이는 단지 뉴스보도의 영향에 대해서만 분석한 것이다. 그렇다면, TV 드라마, 시트콤, 영화, 리얼리티쇼, 광고, 할리우드 등의 영향력은 어떠한가? 몇 년 전, 나는 미디어가 퀴어물에 지나치게 열광하고 있다는 내용의 글을 준비하고 있었다. 당신이 일반적인 TV 시청자나 영화 관람객이라면 내 문서화 작업에 별 관심이 없을 것이다. 단지, 이렇게 자문해 보라: "동성 커플이나 동성 '결혼'에 대해 미디어에서 부정적인 이야기를 하는 것을 몇 번이나 들어보았는가?" 아마 단 한 번도 없지 않았나? 반면, 보수 기독교인들을 (특히, 동성애를 정상이라고 하는 데 반대하는) 부정적으로 묘사하는 것은 몇 번이나 들어보았는가?"[21]

그렇다면 왜 우리가 동성애와 동성 '결혼'에 대한 미국인들의 태도의 변화가 신중하고 합리적인 생각의 결과인 것처럼, 그렇게 여론조사 결과에 신경을 써야 하는 것일까? 실제로는, 많은 사람들이 미디어에 세뇌당하고 있는 것이다. 이것은, 만약 사람들이 진실을 대면하면 그 의견 역시 쉽게 바뀔 수 있다는 것을 뜻하게 되는 것이다.

지금 내가 미디어가 동성애를 조장하려는 음모를 가지고 있다는 이야기를 하는 것으로 들리는가? 사실 그렇기도 하고, 아니기도 하다. '아니다'고 할 이유는, 네트워크, 제작진, 감독들, 시나리오 작가들, 광고주들은 결국 자신들이 하고 싶은 것을 자유롭게 할 수 있기 때문이고, 그렇다고 게이 일루미나티나 또 그와 비슷한 세력이 그들을 조정할 것이라는 음모론도 없다. 하지만, 내가 '그렇다'고 말하고 싶은 것은, 1) 동성애자들이 헐리우드나 TV 산업에 불균형적으로 많이 진출해 있고, 2) GLAAD나 PFAW[71]과 같은 단체들은 새로운 쇼나 영화들이 친동성애적인지 감시하며, 3)

---

71) 역자 주: People for the American Way, 미국의 길을 위한 사람들, 진보주의자로 구성된 동성애 옹호단체.

주지의 사실이지만, 뉴스와 연예산업계에 진보적 편향성이 존재하기 때문이다.

동성애가 지배하는 미디어

이제 내가 왜 친동성애 미디어 음모가 있다고 믿는지를 설명해 보고자 한다. 첫째, 영화나 TV 업계를 장악한 동성애자들의 존재감에 대해 동성애자 작가인 데이빗 애런스테인이 1996년에 Los Angeles Magazine에 자랑삼아 올린 글을 보자: "당신이 생각할 수 있는 거의 모든 주요 황금시간대의 코미디에는 자신이 동성애자임을 공개적으로 밝힌 동성애 작가들이 있다. … 요약하자면, 시트콤에 관한 한, 동성애자들이 지배하고 있다."[22], "서부 할리우드는 최근 '인권운동의 지역 평등성 지수'에서 최고점을 받았다"는 것과 "할리우드가 광역 로스앤젤레스 지역에서 온 LGBT 사람들이 모여 시위와 축제를 벌이는 장소라는 사실은 이곳 로스앤젤레스 주민들에게 주지의 사실", 그리고 "이 도시의 인구 중 41%가 동성애자와 양성애자라는 것"은 우연의 일치가 아니다.[23] 내가 아는 한, 동성애 운동가들도 할리우드 지역이 이런 강한 동성애적 특성을 보인다는 것을 부인하지 않는다.

둘째, 미디어 감시에 대해서는, GLAAD 같은 단체들이 공개적으로 이러한 활동을 한다고 떠벌리고 다닌다는 사실이 중요하다.[24] 이들은 이를 통해 후원금을 모금한다. 2013년 5월자 어느 기사에 실린 글을 보자: "이제 그 기관(GLAAD)이 할 수 있는 최선은 기관 자체를 해산하는 일이다 – 그 단체가 해로워서가 아니라 성공의 피해자이기 때문이다." 제임스 컬칙 (James Kirchick)이 Atlantic에 기고한 글에서, 25년 전만 해도 동성애자들이 미디어에서 소외되고 악마 취급을 당했는데, 오늘날에는 "동성애 표현이 미디어에 많이 나올 뿐만 아니라, 거의 압도적으로 긍정적인 주목을 받고 있다."[25] 컬칙은 GLADD가 해야 할 일이 사실상 없어졌다고 할 정도로 동성애 운동의 미디어 전략을 성공적으로 평가했다.

노말 리어(Normal Lear)가 설립한 PFAW의 경우, 하부조직인 우익감시(Right Wing Watch)를 통해 보수 기독교인들을 공격한다. 어떤 경우에는 부정적인 내용이 담긴 자체 보고서에 근거하여 압력을 행사하기도 한다. '벤험 형제'로 널리 알려진 제이슨과 데이빗 벤험(Jason and David Benham)의 이야기를 들어보자. (내 친구들이기 때문에 나도 이 이야기를 잘 알고 있다.) 제이슨과 데이빗은 신실한 쌍둥이 기독교인들이다. 훌륭한 남편이자 아빠, 전직 운동선수(프로야구 선수였다), 성공적인 사업가였다. 특히, 어려운 상황에 있는 사람들의 집을 만들어 주는 HGTV의 리얼리티 TV 쇼에서 유명해질 뻔한 사람들이다. 이 쇼에 먼저 출연을 제안한 쪽은 HGTV였다. 정확히는, 벤험 형제가 좋은 이야기가 될 것이라고 생각한 방송사 에이전트가 먼저 연락을 했었다. 계약이 체결되기 전, 벤험 형제에 대한 검증이 이루어졌다. 이를 통해, 벤험 형제가 확고한 믿음을 가진 기독교인이라는 사실이 HGTV 경영진에게 알려지게 되었다.

HGTV가 새로운 쇼 프로그램 계획을 발표했다. 당시 이미 녹화가 진행되고 있었다. 그런데, GLAAD가 벤험 형제가 쇼에 출연할 것이라는 정보를 얻자마자 그 회사에 압력을 넣기 시작했다. HGTV는 제이슨 및 데이빗과 얼마간 더 교류를 해 보고 출연여부를 결정하겠다고 했다. 하지만 우익감시(RWW)가 벤험 형제의 아버지 플립(Flip)의 활동과 전투적인 이미지에 대해 매우 비판적인 보고서를 내놓자, HGTV도 발을 뺄 수밖에 없었다.[26] 대중들에게 잘 보이지는 않지만, 결국 RWW는 할리우드에서 상당한 영향력을 발휘하고 있는 것이다.[27]

　셋째, 진보적인 미디어 뉴스회사들의 동성애 편향보도에 대해 살펴보자. 로버트 리히터(S. Robert Lichter) 교수와 스탠리 로스맨(Stanley Rothman)의 글, "가장 영향력 있는 국가적 매스컴 - New York Times, Washington Post, Wall Street Journal, Time, Newsweek, U.S. News & World Report, ABC, CBS, NBC, and PBS - 의 저널리스트 240명에게 그들의 정치적 성향과 투표 패턴에 대해 실시했던 획기적인 설문조사 결과를 출간한" 1981년부터 시작하여 지난 수십 년간의 기록이 문서로 남아 있다. 그 설문조사 결과는 "일반인들은 15%가 불륜을 죄로 생각하지만, 설문에 참여한 저널리스트들의 54%는 불륜을 죄로 생각하지 않는다", "모집단의 90%는 여성에게 낙태권을 인정해야 한다고 생각하며, 79%는 임신중절의 합법화를 강력 지지한다"라는 내용을 소개하며, 이 "미디어 엘리트들"이 놀라울 정도로 진보적이라고 평가했다.[28] 오늘날에는, Newbusters.org 같은 웹사이트들처럼 오직 "진보성향의 미디어가 보이는 편향성을 지적하고 맞서 싸우기" 위해 활동하는 단체들도 있을 정도다.

슬픈 사실은, 대다수 미국인들은 미디어가 그들에게 믿게 하고 싶은 것을 믿고 있고, 미디어가 그들에게 생각하게 하고 싶은 것을 생각하고 있으며, 자신들이 생각하는 것보다 훨씬 더 많은 영향을 미디어로부터 받고 있다는 사실이다. 많은 "미디어 엘리트"가 강성 진보성향을 띠고 있으며, 동성애를 강하게 지지하고 있다. 이는 미디어가 사회의 현실을 반영하기보다 오히려 사회를 좌지우지하며 동성애 운동의 엄청난 도구로 사용되어 온 것을 의미한다.

만일 미디어가 당신의 세계관을 형성하고 있다는 것에 동의한다면, 이제는 깨어날 때가 되었다. 당신은 속아왔다. 사기당하고 기만당하고 있었다. 기분이 어떤가?

이제 당신은 진실을 위해 싸울 준비가 되었는가? 이제 일반인들에게 가장 널리 받아들여진 LGBT 거짓말들을 살펴보자.[29]

거짓말 1: 동성애는 이성애와 다를 바 없다.

2014년, 유대인 학자이자 선두적인 동성애자인 제이 마이클슨(Jay Michaelson) 교수는 Daily Beast에 "기독교인들이 동성 결혼에 대해 다 옳았던가?"라는 제목의 기사를 썼다. 그는 그 기사에서, 동성 '결혼'이 결국은 이성 결혼의 재정의에 도움이 될 것이라고 썼다. 그는, 이를 통해 궁극적으로 결혼은 일부일처제를 벗어나 수용가능한 모든 다양한 형태로 발전해 나갈 것이라고 했다. 약 20년 전, 동성애 운동가 잭 니콜스(Jack Nichols)는 "출산과 무관한 동성 관계는 특별히 중요한 장점을 갖고 있다. 즉, 동성애는 같은 사람 사이에서 발생하는 관계이므로, 이론적으로는 애정관계에 있어서 배타성을 배제할 수 있게 된다. 이는, 오늘날처럼 배타적이고, 신경증적이고, 협소한 일부일처제 결혼제도의 실패를 극복하고, 애정의 극대화를 이룰 수 있는 대안이 될 것이다."[30]

분명히, 오랜 기간 서로에게만 헌신해 온 게이 커플들이 있을 것이다. 그리고, 그들은 자신들이 결혼제도를 망가뜨린다거나, 동성애 섹스 칼럼니스트가 사용하는 용어인 모노가미쉬(monogamish)[72]를 믿는다고 생각하지는 않을 것이다. 하지만, 부정할 수 없는 사실 한 가지는 동성 커플들, 특히 남자 커플들 중에 혼음이 많다는 것이다. 이것은 문화의 일부로 받아들여졌다.[31] 레즈비언 작가 카밀 파글리아(Camile Paglia)는 사실 남자 동성 커플들의 난잡한 성관계 능력에 존경심을 표하기도 했다: "여자 동성 커플에게 혼음은 배신이다. … 친밀감의 배신이다. 반면에 남자 동성 커플들은, 아마 내가 성적 가면(Sexual Personae)에서 얘기하는 남성 성생활의 분리성 때문에, 닥치는 대로 하고 싶어하고 짓궂은 성기가 가는 대로 그냥 내버려 둘 뿐이고 그렇게 깊이 가지도 않는다. … 이것은 내가 남자 동성애자에 대해 질투심을 갖고 있는 것들

---

72) 역자 주: 동성애자 파트너들이 서로 장기간 동안 지속적으로 관계를 유지하면서도 다른 사람들과도 성관계를 가지는 경우를 뜻함.

중 하나다."³²

내가 이 책에서 몇 번 언급한 바 있는 유명한 동성애 전략가 컬크와 매드슨(Kirk and Madsen)도 "결국, 방랑하는 남성의 성기는 그 추한 머리를 우뚝 세운다"고 인정한다. 더 나아가 그들은 "그렇다, 그 다루기 힘든 충동은 남자와 여자의 사랑에서처럼, 남자와 남자의 사랑에서도 불가피한 것이고, 오직 남자 동성애자들에게는 이 갈망이 걷잡을 수 없이 더 **빠르게** 시작된다." 따라서, "많은 남자 동성연애자들이 이 피할 수 없는 욕망에 굽실대며 '열려 있는 관계'에 동의하는데, 여기에는 커플의 수만큼이나 많은 기본 규칙의 조합들이 존재한다"고 말했다.³³

최근, 한 할리우드 배우가 나에게 이렇게 말했다. "지난 30년간 함께 살아온 짐(Jim)과 존(John)이 그들의 사랑을 이제 결혼으로 멋지게 마무리하는 감동적인 모습, 그런 모습은 당신이 동성애 운동가나 미디어로부터 얻을 수 있는 메시지가 절대 아니다.", "만족스럽고, 신실한, 진짜 일부일처 같은, 장기적인 관계를 지속하는 짐과 존이 없다는 것은 아니지만, 그런 사람들은 게이들의 세계에서 거의 찾아볼 수 없는 희귀종이다."

그는 계속 말한다. "한 게이 동료가 나에게 말한 적이 있다. '내가 성관계를 갖는 게이들 열에 아홉은 내가 다시 볼 일이 없을 사람들이다. 그리고, 내가 다시 만나는 그 게이들 중 나와 친구가 되는 비율은 열에 하나 정도다.'"³⁴

러시아 인권운동가이자 레즈비언인 마샤 게센(Masha Gessen)의 의견을 들어보자. 그녀는 블라디미르 푸틴(Vladimir Putin)을 반대한 공로로 2014년 6월에 미 국무부 케리(Kerry) 장관으로부터 상을 받은 바 있는 인물이다.

게이들도 결혼할 권리를 가져야 한다. 그리고, 나는 결혼제도를 없애야 한다는 사람들도 머리가 없는 사람이라고 본다. 동성 결혼 투쟁을 하다 보면, 우리가 그 권리를 쟁취하고 나서 무엇을 하려고 하는지에 대해 유언비어가 생긴다. 왜냐하면, 우리가 결혼제도가 바뀌지 않을 것이라고 거짓말하고 있기 때문이다. 그건 정말 거짓말이다. 결혼제도는 변화한다. 아니 변화해야 한다. 다시 말하지만, 나는 결혼제도가 있어야 한다고 생각하지는 않는다.[35]

미국에서 가장 영향력 있는 동성애 운동가 중 한 사람인 댄 새비지의 주장을 살펴보자. 그는 오바마 대통령도 지지하는 캠페인 "더 나아진다(It Gets Better)"의 창설자다.

우리는 사랑과 헌신의 문제를 반드시 다시 생각해 봐야 한다. 60년 전 우리는 남자들에게도 일부일처제가 적용되어야 한다고 결정했었다. 당시 남자들은 일부일처제의 적용을 받지 않았다. 모든 인간 역사는 남자들이 첩과 창녀들을 거느리고 있었다고 기록하고 있다. 60년 전, 이성적 결혼 관계가 좀 더 수평적 관계로 바뀌기 시작했을 당시에도 결혼은 재산 거래의 개념이 약화되었다. – 사실, 기록된 인간 역사 대부분은 결혼을 재산 거래의 형태로 기록하고 있다. – 이제 그것이 동등한 두 인격체의 연합으로 바뀐 것이다. 그런데, 그 당시 변화의 내용이 중요하다. 즉, 남성에게 인정되어 왔던 자유와 재량을 여성에게 똑같이 허락한 것이 아니라, 여성들이 지켜야 했던 한계와 기준을 남성들에게도 똑같이 요구해야 한다고 결정한 것이다. 즉, 우리는 일부일처의 성적 헌신을 우리가 지금 보고 있는 모든 남녀 관계와, 모든 장기적인 헌신과, 모든 결혼의 핵심에 두기로 결정한 것이다.

이제 우리는 이 일부일처가 초래한 폐해를 인정해야 한다. 엄청난 이혼 증가와 단기적 동거관계들의 증가다. 일부일처제는 웃기는 제도일 뿐 아니라, 사람들은 그다지 선량하지도 않다. 사람들이 별로 관심 있어 하지도 않는다. 그렇다고 진화하는 것도 아니다. 이 제도는 부자연스럽다. 또, 일부일처가 수월하게 지켜질 것이라고 하는 기대감이 결혼 및 장기적 헌신 관계를 심각하게 억압하고 있다. …

우리는 금주를 이야기하는 방식으로 일부일처 문제를 다뤄야 한다. 즉, 일부일처라는 마차를 타고 가다가 술에 취해 땅바닥에 떨어질 수도 있는 것이다. 다시 정신 차리고 올라타면 된다. 금주가 가능한 것처럼, 일부일처로 돌아가는 것도 가능하다. 만약 당신이 40~50년간 누군가와 함께 살며 외도를 몇 번 했다 해도, 당신은 일부일처에 충실했으며 나는 이것을 나쁘다고 생각하지 않는다. 나는 일부일처에 어느 정도 자유가 있어야 한다고 본다. 정말 좋은 사랑의 관계들이 파괴되는 경우를 많이 본다. 한쪽에서 아주 사소한 변화를 요구하지만, 이것이 충족되지 않을 경우 그 관계에서 물러나 버려야 한다는 생각을 갖게 되며, 이것이 결국 서로 관계가 깨져버리는 이유가 된다. 나는 보수적이다. 나는 우리가 결혼이나 장기적 관계를 지키기 위해서 할 수 있는 일을 해야 한다고 생각한다. 한 가지 방법은 사람들에게 성적 배타성 문제를 좀 더 현실적인 관점에서 다루어야 한다고 권유하는 것이다.[36]

따라서, 일부일처제는 말도 안 되는 소리이고, 결혼을 지키기 위해서 우리는 적어도 약간의 불륜은 허용해 주어야 한다는 것이다. 이것이 댄 새비지의 입장이다.

한편, 동성애에 있어서 특별히 남성 동성애에 있어서 "세대간 성애" 문제가 있다. 물론, 나와 이야기를 나눴던 남자 동성애자들 대부분은 나처럼 소아성애를 '격렬하게 개탄하고 부정'했지만 말이다. 정말 마음 아프게도, 몇몇 동성애 운동가들은 소아성애 역시 '합의'에 따른 것이면 문제가 없다는 입장이다. 이 중에는 유망한 학자들도 있다. 하지만, 나는 이것은 극소수의 이야기라고 믿는다 – 아니, 그렇게 소망한다.[37] 하지만 이 "세대간 성애"가 30대 남자와 10대 소년과의 로맨틱한 성관계에 관한 것이라면, 이야기가 달라진다. 사실 이것은 남성 동성애계 쪽에서 흔히 있는 일이다.

이것이 남성 동성애자 사회에 있는 누구도 하비 밀크(Harvey Milk, 미국 문화의 아이콘이었던 정치 지도자, 1930~1978)의 성관계 행적을 듣고 눈 하나 깜짝하지 않는 이유다. 유명 게이 저널리스트 랜디 셜츠(Randy Shilts)가 전하는 이야기는 이렇다: 밀크는 11살 때부터 뉴욕 메트로폴리탄 오페라(New York Metropolitan Opera) 공연을 보러

다녔다. 그는 그곳에서 "더듬거리는 손들"을 만나게 되었고, "공연이 끝난 후 (성인 남자와) 짧은 밀회를 즐겼다." 그가 중학생일 때는 "새롭게 발견한 하위문화(동성애 문화를 말함)에 곧바로 뛰어들었다." 또 14살 때 밀크는 "동성애적 삶을 적극적으로 주도했다." 나이가 들어가며, 그때까지의 패턴들을 뒤집었다. 즉, 그가 33살 때 16살의 소년 잭 맥킨리(Jack McKinley)와 성관계를 맺었다. 그 소년은 그가 성관계를 맺어온 자기보다 나이가 어린 많은 남자들 중 한 사람이었다.[38]

이런 일들이 그의 유산에 흠집을 낼까? 전혀 아니다. 왜? 별로 특별한 일이 아니기 때문이다. 게이 저널리스트이자 라디오 호스트 미켈란젤로 시그노릴(Michelangelo Signorile)의 설명을 들어보자:

> 최근 들어 우리가 집중하고 있는 문제는, 우리가 어떻게 (이성애자들과) 똑같을 수 있는지 하는 점이다. 우리는 직업, 가정, 관계 등에 있어서 같은 것들을 원한다. 즉, 우리는 우리 사회와 관계를 건설해 온 데에 있어서의 우리가 실제로 다른 점들을 애매하게 만들고 있다. 역사적으로 남자 동성애자들은 세대간 성관계, 짧은 연애, 혹은 장기적인 연인관계를 (그런 관계를 동의한 성인 사이에서) 계속해 왔다. 이러한 경향은 아마 이성애자들보다 더 높을 것이다.[39]

이 "동의한 성인"은 주로 10대들이었다. [시그노릴이 옹호하는 이 상황은 39살의 할리우드 시나리오 작가 더스틴 랜스 블랙(Dustin Lance Black)과 19살의 영국 다이빙 챔피언인 탐 데일리(Tom Daley) 사건을 포함한다. 다른 남성 동성애자 리더들은 이 문제에 비판적이었다.] 이렇기 때문에, 영향력 있는 HRC의 창립자들 중 한 사람이자, 민주당과 동성애 운동에 주요한 역할을 맡고 있는 테리 빈(Terry Bean)이 2014년 11월 19일에 "15살 소년에 대한 성적 학대죄"로 체포된 것이 그리 놀랍지 않다. (빈은 그 당시 66살이었다.) 원래 빈은 자기 침실에서 남자와 성행위를 하는 모습을 몰카로 촬영했다는 혐의로 조사를 받았었다. 5개월간의 조사 후 빈은 체포되었다.[40]

보수적 저널리스트이자 법대 교수인 매트 바버(Matt Barber)의 지적을 보자: "빈(과 래리) 사건[41]은 고대 그리스의 대중목욕탕만큼이나 오래된 패턴을 따르고 있다. 이는 단순히 가톨릭 교회를 돌아다니며 먹이를 찾는 동성애 포식자 사제 같은 이야기를 하는 것이 아니다. 소아성애 'LGBT' 영웅 하비 밀크부터 세간의 이목을 끄는 듀크 대학교(Duke University)의 프랭크 롬발드(Frank Lombard)와 USC(University of Southern California)의 월터 리 윌리엄스(Walter Lee Wiliams)에 이르기까지, 젊은 녀석들의 동성애 성욕은 만족할 줄을 모른다."[42]

자신의 주장을 옹호하기 위해, 바버는 동성애 운동의 상징적인 선구자인 해리 헤이(Harry Hay)가 한 말을 인용했다. (아마도 누군가는 이런 이야기가 극단적이고 또 부당하다는 느낌을 가질 수도 있다.) "내가 보기에, 동성애자 커뮤니티에서 NAMBLA[73]를 열성적으로 지지하는 사

---

73) 역자 주: 북미 남자·소년 애정 연합(NAMBLA, the North American Man/Boy Love Association) - 뉴욕과 샌프란시스코를 기반으로 설립된 동성애 운동 단체로, 성인 남자

람들은 게이들의 부모나 친구인 것 같다. 그 이유는, 만약 그 부모들과 친구들이 게이들의 진정한 친구라면, 그들은 자신들의 게이 자녀들로부터 13, 14, 혹은 15살의 게이 소년들이 세상에서 가장 하고 싶은 일이 나이 많은 남자와의 성관계라는 것을 알게 될 것이기 때문이다."

내 주장의 요점은 간단하다: 두 남자나 두 여자의 조합은 한 남자와 한 여자의 조합과 분명히 다르다. 따라서, 그러한 관계에 적용되는 규범에 있어서 더 많은 변형이 필요하다.[43] 특히 남성 간의 관계, 그 중에서도 더욱 난잡할 뿐 아니라 심지어 '세대간' 관계도 포함하는 경우는 더욱 그렇다. 이런 현실은 다시 한번 동성애 관계와 이성애 관계가 다르다는 것을 상기시켜 준다. 따라서, 서로 다른 둘을 마치 같은 것으로 취급하라는 요구는 잘못된 것이다.

사회복지사 루이스 파본(Luis Pabon)의 웹 기사 "나는 더 이상 게이로 살고 싶지 않다"를 읽어보자:

> 이 커뮤니티 안에 있는 자기혐오가 수많은 사람들을 깨어지게 만든다. 그들은 자기 파괴적이고, 상처를 입히고, 잔인하고, 서로에게 앙심을 품는다. 나는 나의 도덕률을 내 라이프스타일에 따른 행동에 맞춰보려 무던히 애써봤다. 하지만 이 라이프스타일은 내가 사랑하고 가치 있게 여겼던 모든 것들로부터 나를 멀리 떨어져 버리게 만드는 것 같았다. 나는 단단하게 굳어버린 믿음과 비뚤어진 편견들을

와 소년 사이의 성관계를 적법화하기 위한 운동을 추진하고 있음.

내 생각 속에서 지워보려고 수없이 노력해 보았으나, 동성애자에 대한 전형적인 고정관념이 반복해서 그 흉측한 머리를 쳐들었다. 무분별한 섹스, 천박함, 불안정한 관계, 자기증오, 피터팬신드롬, 은밀한 커넥션, 노인차별, 그늘, 외로움, 섹스에 사로잡힌 생각, 편견, 친밀감에 대한 극혐 등, 내가 묻어버렸다고 생각했던 이 모든 것들이 땅속에서부터 튀어나오는 것 같다. 게이들이 라이프스타일에 대한 고정관념이나 상투적인 생각들을 뛰어넘는 것은 어렵다. 나는 결국 점점 낙심하게 되었다.[44]

이는 동성애자들이 인정하는 것보다 더 보편적인 이야기다. 그렇지만, 동성애 운동가들이 이런 내용을 방송할 리는 만무하다.

거짓말 2: 동성애자들은 주로 동성애 혐오자 때문에 고통을 겪는다.

우리 사회가 점점 더 동성애(와 양성애, 혹은 성전환)를 수용하고 고양할수록, LGBT 공동체 안에서 우울증과 자살, 약물남용, 성병이 더욱 늘어나는 것을 동성애 혐오 탓으로 돌리는 것은 더 어려워진다.

내가 말하려는 것은, 누군가가 본인이 LGBT라고 밝힐 때, 가족 구성원과 지인들이 보여주는 사회적 거부가 초래하는 반사회적, 자기파괴적 행동과 그 엄청난 고통에 대한 것이 아니다. 당신은 이미 이런 것들에 대해 상식 수준에서 알고 있을 것이며, 특히, 나는 가족으로부터 오는 반동성애적 증오가 가져오는 비극적 결말을 축소시키려는 것이 아니다. 그러나 동성애를 사회적으로 허용한다고 해서 이런 자기 파괴적 LGBT 행동들이 줄어들지 않을 것은 명백하며, 이는 LGBT 문화를 오랫동안 허용해 준 나라와 도시에 불균형적으로 남아 있는 문제들이다.

한 보수적 성향의 연구팀의 보고에 따르면,

> 일반적으로 이런 병리적 현상에 대한 책임은 전적으로 또는 상당 부분 동성애자들에 대한 사회적 차별에 있다는 것이 일반적인 가설이다. 하지만, 이 가설을 증명해 보려는 구체적인 시도는 모두 실패했다. 대신, 대안적 가능성은 – 이러한 상태들의 원인이 동성애적 지향성의 정신적 구조나 동성애 라이프스타일 자체의 결과와 관련이 있다는 것 – 오히려 입증되곤 했다. 실제로, 몇 가지 비교문화적 연구의 결과들은 이런 높은 정신적 장애 현상은 동성애 행태에 대한 문화적 용인(또는 혐오)과 무관하다는 것을 시사하고 있다. 우리는 정치적 동기에 따른 왜곡으로 오염되지 않은 심화연구가 이루어져 이 이슈에 대한 평가가 이루어져야 한다고 본다.[45]

이 장 모두에 언급된 미국 질병관리센터는 최근 연구들을 통해 게이와 레즈비언 집단에서 약물남용 비율과 정신질환 비율이 높다는 사실을 보고했다.[46] 이런 상황을 단순히 동성애 혐오 탓으로 돌리는 것은 문제해결에 전혀 도움이 되지 않을 뿐더러, 더 나아가 이 문제에 근본적인 이유를 모색하려는 노력을 거부하는 것은 LGBT 커뮤니티에 몹쓸 짓을 하는 것이다. 또한 유사한 이유로, 게이나 양성애자들의 건강이 매우 위험하다는 추세가 지속적으로 나타나는 이유를 동성애 혐오 탓으로 돌려서도 안 된다.

이것은 애초부터 남자는 남자와 함께하도록 디자인된 것이 아니고, 또 여자도 여자와 함께하도록 되어 있는 것이 아니기 때문은 아닐까? 그것이 이 문제의 일부는 아닐까? 동성애자 사회에서 성병 발병률이 높은 것은 사회의 문제일까 아니면 동성애적 행위의 결과일까?

2014년 영국의 한 보고서는 LGBT 사람들의 마약 사용률이 일반인들보다 높다고 지적한다:

약물에 대한 질문에, 그들 중 76%는 기분전환용으로 마약을 사용한다고 답했고, 31%는 불법 약물을 구매하는 데 평균 한 달에 100유로에서 300유로 사이를 지출한다고 답했다.

성관계 전에 어떤 마약을 사용하냐는 질문에는, 56%가 파퍼(흥분제), 48%가 대마초, 41%가 코카인, 40%가 엑스타시, 32%가 비아그라, 12%가 필로폰, 11%가 케타민, 10%가 메페드론을 쓴다고 답했다.

기분 전환용 마약이 모르는 사람과 성관계를 더 맺을 수 있도록 만들어 주는가 하는 질문에는, 60%가 그렇다고 답했다.[47]

영국의 동성애 리더인 몬티 몬크리프(Monty Moncrieff)의 우려 섞

인 이야기를 들어보자:

> LGB 정체성을 가진 우리가 주로 모임을 갖는 곳은 바나 클럽이다. 그리고 이성애자들보다 더 오래 놀 수 있다. 육아 의무를 지는 사람은 많지 않다. 사실 더 길게 즐기는 것이 정상화되고 있다. 최근에는 게이와 양성애자들 사이에서 눈에 띄게 약 기운으로 성관계를 하는 경우가 늘었다. 어느 틈엔가 마약이 점점 더 우리 침실로 들어오고 있다. 마약이 재미보다 자기 치료를 위해 사용될 때, 우리 모두는 그 원인들이 – 우울증, 불안, 편견 – 우리 사이에 더 만연하고 있다는 것을 잘 알고 있다.[48]

이것은 어느 동성애자가 직접 인정한 말이다. 여기서, '호모포비아'(특히 '편견'의 원인이라고 암시될 수 있는)가 마약의 자기치료적 이유에 나타나 있지 않았다는 점에 주목하라. 사실, 이 논문에 '호모포비아'라는 단어는 단 한 번도 나오지 않았다.

이 모든 것들은 동성애자와 이성애자의 생활 방식에 큰 차이가 있다는 사실을 강조해주고 있다. 미디어는 우리에게 다수의 동성애자들이 '결혼'을 하고 싶어하고 함께 조용하게 살아가길 원한다고 생각하게 만들기를 원하지만, 실상 동성애자들은 이성애자들보다 훨씬 더 파티를 즐기는 삶을 살고 있고, 이는 높은 비율의 마약 사용과 성적 난잡함에 맞물려 있다. 이것이 바로 마약 사용자들이 어떤 특정한 마약을 구하는 데 최적의 장소가 동성애 집단이란 것을 알고 있는 이유이다. 사회적 거절로 인한 자기치료가 아니라 더 많은 파티를 하기 위해 필요한 것이다.

호주의 최근 연구 한 편이 호모포비아는 동성애자들이 겪는 고통의 주된 이유가 아니라는 것을 확실히 보여주고 있다:

많은 사람들이 LGBTI들의 우울증의 주된 이유가 가족들의 거부 때문이라고 생각하는 반면, 새로운 연구는 그 문제가 대개 동성애자들 사이에서 발생하는 관계의 문제에서 비롯되었다고 밝혔다.

델라니 스케렛(Delaney Skerrett) 박사는 퀸즈랜드의 자살 연구에서 호주의 자살예방연구소(AISRAP, Australian Institute for Suicide Research and Prevention) 연구팀을 이끌었다. 그는 "레즈비언, 게이, 양성애자, 트랜스젠더, 인터섹스"(LGBTI) 사람들 사이에서 일어나는 자살들의 주요 원인이 그들의 로맨틱한 연인들로부터 오는 스트레스 때문이라고 밝힌다.

스케렛 박사는 "우리는 LGBTI 사람들의 정신적 고통이 주로 가족들의 거절로 인한 것이라고 생각하는 경향이 있다. 하지만 그러한 경우는 그리 많지 않다. 이러한 갈등은 주로 연애 관계나, 그들의 파트너들과 관련이 있는 것으로 보인다"라고 말했다.[49]

다시 말하지만, 나는 어떤 사람이 자신을 '트랜스젠더' 스펙트럼에 속한 사람이라고 밝힐 때 받을 수 있는 사회적 거절이 원인이 되어 때로는 우울증이나, 성적 학대나 자살로 이어질 수 있다는 것을 의심하지는 않는다. 하지만, 내가 이 책 초반부에 언급했던 대로, 성전환 수술을 했던 사람들 중 많은 이들이 이를 깊이 후회하며 살아가고 있다. 이 점은 그 사람들의 삶 속에 지금까지 잘 다루어지지 않았던 부분을 지적하고 있다. 그래서, 그들은 '치료'보다는 '질병'을 선택하고 있는 셈이 된다. …"

내가 쓴 2014년 6월 19일에 "성전환에 대한 후회"라는 기사는 이렇게 말하고 있다:

존스 홉킨스의 정신의학과장이자 오랜 시간 동안 성전환 수술에 반대해 온 폴 맥휴(Paul McHugh) 박사는 월스트리트 저널에 "정책 입안자와 미디어는 대중에게도, 혹은 트랜스젠더들에게도 전혀 도움이 되지 않는다"는 특집기사를 썼다. 그는, 그들이 트랜스젠더를 "이해와 치료와 예방을 받아야 하는 정신질환으로서의 혼란"으로 생각하지 않는다고 지적했다.

그는 2011년에 스웨덴에서 진행된 어느 연구를 한 편 인용했는데, 그 연구는 324명의 "성을 변경한" 사람들의 삶을 30년 동안 (1973~2003년) 관찰한 것이다. 그 연구는 "수술 후 10년 동안은 트랜드젠더들은 점점 더 정신적인 어려움을 겪기 시작한다. 더욱 놀라운 것은, 그들의 자살 사망률이 일반인들보다 거의 20배나 높다는 것이다"라고 지적한다.

이는 맥휴가 존스 홉킨스에서 수십 년 동안이나 진행해 온 비슷한 연구를 뒷받침하는 것이다. 하지만, 그는 현재 성전환 수술을 반대한다는 이유만으로 비난을 받고 있다.

그가 트랜스혐오증 이외의 문제 때문에 그랬을 가능성은 없을까?

월트 헤이어(Walt Heyer)는 몇 년간 호르몬 치료를 받다가 여성이 되기 위해 성전환 수술을 받는 과정을 혼자 겪었는데, 몇 년 동안 그가 인식한 결과라고는 그가 결국은 남자였다는 것과 그의 삶에는 짚고 넘어갈 다른 문제들이 있었다는 것이다.

그는 다른 사람들을 돕기 위해 SexChangeRegret.com이라는 웹사이트를 만들었고, "아이들을 위한 호르몬 차단제는 미친 짓", "1,500명의 성전환자들이 재전환 수술을 요구한다"(이 집회는 베오그라드에 있는 한 센터에서 열렸다.), "후회는 실제다 – 다시 돌아오는 트랜스젠더들" 같은 기사들을 게재했다.[50]

하지만, 이 일들은 정말 빙산의 일각일 뿐이다.

요약하자면, 미국 사회가 유아에서 성인에 이르기까지 우리 모든 사회의 부문에서 동성애, 양성애, 트랜스젠더를 더욱 포용하게 될수록, LGBT 커뮤니티 안에서 높은 비율로 발생하는 심리적, 정서적, 물리적 문제의 책임을 동성애 혐오증이나 트랜스 혐오증 탓으로 돌리기 어려워진다는 것이다.

다시 반복하지만, 동성애 혁명의 성공은 결국 그것의 가장 큰 약점을 스스로 드러내게 될 것이다.

거짓말 3: 동성애는 선천적이며 변할 수 없다.

이것은 동성애 운동가들의 주장 중 가장 근본적이고 효과적인 논거 중 하나다: "우리는 이렇게 태어났고 또 변할 수도 없다. 그리고 동성애는 선천적으로 잘못된 것도 아니고, 또 우리가 이것을 선택한 것도 아니기 때문에, 단순히 우리의 존재 자체로만 우리에게 잘못이 있다고 하는 것은 정말 악랄하고 편협한 짓이다. 이는 마치 이성애자들이 이성애를 선택했지만 이제 그들이 동성애자가 되어야 한다고 요구받는 것만큼이나 잘못된 일이다. 이게 얼마나 우스운 일인가?"

한 가지 분명히 할 것은, 진짜 동성애자로 태어났다고 믿는 어떤 사람들의 삶 속에 동성애적 욕망이 깊이 뿌리 박혀 있는 경우가 있다는 확실한 증거들이 있다는 점이다.[51] 그리고 많은 동성애자들이 자신들은 간절히 변하고 싶지만 그렇게 할 수 없다는 것도 틀림없는 사실이다. 나도 전혀 의심하지 않는다. 하지만, 사람이 '동성애자로' 태어난다는 확고한 과학적 증거는 없다. 매우 진보적이고 동성애 옹호적인 미국심리학회(American Psychological Association)도 이렇게 말할 정도이다:

한 인간이 이성애, 양성애, 게이, 혹은 레즈비언의 성향을 가지고 성장한다는 정확한 이유에 대해 과학자들 사이에 합의된 결론은 없다. 많은 연구자들이 성적 지향에 대해 유전적, 호르몬적, 발달적, 사회적, 문화적으로 가능한 요인들을 탐구해 보았지만, 성적 지향이 어떤 특정한 요인에 의해 결정된다고 결론 내릴 수 있는 어떠한 연구 결과도 나오지 않았다. 많은 사람들이 선천적 특성과 양육이 동시에 복합적으로 작용한다고 이야기하고, 대부분의 사람들은 성적 지향의 선택에 관한 필요한 이해를 거의 거치지 않는다.[52]

이 의견이 더 놀라울 수밖에 없는 이유는, 이 내용이 "성적 지향과 동성애에 대한 더 나은 이해를 위한 질문에 대한 대답"이라는 열렬한 친동성애 성향의 출판물 속에 들어 있었다는 점이다. 미국심리학회 웹사이트는, 이 책자에 대해 다음과 같이 밝히고 있다.

> 1975년 이후로, 미국심리학회는 레즈비언, 게이, 양성애적 성향과 오랫동안 관련된 정신적 질환의 오해를 없애기 위해서 심리학자들이 앞장서도록 해 왔다. … 이 팜플렛은 자신을 레즈비언, 게이, 혹은 양성애자라고 밝힌 사람들에 대한 편견과 차별의 영향과 성적 지향에 대해 더 깊이 알고자 하는 사람들에게 정확한 정보를 제공하기 위하여 제작되었다.[53]

그렇지만 여전히, 미국심리학회는 아무도 무엇이 동성애를 야기하는지 정확하게 모르고 있다는 사실을 명확히 밝혀야 한다. 사람들이 "동성애자로 태어났다"고 할 만한 결정적인 증거가 아주 작은 가능성이라도 있었더라면, 미국심리학회는 어디에든 그것을 다 보여주고 다녔을 것이다.

영국에서도 상황은 비슷하다. 친동성애 성향이 분명한 왕립심리학회(Royal College of Psychiatrists)도 동성애가 생물학적 요인으로 결정된다는 입장에서 물러선 지 오래다. 지금은 "성적 지향은 생물학적 요인과 생후의 환경적 요인의 조합으로 결정된다"라고 말하고 있다. 그리고 그들이 동성애는 정신질환이 아니고 사회적으로 인정되어야만 한다는 믿음을 내세움과 동시에, "성적 지향이 변할 수 없는 것이며, 한 사람의 삶을 조금도 달라지게 할 수 없는 것은 아니다"라고 덧붙였다.[54]

무슨 말을 하는 것인가? 영국 심리학자 15,000여 명의 컨소시엄이 이제는 동성애가 선천적인 것이 아니고 불변하는 것도 아니라는 사실을 인정하고 있다? 그들에게 이런 변화가 일어난 데 대해 당신은 그 이면에 그들이 확신할 수 있는 많은 증거들이 있다고 믿는 것이 좋을 듯하다. 동성애 운동가이자 일리노이 대학(University of Illinois)에서 역사학과 젠더여성학을 가르치고 있는 존 엘리모(John D'Emilio) 교수는 "나에게 있어서 '태생적 동성애자' 현상에 가장 놀라운 사실은 이를 뒷받침하는 과학적 근거가 실낱같이 얇다는 사실이다. 하지만, 그것이 별 문제는 아니다. 사회적인 유용성을 고려할 때, 어떤 사안을 매력적이고 믿을 만하게 만드는 데 있어서 증거 따위는 별로 중요하지 않다.[55]

하지만 실제로는, 점점 더 많은 연구를 통해 특별히 여성에 있어서 (남성에 있어서도 마찬가지지만) 성의 유동성이 확인되고 있다. 이는 레즈비언인 연구가 리사 다이아몬드(Lisa Diamond)가 자신의 글에서 밝힌 내용이기도 하다. 2009년에 그녀가 인터뷰한 한 조사대상자는 말한다. "동성애 커뮤니티는 성정체성은 불가변적이라는 아이디어를 공고히 다져야 한다는 강박관념에 사로잡혀 있다. 우리가 지금껏 쌓아올린 정치적 지지 기반과 성공적인 이야기들은 모두 '우리는 이렇게 태어났다'라는 관념에 근거해 온 것이다. 하지만, 만일 성적 취향이 그보다 더 복잡한 일이라면? 만약 생물학이 환경, 시간, 문화, 상황 등과 상호적으로 작용하는 것이라면? 우리가 지금까지 전제했던 것들이 모두 흔들리게 되는 것은 아닐까?"[56]

당시 다이아몬드의 주된 관심사는 여성 동성애자였으나, 최근에는 남자 동성애자의 성적 유동성에까지 연구의 범위를 넓혔다.[57] 이런 맥락에서, 셜린 맥크레이(Chirlane McCray)의 이야기는 그리 놀랄 일이 아니다. 뉴욕시 빌 드 블라시오(Bill de Blasio) 시장의 아내인 맥크레이는 이렇게 말했다. "1970년대에 나는 내가 레즈비언인 것을 밝히고, 그에 관한 책을 썼다. 하지만, 1991년에 나는 내 인생의 사랑을 만났고, 그 남자와 결혼했다."[58]

더욱 최근에는, 레즈비언 운동가 레비 컨(Rebby Kern)은 동성애자 출판에 주력하는 Advocate에 특별 기고문을 냈는데, 그 제목은 "나는 양성애자로 다시 돌아간다: 과거 레즈비언의 고백" 부제는 이렇게 되어 있다, "레비 컨은 성인기 대부분을 여자와 사귀었지만, 이제는 *그녀의 성이 유동적이라는 것을 알아가고 있다.*" (이탤릭체는 내가 강조한 것이다). 컨은 스스로 이렇게 말했다:

> 나는 내가 성장하고 변화한다는 것을 인정해야만 한다. 나와 함께 지냈던 사람들의 유형도 수년 간 변해왔다. 내 헤어스타일과 내 몸은 당연히 변했고, 내가 끌리는 대상도 변해왔다.
>
> 내가 레즈비언인 것을 공개했을 때, 나는 답을 하나 체크한 느낌이었다. 자기가 남성이라고 하는 사람과 사귀고 있는 요즘, 나는 내 답을 바꿔야 할 필요가 있다고 생각한다. 요즘 나는 내가 이성애자가 아니라고 밝혔을 때만큼이나 어려운 내적 갈등의 시간을 보내고 있다.[59]

NBA 농구 선수들 중 처음으로 자신이 게이인 것을 밝힌 제이슨 콜린스(Jason Collins) 이야기보다 더 극적인 사례가 있을까? 그에게는 쌍둥이 형제가 있었다. 그런데, 그 쌍둥이 동생은 게이가 아니었다. 여기에서 다시 한 번, 동성애는 유전이 아니라는 사실이 지적되어야 한다. (그렇지 않으면 그 일란성 쌍둥이 둘은 모두 게이였어야 할 것이다.) 2013년에 그가 자신이 게이라는 것을 밝혔을 때, 그와 8년 간 사귀어 온 여자친구 캐롤린 무스(Carolyn Moos)는 그가 게이라고는 전혀 의심도 하지 않았다고 했다. 당연히 나는 콜린스가 자신이 늘 가면을 쓰고 다니며 자신의 진짜 정체성을 부정하고 다녔다고 말했다는 것을 알고 있다. 그러나, 만일 그가 표면상으로는 건강하고 (그리고 아마도 왕성한 성욕의) 이성애 관계를 8년 동안 유지해

왔다면, 아마 그의 성정체성은 자기가 생각하는 것보다 더 복잡하고 가변적인 것이 아니겠는가?

물론, 내가 첫째 원칙을 이야기하며 뉴욕 자이언츠 풋볼 영웅인 데이비드 타이리(David Tyree)에 관해 언급한 대로, 요즘은 "선천적이고 불가변적인" 통설에 이의를 제기하면 이단으로 내몰린다. 그러나 더 많은 사람들이 중년의 변화, 새로운 사랑에 대한 이끌림, 전문적 치료, 영적 전환 등을 통해 동성애를 벗어날수록, 더 많은 사람들이 성적 가변성에 다른 측면이 있다는 점을 증명하게 될 것이다. 또한, 그 규정하기도 어려운 '게이 유전자'를 발견하려는 과학적 노력이 계속 실패로 돌아감에 따라, "이렇게 태어났고 바뀔 수 없다"는 주문을 붙들고 있는 것은 불가능한 일이 될 것이다.

20년도 더 전에, 영향력 있는 레즈비언 작가 카밀 파글리아(Camille Paglia)는 이 "게이로 태어났다"는 근거 없는 믿음에 대해 이렇게 이야기한 바 있다: "동성애는 일반적인 것이 아니다. 오히려 이것은 기존 질서에 대한 도전이다. … 학자들이 좋아하든 말든 자연질서는 존재한다. 그 질서 속에서 출산은 피할 수 없는 하나의 법칙이다. 그것이 질서다. … 우리의 성적 기관들은 출산을 위해 디자인된 것이다. … 생래적 게이로 태어나는 사람은 없다. 그것은 웃기는 아이디어다. … 동성애는 적응의 문제다. 태어나면서 갖고 있는 특성의 문제가 아니다."[60]

이제 그녀가 던진 질문에서부터 시작해 보자:

게이 정체성의 개념이, '어떤 사람들은 게이를 벗어나고 싶어한다'는 생각을 견뎌내지 못할 정도로 허약한 것인가? 성적 지향은 매우 가변적이고, 이론적으로는 그 전환도 가능하다. 하지만, 말을 듣지 않는 것은 '습관'이다. 이 현상은 비만, 흡연, 알코올 중독이나 약물 중독 등과 같이 다른 명백한 사례와 마찬가지다. 한번 감각신경 경로가 불타오르고 반복되면 깊어진다. 이것은 게이들이 이성애적으로 행동하는 방법을 배우는 데에 도움을 준다. 만약 그들이 이 완벽하게 이상적인 목적을 바란다면 말이다. 우리는 아이들이 젠더에 따라 몰려다니는 사춘기 전 단계에서 아이들의 동성애 성향이 일시 중지되는지 여부에 대해서도 솔직하게 검토해 봐야 한다. '동성애는 선택이 아니다, 동성애 혐오적 사회에서 누구도 게이로 살겠다고 선택하려 하지 않을 것이다'와 같은 거짓말들이 돌아다니고 있다. 하지만, 성적이든 아니든 모든 행동에는 선택이라는 요소가 있게 마련이다. 반대쪽 성을 다루는 데는 노력이 필요하다; 당신의 본성에 따르는 것이 더 안전하다. 도전할 것인가 아니면 안주할 것인가, 이것이 문제의 핵심이다.[61]

물론 많은 동성애 운동가들이 그녀의 노골적인 말을 불편하게 여길 것은 자명하다.

프리랜서 저널리스트 블레이크 아담스(Blake Adams)는 이렇게 주장한다. "게이들의 가장 강력한 플랫폼은, 잘 정리된 듯 보이지만 아직은 너무 간단한, 운명론이다. 이것은 절대 과장된 표현이 아니다." 즉, 생물학적 결정론이다.[62] 그렇다면 만약, 지금까지 게이 운동의 바

퀴를 지탱해 온 바로 이 핵심 고정쇠가 사라져 버린다면 무슨 일이 벌어질까?

거짓말 4: 비극적인 매튜 셰퍼드 살인사건은 동성애 증오 혐오 범죄였다.

어느 누구도 나이 어린 매튜 셰퍼드(Matthew Shepard) 살인사건의 잔혹함을 축소시킬 수는 없을 것이다. 그는 울타리에 등을 대고 묶인 채 그의 두개골이 박살날 때까지 권총으로 얻어맞고 와이오밍 라라미 지역의 얼어붙는 추위 속에서 홀로 죽어갔다. 결국 1주일이 채 안 되어 그는 인근 병원에서 죽고 말았다. 그의 죽음은 다른 게이들과 레즈비언들에 대한 학대에 대한 관심으로 이어졌다. 그런 점에서, 그의 죽음이 헛되지는 않았다.

그러나, 그 이후의 상황은 다른 이야기이다. 근거 없는 믿음에 기초해서 국가가 법을 만드는 것이 마땅한 일인가? 미디어가 꾸며낸 거짓말을 계속 유지하는 것이 과연 옳은 일인가? 거짓에 기초한 시민권 운동이 과연 올바르다고 할 수 있는가? 진실은 이것이다. 2007년 의회는 날조된 거짓말에 근거한 매튜 셰퍼드법을 통과시켰다.

보통 일반인들에게 알려진 이 사건의 내용은 이렇다. 매튜가 술집에서 두 명의 낯선 사람들, 애런 맥킨니(Aaron McKinney)와 러셀 핸더슨(Russell Henderson)을 만났고, 그들은 매튜가 게이인 것을 알고는 그를 때려 죽였다. 하지만 진상은, 그가 살해당한 이유에 대한 증거는 아무것도 없으며, 오히려 애런과 매튜는 사건 당일 전부터 이미 서로 알고 지내던 사이라는 사실을 증명하는 증거는 많았다는 것이다. 심지어 그들은 서로 성관계를 맺어 왔다는 증거도 있었다.

이런 내용들, 아니 훨씬 더 많은 이야기들이, 2013년 발간된 스테판 히메네즈(Stephen Jimenez)의 '매트의 책: 매튜 셰퍼드의 살인사건의 숨겨진 진실'에 충격적일 정도로 상세하게 폭로되어 있다. 히메네즈는 수상경력 있는 저널리스트이자 TV 프로듀서로, 이 책을 위해 13년간 엄청난 고생 속에 조사와 연구를 진행했다.[63] 게다가, 그는 공개적인 게이다. 그는 논란을 불러일으키고 싶은 마음보다, 사건을 조사해 볼수록 일반인들에게 알려진 이야기에 잘못된 부분이 있다는 것을 깨닫게 되면서 그것을 알리고 싶은 것이라고 했다.

예상한 바와 같이, 그의 연구조사에 대해 극렬한 반대가 이어졌다. 줄리 빈델(Julie Bindel)이 Guardian지와의 인터뷰에서 "히메네즈는 수정주의적 역사론자로 비난을 받고 있다. 이들은 보통 홀로코스트를 부인하는 극단적 우파적 성향을 취하고 있을 뿐 아니라, 동성애 혐오자들이다. 히메네즈는, '사람들이 그 책 속에 있는 사실에 반대하는 것이 아니고, 그 책이 갖고 있는 생각에 반대한다'고 말했지만, 사실은 '나에 대한 그의 분노들이 매우 극단적이다'"라고 했다.[64]

히메네즈가 문서 증거들을 통해 반동성애 혐오범죄 관련 이야기들을 비판하고자 ABC의 20/20[74] 프로그램과 협력하던 2004년, 동성애 운동 단체인 인권운동캠페인(Human Rights Campaign), GLAAD 주도로 그 쇼를 막으려고 ABC에 압력을 넣기 시작했다.[65] 신화에 절대 손대지 말라![20/20의 제작 책임자 데이빗 슬로안(David Sloan)도 게이였지만, 그 역시 거짓말을 반복하는 것보다 진실을 밝히는 데 관심이 있었다.]

존경받는 게이 저널리스트 앤드류 설리번(Andrew Sullivan)이 그 20/20 다큐멘터리에 등장해서 이렇게 말했다. "당신이 어느 시민권 운동을 특정 사건이나, 또는 특정 사건에 관한 근거 없는 신화에 기반을 두고자 한다면, 그것은 분명 화를 자초하게 될 것입니다. 왜냐하면 사건들은 정치인들이나 운동가들이 원하는 것보다 훨씬 더 복잡하기 때문입니다."[66] 정확한 지적이다.

다시 말한다면: 이 내용은 절대 매튜의 비극적인 죽음을 축소하려는 것도, 사랑하는 사람을 잃은 그 부모나 형제들의 슬픔을 무시하는 것도 아니다. 이 사건 때문에 LGBT 사람들이 겪는 고통을 인식하게 된 것은 분명 긍정적인 발전이다. 하지만, 이것은 동성애 증오 혐오범죄 방지법의 근거가 된 상징적 이야기가 전설처럼 과장된 거짓말이라는 것을 말해주고 있다.

---

74) 역자 주: 미국 방송사 ABC의 '20/20'는 1978년 6월부터 시작된 시사매거진 프로그램으로, 1968년 CBS에서 시작한 '60 Minutes'에 대응하여 정치적 또는 사회적 이슈보다는 인물 중심으로 어떤 사건이나 이야기들의 구체적인 배경을 전하는 데 초점이 맞춰져 있음.

거짓말 5: 동성애자는 새로운 흑인이다.

내가 자주 받는 질문들 중 하나는, 동성애자들의 인구가 이렇게 작은데 이런 짧은 기간 사이에 어떻게 이런 엄청난 변화를 가져올 수 있었는가 하는 점이다. 내 대답은 이렇다: 그들 혼자서 한 일이 아니다 – 즉, LGBT 사람들을 새로운 흑인이라 생각하고 그들의 투쟁을 새로운 시민권 운동으로 인식하는 이성애자 동맹군의 도움이 있다. 그리고, 미국 역사 속에서 노예와 차별의 문제를 생각한다면, 이는 정말 강렬한 주제가 아닐 수 없다.

나는 오늘날 흑인 리더들 중 시민권 운동에 참여하여 동성애자들을 새로운 흑인이라고 말하는 사람들이 있는 것을 알고 있다. [가장 적절한 사례로, 존 루이스(John Lewis) 상원의원을 들 수 있다.] 하지만, 내가 이 주제에 대하여 내 라디오 쇼에서 청취자들과 대화를 나눠보면 분위기는 전혀 다르다. 내가 흑인들의 시민권 운동과 오늘날 동성애 운동을 동등하게 보는 것이 적합한가 하는 질문을 하면, 수많은 아프리카계 미국인들의 반대의견 전화가 홍수처럼 거세게 빗발친다.

그들 중 몇몇은 흑인들이 당했던 공개적 탄압을 상기시켜 준다. 소화전으로 물 폭탄을 맞고 경찰견에게 공격을 당했던 흑인들, 그들을 문전박대했던 호텔 주차장의 차 안에서 밤을 지낼 수밖에 없었던 흑인 가족들, "유색인종들은 꺼져라"라고 쓰여 있는 분수대 – 흑인 노예에 대한 이 나라의 끔찍한 역사는 두말할 나위도 없다.

비록 그들도 많은 LGBT 사람들이 고통을 경험하는 것을 인식하고 있다 해도, 그들은 게이와 레즈비언들이 흑인운동을 가로챘다고 느끼고 있다. 그들은 그런 단순비교가 정당하지 않다고 믿으며, 오늘날 미국의 게이와 레즈비언의 평균적 재정 수준이 차별당하던 시절의 (혹은 이 문제에 대해서라면 오늘날까지도) 아프리카계 미국인들의 평균보다 훨씬 더 낫다는 것을 지적하기도 한다.

Out.com사이트에 올라와 있는 가장 영향력 있는 50명의 게이 리스트[67]와 시민인권법(Civil Rights Act)이 발효되어 공식적인 차별이 끝났다고 할 수 있는 1964년을 기준으로 그 이전의 아프리카계 미국인 리더들을 비교해 본다면, 어떻게 그 두 그룹이 동등하다고 말할 수 있겠는가?

수즈 오만(Suze Orman), 전국적 TV 호스트이자 존경받는 금융권 전문가
앤더슨 쿠퍼(Anderson Cooper), CNN의 간판 앵커로 가장 친숙한 얼굴 중 한 명이며 MSNBC(미국의 케이블 채널) Rachel Maddow 쇼에서 유명함.
애니스 파커(Annise Parker), 휴스턴 시의 시장
데이빗 게펜(David Geffen), 가장 강력한 미디어의 거물 중 한 명
팀 쿡(Tim Cook), Apple 사의 CEO

뭐? 1964년 이전의 저명한 흑인 금융권 인사가 떠오르지 않는다고? 저명한 흑인 뉴스 진행자나 큰 도시의 흑인 시장도 없었단

말인가? 1964년 이전에 미디어 거물인 흑인이나 포춘(Fortune)지의 500명 CEO 안에 들어가는 흑인이 단 한 사람도 생각나지 않는다고? 그렇다면 …

제이슨 콜린스(Jason Collins)가 NBA 선수들 중 처음 공식적으로 게이 선언을 했을 때, 그는 대통령으로부터 축하전화를 받았다. 재키 로빈슨(Jackie Robinson)이 메이저 리그에 처음으로 유색인종의 장벽을 뚫었을 때 일어났던 일일까? 어림도 없는 소리다. 그리고 로빈슨이 흑인 선수로 어느 날 갑자기 나왔을 때, 콜린스가 그랬듯이 가장 가까운 친구들에게 놀라움을 안겨주었을까? 아니면, 그의 피부색 때문에 증오와 살인협박의 대상이 되었을까? 제이슨 콜린스를 새로운 재키 로빈슨으로 만드는 것이 정말 터무니없는 일인 것처럼, 성적 지향을 새로운 시민권 투쟁으로 만드는 것도 불합리하기 그지없는 일이다.

동성애자가 왜 새로운 흑인이 될 수 없는지 짧게 요약해 보자:

1. 피부색과 행태 사이에 비교는 있을 수 없다.

게이와 레즈비언들이 행동보다는 정체성을 강조하지만, 동성애는 결국 로맨틱한 끌림이나 성적 행동으로 정의된다. 어떻게 이것이 누군가의 피부색과 동일시될 수 있겠는가? 피부색은 도덕성의 문제가 아니다. 흑인과 백인(혹은 황인과 인디언) 사이에는 아무런 도덕적 차이가 없다. 그에 반해, 로맨틱한 끌림과 성적 행동은 주로 도덕적 (혹은 비도덕적) 특성에 관한 문제로, 헌법 어디에도 누군가의 성욕이나 연애욕구를 충족시키도록 해 주는 '권리'는 없다.

2. 많은 동성애자들이 겪고 있는 실제 어려움은 아프리카계 미국인이 겪었던 무시무시한 고통과 공정하게 비교될 수 없다.

보수적 게이 저널리스트 찰스 와인코프(Charles Winecoff)가 표현한 바와 같이, "뉴스속보: 미국의 흑인들이 힙합패션 디자이너로 시작하지 않았다 – 그들은 노예였다. 당신이 선택해서 동성 파트너와의 결합을 즐기는 것과 당신의 피부색 때문에 식수대에서 물도 못 마시고, 식당에서 점심도 못 먹고, 화장실도 사용하지 못하는 것 사이에는 엄청난 차이가 있다."68

우리의 과거에 흑인 미국인들이 겪었던 끔찍한 고통과 비교할 때, 도대체 미국 어디에서 동성애자들이 사회적 용인을 받기 위해 린치를 당하고 있는가? 대체 LGBT와 미국 노예매매가 어떻게 동등하다는 말인가?

3. 피부색은 선천적이고 변할 수 없지만 성정체성은 그렇지 않다.

이에 대해서는 이미 이전 장에서 논의했기 때문에 여기서 다시 반복하지는 않겠다. 하지만 "선천적이고 변할 수 없는"

이라는 거짓말이 "동성애자는 새로운 흑인이다"라는 개념의 불에 기름을 붓는 격이라는 것을 기억하자. 비록 대중들의 의견과는 반대지만 예전에 동성애자였던 사람들은 있어도, 예전에 흑인이었던 사람은 없다는 사실만 언급해도 충분할 듯하다. 이는 또한 피부색은 행동과 비교할 수 없다는 것을 강조하는 말이기도 하다. 동성에게 끌리는 어떤 사람이라도 그의 성적 행동을 바꿀 수는 있기 때문이다. 흑인은 그의 검은 피부색을 바꿀 수 없다. 환언하면, 유전자가 결정하는 것은 피부색이지 행동이 아니다.

4. 다른 인종간 출산(결혼)을 금지하는 부당한 법을 없애는 것은 결혼과 가족의 근본적인 재정의를 필요로 하지 않지만, 동성 '결혼'을 합법화하는 데는 필요하다.

흑인과 백인 사이의 결혼은 항상 결혼의 두 가지 주된 요소들을 포함한다. 즉, '한 남자'와 '한 여자'이다/ (단지 '두 사람'이 아니다.) 그리고 원칙적으로, 다른 인종간 결혼은 자연적인 출산으로 이어진다. 그리고, 그 결과 그 아이에게 아버지와 어머니가 생기게 된다. 반대로, 동성 '결혼'은 자연적 출산과 무관하다. 뿐만 아니라 자녀에게 아버지와 어머니를 만들어주는 것도 아니다.

타인종간의 출산을 금지하는 법을 철폐하는 데는 단순히 흑인 배척주의적 편견을 없애는 것만으로도 충분했다. (왜냐하면, 당시 법에 따르면 백인 남자는 원주민 인디언 여자와는 결혼할 수 있었기 때문이다.) 반면에, 동성 '결혼'을 합법화하는 데는 무엇보다 결혼에 대한 재정의(이는 비독점적 다중성애자, 일부다처론자, 이미 법적·사회적 논쟁을 야기하고 있는 근친 '결혼' 옹호자들에게 문을 열어주게 되는 것이다.)와 동성애 일반화(초등학교 교육에서부터 시작해서)를 필요로 한다.

더 할 말이 많지만, "동성애자는 새로운 흑인이 아니다"라는 주장이 근본적인 결함이 있는 생각을 증명하는 데 이만하면 충분하다는 생각이 든다.

할리우드 액션

동성애자들에 대해 다음과 같은 거짓말과 오해들이 있다: 동성애자들은 평화를 사랑하며 관대하다; 성적 지향을 바꾸려는 것은 위험하고 해롭다; 탈동성애자(ex-gay) 같은 것은 없다; 반동성애자들 중 일부는 커밍아웃하지 않은 동성애자들이다. 이 중에서 나는 동성애 운동가 법안이 (그 법안은 매우 억압적이다.) 통과되는 과정에 중요한 역할을 했던 거짓말 문제를 살펴보려고 한다. 어떤 시점이 되면, 이런 거짓말은 진실의 빛 가운데 폭로되어 동성애 혁명에 큰 장애가 되기 마련이다.

뉴저지 주 의회에서 나온 어느 증언 하나를 소개한다. 이 증언은 "동성애 전환치료"에 관한 것이다. 주로 그 위험성에 대해 묘사하고 있다. 당시 이 발언은 마치 할리우드 영화의 대사인 것처럼 사람들의 관심을 사로잡았다. 그 발언 때문에, 동성에게 끌리는 성향에 관해 전문상담을 받고 싶은 미성년자가 있어도 받지 못하도록 하는 법이 만들어졌다. (이 내용에 대해서는 제1원칙에서 설명하였다.) 안타깝게도, 이것은 정말로 할리우드에서 따온 것이었다.

증언자는 브리엘 골다니(Brielle Goldani)라는 사람으로, 골다니는 남자로 태어났으나 지금은 자신을 여자라고 인식하고 있다. 그의 부모는 그를 참된 방향(True Directions)이라고 하는 종교캠프에 보냈다. 참된 방향(True Directions)은 하나님의 총회(Assemblies of God)라는 보수 기독교 교단에서 운영하는 사역이었다. "골다니는 의원들에게 그들이 치료의 일환으로 전기 충격과 구토를 유발시키는 약을 먹였다고 증언하였다."

그 청문회에 크리스토퍼 도일(Christopher Doyle)이라는 전문상담가도 출석했다. 그는 탈동성애자다. (그렇다, 이런 사람들은 매우 많다.) 그는 그 법안에 반대하는 의견을 의원들에게 전달했지만, 골다니의 이야기를 듣고 상심하여 그 이후로 더욱 연구에 몰두하게 되었다. 그 결과, 그는 다음과 같은 사실을 알아내었다. (1) 오하이오 주 국무부와 법무부에 따르면, 참된 방향(True Directions)이라는 캠프가 열린 적이 없다. (2) 하나님의 총회(The Assemblies of God)와 그 캠프를 지원했다고 의심받는 지역 교회는 그 캠프에 대해서 들어 본 적도 없고, 그러한 야만적인 치료 방법을 절대 승인하지도 않았을 것이라는 입장을 표명했다. (3) 오하이오 주에서 자격증을 보유한 치료사들은 이러한 치료를 절대 용납할 수 없다.

그렇다면 골다니의 끔찍한 이야기는 대체 어디에서 온 것인가? 도일은 이 이야기가 1999년도에 제작된 루폴(RuPaul) 주연의 영화 "하지만 나는 치어리더야(But I am a Cheerleader)"에서 온 것이라고 설명한다. 이 영화에서 주인공은 그녀의 가족으로부터 레즈비언이라는 의심을 받고 '전환치료'를 위해 "참된 방향(True Directions)"이라는 캠프에 보내진다.[69] 정말 놀라운 일이다! 그럼에도 불구하고 뉴저지 주 의회는 골다니가 지어낸 이야기에 놀아나 이 법안을 통과시켰고 크리스티 주지사는 이 법을 공표하였다.

슬프게도, 이 사건은 처음이 아니다. 동성애 치료에 대한 전문 상담에 대해 이런 식으로 지어낸 이야기들이 많이 있다. (단, 여기에서 '상담'은 상담사가 내담자와 하는 '대화'를 의미할 뿐 충격요법 등을 포함하는 것이 아니다.)[70] 그러나, 우리는 지금 이런 시대를 살고 있다: "거짓말, 허위, 그리고 오해가 동성애 혁명에 큰 도움이 되었고, 단순히 "동성애는 좋은 것"이라는 단계를 지나서, "동성애자가 되는 것을 막을 수 없으며, 막는 것을 불법으로 만들겠다." 반대되는 가치와 아이디어에 대한 탄압은 말할 것도 없다.

거짓말 위에 지어진 집은 무너진다

이제 우리에게 주어진 도전은, 그 거짓말들이 진실인지 아닌지 여부를 밝히는 것에 머물지 않는다. 우리에게 중요한 질문은 이것이다. 대중이 지금까지 미디어에 놀아나 거짓말에 기초한 정책들을 지지했다는 사실을 깨닫게 된다면 어떻게 될까? 물론 나는 모든 사람을 평등하게 대해야 한다는 것을 존중하며, 모든 사람이 법 앞에서 평등한 대우를 받는 것을 간절히 바라는 사람이다. 그러나, 나는 단언코 거짓말에 근거해 아젠다를 발전시키는 것을 반대하며, 그 거짓말들이 드러나도록 하는 데 최선을 다할 것이다.

어떤 사람이 말하기를, 만일 당신이 거짓말을 하는데 그 거짓말이 충분히 그럴 듯하고 또 계속 그것을 반복하면, 사람들은 마침내 그것을 믿게 된다. 하지만, 그 거짓말은 국가가 그것이 초래할 정치적, 경제적 그리고/또는 군사적 결과들에 대해 사람들이 듣지 못하도록 귀를 막는 동안에만 겨우 유지될 수 있다. 그 결과 국가는 그 반대의견들을 억누르기 위해 모든 수단들을 동원한다. 왜냐하면, 진실이야말로 그 국가에게 가장 위협적인 적군이기 때문이다.

그러나, 거짓말이 드러나면 어떤 일들이 발생할 것인가? 동성애의 일반화와 결혼의 재정의를 반대하는 것이 증오 때문이 아니라 사회를 위한 최선이 무엇인지에 대한 고민 때문이라는 것을 사람들이 깨닫게 된다면, 그리고 동성애 혐오자라고 낙인찍힌 사람들이 실제로는 긍휼과 동정심이 많은 사람이라는 사실을 깨닫게 된다면 어떻게 될까? 사람들이 동성애자의 관계와 이성애자의 관계에 실제로 큰 차이가 있다는 사실을 알게 된다면 어떻게 될 것인가? 동성애자들의 고통이 동성애 혐오에서 오는 것이 아니며, 동성애는 타고나는 것이 아니라 변할 수 있으며, 동성애자들은 새로운 흑인(차별 받는 인종)이 아니며(트렌스젠더가 새로운 흑인이라는 것은 고사하고), 그리하여, 동성애 인권화 운동이 시민권 운동과 전혀 다르다는 사실을 알게 되면 어떻게 될 것인가?

사람들이 속았다는 사실을 알게 되면 어떻게 될까? 그 답은 시간만이 해줄 수 있을 것이다. 하지만 이것은 확실하다. 거짓말에 근거한 혁명은 결국 망한다. 그리고 진실의 편에 선 자들이 끝까지 살아남을 것이다. 요한이 복음서에 기록한 것처럼. "빛이 어둠에 비치되 어둠이 이기지(NET, RSV 역본) 못하더라"(요 1:5).

진실을 말하고, 쓰고, 선언하고, 두려움 없이 전파하라. 지혜, 사랑, 용기를 가지고 어떻게든, 어디서든, 언제든 진리를 전파하라.

SNS에 속았을 때, 직장에서 지목되고 비난받았을 때, 교단에서 당신의 언행을 문제 삼았을 때, 가족들이 당신에게 혐오스럽다고 말할 때 물러서지 말고, 침착하게 사랑을 담아 진실을 전하라. 당장은 사람들이 당신을 비웃을지 몰라도, 그들은 당신이 한 말을 오랜 시간을 두고 평가하게 될 것이다.

제 7 원칙

하나님을
염두에 두라

교회가 지나치게 가버려 상황을 되돌리기에는 늦었다.
― 존 마샬 대법원장이 매디슨 주교에게 보낸 글

제임스 에드윈 오어(1912-1987)는 영적 각성운동의 권위자 중 한 사람이다. 그는 1850년대 중반 부도덕성, 폭력 범죄, 심령술(Spiritualism), 부패, 무신론이 번성하고 미국 교회들이 세속화되었다고 말한다. 이어서 1857년 뉴욕시에서 대부흥운동이 시작되어 진리가 선포되었고 불길처럼 전국으로 확대되었다.[1] 메리 스튜어트 랠프는 1857년 부흥은 미국 정부와 재계의 회복을 가져왔다고 말했다. 사회의 규범을 지키려는 움직임과 사회적 약자에 대한 관심이 커져갔다. 미국은 다시 하나님을 찾는 국가가 되었고 부흥은 여러 사회악의 해결책이 되었다.[2]

수년 후 링컨 대통령은 노예해방을 선포하였고 남북전쟁이 터졌다. 이것은 강력한 영적 각성 이후에는 거대한 문화적 변동이 따라

온다는 것을 보여주었다. 1차와 2차 영적 대각성 운동을 기록한 역사학자들은 미국은 영적인 부흥에 의해 변화될 수 있다고 말한다.[3]

가까운 미래에 또다른 영적 대각성 운동이 일어날 수 있을까? 미국은 영적 각성에 의해 변화될 수 있을까? 이에 대한 해답을 찾기 위해 우선 미국 사회를 면밀히 관찰해 보고자 한다.

게이 혁명과 젊은 미국

게이 혁명의 성공을 주장하는 측은 인구학적인 논거를 들어 혁명의 성공을 자신한다. 나이가 든 세대들은 동성애 운동에 강하게 반대하는 데 반해 젊은 세대들은 강하게 찬성한다. 심지어 공화당 내에서도 이 사실이 적용된다. 2014년 3월 11일 퓨 연구센터에서 조사한 바에 따르면 전체 공화당원의 39%가 동성 결혼을 지지한다. 하지만 18세에서 29세까지의 소위 밀레니엄 세대들의 경우 61%가 지지한다.[4]

이들의 주장은 명확하다. 게이 운동을 반대하는 구세대가 시간이 지나 사라지면 게이 운동에 찬성하는 신세대가 그 자리를 대신할 것이라는 것이다. 새로운 세대들은 게이 운동에 더 긍정적인 반응을 보이고 이는 결국 '두 아빠'나 '두 엄마'에 의해 양육된 아이들이 미국의 일반적 시민으로 자리 잡게 될 것이다. "2003년에는 약 3분의 1의 미국인이 동성 '결혼'에 찬성하였던 것에 비하면 지금은 대다수의 미국인이 이에 찬성한다. 공화당원들의 찬성률은 상대적으로 낮지만 최근 조사에서는 3분의 1의 공화당원이 동성결혼에 찬성하였다. 그리고 이러한 추세는 젊은 세대가 선거 가능 연령이 되면서 더 가속화될 것이다. 30세 미만의 유권자들은 70%가 동성결혼을 지지한다."(2013년 2월 26일 뉴욕타임즈)[5]

게이 혁명의 승리는 확실해 보인다. 2013년 4월 8일 타임지는 "동성애 결혼은 이미 승리하였다: 대법원은 아직 결정하지 못했지만 미국은 결정했다"라는 특집기사를 냈다. 특집호 표지로 게이 커플과 레즈비언 커플이 키스하는 사진이 실렸다.[6] 물론 이 보도는 동성애 진영이 게이 혁명의 이정표로 삼고 있는 결혼보호법(DOMA) 위헌 판결이 내려진 2013년 6월 이전에 일어난 일이다.

11개월이 지난 2014년 5월 사라 포스너가 미국판 알 자지라에서 "10년 후 동성 결혼의 물결은 완전한 대세가 될 것이다"라는 기사를 발표했다. 포스너는 로드 드레허가 미국 보수지 아메리칸 컨서버티브(American Conservative)에 2014년 3월 발표한 비관적인 견해를 언급했다. "보수주의자들의 운동 내에서도 동성 결혼의 승인에 대해 용인하는 경향이 보인다. 문화의 측면에서 우리는 이미 확실히 패배했다."[7]

그렇다. 더 이상 논의할 필요도 없이 보수주의 전문가들도 보수 진영이 패배했다고 이야기한다.

종교칼럼니스트 짐 힌치는 2014년 6월 "복음주의자들이 동성

결혼에 대해 생각을 바꾸고 있다(And the Bible isn't getting in their way)"
라는 제하의 글을 기고하였다.

과거 10년간 복음주의자들이 동성 결혼에 찬성하는 비율은 2배나 증가하였다.(Public Religion Research Institute 조사결과) 현재 복음주의자의 4분의 1은 동성 결혼을 찬성한다. 베일러 대학교 연구팀의 조사에 의하면 이들은 과거 도덕적 기준에서 동성 결혼을 반대하였지만 이제는 더 이상 동성 결혼을 반대하는 법을 입법하는 데 찬성하지 않는다.

유명한 복음주의 대형교회 목회자들과 베스트셀러 작가들조차 최근 동성 결혼의 지지를 선언하였다. 지금까지 동성 결혼에 반대했던 다른 리더들도 목소리를 낮추고 있는 실정이다.[8]

정말 전투는 끝났는가?

동성애 지지자들의 승전보에 기독교인들은 패배의 타월을 던져야 할까? 동성애 운동가인 웨인 베슨은 기독교 진영에 치명적인 약점이 있다고 주장한다. "2011년 루이스 마리넬 리가 지적한 것처럼 많은 사람들이 동성애를 자유의 측면에서만 이해한다. 하지만 헌법에 보장된 시민의 권리를 지지하는 것은 보수적인 주제이기도 하다."

다른 사례로, 동성 결혼을 금지한 캘리포니아 주 제8법안을 수

호했던 데이비드 블랙혼 같은 전문가들이 입장을 번복한 것을 들 수 있다. 레이건과 부시 행정부에서 일하였으며 캘리포니아 제8 법안을 뒤집었던 테드 올슨도 있다. 베슨은 동성 결혼 찬성에서 반대로 입장을 변경하는 경우는 없다면서 빛을 본 사람은 어둠으로 돌아가지 않으려 한다고 말했다.[9]

일단 동성 '결혼'이 합법화된 이후에는 이것을 뒤집기는 현실적으로 어렵다. 동성애 반대의 마지막 보루였던 종교계에서도 지도자들이 반동성애의 신념을 포기하고 성경 말씀을 새롭게 해석하려고 한다. 게이 주교로 알려진 유진 로빈슨은 오바마 대통령이 지지한 그의 책 《하나님은 사랑을 믿으신다》에서 하나님은 사랑의 존재이시므로 그분은 동성간의 사랑도 믿으실 것이라 확신한다고 썼다.[10] 실제로 몇몇의 성직자들은 동성애가 죄가 아니라 동성애를 혐오하는 것이 죄라고 선언하고 있다.[11]

현재 많은 보수 지도자들이 우리가 문화전쟁에서 패배했다고 인정하고 있다. 하지만 이 책을 통해 현재와 가까운 미래에는 우리가 패배한 것처럼 보일지라도 아직 결론을 내리기는 이르다는 것을 알 수 있을 것이다.

아직 수건을 던질 때가 아니다.

동성애자들의 위협적인 작전으로 인한 역풍은 우리의 언론, 종교, 양심의 자유가 계속 침해당함에 따라 오히려 증가할 수 있다고 지적한 바 있다. 또한 우리 사회의 동성애에 대한 수용은 성적인 혼란으로 인한 타락이라고 말한 바 있다. 이러한 성적인 혼란 속에 있는 사회는 번영할 수 없다. 우리는 궤도를 수정할 필요가 있다.

결혼을 다시 정의하는 것은 사람들로 하여금 결혼을 하나님이 의도하신 바대로 다시 인식하게 하는 것이다. 같은 방법으로 동성애를 둘러싼 논란은 미국인들이 게이 혁명이 우리를 전혀 의도치 않은 방향으로 이끌어 갈 수 있다는 것을 인식할 때 해결될 수 있다. 게이 혁명의 핵심 주장들이 사실의 오류와 거짓, 과장에 기초하고 있으며 진실을 알리면 거짓은 자연히 드러나게 되어 있다. 젊은 세대들 역시 게이 혁명의 직접적인 결과를 알게 된다면 생각을 바꿀 것이다.

마치 수년 전 낙태에 대해 찬성했던 젊은 세대들이 오늘날 임신중절합법화에 반대하는 것과 유사하다.[12] 오스틴 루스가 공화당 청년당원들 사이에 동성 결혼을 지지하는 추세는, 낙태에 대한 그들의 태도가 변화했던 것처럼 보수적으로 변화할 수 있다고 지적한다.[13] 동성애 주제에 이런 일이 일어나지 않겠는가?

1973년 연방대법원이 Roe v. Wade 판결[75]을 내렸을 때, 낙태반대진영은 무척 당황했다. 하지만 곧 전열을 가다듬고, "생명이 수

---

75) 역자 주: 연방헌법상 낙태권을 최초로 인정한 대법원 판례로, 임신 6개월까지 낙태권을 인정.

정과 함께 시작된다는 사실을 확인하는 연방헌법 개정"을 추진했다. 니나 마틴이 뉴 리퍼블릭(New Republic)에서 발표한 바에 따르면, "이러한 노력은 처음에는 결실을 내지 못하였다. 그러나, 최근에 와서야 생명존중 운동의 새로운 세대가 일어났다. 그들 대부분은 Roe 사건 이후 태어나 근본주의적 기독교 환경 속에서 교육을 받은 사람들이다. 이들은 다시 인간성(personhood)을 중심으로, Roe 판결의 효과를 약화시키는 것을 넘어 아예 그 판결의 번복을 목표로 노력하고 있다. 또 이들은 각 주가 낙태금지를 그 정책에 반영하도록 압력을 가하고 있다."[14]

놀랍지 않은가? 오늘날 낙태반대를 위해 헌신하는 이들은 1973년 이후 태어나 보수적인 기독교 가정에서 성장한 사람들이다. 동성애 문제에 있어서도 똑같은 해결책이 나오지 않을까? 최근 수년간은 동성애 찬성론자들의 승리가 계속되었다. 하지만 이것은 이야기의 끝이 아니라 시작이다.

놀라움으로 가득찬 미래

이 장을 쓰던 날 버지니아로부터 놀라운 뉴스가 날아왔다. 공화당 하원의원인 에릭 칸터가 경선에서 무명의 후보인 경제학 교수 데이비드 브렛에게 패배한 것이다. 하원 다수당 지도자가 경선에서 패배한 것은 미국 역사상 처음 있는 일이다. 전혀 예상치 못한 일이 벌어진 것이다! 칸터는 브렛에게 대략 50대1로 밀렸다. 칸터 진영에서 경선 전에 실시했던 내부조사 결과 그가 30% 가량 앞서는 것으로 나왔기에 충격은 더 컸다. AP뉴스는 이를 '역사에 기록될 역전극'이라고 불렀고, 브렛은 이것은 하나님으로부터 온 기적이라고 놀라워했다.[15]

이러한 결과를 예상하지 못했다는 것은 여론조사와 사회변화 예측이 항상 옳은 것만은 아니라는 사실을 보여준다. 저널리스트 론 포니어는 "에릭 칸터의 패배는 포퓰리스트 혁명의 신호다. 폭력적인 혁명은 부도덕하다. 하지만, 지금 감도는 움직임은 기술로 무장한 평화적 포퓰리스트의 봉기는 20세기 정치제도를 강타했다"고 논평했다.[16]

우리는 격동의 60년대를 지나며 여론조사만으로는 미래를 예측할 수 없다는 교훈을 배웠다. 우리 시대의 문화가 얼마나 격변하는지 작가 데이비드 메이어의 이야기를 들어보자. 만약 당신이 1960년에 잠들었다가 2000년에 일어난다면 다음과 같은 변화가 일어난 것을 볼 것이다.

- 이혼율 2배 증가
- 10대 자살률 3배 증가
- 보도된 폭력범죄 4배 증가
- 수용자수 5배 증가
- 미혼부모 출생 신생아수 6배 증가
- 동거율 7배 증가 (이혼의 미래예측 지표)
- 우울증 급격 증가 (2차대전 이전 대비 10배 증가)[17]

여론조사가 놓친 임박한 혁명

1960년대에 있었던 극적인 도덕적 인식의 변화는 우리에게 익숙한 사실이다. 하지만, 당시 여론조사는 성적 타락, 마약, 로큰롤, 동양종교의 혼합으로 특징지어지는 당시의 반항적인 젊은이들의 동향을 정확히 파악해내지 못했다. 사실 사회 내 각종 자료에 기초한 분석은 오히려 정반대의 결과를 드러냈다. 래리 에스크리지의 책 《하나님의 영원한 가정(God's forever family)》에 이 사실이 잘 정리되어 있다.

에스크리지에 따르면,

사실 1960년대 베이비붐 세대에는 다가올 10년을 지배하게 될 문화적 폭풍의 징조가 거의 없었다. 전문가들은 다음세대가 기존세대의 가치에 순종적이고 존경심을 가지고 있다고 생각했다. 1961년 말 여론조사기관 갤럽과 힐이 실시한 여론조사에서 미국 10대들은 대체로 현세태에 만족해한다고 발표했다.[18]

그렇다면 조사에서 정확하게 드러나지 않은 것이 무엇일까? 갤럽과 힐에 따르면 전형적인 미국 젊은이들은 쉽게 불만을 가지지 않고 가치에 반항하지 않는다고 생각했다.

그렇다, 전형적인 젊은이들은 모험 정신이 부족했고 대부분은 단지 작고 아담한 집과 그리 비싸지 않은 새 자동차, 대기업에 취직하는 것, 그리고 매일 저녁 아이들이 잠들고 나면 TV를 보는 것 등을 원했다. 이러한 젊은이들은 매우 신실하였는데 75% 이상이 굳게 하나님의 존재를 믿었다. 또한 3분의 2의 젊은이들이 성경은 완전한 사실이라고 믿었다.

에스크리지는 갤럽과 힐의 조사결과가 1962년 하버드의 사회학자인 탈콧 파슨스의 글과 일맥상통하다고 지적했다. 일반적인 미국 10대들은 기존의 시스템 내에서 일하는 데 익숙하다고 언급했다.

뒤돌아보건대, 이러한 견해는 거의 코미디에 가깝다. 하지만 1962년, 젊은 세대들은 그렇게 비춰졌다. 에스크리지는 파슨스는 젊은이들이 더 보수적으로 변해가고 어른들에게 순종적이라고 믿었던 것 같다고 말한다. 심지어 1960년대 초에 한 대학행정가는 "고용주들은 순종적인 이 젊은 세대를 좋아하게 될 것이다. 그들은 다루기가 편하다"라고 했다.

징병카드를 불태우고, 샌프란시스코 '사랑의 여름'[76]에 운집하고, 1968년 시카고 민주당 전당대회를 아수라장으로 만들고, 우드스톡 축제에 열광했던 그 세대가 반체제운동과는 거리가 먼 세대로 여겨졌다. 당시 여론조사에 의하면 1960년대의 젊은 세대는 다루기 쉬운 순종적인 세대가 될 것이라고 예상했다. 미래에서 이러

---

76) 역자 주: Summer of Love - 1967년 여름 샌프란시스코 인근에서 일어난 대규모 히피문화 운동.

한 결과를 돌아본다는 것이 얼마나 놀라운 일인가.

국가적으로 중요한 사건들이 일어날 것이라고 예상이나 했는가? 케네디 대통령 암살, 마틴 루터 킹 목사 암살, 로버트 케네디 암살은 불과 5년 사이에 일어난 사건들이다. 민권운동, 베트남전에 대한 국민정서의 반전, 영국 침공의 영향, 마약 확산 등은 어떤가? 이러한 일들은 아무 예고도 없이 갑자기 일어나 극단적인 문화의 변화를 초래했다.

게이 혁명은 이런 짧은 시간에 일어나 위와 같은 급속한 변화를 초래했다.

뜻밖에 찾아오는 문화의 혁명적 변화

2014년 마크 잉글러와 폴 잉글러에 따르면,

최근 수십 년 전만 해도 LGBT 운동 환경이 얼마나 적대적이었는지 기억하기 어려울 정도라고 한다. 1990년에 미국인의 4분의 3이 동성애를 부도덕한 것으로 생각했다. 3분의 1이 안 되는 사람들이 동성간 '결혼'을 용인할 수 있다고 생각했다. (세계 어느 나라도 허가한 바 없었다.) 1996년 결혼보호법이 결혼을 남성과 여성간의 결합으로 정의하고 동성간 '결혼'에 연방정부의 혜택 적용을 배제했다. 이 법안은 미국 상원에서 85:14의 압도적인 표차로 통과되었다. 당시 조 바이든 상원의원이 찬성하였고 민주당 대통령이었던 빌 클린턴이 "나는 동성 결혼에 대한 정부의 승인을 반대해왔습니다"라고 천명하며 최종 서명하였다.

위 시기인 2004년에 결혼에 대한 재정의에 13개 주가 반대하였다. 동성 결혼에 대한 보수적 저항이 정치권 전략에서 유효하게 사용되었던 시기였다. 특히 당시 공화당 대통령 후보였던 게리 바우어는 동성애 시민 연합을 인정한 버몬트 법원의 판결을 테러리즘보다 더 잘못된 것으로 평가했다. 오늘날 이러한 광경은 다른 세계의 먼 나라 이야기로 들린다.

갑작스러운 변화 자체가 놀라운 것이 아니다. 최근 동성애의 승리가 사회변화가 일어나게 되는 일반적 과정에 대한 상식을 깼다는 점이 놀라운 것이다. "시민 저항"으로 알려진 전통과 관련하여, 미국 내 동성 결혼의 승리는 결정적 규모의 다수가 현 정세에 협조할 의사를 철회한 경우나 사회제도의 이념 또는 체제에 대한 지지가 사라진 경우 무슨 일이 벌어지는지를 살펴볼 수 있는 주목할 만한 사건이다.[19]

1996년 동성애 출판물 담당자와의 면담에서 클린턴 대통령은 말했다. "나는 동성 결혼에 반대합니다. 나는 결혼이란 남성과 여성의 결합이라고 믿습니다. 이것은 내가 오랜 시간 간직했던 신념입니다. 그리고 이것은 재고의 여지가 없습니다."[20]

2004년 상원의원 버락 오바마는 이렇게 말했다. "나의 종교적인 신념은 결혼은 남성과 여성 사이의 관계에서 비롯된다는 것입니다. 동성 결혼은 인권이 아닙니다." 2008년 오바마는 다시 자신의 견해를 밝힌다. "나는 결혼이 남성과 여성 사이의 결합이라고 믿습니다. 크리스천으로서 이것은 신성한 결합이라고 생각합니다." 같은 해 친동성애 방송 MTV와의 인터뷰에서 "나는 결혼이 남성과 여성 사이의 결합이며 동성 결혼에 반대합니다"라고 말했다.[21] 그러던 그가, 오늘날 누구보다도 호전적으로 동성애를 지지하는 사람으로 묘사되고 있다.[22] 그렇다면, 불과 몇 년 사이에 생긴 변화들이 실로 놀라운 일이 아닌가?

종교계의 변화

종교계에서의 변화를 살펴보자. 극정통인 하시딕(Hasidic) 유대교파의 경우 2차대전의 대학살 이후 거의 소멸되다시피 했다. 하지만 이후 꾸준히 증가하여 지금은 하레딤[(Haredim, 극정통주의로 "하나님을 경외하는 자들(God-fearers)"이라는 의미)] 같은 정통 유대교의 증가세는 기하급수적이다.[23]

더 놀라운 사실이 있다.

북미와 유럽에서 최근 수십 년간 교회의 쇠락과 무신론의 확산이 일어났다. 이와 대조적으로 20세기 동안 기독교인의 숫자는 전 세계, 특히 남반구에서 크게 증가하였다. 월드 크리스천 데이터베이스(World Christian Database)에 따르면 1900년 이래 아프리카 기독교인의 숫자는 4,930% 증가했고 라틴 아메리카의 기독교도 숫자는 877% 증가했다. 아프리카의 카톨릭 인구는 190만에서 1억 3,000만으로 6,700% 증가하였다.

아프리카의 기독교 신자의 전체 규모는 1900년도의 1,000만 명에서 오늘날 5억 명으로 늘었다. 이런 추세라면 2050년까지 10억 이상으로 증가할 것이 예상된다. 2050년 아프리카의 기독교인 숫자는 1900년도 전세계 기독교인 숫자의 2배에 이를 것이다.[24]

누가 알았는가? 전 세계의 추세를 고려하면 무신론은 오히려 쇠퇴하고 있으며 기독교 정신은 더 확산되고 있다.[25] 한 영국의 지성인이 2006년 펴낸 책의 제목은 《현대세계에서 무신론의 성장과 쇠퇴》였다.[26]

신은 죽었는가? NO!

1966년 4월 8일 타임지는 검은 바탕에 붉은 글씨로 "신은 죽었는가?"[27]라는 문장으로 표지를 장식했다. 신학자인 존 엘슨은 타임지가 사진이나 그림 없이 표지 디자인을 하는 경우는 이때가 처음이었다면서 이 질문을 중요하게 여겼다.

5년 뒤 1971년 6월 21일 타임지는 예수님을 히피 같은 모습으로 묘사하고 '예수 혁명'이라고 제목을 달아 특집기사를 냈다.

그 글은 히피, 록큰롤 뮤지션, 저항가들, 마약 중독자들, 명상가들, 마리화나와 LSD에 빠진 아이들 수천 명이 예수를 영접하고 기독교인으로 거듭나고 있다고 밝혔다. 당시 나 역시도 헤로인과 LSD에 중독되고 거만하고 반항적이며 로큰롤에 젖어 있던 16살짜리 유대인으로서 그런 놀라운 변화를 체험한 사람들 중 하나였다.

타임지는 이렇게 결론을 내었다. "아니, 신은 죽지 않았다!" 사실 "신은 죽었는가?"라는 질문이 나온 지 1년 뒤인 1967년에 샌프란시스코 같은 도시에서 젊은 세대 가운데 영적 대각성 운동이 일어날 줄 누가 예상이나 했겠는가?

예수 혁명

당시 예수 혁명의 진원지 미국에서 믿음을 갖게 된 많은 청년들이 해외에 나가 다른 나라의 교회 지도자들이 되었다. (영적 운동은 지리적, 이념적 경계를 초월하여 일어난다.) 그들 중 많은 이들이 수년간 전세계의 구호 및 봉사운동가로 활동하고 있으며 일부는 목회자와 교육가, 보수적 사회운동 지도자가 되었다. 이것은 반문화 혁명을 주도하던 급진적 저항가들이 예수 혁명에 헌신하는 복음적 지도자로 바뀌었다는 것을 의미한다.[28]

1971년 타임지 기사

예수님은 살아 계신다. 그리고, 그의 이름으로 삶의 변화를 체험하고 선언한 많은 미국 청년들의 삶 속에 영향을 미치고 계신다. 성경은 진실하다. 지금도 기적은 일어나고 있다. 하나님이 세상을 이토록 사랑하셔서 그의 독생자를 내주셨다. 바로 이것이 그들의 메시지였다. 1966년 비틀즈의 존 레논은 비틀즈가 예수 그리스도보다 더 인기 있다고 했지만, 지금 그들은 해체되었고 그 멤버 조지 해리슨은 "내 사랑하는 주님(My Sweet Lord)"이라는 찬양을 부르고 있다. 새로운 젊은 기독교인들은 해리슨의 음악도 듣는다. 하지만 그들을 진정 열광하게 만드는 것은 주님의 이 말씀이다. "너희 중에 내 이름으로 두세 사람이 모인 곳에는 나도 그들과 함께 있느니라."

기독교 카페가 여러 도시에서 문을 열었다. 믿음을 드러내는 가게의 이름은 "그리니치 빌리지의 생명의 말씀", "시애틀의 지하예배당" 등이다. 샌안토니오에서는 스트립쇼를 하는 클럽이 크리스천클럽으로 바뀌었다. 공동체로서의 크리스천하우스가 따뜻한 가정을 그리워하는 젊은이들을 대상으로 기하급수적으로 늘고 있다. 지저스락(Jesus-Rock)의 가수 래리 노만은 "가죽 표지의 킹 제임스 성경이든 낡은 주머니 성경이든 말씀을 묵상하고 암송한다면 마치 빙하처럼 점점 그 힘과 규모는 더 커질 것입니다"라고 했다.[29]

더 놀라운 예수 혁명이 오늘날 다시 일어나지 않을 것이라고 감히 누가 말할 수 있는가? 부흥의 역사를 연구한 학자들은 부흥의 시기에 일어나는 기묘한 일들은 하나님의 역사라고밖에 설명할 수 없는 것들이다. 부흥은 확실한 믿음, 하나님의 선하심에 대한 신뢰, 최후 승리의 확신, 하나님이 우리의 기도를 들으신다는 믿음에서 시작된다. 성도들은 수년간 기도했고, 때론 문자 그대로 밤낮 쉬지 않고 기도하였다. 역사는 대각성운동이 미국인의 삶과 문화를 변화시켰다고 평가하고 있다. 대각성운동이 다시 일어나지 말라는 법이 있는가?

누가 역사의 잘못된 편에 서 있는가?

"결혼, 그리고 역사의 잘못된 편(Marriage and the wrong side history)"에서 제프 자코비는 오늘 우리가 서 있는 자리와 내일 어디로 가게 될지에 대한 중요한 글을 남겼다.

2000년 힐러리 클린턴은 "결혼은 태초부터 역사적, 종교적, 도덕적 성격을 띠고 있습니다. 그리고 나는 결혼이란 과거에 그래왔던 것처럼 항상 남자와 여자의 결합이라고 생각합니다"라고 했다. 매사추세츠 주 대법원이 동성 결혼을 반대하는 법적 논거가 합당치 않다고 판결을 내린 후에도 자유주의자들은 동성 결혼에 비우호적이었다. 2004년 민주당 대통령 경선후보였던 존 케리, 존 에드워드, 조셉 리버만, 딕 게파트는 동성 결혼에 반대 입장을 표명했었다. 2008년 클린턴과 버락 오바마도 마찬가지였다.

그렇다면 동성애처럼 급격히 대세로 변해버린 주제가 있었는가? 동성 '결혼'은 생각할 수도 없이 심각한 사안에서, 하룻밤 사이에, 멈출 수 없는 대세가 되어버렸다. 지금 워싱턴 DC 시내를 행진하고 있는 사람들이 성취하려는 것은 무엇인가?(아직 완전히 잃어버리지는 않았다면) 이제 땅바닥까지 내팽개쳐진 대의명분을 위해 버릴 것이 목숨밖에 더 있겠는가? 이제 깨어 일어나 역사의 필연성을 바라보지 않겠는가?

자코비는 과거를 통해 미래를 예측하고자 한다.

역사는 수많은 원인들과(절대 왕권이나 전 세계적 공산혁명처럼) 당시에는 멈출 수 없는 것이라고 여겨졌던 신조나 믿음으로 점철되어 있다. 그러나 그것들은 이미 흘러간 과거가 되었다. 단기간에 동성 결혼은 정치적·심리적으로 유리한 고지를 점령했다. 동성 결혼은 법정에서 승리하고 사람들의 생각까지 사로잡기 시작했다. 하지만 다른 한편으로는 결혼의 의미에 대한 전 국가적 논의가 이제 본격적으로 시작된 것이다. 보수적인 목소리로 가정과 결혼의 전통적 가치를 지키자는 단순하고도 아름다운 메시지를 외치며 워싱턴을 행진하는 사람들이 있다. 마침내, 역사는 이들이 옳았다고 기록하게 될 것이다.[30]

윌리엄 윌버포스의 교훈

1791년 2월 24일 88세로 생을 마감하기 6일 전, 요한 웨슬레는 국회의원인 윌리엄 윌버포스에게 편지를 썼다. 윌버포스는 수년간 영국의 노예제도를 없애기 위해 노력해왔다. 하지만 그러한 노력은 희망이 없어 보였던 것이 사실이다. 노예제도는 영국인들의 일상의 한 부분이었을 뿐 아니라 국내와 국제 경제에서 중요한 역할을 담당하고 있었기 때문이다. 윌버포스의 모든 노력은 결국 실패로 돌아갔다.

웨슬레는 그런 상황 속에 있던 윌버포스에게 편지를 썼다.

친애하는 윌버포스에게,

만약 전능하신 하나님께서 자네를 "아타나시우스(Athanasius)"(큰 역경에 맞서 싸웠던 용감한 교회 지도자)로 들어 쓰시지 않았더라면, 지금 종교계와 영국 그리고 인간 본성의 큰 악에 맞서 싸우는 자네를 상상할 수 없을 것이네. 만약 하나님께서 자네에게 힘이 되어 주시지 않는다면, 자네는 자네를 반대하는 사람들과 악마 앞에 쓰러지고 말 것일세. 하지만, 만일 하나님께서 자네를 도우신다면, 누가 대적할 수 있겠나? 그들이 모두 덤빈다 해도 하나님보다 강하겠는가? 근심하지 마시게. 주 하나님의 이름으로, 그의 무한하신 능력에 힘입어, 미국에서도 노예제도가 모두 사라질 때까지, 전진하세.

오늘 아침 노예로 납치되어 바바도스에서 노예상에 팔린 한 불쌍한 아프리카인의 글을 읽었네. 난 특별히 이 사람이 검은 피부를 가졌다는 이유만으로 백인들에게 부당한 대우를 받고도 아무런 보상조차 받지 못했다는 사실에 놀라움을 금할 수 없었네. 이게 우리 식민지의 법체계의 현실이라니 이 얼마나 악한 일인가?

자네를 어릴 적부터 인도하신 하나님께서 이 일을 이룰 수 있도록 힘을 더하실 것일세.

요한 웨슬레 보냄[31]

월버포스는 수년간의 좌절과 패배 속에서 인내했고 마침내 승리하게 된다. 요한 웨슬레의 말은 영국의 노예제도 폐지뿐 아니라 두 세대가 지난 미국의 경우에도 적용된다. 그리고 이것은 해결이 불가능해 보이는 모든 난제에 적용된다.

새로운 영적 부흥 운동의 때가 왔다!

온갖 협박과 위협 속에서도 동성애에 무릎 꿇지 않고 가정과 결혼의 참된 의미를 지키려고 하는 이들에게 격려와 도움이 필요한 때다. 도널드 위트니 교수는 독립전쟁 이후 기독교에 심각한 변화가 시작되었다고 지적한다. 1차 영적 대각성 운동은 1770년도 말까지 그 영향을 끼쳤다. 전체 인구의 40~50%가 교회에 출석하였다. 하지만 1790년도에는 단지 5~10%의 성인만이 교회에 출석하고 있었다. 부흥 역사의 전문가인 에드윈 오어는:

> 감리교는 성도들의 숫자가 줄었고, 침례교는 영적 겨울이 찾아왔다고 스스로 인정했다. 장로교는 신앙 없는 국가의 부도덕을 질타했다. 매사추세츠 레녹스 지역의 전통교회의 목회자인 사무엘 세퍼드 목사는 16년간 단 한 명의 청년도 주님께 인도하지 못했다고 고백했다. 루터교회도 갈수록 쇠퇴하여 영국 성공회와 통합을 의논할 정도가 되었다. 존 마샬 대법원장은 버지니아 주 매디슨 주교에게 "교세가 너무 쇠락하여 이제 만회하기는 어려울 것 같다"고 했다.

하지만 이 모든 것은 시작에 불과했다.

오어는 미국 역사상 처음으로 여성들이 밤에 두려워서 거리에 나가기를 꺼려하게 되었다고 한다. 5백만 명 중 30만 명이 알코올 중독에 빠졌고, 성적 타락으로 미혼 사생아 출산과 성병이 크게 늘었다. 은행 강도 사건은 하루가 멀다 하고 발생했다. 전국이 피에 젖어버린 것 같았다.

1796년 조지 워싱턴의 친구 하나가 이런 절망적인 상황에 대해 워싱턴에게 편지를 썼다. "우리 상황은 결국 위기로 떨어질 것 같네. 혁명이 일어날 수도 있어. 내가 내다볼 수도 또 추측할 수도 없는 그런 상황이네. 전쟁 때보다 더 어렵네." 워싱턴은 이렇게 답했다. "나도 자네 의견에 동감하네. 앞으로 벌어질 일들을 나는 감히 예상할 수도 없네."[32]

이 얼마나 절망적인 글들인가! 18세기 말의 상황이다.

위트니는 영적 타락의 요인을 다섯 가지로 설명한다.

- 전쟁, 그 자체의 분열적 속성: 전쟁은 국가를 갈라놓는다.
- 톰 페인의 영향과 이신론 (하나님이 우주를 창조하셨지만, 창조물에 일일이 간섭하지 않으신다는 주장)
- 프랑스 불신앙의 영향
- 단신교[77] 등 이단종파
- 믿음을 부정하는 세속주의

---

77) 역자 주: Unitarians - 유니테리언교, 삼위일체론을 부정하고 신격의 단일성을 주장.

- 서부로의 인구이동으로 동부 교회의 공동화 및 서부에 만연한 불법

　결국 전능하신 하나님만이 이 문제들을 해결해 주실 수 있었다. 부흥이 교회의 유일한 희망이었다.

　부흥은 하나님께서 허락해 주시는 것이다. 1790년대에 작은 불꽃이 1800년대에 2차 영적 대각성 운동의 거대한 불길로 이어진 것이다. 하나님의 법을 설교하여 사람들의 양심을 깨우고 끊임없이 회개를 촉구하며 심판과 형벌이 실제로 존재하는 것을 선포한 것이다. 이러한 설교는 19세기 초 수만 명의 회심을 이끌었다. 성령의 바람이 모든 곳에 불었다. 성경을 있는 그대로 설교하는 교회들이 다시 성도들로 가득 찼다. 기독교인들은 하나님의 말씀을 사모하였고, 구별된 거룩한 삶을 추구하였다. 그들은 기도회와 예배를 기뻐하였다.[33]

　단지 교회 건물만 올라간 것이 아니었다. 부흥 운동은 사회를 긍정적인 방향으로 변화시켰다.[34]

　바로 이것이 오늘날 수많은 부정적인 영적 · 사회적 소식에도 불구하고 내가 결코 낙심하지 않는 이유다. 우리 사회에서 동성애 혁명은 순식간에 전국으로 퍼져나갔다. 하지만 나는 변화무쌍한 사막 같은 인간사를 신뢰하는 것이 아니라 변치 않으시는 진리와 정의의 하나님을 믿는다. 그리고, 우리의 지나간 역사에서처럼 이제 다시 하나님의 행하심을 볼 것이라 믿는다.

제8원칙

이 책의 마지막 장을
여러분 자신이
쓸 각오로 결단하라

우리에게는 한 가지 분명한 사실이 있다. - 기꺼이 로마 시내에 내걸린 횃불이 되어 순교의 길을 갔던 제자들의 믿음, 그 믿음을 없애버리려 참혹한 지옥을 만들어 낸 이 시대도 결국 그 믿음을 이기지 못할 것이다. - 에릭 에릭슨

엘레인 쇼월터(Elaine Showalter) 교수의 책 《성적 무질서》에 등장하는 인용문을 주의 깊게 살펴보자.

80년대와 90년대는, 소설가 조지 기싱(George Gissing)의 표현처럼, "성적 무질서"의 시대였다. 성정체성과 성적 행동을 규율하는 법들은 모두 무너져버린 것 같은 그런 시대였다. 칼 밀러(Carl Miller)가 지적한 것처럼, "남자는 여자가 되었다. 여자는 남자가 되었다. 성별과 국가는 회의에 빠졌다. …" 이 기간 동안, '페미니즘'과 '동성애'라는 두 단어가 처음 사용되기 시작했다. 즉, 신여성 운동가(New Women)와 남성 탐미주의자들이 여성성과 남성성의 의미를 재정의하는 과정에 사용된 것이다. … 특별히, 이런 성적 타락에 대한 저항

운동으로서, 가족의 중요성을 재확인해야 한다는 요구도 있었다.[1]

아마 당신은 "이 인용문이 왜 주목받아야 하지?"라고 반문할 수 있을 것이다. 아마도 그녀의 인용문 속에 약간 어색해 보이는 곳이라고는 "페미니즘과 동성애라는 단어가 1980년대와 1990년대에 처음 사용되기 시작했다"는 부분뿐이기 때문이다.

하지만, 이것은 사실은 그보다 더 오래된 이야기이다! 정확히 말하자면 이렇다. 쇼월터는 1980년대와 1990년대가 아니라 1880년대와 1890년대의 유럽과 아메리카에 대해 이야기하고 있는 것이다. 다시 위 인용문으로 돌아가 읽어보자. 이 인용문이 놀랍게 다가오지 않는가?

19세기 말 유럽과 아메리카에 '성적 무질서'가 만연했었다는 사실을 우리 중 몇이나 알고 있겠는가? 남자는 여자가 되었다. 여자는 남자가 되었으며, "성정체성과 성적 행동을 규율하는 법들은 모두 무너져버린 것 같은 그런 시대?" 또는 사회적 쇠락에 대응하여, "이런 성적 타락에 대한 저항운동으로서, 가족의 중요성을 재확인해야 한다는 요구도 있었다?"

이것은 성경의 놀라운 책 전도서에 등장하는 말씀 한 구절을 떠오르게 한다. 전도서에는, "이미 있던 것이 후에 다시 있겠고 이미 한 일을 후에 다시 할지라 해 아래에는 새것이 없나니 무엇을 가리켜 이르기를 보라 이것이 새것이라 할 것이 있으랴 우리가 있기

오래 전 세대들에도 이미 있었느니라"(전도서 1:9-10).²

확실히, 기술은 새롭게 발전했고, 오늘날 교통과 통신의 발달은 과거 세대에서는 상상도 할 수 없는 일들을 가능케 하고 있다. 하지만, 인간의 본성에 관해서는 정말 해 아래 새로운 것이 없다. 예를 들어, 바울 사도는 구체적으로 동성애 행태(남성과 여성 모두)를 비난했다. 이에 대해 오늘날에는, 바울이 정말 나쁜 동성애 형태만 – 예를 들어, 남색이나 성전매춘 등 – 본 것뿐이며, 지금과 같은 동성애 성향 같은 개념들은 이해하지 못했을 것이라고 지적하는 사람들도 있다. 하지만, 그것이 과연 정확한 관찰일까? 그 당시의 동성애가 지금의 동성애와 완전히 다른 것일까?

학자들은, 바울이 살던 그리스-로마 세계에서 그는 모든 형태의 동성애 행태에 노출되었을 것이라고 보고 있다. 이런 행태에는 장기의 동성 관계도 포함된다. 심지어 동성애 욕망이 선천적인가에 대한 논의가 고대에도 있었다.³ 존경받는 신약학자 안토니 티셀튼은 바울이 고린도 교회에 보낸 첫 번째 편지에 주석을 달며 이렇게 언급했다. "바울은 자기를 둘러싼 환경 속에서 권력이나 돈으로 맺어진 가학적 관계나 남자들 간의 '진정한 사랑'의 사례들을 보게 되었다. … 저자들이 그리스-로마 사회와 그 다원적인 윤리 전통을 더욱 가까이 살펴볼수록, 고린도의 환경은 더욱더 우리의 현재 상황을 떠오르게 만든다."⁴ 다른 말로 하자면, 사람은 사람일 뿐이다.

이 때문에 작가 에이미 오어 유윙(Amy Orr Ewing)은 이런 말을 남겼다, "성경이 동성애에 대해 말하는 바가 무엇인가 하는 문제는 논란이 많고 인기가 없는 주제라는 것을 인정하지만, 성경이 쓰여진 그 당시에도 그렇게 보였을 것이라는 사실을 기억하는 것이 중요하다." 그리고, 비록 "성경이 '시대에 뒤떨어진' 것처럼 보일지 몰라도, 성경이 쓰여진 당시의 문화가 지금 우리의 모습과 별반 다르지 않다."[5]

그것이 의미하는 바는, 인간이 오늘날 휴대전화, 컴퓨터, 비행기 심지어 우주선을 만들 수 있는 수준까지 발전했지만, 여전히 우리는 인간이며, 과거 세대가 맞닥뜨렸던 이슈들은(비록 그들이 정확히 같은 것을 바라본 것은 아니지만) 충격적일 정도로 지금의 모습과 흡사하다. 그것은 동성애가 공개적으로 만연했던 사회들이 있었으나, 그들은 시간의 도전을 견뎌내지 못했다.

고대 랍비들은 동성 '결혼'을 어떻게 보고 있었을까?

이런 사실을 증명해 주는 문헌들이 있다. 고대 랍비들의 기록들인데, 그 기록들은 예수님 시대 또는 그보다 수세기 전까지 거슬러 올라가는 전통을 기록하고 있다. 이 중 몇몇 기록에는 실제로 동성 '결혼'에 관한 문제가 언급되어 있다. 그 기록들을 살펴보면, 어떻게 그 오래 전에 이런 현상들에 관해 알고 있었을까 하는 질문이 자연스럽게 일어난다.

첫 번째로 살펴볼 문헌은 레위기 18장이다. 약속의 땅에 들어간 이스라엘 사람들이 이방인들의 관습을 따르는 것을 금지하고 있다:

"너희는 너희가 거주하던 애굽 땅의 풍속을 따르지 말며 내가 너희를 인도할 가나안 땅의 풍속과 규례도 행하지 말고"(레위기 18:3): 그것이 단순히 건물을 짓지 말라거나 식물을 심지 말라는 뜻일까?

이 말씀은, "너희는 그들의 풍속과 규례도 행하지 말라"고 되어 있다. 이 말씀에서 금지하고 있는 것은 오직 그들의 규례 – 즉, 그들의, 그들의 아버지들의, 그들의 할아버지들의 규례를 말하는 것이다. 그들이 무엇을 했다는 말인가? 한 남자가 다른 남자와 결혼하고, 한 여자가 다른 여자와 결혼했으며, 한 남자가 어떤 여자 및 그 딸과 결혼하고, 한 여자가 두 남자와 결혼했다. 그래서 이렇게 말씀하신 것이다. "너희는 그들의 풍속과 규례도 행하지 말라."[6]

이해가 되는가? 고대의 랍비들은 하나님께서 그들에게 이방인들의 행위를 따라하지 말라고 명령하셨을 때 그 의도가 무엇이었는지를 묻고 있다. 이 말씀의 뜻이, 이방인들이 건물을 짓고 식물을 심었다는 이유로 이스라엘 사람들은 그런 일을 해서는 안 된다는 의미인가? 분명히 아니다! 이 말씀은 이스라엘 사람들이 그들의 악한 관습을 따라서는 안 된다는 뜻이다. 여기에는 동성 '결혼'과 일부다처제가 포함된다. 내가 정말 해 아래 새것이 없다고 하지 않았던가?

이 랍비 문헌은 1,800년 전에 쓰여진 것이다. 그리고, 그 내용에 등장하는 관습들은 아마 그보다 더 오래된 것들일 것이다. 더구나, 그 문헌은 이스라엘의 출애굽에 대해서도 언급하고 있다. 출애굽은 약 3,500년 전의 이야기인데, 그 당시에도 가나안과 이집트 사람들은 동성 '결혼'이나 다른 형태의 금지된 관계를 풍습으로 갖고 있었다. 얼마나 놀라운가.

또 다른 고대의 랍비 문헌을 살펴보자. 이 문헌은 위에서 언급한 첫 번째 문헌보다 수십 년 정도 이후의 것으로, 더 오래된 관습을 포함하고 있다. 하나님께서 노아의 시대에 홍수를 보내셨을 때, 당시 상황은 이미 결정적인 상태에 도달한 때였다: "랍비 요세프로 알려진 랍비 후나의 말에 따르면: 대홍수로 사라져버린 세대에는 남자 및 동물과 '게무마시오트(gemumasiot)'를 맺었던 세대였다. 도대체 이 '게무마시오트'는 무엇인가? 그것은 '결혼계약'이었다.!"

그 고대 랍비들에 따르면, '낙타의 등을 부러뜨린 지푸라기'[78] 즉 홍수 재앙을 불러일으킨 결정적인 사건은 바로 두 남자 사이에 또는 남자와 동물 사이에 맺어진 '결혼'이었다. 바로 이것 때문에 하나님께서 홍수를 보내셔서 노아의 가족 외에는 모두 쓸어버리셨다는 것이다. 왠지 이 책 앞부분(제4원칙 참조)에 묘사된 현재 상황이 어떤 징조처럼 연상되지는 않는가. 누가 알겠는가?

---

78) 역자 주: '결정타'라는 의미(너무 많은 짐을 실은 낙타에 지푸라기를 하나 얹은 것 때문에 등이 부러졌다는 의미로, 비록 작은 일처럼 보이지만 결정적인 상황을 만든 사건을 비유적으로 이르는 말).

그런데, 여기에 더 살펴볼 것들이 있다. 바벨론 시대의 탈무드 속에 나오는 이야기인데, 이것은 랍비적 전통의 정수라고 할 수 있는 자료이다. 비록 하나님께서는 이방인들의 세계를 위해서는 30개의 구체적인 규칙을 주셨지만 (이와 대조적으로, 이스라엘 사람들은 613개의 규례를 받았다.) 그들은 그 중 겨우 3가지만을 지켰다. 그 중 하나가 "남자와 결혼 계약을 맺지 말라"는 것이었다.[8] 그리고, 이 주석은 1,500년 이전의 것이었다. 내가 이야기했듯이, 이것은 훨씬 더 오래된 유대인들의 전통을 반영한 것이다.

이 전통은 어디에서 유래한 것인가? 논리적으로는 단 두 가지 선택밖에 없다: (1) 그 랍비들은 이스라엘 민족의 출애굽 또는 노아의 대홍수 시절에까지 거슬러 올라간 전통들을 실제로 접할 수 있었다.[9] 또는 (2) 그 랍비들은 당대에 자신들이 목격한 일들을(또는 최근 또는 그 이전 세대로부터 들어 알게 된 일들을) 고대의 시간대로 재투영했다. 어느 경우든, 결론은 마찬가지다: 그들은 동성 '결혼'의 개념을 인식하고 있었다. 그것은 특별히 천박한 행동을 의미했다. 그리고, 이러한 악행을 했던 사회는 이미 소멸되어 더 이상 존재하지 않았다.

이러한 랍비 문헌들을 연구한 브랜다이스 대학의 페미니스트 성 윤리 프로젝트 팀의 게일 라보비츠 선임 분석연구관은 이렇게 결론을 내렸다:

모든 자료들이 암시하는 것은, 동성 결혼에 대한 사회적 승인이야 말로 인간이 저지를 최악의 범죄라는 것이 당시 랍비들의 생각이었다는 사실이다. 그런 관계를 가졌다는 의심을 받은 것은 오직 비(非)이스라엘 사람들이었으며, 이스라엘 사람들이 그런 일을 고려해 봤다는 암시는 전혀 없다. 정말로, 이스라엘 민족은 아무리 작은 정도라도 이 문제에 걸려들어서는 안 되는 일이었다. 왜냐하면, 그것은 순전히 이방인들에 관한 것이었기 때문이다. 동성 계약, 특히 남자들 사이에 있어서의 계약은 이미 랍비 문헌에서 아주 높은 수준의 경고를 받고 있었으며, 종종 이 계약은 비유대인들과 관련이 있었다.(한 가지 사례로, 시프라[79] 아카레이 모트,[80] 페렉[81] 13:8)[82] 하지만, 같은 성별 내 사람들끼리 결혼하는 것은 개인 사이의 성적 행동을 지나 이 죄악을 사회적으로 용납하는 수준에까지 이른 것이다. 대홍수의 세대처럼 또는 패퇴한 이집트나 가나안 사람들처럼, 죄를 더 이상 죄라고 하지 않는 사회는 존재할 권리를 잃어버린다. 그런 사회는 휩쓸려 갈 수밖에 없다. 이것이 랍비들이 주장하는 바다.[10]

이제, 정말 놀랄 만한 이 문헌들의 내용은 잠시 접어 두고, 해 아래 새것이 없다는 말씀을 다시 묵상해 본다. 심지어 예수님께

---

79) 역자 주: 구약성경 레위기 본문에 대한 석의형(Exegetical) 미드라쉬(Midrash: '찾는다, 구한다'는 의미로, 탈무드(Talmud), 미쉬나(Mishina)와 함께 바벨론 포로시대 이후 형성된 유대주의 문건들의 한 축을 이루는 주석서·해석서의 통칭).
80) 역자 주: 아카레이 모트(Acharei Mot, '~ 후에'라는 의미) - 유대인들이 유대력에 따라 매주 읽는 일정 분량의 토라 중 29번째 주에 읽는 부분으로, 구약성경 레위기 16:1~18:30 부분에 해당.
81) 역자 주: '장(Chapter)'에 해당하는 단어.
82) 역자 주: "Sifra Acharei Mot, perek 13:8"은 '구약성경 레위기에 대한 주석·해석을 달아 놓은 '시프라'('미드라쉬'의 일부) 중 '아카레이 모트' 편 13장 8절'을 의미(영어 및 히브리어 원문은 http://www.sefaria.org 참조).

서도 친히 이런 관행들을 잘 알고 계셨을 수 있다. 또한 그 역사적 자료들은 우리에게 그 이상의 것을 말해주고 있다: 동성 '결혼'에 발을 들여 놓은 사회는 사라져버릴 운명에 처하게 될 것이다.

노아의 시대?

재미있게도, 말세가 임박했고 (다른 무엇보다도) 미국 사회의 성적 무질서가 임박한 파멸을 예고하는 징후가 분명하며, 예수님께서 다시 오실 날이 가까이 왔다고 확신하는 성경 교사들이 있다. 그리고, 그들은 예수님께서, "노아의 때와 같이 인자의 임함도 그러하리라"(마태복음 24:37)라고 하셨을 때, 그분은 노아 시대에 존재하던 엄청난 악을 언급하신 것이며, 앞서 말한 고대 유대인들의 문헌에 따르면, 이에는 동성 '결혼'도 포함된다고 믿는다.

다른 말로 하자면, 이 교사들은 노아 시대의 마지막 때가 그러했던 것처럼 이 세상의 마지막도 이와 같을 것이라고 믿는다. 특히, 그들은 동성 '결혼'이 갑작스럽고 광범위하게 확산·수용되는 현상을 예수님께서 곧 돌아오실 것이라는 또 다른 징조라고 믿는다.[11] 만약 그들의 이야기가 맞다면, 그래서 예수님께서 이제 즉시 아무 때나 돌아오실 것을 확실히 믿는다면, 당신은 이 책을 덮고 당신이 아는 모든 사람들에게 곧 하나님을 대면하여 만날 준비를 하라고 하고 싶을 것이다.[12]

만약 그들이 틀렸다면, 이 책에 나와 있는 8개 원칙을 실천에 옮길 수 있는 시간이 아직 충분히 있다. 특히, 이제 이 마지막 원칙, '이 책의 마지막 장을 여러분이 쓸 각오로 결단하라', 즉, 세대를 넘는 비전과 전략을 가지고 포기하지 말고 실천하라. 이는 지금 조류가 우리의 가치에 거스르고 있는 것은 일시적일 뿐이기 때문이다.

진실로 나는 미국이 완전히 붕괴하거나 집단적인 궤도 수정을 하기 전에 그 일탈로부터 돌아설 것이라고 믿는다. (아니면, 예수님께서 재림하시거나!) 이것이 고대 랍비들이 이미 그 이전의 과거 문명들도 동성 '결혼'을 포함한 모든 형태의 성적 관행들을 용납했었다는 이야기를 할 수 있던 이유다. 그 문명들은 모두 사라져버렸다. 하지만 유대인들은 남았다.[13]

정말로, 해 아래 새것이 없다. 한편으로는 미국과 다른 나라들에서 동성 '결혼'의 수용도가 높아지는 현상이 전례 없는 일이기는 하지만, 다른 한편으로는 전례가 없는 일이라고 할 수도 없다. 역사상 이 문제는 다른 형태로 이미 존재했었거나(비록 사회적으로 '결혼'이라 불리지는 않았더라도), 아니면 오늘날 우리가 목도하는 것과 같은 모습으로 존재했었다. 하지만, 그 문화들은 역사 속으로 사라져 버렸다. 당신이 이 문제를 어떻게 바라보든지, 그 역사적인 교훈은 같다: 이것은 결국 실패로 끝나게 될 사회적 실험에 불과하다. 진정 관심을 가져야 할 질문은, 실패로 돌아간 후 무엇이 남는가 하는 것이다. 더 나아간다면, 누가 최후에 남는 자가 될 것인가 하는 점이다. 경건하고 도덕적인 유산을 보존하기 위해 장기적으로 필요한 최종적인 전략들에 관해 설명하기 전에, 먼저 내가 관찰한 두 가지 사실을 나누고자 한다.

확고한 희망의 징조

우선 첫째로, 상황이 겉으로 보이는 것처럼 그렇게 비관적인 것만은 아니다. (7장에서 언급된 것처럼) 우선, 성경에 기반을 둔 보수적 기독신앙이 전세계적으로 급속히 성장하고 있다. 이러한 신앙인들은 동성애 행위를 승인하지는 않고 예찬하지도 않는다. 심지어 미국에서도 확고한 윤리적 입장을 견지하는 청년들이 늘고 있다. 2014년 7월 새로 발표된 논문에는 "예측치와 달리, 복음주의 청년 기독교인들이 미국 내 성 자유화 흐름을 거부하고 있다"고 주장하며 다음과 같은 내용을 소개했다:

보수적 기독교 바깥의 미국인들은 복음주의 청년들은 곧 동성 결혼, 혼전 순결 및 성정체성 등의 이슈에 대해 교회의 기준을 거부하고 진보적 관점의 문화에 동참할 것이라고 예측해 왔다. [남침례교단 윤리 및 종교의 자유 위원회 러셀 무어(Russel D. Moore) 위원장과 앤드류 워커(Andrew Walker) 정책국장이 7월 9일, 내셔널리뷰온라인(National Review Online)에 기고한 내용이다.] 이것은 텍사스 주립대의 사회학자 한 사람이 수행했던 연구 결과와 매우 상이한 내용이다.

텍사스 주립대 오스틴 캠퍼스 사회학과 부교수이자 작가인 마크 레그너러스(Mark Regnerus)의 연구에 따르면, "교회에 다니는 복음주의 기독교인들은, 비록 광범위한 미국 문화가 변화하고 있어도, 성에 대한 정통적인 성경적 관점을 견지하고 있다." (무어와 워커의 글[14])

이 중 가장 눈에 띄는 대목은,

- 응답자 중 무신론자, 불가지론자, 진보적 카톨릭 및 진보적 개신교도들이 '확고한 다수'를 차지하고 있다고는 하지만, 18세 이상 39세 이하 복음주의자들 중 동성결혼을 지지하는 비율은 11%에 불과하다.

- 낙태권을 찬성하는 복음주의자들은 약 6% 수준이다. 반면, 같은 연령대 비신앙인들의 지지율은 70%가 넘는다.

- 비혼동거를 수용하는 복음주의자들은 겨우 5%에 불과하다. 종교적 영향을 받지 않는다 또는 "영성은 있으나 믿음은 없다"고 답한 사람들의 약 70%가 이에 찬성한 것과 확연히 대조된다.[15]

이러한 통계결과를 놓고 무어와 워커는 "비록 성혁명이 진행 중이라고는 하나 저항이 없지는 않다. 당신의 공동체에 속한 복음주의 청년들이 지금 미국을 향해 성에 대한 반혁명이 일어날 준비가 되었다고 외치고 있다."[16] 이는 우리가 이야기하고 있던 예수혁명의 새 버전 같다!

재미있게도, 이 논문이 발표되던 어간에 필리핀에서 세계 감리교 청년대회가 열렸는데, 이 대회에서 결혼 개념의 재정의과 같은 민감한 주제들에 대한 토론과 투표가 있었다. 그 행사에 참여했던 감리교 청년 리더 중 한 사람인 존 롬페리스는 "GYPCLA[83] 2014 투표 결과 아프리카, 미주, 유라시아, 그리고 필리핀 등 문화적으로 상당히 다채로운 배경을 가진 출신자들이 연합해서 결혼 개념의 재정의 안건을 부결시켰다."[17]

즉, 감리교단 리더십의 차세대를 대표하는 청년들이 강력한 연대조직을 만들어 결혼은 한 남자와 한 여자의 결합이라는 사실을 재확인한 것이다. 특별히 미국 연합감리교단이 이 문제로 깊이 분열되어 있는 상황 속에서 그런 결정이 내려져 의미를 더했다.

그렇다면 이는 게이 혁명의 성공이나 다음 세대의 항복이 기정사실은 아닐 수 있겠다는 말이 아니겠는가? 게이 운동가들이 내뱉는 "기죽이는 말"과 함께 우리 생각을 부정적으로 채우는 미디어의 계속적인 폭격이 사실은 기만적인 책략에 불과한 것은 아닐까? 즉, 우리로 하여금 우리는 이미 명분을 잃어버렸기 때문에 우리가 포기하는 것이 낫겠노라며 스스로 속이고 있는 거짓말 말이다.

현혹시키는 미디어

제7원칙에서 우리는 미디어가 동성애에 관한 여론 형성을 주도

---

83) 역자 주: Global Young People's Convocation and Legislative Assembly - 세계감리교청년회입법총회.

해 온 것을 살펴보았다. 미디어 때문에 많은 미국인들이 인구의 30% 이상이 동성애자라고 믿게 되었다. (하지만 실제로는 2%가 채 되지 않는다.) 이런 사정은 낙태에 있어서도 비슷하다. (물론 동일한 수준은 아니지만.) 2013년 갤럽 조사에 따르면, 미국은 이 문제에 대해 생명주의(낙태 반대)와 선택주의(낙태 찬성)가 거의 반반으로 나뉜다. 그러나, 사람들에게 선택주의에 관한 '인상'을 질문해 보면, 미국에서는 선택주의가 매우 강한 대세인 것으로 오해하고 있다. (마치 미디어 엘리트들과 마찬가지다!)

그래서, 실제 갤럽 결과는 생명주의와 선택주의 지지자가 각각 48 : 45였지만, 사람들의 '인상'을 묻는 질문에 대해서는 극적인 반전이 일어나 선택주의와 생명주의가 51 : 35로 나타났다. 이뿐만 아니다. 1995년 이후 생명주의 경향이 강한 성장세를 보이고 있지만, 정작 '인상'에 관한 1995년 갤럽 조사는 선택주의 대 생명주의가 56 : 33이었다.[18]

이런 결과로부터 우리는 다소 격려를 얻게 된다: 대중의 인식은 종종 미디어에 의해 오도된다. 즉, 상황은 겉으로 보이는 것만큼 나쁜 것은 아닐 수 있다. 왜냐하면, 인식이 실제로 있는 그대로 반영하지 못할 수 있기 때문이다. 마치 생명주의 운동이 침몰해 있던 것처럼 보이는 중에도 – 적어도 미디어 엘리트들이 사람들에게 그렇게 느끼도록 하고 싶었더라도 – 오늘날 점점 더 성장하고 있는 것처럼, 동일한 일이 가족지지운동, 결혼지지운동, 성적순결지지운동 등 새로운 반문화혁명에 일어날 수 있다.

동성애 운동의 보수화?

내가 두 번째로 나누고 싶은 관찰 결과는, 동성애 혁명이 성공을 거둔 것은 오직 가족의 가치에 관해서 보수화된 수준 정도 즉 "다른 사람들과 같이"되고 싶어하는 정도까지였다는 점이다. 환언하면, 동성애 혁명이 가족과 성적 도덕의 중요성을 강조하는 정도의 범위 안에서 성공을 거두었다는 뜻이다. 이것은 동성애 운동 초반기 많은 선구적 운동가들과 극명하게 대조되는 부분이다. 그들은 결혼을 전적으로 거부했으며 동성애의 비도덕성을 과시하고 그들의 '차별성'을 자랑으로 여겼다.

하지만 이 전략은 실패로 끝났다. 그래서 1989년 동성애 전략가인 커크와 메디슨은 이렇게 말했다:

동성애 혁명은 실패다. 비록 완전하고 최종적인 실패는 아니더라도 거의 실패나 다름없다. 1969년 스톤월 폭동은 "게이 해방"의 탄생이었다. 스톤월에서, 오랫동안 고통을 받아 온 뉴욕의 드래곤 퀸 몇몇이 돌과 병을 들고 맞서 싸웠다. 그들은 동성애를 혐오하는 경찰들의 괴롭힘에 지쳐 있었던 것이다. 그로부터 20년이 흘렀다. 그 당시, 게이 커뮤니티의 단합된 노력으로 몇몇 지역사회에서 몇 가지 양보를 얻어내게 되었다. 그들 중 몇몇은 취소되기도 했다. 다른 경우도 그럴 수 있다. 우리는 더 잘 해낼 수도 있었다.[19]

정말 그들이 말하고 있는 바는 이런 것이다:

- "'우리'가 여기에 있다; 우리는 퀴어다; 그 사실에 익숙해져라"라는 전략은 별 효과가 없었다.
- "도망자" 전략적인 타이밍과, 신중하게 조성된 열정적인 게이; 1970년대에 치고 빠지기 시위방법으로 폭넓게 사용되었다.
- 노골적인 성적 디스플레이 때문에 게이축제 이벤트는 역효과를 낳았다.
- 새로운 전략의 채택이 필요하다.

자료에서 볼 수 있듯이, 동성애 운동의 초기단계에 결혼은 대체로 경멸되었고, 반동적이고 가부장적인 문화의 자취로 비춰졌다. 그리고, 게이들이 전통적인 결혼을 공격하는 것은 다른 문화적 경계선들에 대한 대규모 공격의 일부분이었다.

이것은 1972년 동성애 인권 플랫폼(Gay Rights Platform) 행사 당시 제시된 목표들 중 일부로 반영되었다:

당사자들의 동의에 의한 사적인 성적 행위를 금지하는 모든 주법의 철폐

법집행에 있어서 동성애자들과 이성애자들간 차별 금지(1972 State-2)

복장 도착(transvestism)과 크로스드레싱(cross-dressing)을 금지하는 모든 주법의 철폐(1972 State-6)

성적 동의 가능 연령을 제한하는 모든 법의 철폐(1972 State-7)

단일 가구 내에 동거할 수 있는 사람들의 성별과 숫자를 제한하는

모든 규정들의 철폐
성별과 숫자에 관계없이 함께 동거하는 모든 사람들에게 법적 혜택 부여 확대(1972 State-8)[20]

다른 동성애 운동가들은 강력한 어조로 결혼을 쓰레기 취급 했다. 심지어 게이 '결혼'을 추구하는 것은 자기 증오적 행위라고까지 맹비난했다. 칼 위트만이 자신의 유명한 보고서, "미국으로부터의 난민: 게이 메니페스토," 이 문건은 1970년 1월 1일(목)로 거슬러 올라간다.

결혼은 역할극으로 가득 찬 이성애적 제도의 대표적인 사례다. 전통적인 결혼은 썩어빠지고 억압적인 제도이다. 우리 중 이성애적 결혼을 겪어본 사람들은 우리의 동성애성이 결혼을 파괴한다고 자주 비난하곤 한다. 하지만, 틀린 것은 그들이다. 그들이 결혼을 파괴한 것이다. 왜냐하면 결혼은 일종의 계약으로서, 양쪽을 질식시키고, 필요를 부정하고, 양쪽에 불가능한 부담을 지우고 있다. 그런데 우리에게는 힘이 있다. 우리가 요구당하고 있는 역할들에 굴복해야 하는 것을 거부할 힘이 있다.

게이들은 그들이 얼마나 이성애적 결혼을 흉내 내고 있는지로 자기 자존심을 측정하는 짓을 멈춰야 한다. 게이 결혼에도 이성애 결혼과 똑같은 문제가 일어날 것이다. 차이가 있다면, 우스꽝스런 패러디뿐이다. 왜냐하면, 이성애적 결혼을 지켜주는 일반적인 타당성과 압력이 빠져있기 때문이다. 즉, 아이들, 부모가 생각하는 바, 이웃이 말하는 바 같은 것들이다.

근사한 배우자를 만나, 자리를 잡고, "우리도 너희들과 똑같아"라며 세상을 향해 말하는 것으로 행복을 얻을 수 있다고 믿는 것은 진정한 쟁점을 피해가는 것이며, 자기증오의 한 표현일 뿐이다.[21]

무엇이 이런 공격적인 표현의 원인이 되었는가? 하지만, 그런 표현들은 대체로 사라졌다. 그리고, 이는 동성 '결혼'을 제도화하라는 압력으로 대체되었다. 게이 활동가들이 자신들은 "친결혼(pro-marriage)"이라고 주장하는 수준에 이르렀다. 반면, 결혼제도의 유지를 원하는 우리는 오히려 "결혼제도 반대자"으로 낙인 찍혔다.[22]

그리고, 이것이 어떻게 게이 혁명이 성공을 거두게 된 것인가 하는 점이다: 바로, 게이들도 개인으로서, 커플로서, 부모로서, 그리고 가족으로서 (사적인 성적 행위의 차이는 제외하고) 일반인들과 똑같다고 주장했기 때문이었다. 그리하여, 미 동부 5개 주를 관할하는 제4연방항소법원의 헨리 프로이드 판사(Judge Henry Floyd)가 버지니아 주가 유지해 온 동성 '결혼' 금지를 파기하는 판결문에서, "동성 커플에게 이 선택권을 부여하지 않는 것은 그들이 우리 사회에 완전히 참여하는 것을 금지하는 것으로, 명확히 이것은 수정헌법 제14조가 지지할 수 없는 유형의 차별에 해당한다[23]"라고 적시하기에 이른 것이다.

모든 동성애 운동가들이 행복한 것은 아니다

어떤 면에서는, 이것은 선구적 동성애 운동가 칼 위트만(Carl Wittman)이 정면으로 반대했던 주제였다. 또한, 현대의 동성애 운동가들이 자신들의 운동의 최전선에서 밀려나가는 것이라고 느끼는 바로 그 주제이다. 또한, 그들의 반문화적 독특성을 훔쳐가는 바로 그 주제이다. 바로 이것이 어느 한 과격 동성애 운동단체가 2011년 6월 HRC 매장 한 곳의 기물을 무단 침입한 이유였다. 그들은 매장에, "스톤월 폭동 42주년 기념, 워싱턴 DC HRC 선물매장 습격, 과격한 퀴어들(ROWDY QUEERS TRASH AND GLAMDALIZE HUMAN RIGHTS CAMPAIGN GIFT SHOP IN WASHINGTON, DC ON THE 42nd ANNIVERSARY OF THE STONEWALL RIOT)"이라고 써붙였다. (다시 상기시키지만, HRC는 세계에서 가장 큰 동성애 운동 조직으로, 매년 워싱턴 DC에서 열리는 후원의 밤 행사에 오바마 대통령을 정기 연사로 초청하는 단체다.)

이 사건의 배후라고 주장하는 그룹의 이름은 "정말 훌륭한 못된 계모들의 여행, 음주, 토론 모임, 그리고 남자 준회원(The Right Honorable Wicked Stepmothers' Traveling, Drinking and Debating Society and Men's Auxillary)"이었다. 그들은 HRC가 내놓는 저속한 언론보도에 역겨움을 토로했다. 거기에 이렇게 쓰여 있다. "현대 LGBT 운동이 성공을 거두게 된 것은 얻어맞고, 불타고, 주먹질 당하고, 발길질 당했던 사흘간의 고난과 지난 십년간 ACT-UP 같은 조직에서 사용해 온 투쟁적 전술 덕분이다. 하지만, 왜 그런지 우리의 반항은 뿌리를 잊어버렸다."[24]

이와 비슷하게, 2009년 10월, 워싱턴 DC에 있는 HRC 헤드쿼터에 한 그룹이 무단 침입하여 이런 메시지를 남겼다:

잊혀진 자들로부터의 커뮤니케:

HRC 헤드쿼터는 '흡수를 거부하는 퀴어들'이 습격[84]했다.

어젯밤 분홍색과 검정색 페인트와 빤짝이 수류탄으로 무장한 급진 퀴어 멤버들과 그 동맹군이 HRC 헤드쿼터를 습격했다. 정문 입구 옆에 놓은 태그에 쓰인 사명선언문에 이렇게 쓰여 있다, "퀴어들 따돌리기를 중단하라(Quit leaving queers behind)"

HRC는 자신이 대표한다고 주장하는 사람들에 대해 민주적이지도 포용적이지도 않다. 오늘날의 사회와 마찬가지로, HRC는 몇몇 돈 많은 엘리트가 지배하고 있으며, 그들은 자기들에게 돈을 대는 기업 스폰서와 야합하고 있다. 그 스폰서들은 군국주의, 이성애 질서, 그리고 자본주의 착취를 확산시키는 자들이다. …

퀴어해방운동은 제멋대로인 HRC에 농락당하고 있다. HRC는 호모 엘리트들을 충동질해서 그들이 잃어버린 특권을 되찾고 부르주아를 향한 사회적 사다리를 기어오르기 위해 우리를 소외시켜 제한적인 투쟁으로 몰아넣고 있다.

---

84) 역자 주: 원어는 Glamdalize - Glam(반짝이다, 치장하다)과 Vandalize(무단침입)의 합성어로, 무단으로 건물이나 장소에 침입하여 벽 등에 페인트를 던져 항의하는 행위를 의미.

스톤월 폭동을 기억하라!

스톤월 40주년 기념일에, 돼지[85]들이 텍사스에 있는 퀴어바를 습격해서 우리의 친구들을 때리고 체포해갔다. 우리는 정치인들과 변호사들로부터 보호를 기대한다. 이런 멘탈리티가 계속해서 돈을 HRC와 그 애완동물인 민주당원들에게 흘러들어가게 만들고, 우리의 주먹을 주머니 안에 찔러두게 만든다.

우리들 대부분은 주정부 또는 교도소나 결혼 그리고 군대와 같은 제도들이 집단적 해방을 허락할 것이라고 믿지 않는다. 우리는 우리의 투쟁을 강화시켜야 한다. 그렇지 않으면 무너지고 말 것이다.[25]

눈이 번쩍 뜨이는 "커뮤니케"가 아닌가!

이 "흡수되기를 거부하는 퀴어들"은 오늘날 거의 모든 동성애 운동 기관들이 추구하는 투쟁목표, 곧 지배적이고, 이성애적이고, '결혼해서 애 낳고 사는' 사회에서와 같은 모습의 권리를 획득하는 것을 정면으로 반박하고 있다.

다른 한편, 이것은 여론에 영향을 주기 위해 완전히 전략을 바꾸는 것을 의미한다. 왜냐하면 동성애자들 대부분은 '결혼'해서 정착할 의지가 없으며, 자신들의 라이프스타일을 드러나게 하는 것이 동성애 운동의 명분을 강화하는 데 거의 도움이 되지 않기

---

85) 역자 주: pigs - 경찰을 뜻함.

때문이다.

또한 다른 한편, 이것은 단순히 전략의 문제가 아니다. 사실 LGBT 커뮤니티의 많은 사람들을 길들이려는 시도가 있었다. 이는 마치 대부분 동성애자 자존심 행사들을 길들이려 했던 것과 마찬가지다.(몇몇 사람들은 아마 이것을 운동을 '길들이기'라고 보기보다 급진파에 대한 보수파의 승리라고 표현하고자 할 것이다.)**26**

동성애자들이 이성애자들을 모방한다면

이것은 아주 근본적인 부분을 지적한다: 동성애 운동이 이렇게 크게 발전한 것은 오직 이성애적 사회와 똑같이 될 것을 추구하는 것 때문이다. 만약 게이 운동가들이, 스톤월 추종자들이 그랬던 것처럼, 자신들의 동성애적 구분성(queerness)을 강조했었더라면, 그들의 혁명은 이미 오래 전에 사라져 버렸을 것이다. (아이러니하게도, 그들은 아직도 매년 스톤월 폭동을 경축하며 기념하고 있다.) 대신, 그들은 이성애적 사회가 유지되기 위한 기반의 중요성을 인정해야만 했다.

그러나, 안타깝게 - 정말로 나는 '안타깝게' 탄식한다. 왜냐하면 나는 즐거움으로써가 아니라 슬픔으로써 이 문제를 다루고 있기 때문이다. 남자 둘이서는 아이를 낳을 수 없다. 여자 둘도 아이를 가질 수 없다. 그래서, 매년 어머니의 날이나 아버지의 날이 오면, 게이 가정에서 양육된 아이들은 매번 무엇인가 매우 근본적인 것이 빠져 있다는 생각을 갖게 될 것이다.[27] 그리고 동성 커플이 아이를 갖고 싶을 때마다, 그들은 자기들이 다른 사람들과는 같지 않다는 것을 아주 중요한 방식으로 깨닫게 될 것이다.

이러한 점에 비추어, 그들의 시나리오는 아래 중 하나로 끝마치게 될 것 같다:

1. LGBT 커뮤니티가 더욱더 길들여지게 될수록, 동성애 혁명은 그 목적과 비전을 잃어버리게 될 것이다. (마치 GLAAD가 그 목적을 상실할 수준까지 활동을 해낸 것처럼; 제6원칙 참고) 그리고, 이성애 가족의 숫자가 게이 가족의 숫자를 압도하게 되면서, 다시 '이성애규범성'이 사회적 규범이 될 것이다.[28]

2. 성적 무정부 상태가 더욱 난잡해지면서, LGBT 커뮤니티의 급진적 요소들은 점차 지배적으로 변하고 (아마도 그들은 자기들의 라이프스타일에 대해 신중해야 할 이유가 줄어든다고 생각할 것이다.) 이 상태는 결국 그들 커뮤니티 전체를 몰락시키게 될 것이다. 그렇게 되면, 결국 그들은 점점 더 성적 순결을 갈망하는 사회로부터 거부당하게 될 것이다.

어느 길이든, 동성애 혁명에 좋은 징조는 아니다. 하지만, 동성애 혁명이 성공할지 실패할지에 관계없이, 긍정적인 변화를 가져오기 위한 노력은 분명 우리의 몫이다.

그것이 의미하는 바는 다음과 같다:

1. 우리의 윤리적 확신을 절대 타협하지 말라.
2. 어둠의 사람이 아니라 빛의 사람이 되라.
3. 성적 순결을 지키며 살라.
4. 결혼에 분명한 우선순위를 두라.
5. 남/녀 성별 구별의 중요성을 인정하라.
6. 진리를 계속해서 전파하라.
7. 하나님께서 개입하실 것을 기대하라.
8. 이 책의 마지막 장을 여러분 자신이 쓸 수 있도록 끝까지 인내하라.

굳건히 서라

계속되는 문화 전쟁 속에서 우리가 얼마나 쉽게 탈진할 수 있는지 나는 알고 있다. 특히 해야 할 다른 사역들도 많은 크리스천 리더들은 더욱 그렇다. 하지만, 동성애 운동가들에게는 이것이 그들의 관심사의 모두라고 할 정도이다. Focus on the Family 같은 주요 기독교 사역단체들의 경우, 매년 반동성애 사역으로 사용하는 예산은 총예산의 3%를 절대 넘지 않는다.[29] 하지만, HRC, NGLTF나 Lamda Legal, GLAAD 및 GLSEN 등 29개 단체들은 동성애 활동 명목으로 예산 전체를 투입한다. 그리고, 이미 대규모 후원금을 충분히 확보한 ACLU나 SPLC 같은 기관들이 그들과 함께한다. 이 기관들은 이미 동성애 운동에 깊이 관여하고 있다.

게다가 공격적으로 친동성애 성향을 보여 온 오바마 행정부도 있다. 오바마 대통령은 스톤월 폭동 기념일에 맞춰 6월에 동성애 운동가들을 직접 백악관으로 초청했다. 이 자리에서 그는 6월을 동성애자 자존심의 달로 선포했다. 또한 그는 전례 없이 높은 수준의 친 LGBT, 반종교적 행정명령을 발효시켰다. HRC 모금운동 행사에서 연설하고, 자신의 두 번째 취임연설 기회를 사람들에게 동성애를 알리는 기회로 삼았으며, 동성애자임을 공개한 운동선수들을 개인적으로 만나기도 하는 등 너무나도 많은 친동성애 활동을 지지했었다.

오바마 대통령을 따라 조 바이든 부통령도 동참했다. 그는 지금 전 국무장관 힐러리 클린턴과 함께 동성애 운동을 지지하는 선봉에 서 있다. 그녀는 국무장관으로서 동성애 운동가들에게는 머리를 조아리면서 다른 국가들에 압력을 행사해 왔다. 또한 전 법무장관 에릭 홀더도 있다. 그는 자기 자신이 소위 동성애 처벌법을 반대한다는 입장이라고 공언하며, 각 주 법무장관들에게 만일 그들이 그런 법을 개인적으로 반대한다면 자기의 각 주에서도 그와 같은 법을 옹호하지 말라고 사실상 지시한 바 있다.

미국 경제계가 "게이 권리"를 새로운 시민 민권운동으로 인정하는 것과 함께, 끝없는 미디어 폭격도 더해지고 있다. 그리고, 내가 국가교육협회(National Education Association)도 매우 공격적인 친동성애 기관이라고 언급했던가? 리스트는 끝날 기미가 없어 보인다. 그래서, 이 싸움에 지쳐버리기 쉽다. 우리 쪽이 이미 수많은 손실을 입은 것처럼 보일 때는 특히 더 그렇다.

그러나, 내가 이 책 전체를 통해 주장했듯이, 문화전쟁은 끝난 것이 아니다. 많은 면에서, 이제 막 시작되었을 뿐이다. 우리가 역사 속의 전례를 바라본다면, 극복할 수 없는 것처럼 보이는 역경에 저항하여 자신들의 입지를 굳게 붙든 사람들, 오직 그들이 영속적인 충격을 만들어 내는 사람들이었다. (다시 한 번 상기하자면, 아이러니하게도 동성애 운동의 개척자들이 바로 이런 입장이었다. 비록 그들의 목적과 나의 방향은 다르지만, 그들의 끈기만은 칭찬하고 싶다.)[30]

제1원칙에서 나는 빌리 그레이엄의 말을 인용한 바 있다. 그는, "용기는 전염된다. 그래서 용기 있는 한 사람이 먼저 당당히 나서면, 종종 다른 사람들까지 등을 꼿꼿이 세운다"고 했다. 바로 그 용기 있는 한 사람이 되기로 결단해 보지 않겠는가? 옳은 것을 실천하는 사람, 비록 그것이 명예나 직장이나 사회적 지위나 연금이나 면세 지위를 잃어버리게 되는 것을 의미하더라도 말이다. 다른 나라의 신자들은 문자 그대로 그들의 믿음을 위해 자신의 목을 내놓고 있다. 분명히 우리는 우리 자신의 명성을 잃어버리는 것을 두려워하지 말아야 한다.

물론, 용기를 낸다는 것은 극단적이 된다는 뜻이 아니다. 나는 동성애자 살해뿐 아니라 그들에 대한 공격도 승인하지 않는 그런 사회에 살고 있는 것을 기쁘게 생각하는 사람이다. 사실 그런 일들은 사회적 용인의 허울 아래 세계의 다른 지역에서 여전히 일어나고 있다. 하나님은 우리에게 용기에 잔인함을 혼합시키지 말라고 하셨다. 우리는 그저 결혼과 가정 그리고 성적 도덕에 대해 우리가 옳다고 믿는 바에 대해 또 미국을 위해 최선의 길이라고 믿는 바에 대해 굳건한 확신을 가지고 나아가야 한다. 그런 확신 가운데 설 때, 우리 각자는 오래된 찬송가 "나는 흔들리지 않으리(I Shall Not Be Moved)"의 고백을 선포하며 또 그렇게 살아가야 한다. 바울이 자신의 편지를 읽을 사람들에게 촉구했던 것처럼, "우리가 선을 행하되 낙심하지 말지니 포기하지 아니하면 때가 이르매 거두리라"(갈라디아서 6:9) 그리고, "그러므로 내 사랑하는 형제들아 견실하며 흔들리지 말고 항상 주의 일에 더욱 힘쓰는 자들이 되라 이는 너희 수고가 주 안에서 헛되지 않은 줄 앎이라"(고린도전서 15:58).

주저하지 말고 전진하라! 불 한가운데를 통과함으로써, 우리는 정금과 같이 나오게 되는 것이다.

하나님의 방법이 최선의 길

성경에서 가장 유명한 말씀 구절들 중 하나는 시편 37편이다. 그리고 신약은 예수님께서 이 말씀을 다시 인용하셨다고 기록하고 있다. 그것은 온유한 자들이 땅을 차지할 것이라는 말씀이다 (시편 37:11; 마태복음 5:5). 그런데, 이 말씀은 우리의 직관과는 정반대다. 우리 생각에는 가장 거칠고 공격적인 사람이 땅을 차지할 것 같기 때문이다. 결국은 가장 막강한 군사력을 가진 나라가 가장 넓은 영토를 차지하지 않았는가? 가장 강한 사람이 살아남지 않는가? 본성상 인간은 이기적이고 호전적이며 지배욕으로 채워져 있지 않은가?

전승에 따르면, 이 시편의 저자는 약 3,000년 전에 살았던 인물인 다윗 왕으로 알려져 있다. 그런데, 이 시편은 완전히 다른 관점을 제시하고 있다. 그는 이렇게 노래했다:

> 여호와를 바라고 그의 도를 지키라.
> 그리하면 네가 땅을 차지하게 하실 것이라.
> 악인이 끊어질 때에 네가 똑똑히 보리로다.
> 내가 악인의 큰 세력을 본즉
> 그 본래의 땅에 서 있는 나무 잎이 무성함과 같으나,
> 내가 지나갈 때에 그는 없어졌나니
> 내가 찾아도 발견하지 못하였도다.
> 온전한 사람을 살피고 정직한 자를 볼지어다
> 모든 화평한 자의 미래는 평안이로다.
> 범죄자들은 함께 멸망하리니
> 악인의 미래는 끊어질 것이나,
>
> (시편 37:34-38)

이와 같이, 시편 1편도 악인들의 꾀를 좇지 않고 하나님의 법칙을 따라 사는 사람은 "시냇가에 심은 나무가 철을 따라 열매를 맺으며 그 잎사귀가 마르지 아니함 같으니 그가 하는 모든 일이 다 형통하리로다"라고 기록하고 있다. 이에 반해, 악인들은 "오직 바

람에 나는 겨"와 같을 것이라고 하였다(시편 1:3-4).

내가 동성애자들을 "악인"이라고 하고, 그들이 "끊어질" 날을 기다린다고 하는 것인가? 이는 결코 내가 하려는 말의 요지가 아니다.[31] 혹은 내가 게이들을 삼켜버릴 하나님의 불 같은 심판에 대해 이야기하고 있는가? 사실 내가 고대하는 것은, 셀 수 없는 수천의 LGBT들이 하나님의 사랑을 그들의 마음에 받아 그분에게 안기고 또 그분 안에서의 참된 완전함을 경험하는 것이다.[32]

내가 말하려는 요점은 이것이다. 아니, 사실 성경이 말씀하는 요지는 이것이다. 하나님을 경외하며 그분의 기준에 따라 사는 사람은, 마침내, 그렇게 살지 않는 자들을 이긴다. 왜냐하면, 하나님의 방법이 최선의 길이기 때문이다. 이것이 바로 술이나 담배를 하지 않는 사람들이 하는 사람들보다 평균적으로 더 오래 사는 이유다. 안전벨트를 매고 교통신호를 지키는 사람들이 그렇지 않은 사람들보다 평균적으로 더 오래 사는 이유다. 심지어 보험회사도 이것이 사실이라고 인정한다.

마찬가지로, 결혼을 통해 서로를 신뢰하며 그 자녀들에게 헌신하는 커플은 혼외 관계로 자녀를 낳았거나 상습적으로 바람을 피우거나 또는 자녀를 돌보지 않는 아버지 같은 사람들보다 훨씬 더 위대한 유산을 후대에 남기게 될 것이다. 이 원칙이 작동하는 것을 보여주는 가장 분명한 사례는 바로 조나단 에드워즈다(1703-1758). 그는 크리스천 리더로서 18세기 미국의 위대한 철학가요 신학자였다. 그는 아내 사라와 30년간 결혼생활을 했으며, 3명의 아들과 8명의 딸을 낳았다. 그는 실로 놀라운 유산을 남겼다.

극적인 대조를 보이는 삶의 열매

이는 미국의 교육자와 목회자였던 에이 이 윈십(A. E. Winship)을 통해 확인되었다. 그는 20세기 초에, "조나단 에드워즈 사후 약 150년간 자손들의 궤적을 조사했다. 그 연구의 결과는 실로 놀라왔다. 특히, 맥스 주크스(Max Jukes)라는 한 남성의 결과와 비교되었을 때 더욱 분명해졌다. 주크스의 유산은 뉴욕 주 교도소에 수감된 42명의 서로 다른 남자들이 모두 그의 가계에 속한 사람들이었다는 것이 밝혀지며 세상의 주목을 받았다."[33]

윈십의 책 이름은, '주크스 - 에드워즈: 교육과 유전에 관한 연구', 그 연구의 결과는 놀라웠다.[34]

에드워즈 사후 약 150년이 채 되지 않는 기간 동안, 그의 자손들 중 배출된 인물들로:

부통령 1명
상원의원 3명
주지사 3명
시장 3명
대학 총장 13명

판사 30명
교수 65명
공무원 80명
변호사 100명
선교사 100명

맥스 주크스의 유산은 완전히 반대였다. 그의 후손들에는:

살인자 7명
절도자 60명
매춘부 50명
기타 범죄자 130명
극빈자 310명(2,300명이 넘는 사람들과 보호시설에서 생활)
제멋대로 살아 만신창이가 된 사람 400명[35]

이 얼마나 안타깝고 비극적인 결과인가. 하지만, 만약 에드워즈가 주정뱅이였거나 바람둥이 또는 도둑이었다면, 아니면 폭력적인 가장이었다면, 그의 유산도 아마 주크스와 비슷했을 것이다. 이 결과는 우리에게 한 가지 질문을 던지고 있다: 오늘 당신이 선택한 라이프스타일을 돌아본다면, 내일 (즉, 후손들 세대에서) 당신 유산의 모습은 어떠할까?

비록 동성 '결혼'이 이 나라의 법이 된다 하더라도, 비록 사회 각 부분에서 성별의 구분이 모두 지워져 버린다 하더라도, 비록 우리의 공립학교 시스템을 전혀 신뢰할 수 없게 되어 부자와 빈자 모두에게 작동하는 창의적인 대안교육들을 따라야만 하게 되더라도, 우리의 책무는 옳은 것을 실천하는 데 집중하는 일이다.

기혼이든 미혼이든 우리는 성적 순결을 지켜야 한다. "죽음이 우리를 갈라놓을 때까지"라고 했던 결혼 서약 앞에 말 그대로 진실해야 한다. 모성과 부성, 그리고 성별 구별의 아름다움을 즐거워해야 한다. 우리의 자녀들은 성가신 존재가 아니며 이들을 소중한 사람으로 만들어야 한다. 이 세상에서 자녀보다 더 중요한 선물은 없으며, 언젠가 그들이 이 사회의 리더들이 될 것이라는 사실을 인정해야 한다.

우리의 개인적인 삶 속에 온전한 가치를 끌어안아야 하며, 그것들을 가족들 안에 심어주어야 한다. 우리는 언행일치, 관대함, 긍휼과 정직에 대한 평판으로 이 세속적인 사회 속에 긍정적인 영향력을 끼쳐야 한다. 그리고, 우리는 (자궁 속 생명의 존귀함에서부터) 마음껏 우리의 삶을 기뻐해야 한다. 그리하여, 죽음의 문화의 조류를 거슬러 헤엄쳐야만 한다.[36]

만약 우리가 이렇게 해 나가면 하나님의 축복이 우리에게 머무를 뿐만 아니라 다가오는 폭풍우를 견뎌내고 우리가 심어둔 많은 씨앗들을 통해 계속 생육하고 번성하게 될 것이다. 왜냐하면, 그분의 길은 생명의 길이기 때문이다. 농사의 이미지를 차용한다면, 우리의 뿌리는 깊이 아래를 향하고, 우리의 가지들은 널리 뻗어

나가게 될 것이다.

하나님은 자기 백성들의 기도에 응답하신다

이전 장에서 나는 과거 미국에서 수차례 일어났던 영적 대각성 운동이 당대의 사람들에게 얼마나 깊은 영향을 주었는지 설명했다. 또, 매번 그런 부흥이 일어났을 당시의 사회적 상황이 얼마나 절망적이었는지도 설명했다. 사실은 그것이 바로 사람들이 마음을 다해 기도하기 시작했던 이유였다. 당시 미국인들은 나라가 도덕적으로 또 영적으로 타락했다는 것을 깨달았으며, (이는 종종 경제적인 침체로 이어졌다.) 그러한 절망적 상황 앞에 그들은 무릎을 꿇을 수밖에 없었다. 물론, 비관주의자들은 소위 대각성 운동이라는 것은 주정주의 운동 또는 집단 히스테리에 불과하다고 주장할 수도 있다. 하지만, 편견 없이 관찰자 입장에서 내릴 수 있는 가장 논리적인 결론은 무엇인가 매우 초자연적인 상황이 발생했다는 사실이다.

1730년대에서 1740년대 중반까지 계속된 제1차 영적 대각성 운동 전, 조나단 에드워드는 긴 제목이 붙은 소책자 한 권을 통해 전 세계 기독교인들이 연합하여 하나님의 임재를 위해 기도할 것을 촉구했다. 그 책의 제목은 이렇다: '옛 시대의 말씀의 약속과 예언들을 따라, 신앙의 부흥과 이 땅에 하나님의 나라의 확장을 위한 특별기도를 통해 전 세계 하나님의 백성들의 일치와 하나 됨을 이루기 위한 작은 시도'.

그가 말한 "말씀의 약속들"은 무엇이었는가? 그 약속들에는 다음과 같이 널리 알려진 말씀도 포함되어 있다:

"내 이름으로 일컫는 내 백성이 그들의 악한 길에서 떠나 스스로 낮추고 기도하여 내 얼굴을 찾으면 내가 하늘에서 듣고 그들의 죄를 사하고 그들의 땅을 고칠지라"(역대하 7:14).

"여호와의 말씀이니라 너희를 향한 나의 생각을 내가 아나니 평안이요 재앙이 아니니라 너희에게 미래와 희망을 주는 것이니라 너희가 내게 부르짖으며 내게 와서 기도하면 내가 너희들의 기도를 들을 것이요 너희가 온 마음으로 나를 구하면 나를 찾을 것이요 나를 만나리라"(예레미야 29:11-13).

에드워즈의 시대에 미국은 아직 영국의 식민지였다. 많은 기독교인들이 이 말씀을 마음에 붙잡고 울부짖으며 하나님께서 미국을 불쌍히 여겨주시기를 기도했다. 그리고, 그 결과는 너무나 극적이었다. 아주 세심한 지성인이었던 에드워즈는 그가 목도했던 바를 자세히 기록했다.[37]

19세기 초반에 일어났던 제2차 영적 대각성 운동 전, 당시 캐롤라이나 교구를 맡고 있던 성공회 소속 목회자 한 사람이 남겼던 탄식의 기록을 들어보라: "어떻게 수천 명의 사람들이 성경의 단 한 장도 보거나 읽거나 들어보지 못했다는 일이 있을 수 있단 말인가! 세례는 고사하고 설교 한번 들어보지 못한 사람이 수만 명이라니! 게다가 그리스도의 이름이나 저주로부터의 구원에 대해 단 한 번도 들어보지 못한 3만 명이라니! 아, 애통한 시대여! 애통한 백성이여!"[38]

실로 당시 상황은 지금보다 훨씬 가혹해 보인다. 하지만, 다시 한 번 강조하지만, 그때 믿는 자들은 하나님 앞에 부르짖고 그들의 죄를 끊어버리고 대각성을 위해 기도했다. 우리가 바로 살지 못하면서 어떻게 다른 사람에게 바로 살라 할 수 있겠는가? 다시 한 번, 그 결과는 극적이었다. 그리고, 그 결과를 이끌어 낸 것은 바로 하나님의 백성들의 기도, 그 절박한 기도, 열심을 다하는 기도, 온 마음을 다하는 기도였다.

자신을 기도에 바치라

이것을 마음에 품고, 지금 이 책을 읽고 있는 독자 여러분 한 사람 한 사람에게 호소한다. 만약 당신이 백만 달러를 얻기 위해 하루에 5분간 기도하고 일주일에 두 끼씩 금식한다면 그 돈을 받게 될 것이다. 그렇지 않겠는가? 더욱이 구하는 동기가 그 돈을 가난한 사람들에게 주려는 것이라면 더 그러할 것이라고 생각한다. 자, 성경 어디에도 우리에게 그런 재정적 결과를 약속하는 말씀은 없다. 하지만 우리에게 확신을 주는 약속들이 많이 있다. 곧, 우리가 하나님의 자비와 회복과 변화를 간구하면, 비록 우리가 그런 응답에 대한 구체적인 시간표를 세울 수는 없다고 하더라도, 하나님께서 마침내 응답하실 것이라는 약속들 말이다. 확실한 것은,

우리가 소리쳐 기도하면 – 도심을 행진하면서, 교회에서 모여 기도하면서, 가족들과 함께 집에서, 또는 각자의 자리에서 – 그리고, 우리가 포기하지 않으면, 주님께서 친해 응답하시며 그 나라를 흔드실 것이라는 것이다.

예수님께서 제자들에게 "항상 기도하고 낙심하지 말아야 할 것을 비유로 말씀하여" 이 주제를 강조하셨다.

예수님께서, "이르시되 어떤 도시에 하나님을 두려워하지 않고 사람을 무시하는 한 재판장이 있는데, 그 도시에 한 과부가 있어 자주 그에게 가서 내 원수에 대한 나의 원한을 풀어 주소서 하되 그가 얼마 동안 듣지 아니하다가 후에 속으로 생각하되 내가 하나님을 두려워하지 않고 사람을 무시하나 이 과부가 나를 번거롭게 하니 내가 그 원한을 풀어 주리라. 그렇지 않으면 늘 와서 나를 괴롭게 하리라 하였느니라." 주님께서 또 말씀하셨다. "불의한 재판장이 말한 것을 들으라 하물며 하나님께서 그 밤낮 부르짖는 택하신 자들의 원한을 풀어 주지 아니하시겠느냐. 그들에게 오래 참으시겠느냐. 내가 너희에게 이르노니 속히 그 원한을 풀어 주시리라."

그러나, 주님께서는 제자들의 마음을 꿰뚫는 질문 하나를 던지셨다: "그러나 인자가 올 때에 세상에서 믿음을 보겠느냐?"(누가복음 18:1-8)

바로 그 질문이 우리가 할 수 있는 유일한 질문이다. 하지만, 지금이라도 그 질문을 하는 것은 옳다. 우리는 마음을 다해 하나님을 믿고 있는가? 우리는 그분의 약속을 믿는가? 하나님께 울부짖어 기도하면 그분께서 응답하실 것을 우리는 확신하는가? 만약 그렇다면, 함께하자. 지금 시작하자. 그리고 멈추지 말자. 정의와 형평과 도덕이 이 땅을 다스릴 때까지.

히스기야 신드롬에 빠지지 말라

히스기야(ca. BC 715~687)는 유대 역사에 등장하는 가장 위대한 왕들 중 한 사람이었다. 그는 하나님을 믿고 국가적 혁신 운동에 불을 붙이는 데 기여한 사람이었다. 하지만 그 말년에 그는 성경에서 제일 이기적이고 근시안적인 말을 남긴 사람으로 기록되고 만다. 우리는 그가 저지른 비극적인 실수를 반복해서는 안 된다.

이사야서 39장에는 히스기야의 병이 기적적으로 낫고 그의 생명이 15년 연장되자 바벨론의 사절들이 그를 찾아와 그 기적을 칭송했다는 기록이 나온다. 비록 그 장에 명백히 기록되어 있지는 않지만 그 방문의 동기는 명백했다. 그들은 이스라엘과 공동의 적국 앗시리아와 대립하고 있었기 때문에 히스기야와 동맹을 맺고 싶어했다.

히스기야는 그들을 환영하고 그들에게 "보물 창고 곧 은금과 향료와 보배로운 기름과 모든 무기고에 있는 것을 다 보여 주었으니 히스기야가 궁중의 소유와 전 국내의 소유를 보이지 아니한 것이 없는지라"(이사야 39:2).

그들이 떠난 뒤, 이사야 선지자가 왕에게 와서 그 방문객들에 대해 물었다. "그 사람들이 무슨 말을 하였으며 어디서 왕에게 왔나이까?" 히스기야가 대답했다. "그들이 원방 곧 바벨론에서 내게 왔나이다"(이사야 39:3).

"그들이 궁전에서 무엇을 보았습니까?" "그들은 모든 것을 다 보았으며 궁전 창고에 있는 것 중에서 내가 그들에게 보여 주지 않은 것이 하나도 없습니다."

그러자 이사야가 물었다, "그들이 왕의 궁전에서 무엇을 보았나이까?" 히스기야가 대답했다. "그들이 내 궁전에 있는 것을 다 보았나이다 내 창고에 있는 것으로 보이지 아니한 보물이 하나도 없나이다"(이사야 39:4).

그 때, 이사야는 히스기야에게 충격적인 예언의 말씀을 전한다.

"왕은 만군의 여호와의 말씀을 들으소서 보라 날이 이르리니 네 집에 있는 모든 소유와 네 조상들이 오늘까지 쌓아 둔 것이 모두 바벨론으로 옮긴 바 되고 남을 것이 없으리라 여호와의 말이니라 또 네게서 태어날 자손 중에서 몇이 사로잡혀 바벨론 왕궁의 환관이 되리라 하셨나이다"(이사야 39:5-7).

이것이 무슨 청천벽력 같은 소식인가! 과거 세대가 이룩해 놓은 모든 것이 바벨론으로 옮겨지고, 심지어 왕의 자손들까지도 – 그의 아들들 또는 손자들 또는 그 증손자들 – 포로가 될 것이라니. 심지어 그들 중 몇이 환관이 될 것이라니.

그렇다면, 히스기야는 이 두려운 말씀에 어떻게 대답을 했는가? 그가 예언자로부터 자신이 곧 죽을 것이라는 말을 전해 듣고 했던 행동처럼, 그가 얼굴을 벽으로 향하고 통곡했는가?(이사야 38:1-3 참고) 앗수르가 이스라엘을 파괴하겠다고 협박하고 있었을 때 히스기야가 했던 행동처럼, 그가 절박한 중에 하나님께 나아갔는가?(이사야 37:1-4 참고)

아니었다. 그는 이런 충격적인 말로 답했다: "당신이 이른 바 여호와의 말씀이 좋소이다 하고 또 이르되 내 생전에는 평안과 견고함이 있으리로다 하니라"(이사야 37:8). 다른 말로 하면, "주님을 찬양합니다! 내 시대 괜찮기만 하다면, 내 자식들이나 손자들대에 무슨 일이 벌이지든 관계없지. 선지자 이사야여, 좋은 말씀이야, 내 평생 동안에는 샬롬이 있을 것이고, 그것으로 만족해."

얼마나 근시안적이고 이기적인 생각인가. 2,500년 후, 토마스 페인(Thomas Paine)은 이 생각과 완전 반대되는 말을 했다: "만약 문제가 생길 수밖에 없다면, 내 세대에 일어나도록 하라. 그래야 내 자녀들이 평화를 누릴 수 있다." (그리고, 페인은 사실 정통 신자도 아니었다.)

그렇다면, 히스기야가 치유받은 후 낳은 아들 므낫세가 유대 역사상 가장 악한 왕이 되었다는 사실에 놀랄 일이 있는가? 히스기야가 경건한 아버지가 되지 못한 것 때문은 아닌가? 그는 다음 세대를 향한 비전을 갖는 데 실패한 것은 아닌가?

우리의 영원한 유산은 무엇인가?

디트리히 본회퍼(Dietrich Bonhoeffer)는, "도덕적인 사회를 시험해 보는 궁극적인 기준은 그 사회가 자녀들에게 어떤 세상을 남겨주는가 하는 것이다"라고 말했다. 이 말은 우리로 하여금 자문하게 만든다. 과연 우리는 어떤 세상을 우리 아이들과 손자들에게 물려주려고 하는가?

오늘날 많은 종교지도자들은 가장 긴급한 사회적 이슈들을 다루는 것을 두려워한다. (아니면, 최소한 주저한다.) 논란에 휩싸이고 싶어하지 않으며, 회중을 불쾌하게 만들고 싶지 않으며, 반대의견을 유발하고 싶지 않고, 그들의 세금감면 지위를 불안케 하고 싶어하지 않으며, 또한 배를 흔들고 싶어하지도 않는다. 어쨌든 그들은 생각하기를 "우리 회중들은 건강하고 사역은 열매를 맺고 있어. 내가 왜 공의를 위한다는 것 때문에 이 상황을 위험에 빠뜨려야 하지? 왜 구도자들을 쫓아낼 위험을 감수해야만 하는 거지?"

대답은 간단하다: 옳은 일을 위해 일어서는 것이 우리의 거룩한 부르심이다. (진리와 긍휼, 그리고 정의와 함께 은혜에 참여하는 것) 그것은

사회에 있어서 도덕적 양심으로서, 이 땅의 소금이요 세상의 빛으로서 혼돈과 자기 파괴적 세상을 향한 예언의 소리로서 하나님 앞에 우리의 책임이다. 또한 이것은 다음 세대를 향한 신성한 책임이다.

그렇지 않으면, 만약 우리가 여기 이 부르심에 응답하지 않으면, 우리의 아이들과 손자들은 어느 날 우리에게 이렇게 묻게 될 것이다. "엄마! 아빠! (또는 "할머니! 할아버지!") 미국이 그렇게 급격히 변하던 시절에 무엇을 하셨나요? 우리의 자유가 빼앗기고, 결혼의 의미가 사라져버리고, 수천만 명의 아이들이 자궁 속에서 죽어가고 있던 때 말이에요. 어떻게 눈앞에서 이런 일들이 벌어지도록 놓아두셨나요?"

그날에, 우리는 그들에게 무엇이라 할 것인가? 그리고, 마지막 심판의 날에 우리는 주님께 무슨 말씀을 드릴 것인가? 세대에 걸친 우리의 비전은 어디에 있는가?

그래서, 나는 모든 리더들과 모든 부모님들에게 말한다: 제발 여러분들의 길을 살펴보고 히스기야 신드롬에 빠지지 않도록 하라. 비록 오늘 조류를 거슬러 헤엄쳐야 하는 어려움이 있겠지만, 이것은 장래를 생각하면 모두 가치 있는 일이다. 그리고, 다가오는 시대에, 당시의 자녀들과 손주들은 당신을 기리며 감사하게 될 것이다. 의인의 유산은 축복이다. (시편 112:2 참고)

다가오는 궤도 수정에 관한 최종 생각

제4원칙 내용 중, 나는 피터 히천스(Pela Hichens)의 힘 있는 글을 인용했었다. 그는 과거 무신론자였으며 또한 유명한 무신론자 크리스토퍼 히천스와 형제였다. 그는 자신의 조국 영국이 아버지 없는 상황에 처한 것을 놓고 애통해 했었다.

우리의 역사와 문화에 있어서 아버지의 중요성에 대해, 그는 "기독교 교회의 근본적인 기도는 '우리 아버지'라는 말로 시작한다. 미국 사람들은 그들의 '건국의 아버지들'을 이야기한다. 인류가 시작된 이래로 그 '아버지'는 그의 가정에 있어서 보호자요, 공급자요, 권위의 근거요, 존경과 성실로 묶어주는 존재다." 이것 때문에 그는 이러한 질문을 던졌다: "만약 그가 사라지면, 누가 그의 자리를 차지하는가?"

히천스는 영국의 그 이전세대가 얼마나 열렬히 무책이혼의 개념을 도입하려고 애썼는지를 묘사했다. 당시 영국은 그 변화가 가정에 특히 자녀들에게 가져올 엄청난 재앙에 대해 아무런 비전도 갖고 있지 않았다. 그는 이렇게 기록했다. "이제 우리는 찾아내고 있다. 아버지나 가족의 삶, 또는 성실이나 지조를 모르고 자라난 세대가 이제 바삐 자신들의 자녀세대를 만들어가고 있다. 그들은 어찌될 것인가? 아버지가 되는 법을 한 번도 배워보지 못한 아이들이 어떻게 아버지가 될 수 있겠는가?"

하지만 그는 완전히 절망하지는 않았다 그는 자신의 솔직한 마음을 이렇게 표현했다. "나는 도덕적인 패닉 상태에 빠졌다. 나는 어떤 선한 것도 할 수 없을 것이라는 생각이 든다. 그러나, 아마도 이 이기적인 세대의 희생자들인 우리의 아이들과 손주들은, 그 결과에 대해 깊은 고통을 겪은 후, 영국에서 안정된 가족을 다시 세워나가게 될 것이다."[39]

정확히 이것이 또한 나에게 있는 소망이다. 한 가지 차이점이 있다면, 아무도 우리 아이들이나 손주들이 그렇게 할 것을 기다릴 필요 없이 우리가 지금 바로 잘못된 코스를 수정하는 것을 시작하는 것을 방해할 수 없다는 점이다. 우리는 이 새로운 혁명에 함께 할 수 있다. 그것을 위해, 언행일치와 믿음의 사람들이 되어야 한다. 우리의 믿음을 타협하지 말아야 한다. 긍휼로 함께하여 용기를 북돋아야 한다. 참된 결혼의 아름다움을 붙잡아야 한다. 하나님의 개입하심을 위해 기도해야 한다. 우리가 다음 세대에 훌륭한 유산을 물려줄 수 있는 삶을 살아가야 한다.

역사의 잘못된 편?

2014년 10월, 보수적인 저널리스트 벤 존슨(Ben Johnson)이 이런 글을 남겼다. "문화적으로 분별력 있는 미국인들의 다양성을(plurality) 좌절시키고, 기를 꺾고, 만류하여 동성 '결혼' 반대를 포기하도록 하기 위해 문화적 좌파가 활용하는 책략은 이미 싸움은 끝났다고 생각하도록 모든 것을 다 동원하는 방법이다. 그리고, 이것을 표현하기 위해 선택된 구절은 전통적인 결혼을 지지하는 자는 '역사의 잘못된 편'에 서 있다는 것이었다."

그러나, 그는 계속해서, "최소한 5,000년의 역사 속에서 일부일처제 이성애 결혼을 규범화했었던 서구 문명과 이제 결혼 개념을 재정의하는 실험이 시작된 지 10년도 채 안 되는 미국의 경험을 살펴보건대, 나는 확실히 역사의 옳은 편에 서 있다는 것을 깨닫게 된다. 물론 갈 길은 멀다. … 하지만, 인간의 삶이 풍성해지는 모든 사회가 바로 그것이 옳다는 것을 증명하게 될 것이다."

존슨은 역사의 잘못된 편에 서 있는 것은 아닌가 하는 우려는 전혀 해 본 적이 없었다는 것을 확실히 했다. 그가 설명하기를, "나는 공산주의의 세계적 승리는 '필연이다'라는 말을 들으며 내 인생의 첫 번째 부분을 보냈습니다."[40] 얼마나 상황이 바뀌었는가!

갑작스럽고, 극적이며, 그리고 종종 예측할 수 없는 역사의 반전과 전환의 관점에서, 존슨은 다음과 같이 중요한 의견을 제시한다:

문화적으로 결혼을 정복한 좌파의 상황을 볼 때, 우리의 상황은 1989년보다는 1917년에 더 가깝다. 그 거만하고 포착하기 힘들면서도 음흉한 영이 물러섬도 없이 냉혹하게 전진해 오고 있다. 자연적 가족의 우월성을 옹호하는 사람들은 모두 사회적, 경제적, 그리고(점차) 법적 견책에 직면하고 있다. 우리가 가지고 있던 것은, 과학의 진실성, 인간의 성장, 자녀들의 복지이다. 그리고, 우리는 그것을 반복하는 데 피곤해하지 말아야 한다. 그 결과가 어떠하든 말이다. 하지만, 아직 최악의 상황이 다가온 것은 아니다.

우리가 죄악의 용서와 구속의 신비 속에 서 있는지 여부는 오직 주님만이 아신다. 하지만 우리는 유명한 반체제인사 알렉산더 솔제니친(Aleksandr Solzhenitsyn)의 말을 우리의 마음속에 새겨보자. 그는 한때 자신이 수감되어 있던 아키펠라오 감옥의 종말을 보았던 사람이다: "진리의 말 한 마디가 온 세상을 이긴다." 또 다른 말씀, 더 큰 권위의 말씀이 있다: "세상에서는 너희가 환난을 당하나 담대하라 내가 세상을 이겼노라"(요한복음 16:33).⁴¹

이것이 마지막 요점이다: 결과는 하나님께 맡기고, 우리는 옳은 일을 행해야 한다. 왜냐하면 그것이 옳기 때문이다. 하지만, 우리는 소망과 확신을 가지고 서야 한다. 그리하면, 마침내 역사의 평결은 우리를 무죄라 할 것이다.

확신의 시대

앤드류 워커(Andew Walker)는 자신의 글 '첫 번째 일들(First Things)'에서, "만약 내가 '문화 전쟁의 기술'이라는 책을 쓴다면, 나는 그것을 상대편을 굴복시키는 전략이라고 말할 것이다 단계는 대략 이렇게 정리된다: 다른 이슈와 [논란이 있는 도덕적, 사회적, 영적] 이슈를 상대화시켜라; 그 이슈에 대해 불확실하게 대하라; 그 이슈에 대한 공개적 발언을 거부하라; 그 이슈에 대해 무관해져라; 그 이슈를 받아들여라; 그 이슈를 승인하라; 그 이슈를 요구하라."

이제 그것으로 문화적 뒤집기는 끝났다. 워커는 "곁길을 걷기 시작하는 교회는 급속하게 후퇴하게 된다. 후퇴하는 교회에는 답이 없다. 그런 교회는 지옥의 문을 뛰쳐나가지 않는다"라고 기록했다. "이렇게 칠 것은 그들이 내 백성을 유혹하여 평강이 없으나 평강이 있다 함이라"(에스겔 13:10).

그 대신, 그는 포로로 잡혀 있는 교회와 같이 살아야 한다고 주장한다. "즉, 문화 속에서 신실함을 지키는 교회를 말한다. 문화가 미국 같다거나 아니면 바벨론 같다거나 하는 것과는 관계없다. 교회가 문화를 잃을 수 있다는 것은 알고 있다. 하지만 잃을 수 없는 것, 그것은 복음이다. 그러니, 그렇게 살아라."

워커는 이렇게 결론을 내린다, 이것은 무척 확실하다. "좋은 소식은 기독교의 진실이 사람의 갈채 속 비진리를 극복한다."[42] 그리고 이것이 우리가 취하고 있는 입장에 연료를 공급하는 확실성이다. 우리가 단기적으로 '승리' 또는 '패배'하더라도, 우리는 장기적으로 분명히 '승리'한다. 그리고, 많은 면에서, 결혼과 도덕에 대한 전쟁이 이제 막 시작되었으므로, 단기적인 차원에서 이미 밀렸다고 생각되더라도 위축될 필요 없다.

모르드개는 절하지 않을 것이다

이 모든 것들을 통해 에스더서에 나오는 유명한 이야기가 내 마음에 떠올랐다. 하만이라는 이름의 페르시아 관리와 페르시아에 유배되어 살고 있던 유대인 남자 모르드개에 관한 이야기다. 우선 여기서 한 가지 확실히 할 것은, 나는 유대인들 모두를 몰살하려던 계획을 갖고 있던 하만과 동성애 운동가들을 동일시하려는 생각은 추호도 없다. 그것은 내가 말하고자 하는 바도 아니며, 또 그것이 진실이라고 생각지도 않는다. 대신 나는 여기서 하만의 태도와 많은 동성애 운동가들 사이에 흥미 있는 심리학적 유사점이 있다는 것을 지적하고 싶다. 또한 모르드개가 우리의 신앙의 모범이 될 수 있다는 생각이 들었다.

에스더서에 따르면, 하만이 페르시아 제국에서 모든 백성들이 자신에게 절하도록 할 정도로 매우 높은 자리에 올랐음에도 불구하고 모르드개는 그에게 절하지 않았다. 이것이 하만을 화나게 만들었다. (에스더 3장 참고) 모든 사람들의 칭송은 하만에게 만족스럽지 않았다. 그 유대인 한 놈을 꼭 무릎 꿇게 만들어야 했다. 아니면 죽여 버리던가. 그렇지 않으면 하만은 만족하지 못할 것이었다.

이와 마찬가지로, 동성애 운동가들이 승리에 승리를 거두더라도, 그들의 아젠다에 절하기를 거부하는 그룹이 남아 있다면, 절대 만족하지 못할 것이다. 심지어 그 그룹에게 법적으로 반대할 수 있는 권리가 있더라도 말이다. 이것이 우리의 종교의 자유가 계속 공격을 받고 있는 이유다.[43] 나도 여기 이렇게 선포한다. 모르드개는 절대 절하지 않을 것이다.[44]

나는 하나님을 믿는다!

스무 세기 전에, 생명을 위협하는 폭풍우가 몰아치는 바다 한가운데에서, 로마의 죄수였던 바울 사도는 많은 물건을 잃어버리기는 하겠지만 배에 탄 사람은 아무도 죽지 않을 것이라는 초자연적인 말씀을 받고서는, 그는 배에 탄 모든 사람들에게 격려의 말을 전한다. "그러므로 여러분이여 안심하라 나는 내게 말씀하신 그대로 되리라고 하나님을 믿노라"(사도행전 27:25).

내가 바울처럼 초자연적인 계시를 받았다고 하는 것이 아니다. 하지만 내가 말하는 것은, 내 영혼의 중심에서부터, 나는 영적인 기초 위에 도덕과 문화적 혁명이 임박했다는 것과, 동성애 혁명의 성공은 단지 긴 책의 짧은 한 장에 불과하다는 것을 확신한다는 것이다. 하나님의 도우심에 의지하여 곧 다음에 올 장을 함께 쓰는 데 동참하지 않겠는가?

문화 혁명의 동지들이여: 어서 진군하자!

서문

1. Dennis Prager, "Judges, Hubris, and Same-Sex Marriage," February 18, 2014, townhall.com/ columnists/ dennisprager/ 2014/ 02/ 18/ judges-hubris-and-samesex-marriage-n1796339.
2. Melissa Moschella, "A Time for Heroism," Public Discourse(The Witherspoon Institute), August 6, 2014, http:// www.thepublicdiscourse.com/ 2014/ 08/ 13486/ 이 문건은 저자가 타이번 아카데미 (Tyburn Academy in Auburn, NY) 졸업식에서 했던 연설문을 정리한 것임.
3. Joe Dallas, "Assessing Matthew Vines 'God and the Gay Christian' Pt. VII," May 26, 2014, http:// joedallas.com/ blog/ index.php/ 2014/ 05/ 26/ assessing-matthew-vines-god-and-the-gay-christian-pt-vii/에서 인용.

도입: 넘지 말아야 할 선을 넘은 날

1. Michael Brown, "Pastors of Houston, Shout It from the Rooftops This Sunday," Charisma News, October 15, 2014, http://www.charismanews.com/opinion/in-the-line-of-fire/45769-pastors-of-houston-shout-it-from-the-rooftops-this-sunday.
2. "Sen. Cruz: City of Houston Has No Business Asking Pastors for Sermons," 보도자료, October 15, 2014, http://www.cruz.senate.gov/?p=press_release&id=1805.
3. "Attorney General Greg Abbott Asks Houston City Attorney to Withdraw Subpoenas Seeking Sermons, Other Documents from Houston-Area Pastors," 텍사스 법무장관 Ken Paxton 명의의 2014. 10. 15. 보도자료, https://www.texasattorneygeneral.gov/oagnews/release.php?id=4880.
4. Benjamin L. Hall, "Reckless at Houston City Hall," Houston Forward Times, October 22, 2014, http://forwardtimesonline.com/2013/index.php/editorial/commentaries/item/1817-reckless-at-houston-city-hall.
5. Valerie Richardson, "Federal Civil Rights Official Calls Houston Pastor Subpoenas 'Abuse of Government Power,'" Washington Times, October 22, 2014, http://www.washingtontimes.com/news/2014/oct/22/federal-civil-rights-official-calls-houston-

pastor/.

6. Eric Metaxas가 Ann Graham Lotz에게 보낸 이메일; Lotz, "Who Will Rise Up Against the Wicked?" Charisma News, October 25, 2014, http://www.charismanews.com/opinion/45889-who-will-rise-up-against-the-wicked.
7. Katherine Driessen과 Mike Morris, "Mayor's Decision to Drop Subpoenas Fails to Quell Criticism," Houston Chronicle, October 29, 2014, http://www.chron.com/news/houston-texas/houston/article/Mayor-set-to-make-announcement-on-sermon-subpoenas-5855458.php.
8. Linda Hirshman, Victory: The Triumphant Gay Revolution(New York: HarperCollins, 2012); 우선 다음의 자료 참고 - Mark Thompson and Randy Shilts, eds., Long Road to Freedom: The Advocate History of the Gay and Lesbian Movement (New York: St. Martin's Press, 1994). 어떤 주장을 지지하는지 여부를 떠나, 자신들이 인권 및 민권이라고 믿는 바를 위해 격렬히 투쟁하는 사람들에게 공감하기 쉽다.
9. Glenn Greenwald, "Andrew Sullivan's Father Figure," Salon, May 14, 2012, http://www.salon.com/2012/05/14/andrew_sullivans_father_figure/.
10. Mike Morris, "Foes Seize on Mayor's 'Personal' Comment to Fight Ordinance," Houston Chronicle, May 27, 2014, http://www.houstonchronicle.com/news/politics/houston/article/Foes-seize-on-mayor-s-personal-comment-to-fight-5505694.php.
11. 위의 글.
12. Lawrence D. Jones, "Houston Clergy at Arms over Lesbian Mayor's Orders," Christian Post, April 6, 2010, http://www.christianpost.com/news/houston-clergy-at-arms-over-lesbian-mayor-s-orders-44637/.
13. Erik Stanley, "Houston, We Have a Problem," Alliance Defending Freedom, October 13, 2014, http://www.adfmedia.org/News/PRDetail/9349.
14. '나는 주일을 성수한다' 행사 동영상: https://www.youtube.com/watch?v=VFIKrd4gVpA.
15. Kyler Geoffroy, "Right-Wing Freaks Out over Houston's Subpoena of Pastors' Role in City's Equal Rights Ordinance Case," Towleroad (블로그), October 16, 2014, http://www.towleroad.com/2014/10/right-wing-freaks-out-over-houstons-subpoening-of-pastors-role-in-citys-equal-rights-ordinance-case-.html.
16. 위의 글.
17. John Wright, "How Should the LGBT Community Respond to Next Sunday's Anti-Gay Hatefest in Houston?" Lone Star Q, October, 26, 2014, http://www.lonestarq.com/how-should-the-lgbt-community-respond-to-next-sundays-anti-gay-hatefest-in-houston/.
18. "Anti-gay Forces Unite to Oppose Houston Mayor Annise Parker and the 'Radical Agenda' of LGBT Equality," SodaHead, October 26, 2014, http://www.sodahead.com/united-states/anti-gay-forces-unite-to-oppose-houston-mayor-annise-parker-and-the-radical-agenda-of-lgbt-equalit/question-4559321/.
19. Michael Brown, "The Mayor of Atlanta Declares War on Religious Freedom," Charisma News, January 9, 2015, http://www.charismanews.com/opinion/in-the-line-of-fire/47815-the-mayor-of-atlanta-declares-war-on-religious-freedom.

20. 위의 글.
21. 위의 글.
22. 위의 글.
23. "God, Gays and the Atlanta Fire Department," New York Times, January, 13, 2015, http://www.nytimes.com/2015/01/13/opinion/god-gays-and-the-atlanta-fire-department.html?_r=3.
24. Todd Starnes, "Christians Rally to Defend Fire Chief Who Wrote 'Anti-Gay' Book," Fox News, January 13, 2015, http://www.foxnews.com/opinion/2015/01/13/christians-rally-to-defend-fire-chief-who-wrote-anti-gay-book/.
25. Michael Brown, "I Hate to Say I Told You So," Townhall.com, April, 7, 2014, http://townhall.com/columnists/michaelbrown/2014/04/07/i-hate-to-say-i-told-you-so-n1819736/page/full.
26. Michael L. Brown, A Queer Thing Happened to America: And What a Long, Strange Trip It's Been (Concord, NC: EqualTime Books, 2011), 48-50.
27. Brown, "I Hate to Say I Told You So."
28. Linda Harvey가 나에게 보낸 이메일, October 27, 2014. 2009년 이 건에 대한 Harvey의 글은 다음 참고: http://www.missionamerica.com/articletext.php?artnum=196.
29. 이 프로그램 내용은, http://www.pflagwestchester.org/PrideWorks/2010_Handouts/Program_PW_2010.pdf, November 16, 2010
30. Wesley Young, "Gay Couple Files Complaint to Challenge Methodist Marriage Ban," Winston-Salem Journal, November 13, 2014, http://www.journalnow.com/news/local/gay-couple-files-complaint-to-challenge-methodist-marriage-ban/article_fa07b47c-6ab8-11e4-a272-cb46ca16935c.html.
31. James Kirchick, "How GLAAD Won the Culture War and Lost Its Reason to Exist," Atlantic, May 3, 2013, http://www.theatlantic.com/politics/archive/2013/05/how-glaad-won-the-culture-war-and-lost-its-reason-to-exist/275533/.
32. Thaddeus Baklinski, "Student Banned from Criticizing Gay 'Marriage' in Class at Jesuit College," LifeSite News, November 17, 2014, https://www.lifesitenews.com/news/student-banned-from-criticizing-gay-marriage-in-class-at-jesuit-college, 관련부분 강조.
33. Douglas Wilson, "In Which First Things Does Some Fourth Things," Blog &Mablog, November 19, 2014, http://dougwils.com/s7-engaging-the-culture/in-which-first-things-does-some-fourth-things.html.

제1원칙: 결코 타협하지 말라

1. Winston S. Churchill, Never Give In! Winston Churchill's Speeches (New York: Blumsbury, 2013), 255-56.
2. Elder Don Eastman, "Homosexuality; Not a Sin, Not a Sickness," Los Angeles Universal Fellowship Press, 1990, http://mccchurch.org/download/theology/homosexuality/

NotSinNotSick.pdf. 심리학적 이슈들에 대해서는 미주 3 참조; 신학적인 이슈들에 대해서는 Michael Brown, Can You Be Gay and Christian? (Lake Mary, FL: Charisma Media, 2014.) 참조. 가장 학술적인 연구로는 Robert A. J. Gagnon, The Bible and Homosexual Practice: Texts and Hermeneutics (Nashville: Abingdon, 2001) 참조.

3. 실제 사례에 대해서는, Ronald Bayer, Homosexuality and American Psychiatry(Princeton, NJ: Princeton University Press, 1987); Michael L. Brown, A Queer Thing Happened to America: And What a Long, Strange Trip It's Been (Concord, NC: EqualTime Books, 2011), 455-92. 참조

4. Dr. R. Albert Mohler Jr., "There Is No 'Third Way' - Southern Baptists Face a Moment of Decision (and So Will You)," AlbertMohler.com, June 2, 2014, http://www.albertmohler.com/2014/06/02.there-is-no-third-way-southern-baptists-face-a-moment-of-decision-and-so-will-you/.

5. Frank Bruni, "Your God and My Dignity," New York Times, January 10, 2015, http://www.nytimes.com/2015/01/11/opinion/sunday/frank-bruni-religious-liberty-bigotry-and-gays.html?_r=0. 쟁점정리 자료는, Ramesh Ponnuru, "Frank Bruni vs. Religious Liberty," The Corner (blog), January 12, 2015 참조, http://www.nationalreview.com/corner/396231/frank-bruni-vs-religious-liberty-ramesh-ponnuru.

6. Richard Orange, "Gay Danish Couples Win Right to Marry in Church," Telegraph, June 7, 2012, http://www.telegraph.co.uk/news/worldnews/europe/denmark/9317447/Gay-Danish-couples-win-right-to-marry-in-church.html.

7. Ian S. Thompson, "The LA Times Agrees - ENDA's Religious Exemption Must Be Narrowed," ACLU 블로그, May 3, 2013, https://www.aclu.org/blog/lgbt-rights-religion-belief/la-times-agrees-endas-religious-exemption-must-be-narrowed.

8. Dorothy J. Samuels, "An Unholy Religious Exemption," Taking Note(블로그), July 12, 2013, http://takingnote.blogs.nytimes.com/2013/07/12/an-unholy-religious-exemption/.

9. James Esseks, Gay USA의 Ann Northrop 및 Andy Humm과의 인터뷰, 팟캐스트, July 12, 2013, http://www.gayusatv.org/Site/Podcast/Entries/2013/7/12_Gay_USA_with_Ann_Northrop_and_Andy_Humm_photo_by_Bill_Bahlman_1.html.

10. 위의 자료.

11. Dr. Martin Luther King Jr., "A Proper Sense of Priorities" (연설문), Washington, DC, February 6, 1968, http://www.aavw.org/special_features/speeches_speech_king04.html.

12. John M. Becker, "Group of LGBTs, Allies Argues for 'Tolerance' of Homophobia," The Bilerico Project (블로그), April 23, 2014, http://www.bilerico.com/2014/04/group_of_lgbts_allies_argues_for_tolerance_of_homo.php.

13. Andrew Walker 및 Owen Strachan이 인용한 Josh Barro의 트위터 게시물, "'Stamp Them Out': On Josh Barro and the New Sexual Moralism," The Corner (블로그), July 24, 2014, http://www.nationalreview.com/corner/383651/stamp-them-out-josh-barro-and-new-sexual-moralism-andrew-walker-owen-strachan.

14. Becker, "Group of LGBTs, Allies Argues for 'Tolerance' of Homophobia." Robert Oscar Lopez의 답변 "Stop Crying over Mozilla and Start Fighting Back!" 참조, April 18, 2014,

Barbwire 블로그, http://barbwire.com/2014/04/18/stop-crying-mozilla-start-fighting-back/.

15. Andrew Sullivan, "The Hounding of a Heretic," The Dish (블로그), April 3, 2014, http://dish.andrewsullivan.com/2014/04/03/the-hounding-of-brendan-eich/.
16. Bill Maher, "There Is a Gay Mafia - If You Cross Them, You Do Get Whacked," Real Clear Politics, April 4, 2014, http://www.realclearpolitics.com/video/2014/04/04/bill_maher_there_is_a_gay_mafia_if_you_cross_them_you_do_get_whacked.html.
17. Camille Paglia, Vamps and Tramps: New Essays (New York: Vintage, 1994), 73.
18. Bill Muehlenberg, Dangerous Relations: The Threat of Homosexuality(Melbourne: CultureWatch Books, 2014), 1-58 (165개 사례 전체 목록); 또한, Todd Starnes, God Less America: Real Stories from the Front Lines of the Attack on Traditional Values(Lake Mary, FL: Frontline, 2014)에 인용된 사례 참조; 더 많은 참고 사례는, Brown, Queer Thing, current through the beginning of 2011 참조.
19. Robert Oscar Lopez, "300 Examples You Have to Read to Understand the Term 'Homofascism,'" Barbwire (blog), July 7, 2014, http://barbwire.com/2014/07/07/300-examples-read-understand-meant-term-homofascism/. 로페즈는 그 어머니와 그녀의 레즈비언 파트너에 의해 양육되었다. 그는 게이 하부문화에서 10년 넘게 활발히 활동하다가, 동성애를 포기하고 동성애 운동을 공개적으로 비판하는 운동가로 변신하였다. 이어지는 글에서 로페즈는 "목록을 300개로 추리는 작업은 매우 힘들었다. 우리가 자료를 축적해 갈수록 사람들이 더 많은 사례들을 보내왔기 때문이었다. 프로젝트 전체가 현기증 날 정도로 버거운 일이었다"라고 밝혔다.
(Lopez, "L'Etat, C'est Gay: Taking the New Sexual Fascism Seriously," American Thinker, July 10, 2014, http://www.americanthinker.com/2014/07/letat_cest_gay_taking_the_new_sexual_fascism_seriously.html).
20. 동 법안을 강하게 반대한 상황에 대해서는, Matt Barber, "Jerry Sandusky Laws: Sick and Twisted," WND Commentary, November 30, 2012, http://www.wnd.com/2012/11/jerry-sanduskys-laws-sick-and-twisted/ 참조; 탈동성애자에 관한 중요한 팩트에 대해서는, Peter Sprigg, "Truth Matters in Ex-Gay Debate," Family Research Council blog, August 29, 2014, http://www.frcblog.com/2014/08/truth-matters-ex-gay-debate/ 참조.
21. Michael Brown, "A California Senator's Attack on Parental Rights," Townhall.com, August 2, 2012, http://townhall.com/columnists/michaelbrown/2012/08/02/a_california_senators_attack_on_parental_rights/page/full.
22. "Researcher: 74 Percent of Bisexuals Experienced Child Sex Abuse," Americans for Truth about Homosexuality, http://americansfortruth.com/news/researcher-74-percent-of-bisexuals-experienced-child-sex-abuse.html#more-3039 참조.
23. David C. Pruden, "HIV + Lawmaker Resigns to Head AIDS 'Prevention' Group," Barbwire, June 5, 2014, http://barbwire.com/2014/06/05/gay-lawmaker-reveals-hes-infected-hiv-resigns-head-aids-prevention-group/#yFifGTlqWuJYPe0Y. 99. Pruden은 탈동성애 전문기관인 NARTH(National Association for Research and Therapy of Homosexuality)의 상임대표이며, NARTH는 동성애 커뮤니티에 대한 봉사 때문에 정기적으로 혐오발언 소송에 휘말린다. Pruden에 따르면(NARTH를 옹호하는 차원에서), "간

단히 말해, 성적 자기결정은 자신의 성적 행동, 정체성 및 방향을 자기 스스로 결정할 수 있는 모든 사람의 권리를 의미한다. 동성애 성향을 가진 사람은 동성애 성행위와 정체성을 받아들이는 것으로 행복감을 느낀다고 알려져 있다. 하지만, 동성애 성향을 가진 사람들 중 상당수가 자신의 성적 지향이 본인의 종교적 확신 또는 사생활적 선택과 일치하지 않는다는 점을 발견한다. 그런 사람들에게는 그러한 성적 이끌림을 완화시키고 자신의 행동을 관리하는 것이 합리적이고 또 성취 가능한 목표이다." (NARTH 단체발송 이메일, 2014. 6. 20.)

24. Daily Mail reporter, "The Little Boy Who Started a Sex Change Aged Eight Because He (and His Lesbian Parents) Knew He Always Wanted to Be a Girl," Daily Mail (UK), September 30, 2011, http://www.dailymail.co.uk/news/article-2043345/The-California-boy-11-undergoing-hormone-blocking-treatment.html.

25. Kim Petras(독일, 출생 시 이름 'Tim Petras')은 지금까지 가장 나이 어린 성전환자로 알려져 있다. 그는 수년간 호르몬 치료를 받아오다가, 16세에 '성별재지정수술'을 받았다. Wikipedia, s.v. "Kim Petras," http://en.wikipedia.org/wiki/Kim_Petras.

26. MSNBC 역시 이 사실을 인정하고 있다: Adam Serwer, "Efforts to Ban 'Gay Conversion' Therapy Stall in the States," MSNBC, August 8, 2014, http://www.msnbc.com/msnbc/ex-gay-therapy-bans-stall-the-states?cid=sm_m_main_1_20140808_29398496. 아이러니하게도, 게이 커뮤니티에 탈동성애자 이야기를 꺼내면 언제나 그들은 그런 사람은 자신의 진정한 성정체성을 억누르고 있거나 또는 정말 게이가 아니라는(아니면, 그는 양성애자라고) 대답을 한다. 이 답변만 놓고 보더라도, 자신의 성적 지향이 확실하지 않다고 생각하는 사람이 이에 관한 상담을 받으려고 할 때 어떻게 게이 운동가들이 이것을 금지시킬 수 있겠는가?

27. Homosexuals Anonymous and Jason, International Christian Ex-Gay Ministry, "SOCE Bill of Rights," Homosexuals-anonymous.com, July 4, 2014, http://www.homosexuals-anonymous.com/SOCE%20BILL%20OF%20RIGHTS.pdf.

28. 위의 글.

29. Ira Kaufman, "NFL Holding Players to Higher Standard," Tampa Tribune, July 20, 2014, http://tbo.com/sports/bucs/nfl-holding-players-to-higher-standard-20140720/.

30. Pat Yasinskas and Nick Wagoner, "Dungy: Sam Deserves NFL Chance," ESPN, July 23, 2014, http://espn.go.com/nfl/story/_/id/11248177/tony-dungy-clarifies-comments-michael-sam-st-louis-rams.

31. Mike Mazzeo, "Giants Blasted for David Tyree Hire," ESPN New York, July 23, 2014, http://espn.go.com/new-york/nfl/story/_/id/11249783/human-rights-campaign-blasts-new-york-giants-hiring-david-tyree.

32. Dan Graziano, "David Tyree Hire a Bad Move for Giants," ESPN, July 22, 2014, http://espn.go.com/blog/new-york-giants/post/_/id/37199/david-tyree-hire-a-bad-move-for-giants.

33. 이제 "중세시대적"이라는 표현이 표준화되었는가? Joe라는 이름의 유저가 내 동영상에 다음과 같은 댓글을 달았다. 그 동영상은 자신을 레즈비언이라고 밝힌 크리스천 찬양인도자 Vicky Beeching에 관한 것이었다: "마이클 브라운, 댁은 똑똑한 사람이지만, 이 동영상은 정말 편협하고 중세시대적이야.(Michael Brown, you are a smart guy

but this video is bigoted and medieval.)" Michael Brown, "Dr. Brown Reaches Out to Vicky Beeching," YouTube video, August 19, 2014, https://www.youtube.com/watch?v=aeoO5khx-zw 참조.

34. "Gallaudet's Chief Diversity Officer Signs Anti-Gay Petition," Planet DeafQueer, October 8, 2012, http://planet.deafqueer.com/gallaudets-chief-diversity-officer-signs-anti-gay-petition/.
35. David Hill, "Gallaudet Urged to Reinstate McCaskill," Washington Times, October 11, 2012, http://www.washingtontimes.com/news/2012/oct/11/gallaudet-urged-to-reinstate-mccaskill/#ixzz36ZW6cUDt.
36. Arnold Ahlert, "Campus Left Mobilizes Against Diversity Officer," Frontpage Mag, October 15, 2012, http://www.frontpagemag.com/2012/arnold-ahlert/diversity-officer-fired-for-gay-marriage-heresy/.
37. Evan Gahr, "Judge Dismisses Diversity Officer's Lawsuit Against Gallaudet University," Daily Caller, April 22, 2014, http://dailycaller.com/2014/04/22/judge-dismisses-diversity-officers-lawsuit-against-gallaudet-university/#ixzz36ZYS0NCs.
38. 예를 들어, "Church Vandalized over Prop 8," CBN News, November 12, 2008, http://www.cbn.com/cbnnews/479857.aspx 및 "Prop. 8 passage spawns protests, violence and vandalism," Christian Examiner, December 9, 2008, http://www.christianexaminer.com/article/prop.8.passage.spawns.protests.violence.and.vandalism/43390.htm 참조.
39. Sam Page, "El Coyote Owner Apologizes for Prop. 8 Contribution; Boycott Looms," Peace Love Lunges (블로그), November 12, 2008, http://www.peacelovelunges.com/topics/luv/el-coyote-owner-expresses-regret-over-prop-8-contribution-but-boycott-looms/ 참조.
40. Lisa Derrick의 Huffington Post 기고문, December 9, 2009, Alliance Support 웹페이지 재인용, http://www.alliancesupport.org/news/archives/002521.html.
41. Maggie Gallagher, "Marjorie Christofferson's Courage," The Corner (블로그), December 9, 2008, http://www.nationalreview.com/corner/174578/marjorie-christoffersons-courage/maggie-gallagher.
42. 2005년 캐나다는 네덜란드(2001년), 벨기에(2003년) 및 스페인(2005년)에 이어 세계에서 네 번째로 동성 '결혼'을 합법화하였다.
43. Lea Singh, "Canada on Verge of Banning Christians from Professional Life," Frontpage Mag, May 30, 2014, http://www.frontpagemag.com/2014/lea-singh/canada-on-verge-of-banning-christians-from-professional-life/. 하버드 로스쿨 졸업생인 Lea Singh가 쓴 이 논문은 예지적 경고의 내용으로 가득하다.
44. Canadian Press, "Lawyers Vote Against Christian Law School: Decision Is the Latest Setback for Trinity Western University," Maclean's, June 10, 2014, http://www.macleans.ca/news/canada/bc-lawyers-vote-against-trinity-western-university-amid-claims-of-gay-discrimination/.
45. 위의 글.
46. "Trinity Western Law School: B.C. Advanced Education Minister Revokes Approval,"

CBC News, http://www.cbc.ca/m/news/canada/british-columbia/trinity-western-law-school-b-c-advanced-education-minister-revokes-approval-1.2870640.
47. Anugrah Kumar, "400,000-Membered American Bar Association Back LGBT Rights in US, Globally," Christian Post, August 17, 2014, http://www.christianpost.com/news/400000-membered-american-bar-association-backs-lgbt-rights-in-us-globally-124933/.
48. Michael Brown, "Gordon College, Don't Sell Your Soul for Secular Accreditation," Charisma News, October 3, 2014, http://www.charismanews.com/opinion/in-the-line-of-fire/45631-gordon-college-don-t-sell-your-soul-for-secular-accreditation 및 http://www.charismanews.com/opinion/in-the-line-of-fire/45716-gordon-college-compassion-yes-compromise-no 참조. 최종적이고 긍정적인 결과에 관해서는, Billy Hallowell, "Christian College Brought in Scholars, Theologians and Social Scientists to Examine Its Homosexuality Stance - and Here's What They Concluded," The Blaze, March 16, 2015, http://www.theblaze.com/stories/2015/03/16/we-are-a-sex-saturated-culture-embattled-christian-college-reveals-whether-it-will-abandon-its-traditional-stance-on-homosexuality/ 참조. 경고 및 우려에 대해서는, Robert A. J. Gagnon, "Gordon College Wins -- And Loses?", May 5, 2015, First Things, http://www.firstthings.com/web-exclusives/2015/05/gordon-college-winsand-loses 참조.
49. Deacon Keith Fournier, "Couple Rejected: Will Christians Be Allowed to Provide Foster Care in England?," Catholic Online, March 3, 2011, http://www.catholic.org/news/international/europe/story.php?id=40535.
50. Adrian Warnock, "Does Equality for Homosexuals Trump Religious Freedom? The Case of Eunice and Owen Johns," Adrian Warnock's blog, March 4, 2011, http://www.patheos.com/blogs/adrianwarnock/2011/03/does-equality-for-homosexuals-trump-religious-freedom-the-case-of-eunice-and-owen-johns/#ixzz34rD2Tt1k.
51. Robert Pigott, Analysis, on "Christian Foster Couple Lose 'Homosexuality Views' Case," BBC News, February 28, 2011, http://www.bbc.co.uk/news/uk-england-derbyshire-12598896.
52. 영국의 The Christian Institute는 이런 위반사례들을 추적하고, 그 결과를 정기보고서 형식으로 펴내고 있다. http://www.christian.org.uk/ 참조. 충격적인 대표적 사례들 중 2011년 초 이후 현재까지 상황에 대해서는, Brown, Queer Thing, 532-44 참조.
53. Steve Doughty, "I May Have Been Wrong to Condemn Christian B&B Owners for Banning Gay Couple Because People with Religious Beliefs Have Rights Too, Says Top Judge," Daily Mail, June 19, 2014, http://www.dailymail.co.uk/news/article-2663037/I-wrong-condemn-Christian-B-amp-B-owners-says-judge.html.
54. Bob Unruh, "Judge Has 'Epiphany' In Ruling Against Christians," WND, June 21, 2014, http://www.wnd.com/2014/06/judge-doubts-own-ruling-against-christians/; 및 Adrian Smith, "UK court vindicates Christian demoted for opposing gay 'marriage,'" LifeSite, November 23, 2012, http://www.lifesitenews.com/news/uk-court-vindicates-christian-demoted-for-opposing-gay-marriage 참조. 2015. 1. 17. 보고에 따르면, 유감스럽게도 영국(잉글랜드)의 어느 유능한 치안판사가 직무정지

를 당하고 평등 감수성훈련을 받게 되었다고 한다. 그 이유는 그가 자신의 동료들에게 비공개적으로 한 말 때문이었는데, 당시 그는 입양된 아이에게는 게이 부모가 아니라 엄마와 아빠가 필요하다고 발언했었던 것으로 알려졌다. Martin Beckford and Jonathan Petre, "Suspended and Sent for 'Equality Training' - Christian Magistrate Who Said: 'Adopted Child Needs Mum and Dad - Not Gay Parents,'" January 17, 2015, http://www.dailymail.co.uk/news/article-2914951/Suspended-sent-equality-training-Christian-magistrate-said-Adopted-child-needs-mum-dad-not-gay-parents.html#ixzz3PDfEKLLR 참조. 그 판사의 이름은 Richard Page로, 헌신된 기독교인이다. 그는 현 상황에 대해, "정치적 올바름으로 알려진 기준을 준수하고 잠잠히 침묵할 것을 강요하는 엄청난 압박이 존재한다. 모두 자신들의 신념을 지키는 것이 허용되어 있는 듯 보이나, 유독 기독교인들에게만은 예외다"라고 언급한 바 있다.

55. Robert Oscar Lopez, "Gays Gone Wild: Life in America after the Ball Is Over," American Thinker, May 12, 2014, http://www.americanthinker.com/2014/05/gays_gone_wild_life_in_america_after_the_ball_is_over.html; 로페즈는 인용된 각각의 사안들에 대한 링크들을 제공하였다.

56. 미국 상황에 관해서는, Penny Star, "Bakers on Not Making Lesbians' Wedding Cake: 'It's Never Been about Sexual Orientation, It's about Marriage'," CNS News, September 26, 2014, http://www.cnsnews.com/news/article/penny-starr/bakers-not-making-lesbians-wedding-cake-its-never-been-about-sexual 참조; 아일랜드 상황에 관해서는, Mark Woods, "Christian bakers will be prosecuted over refusal to make pro-gay marriage cake," Christian Today, http://www.christiantoday.com/article/christian.bakers.will.be.prosecuted.over.refusal.to.make.pro.gay.marriage.cake/42664.htm 참조.

57. Todd Starnes, "Baker Forced to Make Gay Wedding Cakes, Undergo Sensitivity Training, after Losing Lawsuit," Fox News, June 3, 2014, http://www.foxnews.com/opinion/2014/06/03/baker-forced-to-make-gay-wedding-cakes-undergo-sensitivity-training-after/?intcmp=latestnews; 콜로라도 주 민권담당 공무원들이 이 사람을 나치 당원에 비유했다; Valerie Richardson, "Cake Maker Who Refused to Bake for Gay Wedding Labeled a 'Nazi' by Colo. Civil Rights Officials," Washington Times, January 12, 2015, http://www.washingtontimes.com/news/2015/jan/12/colorado-cake-case-pits-religion-against-tolerance/ 참조. 패소에도 불구하고 Phillips는 계속 자신의 신조를 지켰다; CBS4, "Bakery Will Stop Making Wedding Cakes After Losing Discrimination Case," CBS Denver, May 30, 2014, http://denver.cbslocal.com/2014/05/30/bakery-will-stop-making-wedding-cakes-after-losing-discrimination-case/ 참조.

58. Todd Starnes, "Baker forced to make gay wedding cakes, undergo sensitivity training, after losing lawsuit," Fox News, June 3, 2014, http://www.foxnews.com/opinion/2014/06/03/baker-forced-to-make-gay-wedding-cakes-undergo-sensitivity-training-after/.

59. Unruh, "Baker Appeals Government Re-Education Order."

60. Austin Ruse, "How Chase Bank and Other Corporations Coerce and Bully Christians," Crisis Magazine, July 4, 2014, http://www.crisismagazine.com/2014/chase-bank-

corporations-coerce-bully-christians. 익명 설문이 아니었다는 사실에 유의할 것; 피용인들은 답변시 사원 ID 번호를 기재하도록 되어 있었다.

61. Robert George, "Brendan Eich Was Only the Beginning…" Mirror of Justice (블로그), June 29, 2014, http://mirrorofjustice.blogs.com/mirrorofjustice/2014/06/brendan-eich-was-only-the-beginning-.html; Austin Ruse는, "2차 정보원이 확인해 준 바에 따르면, JP Morgan Chase는 피용인 각각에게 그들이 'LGBT 커뮤니티 협조자'인지 아닌지를 물었으며, 이것은 피용인들에게 은근한 협박이 되었다"라고 언급했다., Breitbart, July 1, 2014, http://www.breitbart.com/Big-Government/2014/07/01/Chase-Bank-Revealed-as-Bank-Hounding-Employees-about-LGBT-Support 참조.
62. Ruse, "How Chase Bank and Other Corporations Coerce and Bully Christians."
63. 위의 글.
64. 위의 글.
65. 논쟁 내용을 시청하려면, Michael Brown, "Dr. Michael Brown vs. Prof. Eric Smaw on Same-Sex 'Marriage': Should It Be Legal?" YouTube, April 22, 2013, https://www.youtube.com/watch?v=kcncyKCi3vk 참조. On January 23, 2015, 담당판사는, 교내 비차별학칙 위반을 이유로 Heterosexuals for Moral Society에 소속된 리더 두 명에게 들에게 캠퍼스에 관한 인쇄물을 배포하지 못하도록 한 커뮤니티 칼리지 당국에 대해 패소판결을 내렸다; https://www.rutherford.org/files_images/general/01-23-2015_Lela_Memorandum_Opinion-and-Order.pdf 참조. Notre Dame 대학에 있어서 매우 다른 상황에 대한 사례에 대해서는, Dominic Lynch, "Notre Dame Denies Official Recognition to Pro-Traditional Marriage Student Group," the College Fix, May 20, 2014, http://www.thecollegefix.com/post/17503/ 참조.
66. Lopez, "300 Examples You Have to Read to Understand the Term 'Homofascism'" 참조.
67. Tish Harrison Warren, "The Wrong Kind of Christian," Christianity Today, August 27, 2014, http://www.christianitytoday.com/ct/2014/september/wrong-kind-of-christian-vanderbilt-university.html?share=HEM3rHy3NoDHiyDTDefd4lNjZn9ixdLt&paging=off.
68. 얼마나 터무니없는 일이 벌어지고 있는가에 대한 사례들로는, Michael Brown, "Can a Muslim Lead the Christian Campus Club?" Townhall.com, April 6, 2012, http://townhall.com/columnists/michaelbrown/2012/04/06/can_a_muslim_lead_the_christian_campus_club/page/full 참조.
69. Jeff Rhoades의 미 연방하원 의원들에 대한 공개편지, "Get Campus Crusade for Christ BANNED from Schools as a Hate Group," Change.org, accessed February 6, 2015, http://www.change.org/p/get-campus-crusade-for-christ-banned-from-schools-as-a-hate-group.
70. Warren, "The Wrong Kind of Christian."
71. 성경 여러 곳에, 성도들이 속임수에 넘어가지 말아야 한다는 경고가 있다. 예수님께서도 십자가에 달리시기 직전에 "너희가 사람의 미혹을 받지 않도록 주의하라"(마태복음 24:4)고 제자들에게 경고하셨다. 사도 바울도 서신서의 독자들에게 "미혹을 받지 말라"(고린도전서 6:9)고 했으며, 야고보도 속임수 및 스스로를 속이는 것의 위험성을 경고한 바 있다(야고보서 1:16, 22).
72. Soulforce home page, http:// www.soulforce.org/.

73. Mel White, Stranger at the Gate: To Be Gay and Christian in America (New York: Plume, 1995).
74. Mel White, Religion Gone Bad: The Hidden Dangers of the Christian Right (New York: Jeremy P. Tarcher/ Penguin, 2006).
75. Mel White, Holy Terror: Lies the Christian Right Tells Us to Deny Gay Equality(New York: Magnus, 2012).
76. Mel White, "Resist Southern Baptist 'Terrorism,'" The Blog, June 26, 2012, http://www.huffingtonpost.com/rev-mel-white/southern-baptist-convention-gay-rights_b_1621100.html. 이전 두 문단은 'Can You Be Gay and Christian?'의 10-11쪽 요약임.
77. Warren, "The Wrong Kind of Christian."
78. Frank S. Thielman, Philippians: The NIV Application Commentary (Grand Rapids: Zondervan, 2009), 15.

제2원칙: 가장 높은 수준의 도덕적 견지를 취하라

1. 수많은 이메일과 코멘트가 있으나 너무 저속하고 불경하여 글로 옮기기 어려움.
2. 일반적으로 FRC와 AFA가 "신빙성 없는 혐오단체"라고 묘사되고 있는 바, 마치 그런 판단이 공평하고 객관적인 기관이 객관적 기준에 따라 실제로 평가를 한 것과 같은 인상을 주고 있다. FRC 헤드쿼터들을 말살시키려던 시도들에서 SPLC가 맡았던 역할에 대해서는, Matt Barber, "Bloody Hands: The Southern Poverty Law Center," WND Commentary, February 8, 2013, http://www.wnd.com/2013/02/bloody-hands-the-southern-poverty-law-center/ 참조.
3. "30 New Activists Heading Up the Radical Right," Southern Poverty Law Center, Summer 2012, http://www.splcenter.org/get-informed/intelligence-report/browse-all-issues/2012/summer/30-to-watch. 그 목록에 포함된 데 대해 내가 취한 반응에 대해서는, Michael Brown, "Malik Zulu Shabbaz, David Duke, and Me," Townhall.com, May 25, 2012, http://townhall.com/columnists/michaelbrown/2012/05/25/malik_zulu_shabbaz_david_duke_and_me/page/full. 또한 내가 SPLC 대변인 Mark Potok에게 보낸 2012. 8. 22.일자 공개편지 참조 – Charisma News website: http://www.charismanews.com/opinion/34007-an-open-letter-to-splc-spokesman-mark-potok.
4. 최근 그들의 염치없는 활동을 고려하여, Mike Adams 형사법 교수는 Townhall.com에 Southern Poverty Law Center의 이름을 비꼰 'Intellectual Poverty Law Center'라는 제목으로 비판의 글을 올렸다: Adams, "The Intellectual Poverty Law Center," Townhall.com, July 7, 2014, http://townhall.com/columnists/mikeadams/2014/07/07/the-intellectual-poverty-law-center-n1859027/page/full 참조. 위 글에서 Adams는, "슬프게도, 한때 흑인 커뮤니티에 테러를 가하던 조직들과의 싸움에 집중했던 위대한 SPLC가 이제는 초점을 잃어버린 것 같다. 그렇지 않다면, 그들은 Planned Parenthood (역자 주: 대규모 낙태기업) 같은 조직에 대해 무엇이든 조치를 취했어야 했다. 그런데, SPLC는 미국 좌파들에 대항하는 모든 조직들에 대해 지적 테러를 하기로 방향을 전환했다. 이제 SPLC와 의견을 달리하는 모든 조직들은 사실상 혐오그룹으로 낙인 찍혀 KKK와 같이 도매금으로 매도당하게

되었다"라고 비난했다.
5. 그는 GLAAD가 나를 공격한 데 대해 그것은 미디어에서 보수적인 목소리를 내는 사람들을 찾아내려는 노력일 뿐이라고 언급했다; "GLAAD's Commentator Accountability Project," GLAAD.org, February 6, 2015 방문, http://www.glaad.org/cap 참조.
6. 내가 인용한 Townhall.com의 글은 GLAAD의 위선을 폭로하는 내용임; Michael Brown, "Exposing the Hypocrisy of GLAAD," Townhall.com, March 19, 2012, http://townhall.com/columnists/michaelbrown/2012/03/19/exposing_the_hypocrisy_of_gladd/page/full 참조.
7. SPLC Center, "Michael Brown," Extremist Files, February 6, 2015 방문, http://www.splcenter.org/get-informed/intelligence-files/profiles/michael-brown. 참고: 같은 날 나에 관한 내용을 담고 있던 페이지가 SPLC 홈페이지에서 사라졌다. 하지만 나는 아직까지 SPLC 측으로부터 내가 그들의 극단주의자 명단에서 삭제된 것인지 여부 등에 대해 아무런 답변도 받은 바 없다.
8. David Pakman, "HILARIOUS: Fox Has Hate Group 'Clear Up Confusion' on Hobby Lobby Case," YouTube video, 3:30, Media Matters 업로드, July 2, 2014, https://www.youtube.com/watch?v=r89smDmGJuo; 또한 Pakman은 FRC가 Hobby Lobby 사건을 지지하는 법원보조의견(amicus brief)을 제출했다는 사실을 가지고, 이것이 마치 Ruse의 자격을 상실케 하는 것인 양 비난했다. 이 방송 이후, Pakman의 발언은 더욱 지나치게 되어 성경을 믿는 기독교인들을(자신의 용어로는 "극우익크리스천"으로 표현) ISIS에 비유하기에 이르렀다: Michael Brown, "Debunking the "Conservative Christians = ISIS" Nonsense," YouTube video, 4:22, https://www.youtube.com/watch?v=yvYh8znX8Rc&list=UUbINn3x-intLp88Zrf8acpg 참조. Bob Unruh, "'Christian-Right' Lumped with ISIS, Boko Haram," WND, October 16, 2014, http://www.wnd.com/2014/10/christian-right-lumped-with-islamic-state-boko-haram/#bopSB4MGWps9ePey. 99 참조.
9. "FRC Staff: Cathy Ruse: Senior Fellow - Legal Studies," Family Research Council, February 6, 2015 방문, http://www.frc.org/get.cfm?i=by06k07.
10. Admin, "Isn't the Southern Poverty Law Center the Real Hate Group?" Human Events, July 28, 2011, http://humanevents.com/2011/07/28/isnt-the-southern-poverty-law-center-the-real-hate-group-2/ 참조.
11. Austin Ruse, "Study: Southern Poverty Law Center Ignores Liberal Hate," Breitbart, March 10, 2014, http://cdn.breitbart.com/Big-Government/2014/03/09/Southern-Poverty-Law-Center-Ingores-Liberal-Hate.
12. 위의 글. "The SPLC Exposed - Southern Poverty Law Center - Morris Dees and Hate Crimes," http://www.thesocialcontract.com/answering_our_critics/southern_poverty_law_center_splc_info.html 참조.
13. Tal Kopan, "Floyd Lee Corkins, the Family Research Center shooter, sentenced to 25 years," Politico, September 19, 2013, http://www.politico.com/story/2013/09/frc-shooter-sentenced-to-25-years-97069.html.
14. Mary Katharine Ham, "FRC Shooter: I Targeted Them Because SPLC List Said They Were 'Anti-Gay,'" Hot Air(블로그), April 24, 2013, http://hotair.com/archives/2013/04/24/frc-shooter-i-targeted-them-because-splc-list-said-they-were-anti-gay/.

15. Jihad Watch의 블로그 내용, "비록 SPLC가 1960년대 백인 인종주의자들에 대항하여 선한 일을 해 왔을지 몰라도, 근자에는 단순히 좌파의 프로파겐더 기관으로 전락해 버렸다. 자신의 극단적인 정치적 아젠다에 동의하지 않는 그룹을 모두 '혐오집단'이라 오명을 씌우고 있는 것이다. 중요한 것은, '혐오집단'으로 분류된 수백 개의 조직들 중에는 이슬람 지하드 조직은 단 하나도 없다는 사실이다." ("Rebuttals: The truth about Robert Spencer: Rebuttals to false charges," February 6, 2015 방문, http://www.jihadwatch.org/rebuttals). SPLC에 대한 보다 극단적인 비판에 대해서는, Charlotte Allen의 글, "King of Fearmongers: Morris Dees and the Southern Poverty Law Center, scaring donors since 1971," in the April 15, 2013, Weekly Standard, http://www.weeklystandard.com/articles/king-fearmongers_714573.html 참조.

16. John Leo, "Jeff Jacoby in the Media: Phobic in the Wrong Places," Pundicity, November 17, 1997, http://www.jeffjacoby.com/784/phobic-in-the-wrong-places 참조. 자세한 내용은 A Queer Thing Happened to America 중 "Jewish Hitlers, Christian Jihadists, and the Magical Effects of Pushing the 'Hate' Button" 참조.

17. Marshall Kirk and Erastes Pill, "The Overhauling of Straight America," Gay Homeland Foundation, November 1987, http://library.gayhomeland.org/0018/EN/EN_Overhauling_Straight.htm.

18. Wayne Besen, "Michael Brown is an Anti-Gay Monster," Truth Wins Out (블로그), August 31, 2011, http://www.truthwinsout.org/blog/2011/08/18555/.

19. David Pakman 쇼에서 Besen과 있었던 논쟁에 대해서는, "DEBATE: Anti-Gay Marriage Activist Calls Gay Rights Activist Dangerous," August 30, 2012 업로드, https://www.youtube.com/watch?v=H8CxBYixXE40 참조.

20. Michael Brown, "When a Gay Jewish Liberal Tries to Redefine Christianity," Voice of Revolution, September, 28, 2011, http://www.voiceofrevolution.com/2011/09/28/when-a-gay-jewish-liberal-tries-to-redefine-christianity/.

21. Michael Brown, "The Gay Protest That Encountered the Love of God," Charisma, August 28, 2012, http://www.charismanews.com/opinion/34055-the-gay-protest-that-encountered-the-love-of-god. 라디오 쇼 음성기록에 관해서는, http://www.lineoffireradio.com/2012/08/27/update-on-the-gay-protest-at-fire-church-dr-brown-reflects-on-gods-grace-and-answers-your-questions/ 참조. 마음으로 가득했던 자신들이 '근본적인 사랑'을 만나게 되었다고 생각한다는 또 다른 사례에 대해서는, http://www.voiceofrevolution.com/2009/07/27/god-has-a-better-way-receives-protest-praise-from-glbt-community/ 참조. 같은 행사에 대해 수년 후 게이 운동가가 올린 버전에 대해서는 (팩트가 뒤바뀌고 진실이 거짓이 되었다고 언급) http://www.mattcomer.net/807/did-newsweek-let-a-rightwing-hypocrite-and-liar-respond-to-their-bible-commentary/ 참조.

22. Matt Comer, "Holy War: 'A Cause Worth Dying For,'" Q-Notes, n.d., July 20, 2014 방문, http://goqnotes.com/editorial/editorsnote_012608.html. 출판 당시, 사진이 계속 그 글 속에 있었음.

23. 많은 경우 중 한 가지 사례로, Pakman, "HILARIOUS" 참조. 개인적인 소셜미디어 사례로는, Mitch C. on October 9, 2014: "You're pathetic and want to make people conform

to your beliefs JUST like ISIS. You people are no better than the Muslims" (우리의 YouTube 채널에 업로드됨, https://www.youtube.com/watch?v=yvYh8znX8Rc) 참조.

24. 그들이 지지하던 그룹들 중에는 Fellowship of Christian Athletes 같은 주류사회 조직들도 있었다. Chick-fil-A의 최고업무집행자(COO) Dan Cathy의 코멘트에 대해서는, "Dan Cathy Statements," Wikipedia, s.v., "Chick-fil-A Same-Sex Marriage Controversy," http://en.wikipedia.org/wiki/Chick-fil-A_same-sex_marriage_controversy#Dan_Cathy_statements 등 참조.

25. Tyler Kingkade, "Chick-Fil-A Voted Out by Elon University Students, Booted from Other Campuses in North Carolina," Huffington Post, October 16, 2012, http://www.huffingtonpost.com/2012/10/16/chick-fil-a-elon-university_n_1971376.html 등 참조.

26. Pete Baklinski, "Canadian City Bans Christian Event Featuring Laura Bush over Chick-fil-A Sponsorship," Life Site News, June 26, 2014, http://www.lifesitenews.com/news/canadian-city-bans-christian-event-featuring-laura-bush-over-chick-fil-a-sp.

27. Ezra Levant, "Freedom of Religion for Canadian Students," For Canada, March 31, 2015 방문, http://www.forcanada.ca/freedom_of_religion_for_canadian_students; http://therealbigots.com/nanaimo.php. Levant, "Nanaimo Councillors Divide and Censor," Toronto Sun, June 23, 2014, March 31, 2015 방문, http://www.torontosun.com/2014/06/23/nanaimo-councillors-divide-and-censor 참조.

28. Unruh, "'Christian-Right' Lumped with ISIS, Boko Haram." 그것도 모자랐는지, 2014. 9.

25. David Pakman은 자신의 라디오 쇼를 통해 자기가 보기에는 ISIS나 보수라고 불리는 극우극단주의자들(그의 입장에 따르면, 보수적 복음주의 기독교인들을 의미)이나 차이가 없다고 비난했다. 이러한 주장들에 대응하기 위해 제작한 나의 동영상은, https://www.youtube.com/watch?v=yvYh8znX8Rc 참조.

29. 원래 http://www.godhatesamerica.com/에 업로드 되었으나, 수많은 다른 사이트에 자주 (일부분도) 업로드 되었다. 예를 들어, 2005. 8. 1. 업로드된 http://www.kare11.com/news/news_article.aspx?news_article.aspx?storyid=103703 참조.

30. 원래 http://www.godhatessweden.com/에 업로드 되었으나, Eric Lottrich가 운영하는 블로그 On Liberty 등 다른 사이트에도 소개됨. 예를 들어, 2007. 4. 2.일자 포스팅 "God Hates Sweden," http://erikwottrich.blogspot.com/2007/04/god-hates-sweden.html 참조.

31. 2014. 9. 1.일자 구글서치 결과에 따르면, "Tony Perkins"보다 "Fred Phelps" 조회수가 더 많았음.

32. Martin Luther King, Jr., "Loving your Enemies," McCarthy의 The Class of Nonviolence에 소개된 독해자료, February 6, 2015 방문, http://www.salsa.net/peace/conv/8weekconv4-2.html.

33. 신명기 32:35 인용.

34. 잠언 25:21-22 인용; "이마 위에 숯불을 쌓아두라"는 말씀의 의미에 대해서는 학설이 갈림; 그러나, 이 말씀은 어떤 사람을 뉘우침과 회개의 상태로 이끄는 모습을 묘사한 것으로 이해되고 있음.

35. 우리가 반드시 잊지 말아야 할 것은, 사랑 가운데 진리를 말하는 것이 미움에 차 있거나 부담을 주는 것이 아니어야 한다는 사실이다. 우리가 그렇게 행동하는 데 대해 직접적으로 끊임없이 비난이 쏟아진다고 하더라도 마찬가지다.

36. 식탐의 죄를 동성애의 죄와 비교한 데 대한 질문에 대해서는, Robert A. J. Gagnon, "It's Silly to Compare Homosexual Practice to Gluttony: A Response to Craig Gross's CNN Belief Blog Op-Ed," Robert A. J. Gagnon의 웹사이트, July 19, 2012, http://www.robgagnon.net/GluttonyComparisonToHomosexualPractice.htm 참조.

제3원칙: 성적 순결이 성적 무질서를 이긴다

1. 창세기 1:11-31 참조.
2. Pitirim Sorokin, The American Sex Revolution (Boston: Porter Sargent, 1956), 44. 기독 운동가인 Louis Sheldon은 다음과 같이 말하였다: "60년대 후반, 소로킨은 미국은 무절제한 성적 탐닉을 통해 '자발적인 자살'을 범하고 있음을 지적했다. 그는 개인들이 결혼과 무관한 혼전 성관계에 빠져들기 시작하면서, 출생률이 줄어들고, 미국 인구가 서서히 감소될 것이라고 진술하였다. 그는 이혼과 처자식 유기의 증가, 만연한 성적 문란이 사생아들의 증가로 이어질 것이라고 예고했다. 불행하게도 그의 예고는 실현되고 말았다." http://www.freerepublic.com/focus/f-news/1402568/ 참조.
3. 본 인용구와 이하의 Coulter 인용구들은 Ann Coulter, "A Man of Sterling Character," Townhall.com, April 30, 2014, http://townhall.com/columnists/anncoulter/2014/04/30/a-man-of-sterling-character-n1831848 참조.
4. "Lake Co. Boy Runs for Homecoming Queen," wftv.com, October 22, 2014, http://m.wftv.com/news/news/local/lake-co-boy-runs-homecoming-queen/nhp43/, 강조 추가. 이런 일이 우리 자녀들의 학교에서 갈수록 흔해지고 있다.
5. 물론 나는 여기서 Michael Sam을 언급하고 있다; 2014. 2. 11.일자 Townhall.com의 내 글 "5 Questions About the Possibility of an Openly Gay NFL Player," http://townhall.com/columnists/michaelbrown/2014/02/11/5-questions-about-the-possibility-of-an-openly-gay-nfl-player-n1793166 참조.
6. Marshall Kirk and Erastes Pill, "The Overhauling of Straight America," Gay Homeland Library, November 1987, http://library.gayhomeland.org/0018/EN/EN_Overhauling_Straight.htm.
7. Frank Newport and Igor Himelfarb, "In U.S., Record-High Say Gay, Lesbian Relations Morally OK," Gallup, May 20, 2013, http://www.gallup.com/poll/162689/record-high-say-gay-lesbian-relations-morally.aspx; 동거하는 커플과 결혼한 커플들 사이의 분명한 차이를 확인하려면, James E. Sheridan, "Marriage Done Right: Are You Sure Cohabitation Gets You What You Think?" News-Sentinel (Fort Wayne, IN), January 14, 2015, http://www.news-sentinel.com/apps/pbcs.dll/article?AID=/20150114/LIVING/150119967/1008 참조.
8. Rebecca Riffkin, "New Record Highs in Moral Acceptability," Gallup, May 30, 2014, http://www.gallup.com/poll/170789/new-record-highs-moral-acceptability.aspx.
9. Mark Regnerus, "Tracking Christian Sexual Morality in a Same-Sex Marriage Future," Witherspoon Institute Public Discourse, August 11, 2014, http://www.thepublicdiscourse.com/2014/08/13667/. 또한 "게이와 레즈비언 기독교인들"이 "비기독

교인 게이와 레즈비언"을 제외한 모든 집단들에 비해 얼마나 더 낮은 수준의 도덕적 기준을 가지고 있는지 주목하라." 미국 내 포르노물 사용에 관한 불편한 통계 - 오늘날의 성적 무질서의 또 다른 지표 - 에 대해서는 "2014 Pornography Survey and Statistics," Proven Men, http://www.provenmen.org/2014PornSurvey/ 참조.

10. Mirror.co.uk, "Kim Kardashian Told She Has No Talent during Walters Interview," Mirror Celebrity News, December 16, 2011, http://www.mirror.co.uk/3am/celebrity-news/kimkardashian-told-she-has-no-talent-281964.

11. Diana Falzone, "Kennedy Summers' Playboy Spread Will Help Her When She's a Doctor, Experts Say," Fox 411, June 6, 2014, http://www.foxnews.com/entertainment/2014/06/06/kennedy-summers-playboy-spread-will-help-her-when-doctor-experts-say/?intcmp=features.

12. 여성의 "엉덩이들"에 관해 랩을 하는 여섯 살 소년의 동영상이 유튜브에 업로드 되자 호된 비난이 일어났다. (그 소년은 비키니 차림으로 빙글빙글 도는 여성들에 의해 둘러싸였다) 비록 연출자는 확산되는 그 동영상을 내리기에 앞서 그것이 단지 익살이었다고 주장했지만, 가사나 동작들의 의미에 대해 아무런 설명이 없어도, 그 어린 아이들이 스타들의 흉내를 내는 것은 의심의 여지가 없었다. Gus Garcia-Roberts, "Director of 6-Year-Old Rapper's Explicit Video Says It's a Joke," Miami New Times, July 12, 2012, http://www.miaminewtimes.com/2012-07-12/news/booty-pop-sexually-explicit-6-year-old-rapper-albert-roundtree-jr/full/ 참조.

13. Curtis M. Wong, "Beyonce Is 'Selling Sex' to Her Young Audience According to Actress Lily Tomlin," Huffington Post, June 10, 2014, http://www.huffingtonpost.com/2014/06/10/lily-tomlin-beyonce-_n_5480301.html?utm_hp_ref=gay-voices.

14. Eric Holmberg, "Pomosexuality: The Real Face of the Sexual Revolution," The Apologetics Group, n.d., accessed February 6, 2015, http://theapologeticsgroup.com/featured/pomosexuality-the-real-face-of-the-sexual-revolution/.

15. Jessica Bennett, "Polyamory: The Next Sexual Revolution?" Newsweek, July 28, 2009, http://www.newsweek.com/polyamory-next-sexual-revolution-82053.

16. Showtime, "Polyamory Season 1: Behind the Scenes," YouTube video, 3:03, July 9, 2012, http://www.youtube.com/watch?v=YE-WYjBPBAY.

17. Steve Nelson, "Polyamory Advocate: Gay Marriage 'Blazing the Marriage Equality Trail,'" U.S. News & World Report, June 24, 2013, http://www.usnews.com/news/articles/2013/06/24/polyamorous-advocate-gay-marriage-blazing-the-marriage-equality-trail.

18. Jennifer LeClaire, "Can We Pray the Polyamory Away?" Charisma News, June 19, 2014, http://www.charismanews.com/opinion/watchman-on-the-wall/44354-can-we-pray-the-polyamory-away.

19. Fox News, "'Dating Naked,' 'Naked and Afraid' and More Showcase Nude Trend," Fox 411, July 16, 2014, http://www.foxnews.com/entertainment/2014/07/16/naked-dating-naked-and-afraid-and-more-showcase-nude-tv-trend/?intcmp=features.

20. CBS News, "N.Y. State Suggests HIV Tests for 13-Year-Olds, Sex Ed in Elementary School," CBS New York, May 21, 2014, http://newyork.cbslocal.com/2014/05/21/n-y-

state-suggests-hiv-tests-for-13-year-olds-sex-ed-in-elementary-school/.
21. Centers for Disease Control and Prevention, "HIV Among Gay and Bisexual Men," CDC website, accessed February 9, 2015, http://www.cdc.gov/hiv/risk/gender/msm/facts/index.html.
22. 최근의 매독 증대에 관하여는 Centers for Disease Control and Prevention, "Syphilis & MSM (Men Who Have Sex with Men) - CDC Fact Sheet," CDC, February 9, 2015 방문, http://www.cdc.gov/std/Syphilis/STDFact-MSM-Syphilis.htm 참조. 미국에서 모든 게이 남성들의 절반은 그들이 오십 대에 이를 즈음에 HIV-양성이 될 것으로 예측된다. 이에 관한 다양한 연구들에 대해서는, Jay Salamone, "What Does 'Gay' Sex Have to Do with Discrimination Anyway?" Barbwire, March 20, 2013, http://barbwire.com/2014/03/20/what-does-gay-sex-have-to-do-with-discrimination/ 참조.
23. Susan Edelman, "Parent Furor at Bawdy Sex Ed," New York Post, October 23, 2011, http://nypost.com/2011/10/23/parent-furor-at-bawdy-sex-ed/.
24. Kirsten Andersen, "Chicago Public Schools to Teach 5th Graders How to 'Increase Sexual Pleasure,'" Life Site News, November 17, 2014, https://www.lifesitenews.com/news/chicago-public-schools-to-teach-5th-graders-how-to-increase-sexual-pleasure.
25. Emily Yahr, "'Scandal' Sex Scene Airs Right after 'It's the Great Pumpkin, Charlie Brown,' 'Making Parents Angry,'" Washington Post, November 3, 2014, http://www.washingtonpost.com/blogs/style-blog/wp/2014/11/03/scandal-sex-scene-airs-right-after-its-the-great-pumpkin-charlie-brown-making-parents-angry/.
26. Proven Men Ministries, "Age Exposed to Porn & Age First Sex," ProvenMen website, accessed February 9, 2015, http://www.provenmen.org/2014pornsurvey/age-exposed-to-porn-age-first-sex/.
27. WCVB, "Condoms for Elementary Students? Yes, Says Mass. Town," WCVB.com, June 24, 2010, http://www.wcvb.com/Condoms-For-Elementary-Students-Yes-Says-Mass-Town/11288760.
28. Michael Brown, "Sex-Ed Classes and the Rape of Our Children's Innocence(Part 2)," Townhall.com, December 2, 2011, http://townhall.com/columnists/michaelbrown/2011/12/02/sexed_classes_and_the_rape_of_our_childrens_innocence_part_2/page/full.
29. Shelby Sebens, "Oregon School District to Offer Condoms to Students Starting in 6th Grade," Yahoo! News, June 4, 2014, http://news.yahoo.com/oregon-school-district-offer-condoms-students-starting-6th-002710449.html;_ylt=AwrBEiSD4o9TdiUAhgzQtDMD.
30. Gabriel Mephibosheth, "X-Rated Sex Ed for Calif. 8th grade; Parents Livid," Culture News (블로그), June 9, 2014, http://culturecampaign.blogspot.com/2014/06/x-rated-sex-ed-for-calif-8th-grade.html. See also Laurie Higgins, "Sex "Educators" Push the Proverbial Envelope -Again," Illinois Family Institute, June 9, 2014, http://illinoisfamily.org/education/sex-educators-push-the-proverbial-envelope-again/.
31. Tad Cronn, "9th-Grade Curriculum: Bondage, Orgasms and Vibrators," Political Outcast (blog), August 8, 2014, http://politicaloutcast.com/2014/08/9th-grade-

curriculum-bondage-orgasms-vibrators/#ydyITvvboWUhdDvk. 99.
32. 그 쇼의 이름은, A Shot at Love with Tila Tequila였다.
33. Larry Tomczak, "Sex, Shock,'n Sacrilege: Are You Aware How Dirty Comedy Has Become?" Charisma News, June 9, 2014, http://www.charismanews.com/opinion/heres-the-deal/44177-sex-shock-n-sacrilege-are-you-aware-how-dirty-comedy-has-become.
34. Pew Research Forum은 214. 10. 14. 다음과 같이 보고하였다: "최근의 인구조사 자료에 따르면 미혼 미국성인 비율이 역사상 최고치를 기록했다. 1960년에는, 25세 이상의 열 명 중 한 명꼴이었고, 2012년에는 다섯 명 중 한 명꼴로 껑충 뛰었다." My Fox DC, "Marriage Rates Hit New, All-Time Low," MyFoxDC.com, October 14, 2014, http://www.myfoxdc.com/story/26779009/marriage-rates-hit-new-all-time-low 참조. 오늘날 미국에서의 결혼 상태에 관한 학자들의 비관적인 분석에 대해서는, Andrew J. Cherlin, Labor's Love Lost (New York: Russell Sage Foundation, 2014) 및 Isabel V. Sawhill, Generation Unbound: Drifting into Sex and Parenthood without Marriage (Washington, DC: Brookings Institution Press, 2014) 참조.
35. Christina Sternbenz, "Marriage Rates Are Near Their Lowest Levels in History - Here's Why," Business Insider, May 7, 2014, http://www.businessinsider.com/causes-of-low-marriage-rates-2014-5.
36. Belinda Luscombe, "More Millennial Mothers Are Single Than Married," Time, June 17, 2014, http://time.com/2889816/more-millennial-mothers-are-single-than-married/. ""Liza Mundy가 2013년 5월 22일자 Atantic 지에 '결혼의 행복에 이르게 하는 동성애자 안내서'라는 제목의 글에서 언급했듯이, 동성 결혼이 시대의 중요한 시민권 투쟁으로 부상하면서 결혼 그 자체는 더욱 위험에 처한 듯이 보이는 것은 커다란 아이러니가 아닐 수 없다. 미국인들의 혼인 연령이 늦어지고 있다. 미국 인구조사국에 따르면, 첫 결혼의 중간 나이는 남자 28세와 여자 26세이며, 이는 각각 1950년의 23세와 20세에서 늘어난 것이다. 동거비율은 빠르고 가파르게 늘어났으며, 어느 때보다 더 많은 사람들이 독신으로 살고 있다. 대다수 미국인들은 여전히 일정 시점에 결혼한다. 하지만 그 결혼들 중 많은 경우는 이혼으로 끝난다. 결국 이 모든 것이 결합되어 UCLA의 사회학자 Suzanne Bianchi가 '짝짓기와 재짝짓기'(partnering and repartnering)라고 부른 불안정한 체계를 만들어냈다. 그것은 끊임없는 감정적, 가정적 교유기이며, 그 결과 때때로 가족제도를 전적으로 저버리는 사람들을 만들어낸다."
37. Sternbenz, "Marriage Rates Are Near Their Lowest Levels in History."
38. Pew Research Center, "The Decline of Marriage and Rise of New Families," Pew Social Trends, November 18, 2010, http://www.pewsocialtrends.org/2010/11/18/ii-overview/.
39. Janice Shaw Crouse, "The New Twist on Inequality," American Spectator, June 19, 2014, http://spectator.org/articles/59684/new-twist-inequality.
40. Rachel Sheffield, "A Majority of Young Adults Are Having Kids Outside Marriage. Why That Hurts Kids' Futures," Daily Signal, June 21, 2014, http://dailysignal.com/2014/06/21/majority-young-adults-kids-outside-marriage-hurts-kids-futures/.
41. Benjamin Franklin, "Rules for Matrimonial Happiness," October 8, 1730.

42. Philip Yancey, "The Lost Sex Study," Christianity Today, December 12, 1994, http://www.christianitytoday.com/ct/1994/december12/4te080.html.
43. Joseph Daniel Unwin, Sex and Culture (London: Oxford University Press; H. Milford, 1934).
44. Yancey, "The Lost Sex Study."
45. J. D. Unwin. "Monogamy as a Condition of Social Energy," Hibbert Journal 25(1927): 662.
46. Yancey, "The Lost Sex Study."
47. Lou Sheldon에 의하면, "쇠퇴하는 문화에 대한 [피티림] 소로킨의 연구는 그에게 든든한 가족들이 존재하고 성적 활동들이 결혼 내에서 제한될 때에만 건강한 사회가 지속될 수 있다는 확신을 갖게 했다. 성적 문란은 불가피하게 문화적 쇠퇴 및 종국적인 붕괴로 이끈다." Louis Sheldon, "The Destruction of Marriage Precedes the Death of a Culture," Free Republic, posted May 13, 2005, http://www.freerepublic.com/focus/f-news/1402568/posts 참조.
48. Jay Michaelson, "Were Christians Right about Gay Marriage All Along?" Daily Beast, May 27, 2014, http://www.thedailybeast.com/articles/2014/05/27/did-christians-get-gay-marriage-right.html.
49. 위의 글.
50. Daniel F. Case, "America: A Nation in Decline?" Case Studies by Daniel F. Case, February 9, 2015 방문, http://www.case-studies.com/nation-in-decline; 자세한 내용은 "Carl Zimmerman," http://huron2.aaps.k12.mi.us/smitha/HUM/PDF/rome-decline.pdf 참조. 요약본은 Carle E. Zimmerman, Family and Civilization, ed. James Kurth (Wilmington, DE: ISI Books, 2008) 참조; 원본은 1947년에 출판되었음.
51. Kelly Boggs, "Sexual Anarchy: America's Demise?" Crosswalk.com, July 27, 2009, http://www.crosswalk.com/family/marriage/sexual-anarchy-americas-demise-11606599.html.
52. Bradford Wilcox, "Faith and Family, Better Together? Religion and Family Around the Globe," Institute for Family Studies blog, October 16, 2014, http://family-studies.org/faith-and-family-better-together-religion-and-family-around-the-globe/.
53. 성적 순결에 관해 도움이 되는 책들로는, Steve Gallagher, At the Altar of Sexual Idolatry (Dry Ridge, KY: Pure Life Ministries, 2000); Stephen Arterburn and Fred Stoeker, with Mike Yorkey, Every Man's Battle: Every Man's Guide to Winning the War on Sexual Temptation One Victory at a Time (Colorado Springs: WaterBrook Press, 2000); Sharon Ethridge, Every Woman's Battle: Discovering God's Plan for Sexual and Emotional Fulfillment (Colorado Springs: WaterBrook, 2009) 등 참조.

제4원칙: 결혼의 재정의를 거부하라

1. 기원후 초기부터 랍비 문헌들의 동성 '결혼'에 관하여 참조하려면 8장을 보라.
2. John Gray, Men Are from Mars, Women Are from Venus (New York: HarperCollins,

1992); 이 책은 그 이후로 다양한 판(版)으로 증쇄되었다.
3. Robert H. Knight, "The Case for Marriage," Concerned Women for America 웹사이트, September 29, 2003, http://www.cwfa.org/the-case-for-marriage/.
4. 위의 자료. 오직 남성-여성으로서의 결혼의 근본적인 중요성에 관한 최근의 중요한 연구들로는, Daniel Heimbach, Why Not Same-Sex Marriage: A Manual for Defending Marriage Against Radical Deconstruction (n.p.: Trusted Books, 2014), 이 책은 동성 '결혼'을 옹호하는 101가지 주장들을 논박하고 있다; Anthony Esolen, Defending Marriage: Twelve Arguments for Sanity (Charlotte: Saint Benedict Press, 2014); Patrick Lee and Robert P. George, Conjugal Union: What Marriage Is and Why It Matters (New York: Cambridge Univ. Press, 2014); Sherif Girgis, Ryan T. Anderson, and Robert P. George, What Is Marriage?: Man and Woman: A Defense (New York: Encounter Books, 2012); 및 William B. May, Getting the Marriage Conversation Right: A Guide for Effective Dialogue (Steubenville, OH: Emmaus Road, 2012) 참조. 이보다 앞선 2010년의 (반대 관점들을 포함한) 연구들을 참조하려면, Michael L. Brown, A Queer Thing Happened to America: And What a Long, Strange Trip It's Been (Concord, NC: EqualTime Books, 2011), 611n63 참조. 정기적으로, Heritage Foundation의 William E. Simon Fellow이자 Public Discourse 편집인이기도 한 Ryan T. Anderson은 결혼의 의미와 관련된 글들을 쓰고 연계시킨다. 트위터에서 그의 팔로어가 되려면, https://twitter.com/ryant_anderson. 전에 동성애 지도자였던 Joe Dallas의 동성 '결혼'에 대한 생각에 대해서는, "The Gay Marriage Debate: Winning, Losing or Dropping Out?(Part 1)," Joe Dallas Online (블로그), http://joedallas.com/blog/index.php/2012/06/29/gay-marriage/ 참조.
5. Joel Siegel, "Hil Nixes Same-Sex Marriage," New York Daily News, January 11, 2000, http://www.nydailynews.com/archives/news/hil-nixes-same-sex-marriage-article-1.864728#ixzz358vYsNM0.
6. Becky Bowers, "President Barack Obama's Shifting Stance on Gay Marriage," PolitiFact.com, May 11, 2012, http://www.politifact.com/truth-o-meter/statements/2012/may/11/barack-obama/president-barack-obamas-shift-gay-marriage/. 물론, 그가 이 부분에 정직하지 않았다는 주장이 제기될 수 있다. 나는 2012. 5. 12. Townhall.com에 올린 글에서 그 점을 언급하였다. "모호하게 말하였거나 말이 바뀌었거나, 오바마 대통령은 어느 쪽으로든 잘못되었다": "우리는 그 이야기를 잘 알고 있다. 버락 오바마는 동성 '결혼'에 대해서 찬성하였다가(1996), 그 후에 반대하였고(2004), 다시 그 후에는 찬성하였다(2012). 또 그 중간인 2008년에는 명백하게도 그것에 찬성하면서 또 반대하였다(비록 주로 반대하는 편이지만). 하지만, 그가 '반대한' 기간 동안에도 게이 활동을 강력히 지원한 것에 비추어 볼 때, 그가 동성 '결혼'에 공적인 반대를 표명하면서도 애매모호한 태도였다는 것은 분명해 보인다." (http://townhall.com/columnists/michaelbrown/2012/05/12/equivocating_or_evolving_president_obama_is_wrong_either_way/page/full).
7. Peter Hitchens, "So Much for 'Father's Day' - in a Country Where Fatherhood Is Dying Out," Peter Hitchens의 블로그, June 16, 2013, http://hitchensblog.mailonsunday.co.uk/2013/06/so-much-for-fathers-day-in-a-country-where-fatherhood-is-dying-out.html.
8. Matthew Schmitz, "N.T. Wright on Gay Marriage: Nature and Narrative Point to

Complementarity," First Things (blog), June 11, 2014, http://www.firstthings.com/blogs/firstthoughts/2014/06/n-t-wrights-argument-against-same-sex-marriage. 해당 글은 Wright의 논평이 녹화된 동영상과 연계되어 있다.
9. Joel Landau, "British Woman Marries Her Dog, Confesses: 'I'm Totally Her B---h'," New York Daily News, March 11, 2014, http://www.nydailynews.com/news/world/woman-marries-dog-totally-b-h-article-1.1717772 참조; "Orissa Woman Marries Snake," Times of India, June 2, 2006, http://timesofindia.indiatimes.com/india/Orissa-woman-marries-snake/articleshow/1609295. cms; Eric Pfeiffer, "Seattle Woman 'Marries' Building to Protest Its Demolition," The Sideshow (블로그), January 30, 2012, http://news.yahoo.com/blogs/sideshow/seattle-woman-marries-building-protest-demolition-224250710.html; Rob Quinn, "Man Wants to Marry His Porn-Filled Laptop," USA Today, May 7, 2014, http://www.usatoday.com/story/news/nation/2014/05/06/newser-man-wants-to-marry-porn-filled-laptop/8761997/. 2009년에 한 남자가 일본에서 실제로 한 비디오 게임 캐릭터와 "결혼하였다!" Kyung Lah, "Tokyo Man Marries Video Game Character," CNN, December 17, 2009, http://www.cnn.com/2009/WORLD/asiapcf/12/16/japan.virtual.wedding/ 참조.
10. Michael Brown, "It's an Avalanche, Not a Slippery Slope," Charisma News, July 9, 2013, http://www.charismanews.com/opinion/in-the-line-of-fire/40155-it-s-an-avalanche-not-a-slippery-slope.
11. Shaunte Dunston, "Same-Sex Bridal Magazine Born of Frustration," CNN News, August 12, 2010, http://www.cnn.com/2010/LIVING/08/12/equally.wed/index.html?hpt=C2.
12. Lydia O'Connor, "California Just Got Rid of Its Last Barrier to Same-Sex Marriage," Huffington Post, July 8, 2014, http://www.huffingtonpost.com/2014/07/08/california-gay-marriage-language_n_5568029.html.
13. Brown, Queer Thing, 563-64.
14. Kevin Gray, "Florida Judge Approves Birth Certificate Listing Three Parents," Reuters, February 7, 2013, http://www.reuters.com/article/2013/02/07/us-usa-florida-adoption-idUSBRE91618L20130207.
15. Tyler McCarthy, "This Baby Is the First in British Columbia to Have 3 Parents Listed on Her Birth Certificate," Huffington Post, February 11, 2014, http://www.huffingtonpost.com/2014/02/11/baby-with-3-parents-birth-certificate_n_4767402.html.
16. Cheryl K. Chumley, "California Moves to Let Gay Men Cite Selves as 'Mother' on Birth Records; Lesbians as 'Father,'" Washington Times, May 9, 2014, http://www.washingtontimes.com/news/2014/may/9/california-moves-let-gay-men-cites-selves-mother-b/.
17. 2014. 5. 15.일자 Pacific Justice Institute 보도자료, http://www.pacificjustice.org/press-releases/modern-family-birth-certificate-bill-offers-new-options 참조. Pacific Justice의 대표 Brad Dacus의 언급에 따르면, "어머니날을 축하하고 바로 다음 달에 아버지날을 축하하게 될 계절에, 입법자들이 이런 개념들을 무의미하게 하기를 원한다는 것이 놀랍습니다. 이름 붙이기 게임이 한 사람이 아빠인가 또는 엄마인가 하는 실존을 바꾸지는

않는다. 이런 형태의 불합리한 법률들은 미국을 웃음거리로 만들고 법률에 대한 존중을 약화시킨다. 그들은 또한 결혼의 재정의가 가족에 관한 모든 것을 재정의하기를 원하는 LGBT 활동가들을 위한 출발점이라는 것을 그 어느 때보다 명확히 했다."
18. Michael Koziol, "Gay Groups Angered as Heterosexual Men Marry to Win Rugby Trip," Sydney Morning Herald, September 12, 2014, http://www.smh.com.au/world/gay-groups-angered-as-heterosexual-men-marry-to-win-rugby-trip-20140912-10fu3t.html#ixzz3D4Sg1Ovc.
19. Tara Kelly, "Nadine Schweigert, North Dakota Woman, 'Marries Herself,' Opens Up About Self-Marriage," Huff Post, May 5, 2014, http://www.huffingtonpost.com/2012/05/25/nadine-schweigert-woman-marries-herself_n_1546024.html; 자기 자신과 '데이트하는 밤들' 및 Anderson Cooper와의 대담 중 일부와 연계하여 보려면, Tamara Abraham, "Single Mother-of-Two Reveals Why She Married HERSELF and Even Goes on Date Nights Alone," Daily Mail, May 24, 2012, http://www.dailymail.co.uk/femail/article-2149364/Single-mother-reveals-married-HERSELF-goes-date-nights-alone.html.
20. "Taiwanese Woman to Marry Herself," Telegraph (UK), October 22, 2010, http://www.telegraph.co.uk/news/worldnews/asia/taiwan/8080685/Taiwanese-woman-to-marry-herself.html; Glen James, "Woman Gets Fed Up with Being Single - and Marries Herself!," Online Mirror, October 4, 2014, http://www.mirror.co.uk/news/world-news/woman-gets-fed-up-being-4376646#ixzz3FiJLtBQK.
21. 더 이상 웹상에서 볼 수 없는 Anderson Cooper의 발췌 내용을 보려면, Anderson Cooper, "Daytime Exclusive: Woman Marries Herself in Ceremony," YouTube video, 1:27, May 24, 2012, https://www.youtube.com/watch?v=ojZg3e3KSpk 참조.
22. David K. Li, "Married Lesbian 'Throuple' Expecting First Child," New York Post, April 23, 2014, http://nypost.com/2014/04/23/married-lesbian-threesome-expecting-first-child/. 더 최근에는, 타이완에서 세 남성들이 '결혼'하여 하룻밤 사이에 인터넷에서 화제가 되었다; Michael Brown, "If Love Is Love, Why Not Three Men 'Marrying'?" Charisma News, February 24, 2015, http://www.charismanews.com/opinion/in-the-line-of-fire/48454-if-love-is-love-why-not-three-men-marrying 참조.
23. 어떤 출판정보도 없이 2009년에 출판되었다. 반복하지만, 나는 그 관계된 어머니들의 헌신이나 성실에 대해서는 의심하지 않는다. 나는 단지 그 책 제목의 불합리성을 강조할 뿐이다. 말할 것도 없이, 그것은 어머니와 아버지를 둔 아이의 경우가 최상의 시나리오인 것을 부인한다.
24. 심지어 중혼(重婚)이 합법적이었던 많은 나라들에서조차, 한 남자와 한 여성이라는 결혼의 기본적인 요소들은 동일하게 유지된다. 게다가, 동성애가 널리 실행되고 수용되던 과거의 사회들에서도, 결혼의 용어는 여전히 남성-여성의 연합으로서, 그리고 출산은 결혼의 본질적인 부분으로 보존되었다. 예를 들어, Bruce W. Frier, "Roman Same-Sex Weddings from the Legal Perspective," University of Michigan Online, Winter 2004, http://www.umich.edu/~classics/news/newsletter/winter2004/weddings.html 참조.
25. 이 부분에서의 정보와 인용구들은 Jim Burroway, "The Tale of the Box Turtle," Box Turtle Bulletin, January 9, 2006, http://www.boxturtlebulletin.com/About/AboutUs.htm 참조.

26. "About This Blog" at http://marriage-equality.blogspot.com/ 참조.
27. "British Columbia Court to Rule on Anti-Polygamy Law," BBC News, November 23, 2010, http://www.bbc.co.uk/news/world-us-canada-11817322.
28. Michael Lindenberger/Louisville, "Should Incest Be Legal?" Time, April 5, 2007, http://www.time.com/time/nation/article/0,8599,1607322,00.html.
29. Rush Limbaugh, "Stack of Stuff Quick Hits Page," Rush Limbaugh.com, December 14, 2010, http://img.rushlimbaugh.com/home/daily/site_121410/content/01125104.guest.html; 또한 Robert Stacy McCain, "But They Were Consenting Adults" The Spectacle (blog), December 10, 2010, http://spectator.org/blog/24455/they-were-consenting-adults 참조.
30. Jonathan Pearlman, "Australian Judge Says Incest May No Longer Be Taboo," Telegraph, July 10, 2014, http://www.telegraph.co.uk/news/worldnews/australiaandthepacific/australia/10958728/Australian-judge-says-incest-may-no-longer-be-a-taboo.html.
31. Julia Marsh, "NY State Blesses 'Incest' Marriage between Uncle, Niece," New York Post, October 29, 2014, http://nypost.com/2014/10/29/new-york-state-blesses-incest-marriage-between-uncle-niece/.
32. Thomas Rogers, "Gay Porn's Most Shocking Taboo," Salon, May 20, 2010, http://www.salon.com/2010/05/21/twincest/; 또한 "Brotherly Love," at http://stream.aljazeera.com/story/201410011930-0024190 참조; 또한 Laurie Higgins, "Slippery Slope; Throuples, Twincest, and Remembering," http://barbwire.com/2014/05/08/throuples-twincest-remembering/ 참조.
33. Alexa Tsoulis-Reay, "What It's Like to Date Your Dad," New York Magazine, January 15, 2015, http://nymag.com/scienceofus/2015/01/what-its-like-to-date-your-dad.html; 또한 Matt Barber, "Incest: The next frontier in 'reproductive freedom,'" WND Commentary, January 16, 2015, http://www.wnd.com/2015/01/incest-the-next-frontier-in-reproductive-freedom/ 참조.
34. Emily Yoffe, "Brotherly Love: My Twin and I Share an Earth-Shattering Secret That Could Devastate Our Family - Should We Reveal It?" Slate, February 16, 2012, http://www.slate.com/articles/life/dear_prudence/2012/02/incestuous_twin_brothers_wonder_if_they_should_reveal_their_secret_relationship_.html; Dan Savage, "Those Gay Incest Twins in Prudence This Week," Slog (블로그), February 17, 2012, http://www.thestranger.com/slog/archives/2012/02/17/those-gay-incest-twins-in-prudence-this-week%26view=comments.
35. Fox News, "'The Notebook' Director Nick Cassavetes Says of Incest: 'Who Gives a Damn?'" Fox 411, September, 10, 2012, http://www.foxnews.com/entertainment/2012/09/10/notebook-director-nick-cassavetes-says-incest-who-gives-damn/?intcmp=features.
36. Dave Itzkoff, "For 'Game of Thrones,' Rising Unease over Rape's Recurring Role," New York Times, May 2, 2014, http://www.nytimes.com/2014/05/03/arts/television/for-game-of-thrones-rising-unease-over-rapes-recurring-role.html?_r=0.

37. Brent Bozell, "Step Right Up to MTV's Incest Plot," Townhall.com, July 18, 2014, http://townhall.com/columnists/brentbozell/2014/07/18/step-right-up-to-mtvs-incest-plot-n1863237.
38. Jenny Kutner, "German Committee Says Incest Is a 'Fundamental Right'," Alternet.com, September 28, 2014, http://www.alternet.org/world/german-committee-says-incest-fundamental-right.
39. Curtis M. Wong, "Should Incest Between Consenting Adult Siblings Be Legalized? Experts Sound off," Huffington Post, October 9, 2014, http://www.huffingtonpost.com/2014/10/09/legalization-incestuous-relationships-_n_5959494.html.
40. Katie Dupere, "Falling for Family: Should Consensual Incest Be Legal?" DebateOut.com, December 16, 2014, http://www.debateout.com/falling-for-family-consensual-incest-legal/. This page is no longer available, but a cached copy can be seen at http://webcache.googleusercontent.com/search?q=cache:http://www.debateout.com/falling-for-family-consensual-incest-legal/.
41. Carol, Kuruvilla, "Polygamous Living Is Legal in Utah after Judge Overturns Cohabitation Ban in Favor of 'Sister Wives' Family," New York Daily News, August 28, 2014, http://www.nydailynews.com/news/national/polygamous-living-legal-utah-judge-sister-wives-ruling-article-1.1920071.
42. Jillian Kennan, "Legalize Polygamy! No. I Am Not Kidding," Slate, April 15, 2013, http://www.slate.com/articles/double_x/doublex/2013/04/legalize_polygamy_marriage_equality_for_all.html; 원문에 강조 추가.
43. Jessica Bennett, "Polyamory: The Next Sexual Revolution?" Newsweek, July 28, 2009, http://www.newsweek.com/polyamory-next-sexual-revolution-82053.
44. Kuruvilla, "Polygamous Living." 참조
45. Mark Oppenheimer, "Married, with Infidelities," New York Times, June 30, 2011, http://www.nytimes.com/2011/07/03/magazine/infidelity-will-keep-us-together.html?_r=1&pagewanted=3.
46. Lisa Haisha, "Is It Time to Change Our Views of Adultery and Marriage?" Huff Post The Blog, July 5, 2014, http://www.huffingtonpost.com/lisa-haisha/is-it-time-to-change-our-adultery_b_5242171.html?ncid=txtlnkusaolp00000592.
47. Stanley Kurtz, "Death of Marriage in Scandinavia," Boston.com, March 10, 2004, http://www.boston.com/news/globe/editorial_opinion/oped/articles/2004/03/10/death_of_marriage_in_scandinavia/.
48. Associated Press, "Woman Marries Dolphin," The Age, January 2, 2006, http://www.theage.com.au/news/world/woman-marries-dolphin/2006/01/01/1136050339590.html; Metrowebukmetro, "Man Marries Cat," Metro, May 4, 2010, http://metro.co.uk/2010/05/04/man-marries-cat-281021/.
49. Jude Newsome, "13 People Who Married Inanimate Objects," Ranker, February 10, 2015 방문, http://www.ranker.com/list/13-people-who-married-inanimate-objects/jude-newsome.
50. David Millward, "Florida Man Demands Right to Wed Computer," Telegraph, May

7, 2014, http://www.telegraph.co.uk/news/worldnews/northamerica/usa/10814098/marriage-gay-marriage-mac-wedding-computer-Florida-Utah.html.
51. Frank Turek, Correct, Not Politically Correct: How Same-Sex Marriage Hurts Everyone (Charlotte: CrossExamined, 2008), 24-25.
52. John Adams to Abigail Adams II: August 13, 1783.
53. 게이 커플을 위해 임신한 어느 대리모가 경험한 후회와 관련해서는, http://www.dailymail.co.uk/news/article-2730356/I-felt-like-sold-child-Surrogate-mother-says-regrets-giving-baby-daughter-gay-couple.html 참조.
54. Karen Clark, Norval Glenn, and Elizabeth Marquardt, My Daddy's Name is Donor: A Pathbreaking New Study of Young Adults Conceived Through Sperm Donation (Institute for American Values, 2010), in Lisa Belkin, "Are You My Mother? The Changing Norms of Adoption and Donation," Huff Post, March 22, 2012, http://www.huffingtonpost.com/lisa-belkin/adoption-egg-sperm-donation_b_1372049.html.
55. Donor Conceived, "Uncertainty Is Killing Me," AnonymousUs.org, February 6, 2012, http://anonymousus.org/stories/story.php?sid=1482.
56. 예를 들어, queerspawn.community (http://www.queerspawn.com/) 참조 - "동성애자들의 자녀들을 위한 새로운 토론"이라는 선전문구가 붙은 한 공동체 웹사이트.
57. Rebecca Taylor, "In-Vitro Fallout: Donor IVF Teen Says 'I Wish I Had Never Been Born,'" LifeNews.com, June 27, 2014, http://www.lifenews.com/2014/06/27/in-vitro-fallout-donor-ivf-teen-says-i-wish-i-had-never-been-born/. 그 이야기에 따르면, "그녀는 체외 수정된 배아의 '잔재'로서 입양되었다. Gracie는 그녀의 유전적 뿌리의 상실을 예민하게 느낀다. 하지만 영국의 법률은 그녀가 자신의 생물학적 부모들이 누구인지 아는 것을 막는다."
58. "One Man Impregnated 30 Lesbians, Sparking Incest Fears," Courier Mail, October 8, 2008, http://www.couriermail.com.au/news/one-man-impregnated-30-lesbians-sparking-incest-fears/story-e6freon6-1111117703946.
59. Thaddeus Baklinski, "'Sibling Incest Should Be Legal,' Says Danish Professor of Criminal Justice Ethics," Life Site News, October 17, 2014, https://www.lifesitenews.com/news/sibling-incest-should-be-legal-says-danish-professor-of-criminal-justice-et.
60. http://mcguffeyreaders.com/1828dictionary.htm; http://www.merriam-webster.com/dictionary/marriage, February 10, 2015 방문. 2014년 6월 19일, 미국장로교(PCUSA)는 "결혼은 두 사람, 즉 전통적으로 한 남자와 한 여자의 특별한 헌신과 관련된다'고 언급한 규례서의 표현을 바꾸라는 권고를 승인하였다." 그들의 공식적 진술을 확인하려면, Presbyterian Church USA, "PC(USA) leaders issue pastoral letter to the church on Assembly's marriage actions," PCUSA.org, June 19, 2014, http://www.pcusa.org/news/2014/6/19/pcusa-leaders-issue-pastoral-letter-church-assembl/ 참조.
61. 4번 미주에 참조된 연구들을 보고, 3장에 인용된 Unwin과 Zimmerman의 연구들을 비교하라.
62. Robert H. Knight, "The Case for Marriage," Marriage Resources for Clergy, February 10, 2015 방문, http://www.marriageresourcesforclergy.com/site/Articles/articles021.htm.

63. Andrew Sullivan, Virtually Normal, repr. ed. (n.p.: Vintage, 1996), 185.
64. Knight, "The Case for Marriage."
65. 위의 책.
66. Gavin Off, "NC Magistrates Resign over Gay Marriage Rulings," Charlotte Observer, October 25, 2014, http://www.charlotteobserver.com/2014/10/25/5266424/nc-magistrates-resign-over-gay.html#.VMBscCvF-DA. 더 최근에는, 한 활동가 판사에 의해 배심원 투표가 뒤집어진 후, 주 대법원이 치안판사에게 동성 '결혼'식들을 거행하지 말도록 명령했을 때 결혼 문제를 두고 앨라배마에서 다툼이 고조되었다; Kyle Whitmire, "Alabama Supreme Court orders halt to same-sex marriages," AL.com, March 3, 2015, http://www.al.com/news/index.ssf/2015/03/alabama_supreme_court_orders_h.html 참조.
67. Judith Levine, "Stop the Wedding! Why Gay Marriage Isn't Radical Enough," Village Voice, July 22, 2003, in Knight, "The Case for Marriage." Said Knight, "레빈은 1972년의 동성애 권리 선언(Gay Rights Platform)이 합의 연령에 관한 법률의 폐지 또한 요구했다는 사실을 누락했다. 이는 레빈 자신이 그녀의 책 Harmful to Minors: The Perils of Protecting Children from Sex의 88쪽에서, 어린이와 성인간의 섹스를 위해 동의하는 연령을 12세까지로 낮추는 것에 찬성했다는 점에 비추어 기이하다." 결혼에 대한 공격의 배경을 좀 더 살펴보기 위해서는 Paul Kengor, Ph.D., Takedown: From Communists to Progressives, How the Left Has Sabotaged Family and Marriage (Washington, DC: WND Books, 2015) 참조. Kengor는 Grove 시티 칼리지의 법학 교수이다.
68. John Corvino, "Homosexuality and the PIB Argument," JohnCorvino.com, April 2005, http://johncorvino.com/wp/academic/Corvino-PIB.pdf 참조.
69. Alexis de Tocqueville, Democracy in America, ed. Isaac Kramnick; trans. Gerald Bevan (New York: Penguin Classics, 2003), 340-41.

제5원칙: 성별 구분을 명확히 하라

1. 순수하게 비종교적으로 인류학적 관점에서 보더라도 인류는 남성 - 여성의 커플(또는 그 커플들)에 그 근원을 두고 있다. 널리 알려진 보고서로는, Tia Ghose, "Genetic 'Adam' and 'Eve' Uncovered," Live Science, August 1, 2013, http://www.livescience.com/38613-genetic-adam-and-eve-uncovered.html 참조.
2. Todd Starnes, "'Gender Inclusive' School District Says Drop 'Boys and Girls,' Call Kids 'Purple Penguins,'" Fox News, October 9, 2014, http://www.foxnews.com/opinion/2014/10/09/gender-inclusive-school-district-says-drop-boys-and-girls-call-kids-purple/?intcmp=latestnews.
3. Christin Scarlett Milloy, "Don't Let the Doctor Do This to Your Newborn," Outward (blog), June 26, 2014, http://www.slate.com/blogs/outward/2014/06/26/infant_gender_assignment_unnecessary_and_potentially_harmful.html.
4. 역사에 관해서는, Sunnivie Brydum, "Will Trans Folk Become an ENDA Bargaining Chip?" Advocate.com, November 8, 2013, http://www.advocate.com/politics/

transgender/2013/11/08/will-trans-folk-become-enda-bargaining-chip?page=full 참조.
5. 예를 들어, "Univ. of Chicago Students Offended by Gay Activist's 'Transphobic Slur,'" http://illinoisreview.typepad.com/illinoisreview/2014/06/university-of-chicago-students-offended-by-gay-rights-activists-use-of-transphobic-slur.html 참조 (또한, 그의 안티기독교 모략은 무엇인가?)
6. 녹취록 전문은, http://www.npr.org/templates/story/story.php?storyId=202729367 참조. 본 장에 나오는 그 쇼의 모든 인용문은 위 녹취록에 있음.
7. 성불쾌감(최근까지 성정체성장애(GID)로 불렸으나, 트랜스 운동가들의 압력으로 용어가 개정됨)와 신체통합정체성장애(BIID)의 비교에 대해서는, Michael L. Brown, A Queer Thing Happened to America: And What a Long, Strange Trip It's Been(Concord, NC: EqualTime Books, 2011), 582-84 참조.
8. Gender Equity Resource Center, "Definition of Terms," February 11, 2015 방문, http://geneq.berkeley.edu/lgbt_resources_definiton_of_terms#sexual_minority, 강조 삽입.
9. Joseph Brean, "Vancouver School Board's Genderless pronouns - xe, xem, xyr - not likely to stick, if history is any indication," National Post, June 17, 2014, http://news.nationalpost.com/2014/06/17/vancouver-school-boards-genderless-pronouns-not-likely-to-stick-if-history-is-any-indication/.
10. Stephen Petrow, October 27, 2014, "Gender-Neutral Pronouns: When 'They' Doesn't Identify as Either Male or Female," Washington Post, October 27, 2014, http://www.washingtonpost.com/lifestyle/style/gender-neutral-pronouns-when-they-doesnt-identify-as-either-male-or-female/2014/10/27/41965f5e-5ac0-11e4-b812-38518ae74c67_story.html.
11. "Transgender Couple Who BOTH Changed Sex Prepare to Explain to Their Two Children How Their Father Gave Birth While Their Mom Provided the Sperm," Daily Mail, August 11, 2014, http://www.dailymail.co.uk/news/article-2721891/Transgender-couple-prepare-telling-children-father-actually-mother-vice-versa.html#ixzz3A8kHlAGo.
12. Matthew Day, "Swedish Toy Catalogue Goes Gender Neutral," Telegraph, November 26, 2012, http://www.telegraph.co.uk/news/worldnews/europe/sweden/9703127/Swedish-toy-catalogue-goes-gender-neutral.html.
13. 이하의 인용구들은 Nathalie Rothschild, "Sweden's New Gender-Neutral Pronoun: Hen," Doublex(blog), April 11, 2012, http://www.slate.com/articles/double_x/doublex/2012/04/hen_sweden_s_new_gender_neutral_pronoun_causes_controversy_.html 참조. In March, 2015, 성 중립적 대명사가 공식 스웨덴 사전에 등재됨; "Sweden adds gender-neutral pronoun to dictionary," The Guardian, March 24, 2015, http://www.theguardian.com/world/2015/mar/24/sweden-adds-gender-neutral-pronoun-to-dictionary 참조.
14. "Dad Wears Skirt in Solidarity with His 5-Year-Old Son," Huff Post, Parents, August 29, 2012, http://www.huffingtonpost.com/2012/08/29/nils-pickert-german-dad_n_1840290.html.
15. Neetzan Zimmerman, "Father of the Year Helps Dress-Wearing Son Feel Comfortable

By Putting on a Skirt Himself," Gawker, August 28, 2012, http://gawker.com/5938676/father-of-the-year-helps-dress+wearing-son-feel-comfortable-by-putting-on-a-skirt-himself.
16. Ben Shapiro, "Children's Network Launches Transsexual Superhero Show," Breitbart, May 28, 2013, http://www.breitbart.com/Big-Hollywood/2013/05/28/Children-network-transsexual-superhero.
17. Penny Starr, "Girl Scouts Allow 7-Year-Old Boy to Join Because He is 'Living Life as a Girl,'" cnsnews.com, October 27, 2011, http://www.cnsnews.com/news/article/girl-scouts-allow-7-year-old-boy-join-because-he-living-life-girl.
18. Rich Ferraro, "Facebook Introduces Custom Gender Field to Allow Users to More Accurately Reflect Who They Are," GLAAD, February 13, 2014, http://www.glaad.org/blog/facebook-introduces-custom-gender-field-allow-users-more-accurately-reflect-who-they-are. 1년 후, 이 목록은 58개 용어로 확대되었다. 그러나, 충분치 않다는 지적에 따라 페이스북은 '공백' 옵션을 추가하기에 이르렀다. Martha Mendoza, "Facebook Adds New Gender Option for Users: Fill in the Blank," AP News, February 26, 2015, http://abcnews.go.com/Health/wireStory/facebook-adds-gender-option-users-fill-blank-29245549 참조.
19. It's Pronounced Metrosexual (블로그), February 11, 2015 방문, http://itspronouncedmetrosexual.com/2013/01/a-comprehensive-list-of-lgbtq-term-definitions/#sthash.LzOXk61z.dpuf.
20. "Lesbian Professor Urges Deconstruction of Gender," October 9, 2007, http://www.narth.org/docs/deconstruction.html.
21. 출연자 소개를 담은 프로그램 내용에 관해서는 Health Community Arts Program 페이지의 "Girl Talk: A Trans Y Cis Woman Dialogue," 참조, February 11, 2015 방문, http://www.queerculturalcenter.org/Pages/HealthyC/girlTalk.html.
22. "Girl Talk 2011 - Tobi Hill-Meyer," YouTube video, 14:51, HandbasketMedia 업로드, May 14, 2011, https://www.youtube.com/watch?v=cQu_2hOannU.
23. Nick Duffy, "La Roux: I Don't Feel Man or Woman, Gay or Straight," Pink News, May 27, 2014, http://www.pinknews.co.uk/2014/05/27/la-roux-i-dont-feel-man-or-woman-gay-or-straight/.
24. Mark Steyn, America Alone: The End of the World as We Know It(Washington, DC: Regnery, 2006), xvi-xvii.
25. 한때 Human Rights Campaign의 주도적 인물이었으며 2008년 나와 논쟁을 벌였던 게이 활동가 Harry Knox는 (그 내용에 대해서는, "Can you be Gay and Christian? Michael Brown vs. Harry Knox," January 17, 2014, ThomisticTheist 업로드, https://www.youtube.com/watch?v=ZGPaYc0jSDk 참조), HRC를 떠나 Religious Coalition for Reproductive Choice의 회장이자 상임대표가 되었다.
26. 분명히 게이 운동진영의 '보수파'는 그 운동방향을 결혼과 가정에 중점을 두고 추진해 왔다. 하지만 이러한 방향은 운동의 전체 역사를 반영하는 것은 아니다. 그리고, 게이 사회 전체를 놓고 보더라도 이는 전체의 의사를 반영한다고 볼 수 없다. 왜냐하면 여전히 그 대다수는 기회가 주어진다고 하더라도 '결혼'을 선택하려고 하지 않기 때문이다.

27. 보다 광범위하게 관련된 이슈들에 대해서는, "How Schools Are Pushing Transgenderism to Children. More Radical and Aggressive Than Ever," Mass Resistance, June 6, 2014, http://www.massresistance.org/docs/gen2/14b/GLSEN-Conference-040514/transgender-agenda/index.html 참조.
28. Alyssa Newcomb, "Transgender Student in Women's Locker Room Raises Uproar," Nation (블로그), November 3, 2012, http://abcnews.go.com/blogs/headlines/2012/11/transgender-student-in-womens-locker-room-raises-uproar/.
29. "Colleen Brenna Francis" 프로필, Pretendbians 블로그에 "blargh"라는 유저가 올린 글, October 7, 2012, http://pretendbians.com/2012/10/07/colleen-brenna-francis/.
30. Associated Press, "Calif. Law Lets Schoolkids Choose Restrooms, Sports Based on Their Gender IDs," New York Daily News, July 3, 2013, http://www.nydailynews.com/news/national/new-calif-law-win-transgender-students-article-1.1389901#ixzz327X2U0oF.
31. "Information on GLSEN's Ally Week," True Tolerance website, February 11, 2015 방문, http://www.truetolerance.org/2011/information-on-glsens-ally-week-october/.
32. "Be an Ally to Transgender and Gender-Nonconforming Students," February 11, 2015 방문, http://glsen.org/sites/default/files/AllyWeek_transGNC.pdf.
33. http://conchitawurst.com/about/biography/; https://www.facebook.com/ConchitaWurst(likes)
34. James St. James, "NSFW: Carmen Carrera's Super-Shocking, Super-Gorgeous Life Ball Poster by David LaChapelle," The Wow Report, February 11, 2015 방문, http://worldofwonder.net/nsfw-carmen-carreras-super-shocking-super-gorgeous-life-ball-poster-david-lachapelle/.
35. 내가 이 사례를 소개하는 것은 "다중인격장애(multiple personality disorder)"나 조현병의 실례로 제시하거나 또는 톰을 "진단"해 보려는 시도 때문은 아니다. (몇몇 심리학자들은 이를 부정한다.) 내가 지적하고 싶던 바는, 이것이 축하할 일은 아니라는 사실이다. 이것은 일탈적인 심리상태이지 박수를 받을 상태가 아니라는 점을 말하고 싶을 뿐이다.
36. Wikipedia, s.v. "Chelsea Manning," February 11, 2015 방문, http://en.wikipedia.org/wiki/Chelsea_Manning.
37. MilitaryCorruption.com, February 11, 2015 방문, http://militarycorruption.com/manning.htm; Ed Pilkington, "Bradley Manning: I Was Bullied in the Military for Being Gay," Guardian, July 3, 2011, http://www.theguardian.com/world/2011/jul/04/wikileaks-bradley-manning-bullying.
38. "Chelsea Manning Named Marshal of Gay Pride Parade," Here & Now radio show website, April 15, 2014, http://hereandnow.wbur.org/2014/04/15/manning-pride-parade.
39. 궁극적으로 "성불쾌감"에 대한 진단은 전적으로 내담자의 인식에 달려 있다. 왜냐하면, 분명한 생물학적 이슈가 있는 경우를 제외하고는, 고정된 외부적 검사 기준이 없기 때문이다.
40. Grace Macaskill, "'I Was a Boy … Then a Girl … Now I Want to Be a Boy Again': Agony of Teen Who Is Britain's Youngest Sex-Swap Patient," Mirror, October 28, 2012, http://www.mirror.co.uk/news/uk-news/britains-youngest-sex-swap-patient-wants-

1403321#ixzz327kpxu00. 또한 http://www.politicalforum.com/political-opinions-beliefs/291459-transgender-man-has-surgery-but-later-changes-his-mind.html 참조. 2014년 이후 이와 유사한 사례로, "2007년 1만 5천 불을 들여 성전환 수술을 했지만 이제는 여자로 사는 것이 너무나 '힘들어서' 다시 원상회복을 하고 싶어하는 한 영국인 때문에 세금 2만 2천 불이 필요하게 되었다"라는 보도가 있었다. Douglas Ernst, "U.K. transsexual expects taxpayers to fund reverse sex change: 'No one should deny me,'" Washington Times, October 4, 2014, http://www.washingtontimes.com/news/2014/oct/4/uk-transsexual-expects-taxpayers-to-fund-reverse-s/#ixzz3GNZvSDGb 참조.

41. 동정심이 일어나는 사례로는, Steve Friess, "Mike Penner, Christine Daniels: A Tragic Love Story," LA Weekly, August 19, 2010, http://www.laweekly.com/2010-08-19/news/mike-penner-christine-daniels-a-tragic-love-story/ 참조.

42. 예를 들어, Paul McHugh 박사의 Wall Street Journal 기고문, http://www.wsj.com/articles/paul-mchugh-transgender-surgery-isnt-the-solution-1402615120 참조; 또한 Cristan Williams이 "World's Experts Condemn the McHugh Hoax," (The TransAdvocate, July 4, 2014, http://www.transadvocate.com/worlds-experts-condemn-the-mchugh-hoax_n_13924.htm)을 통해 그에 대해 퍼부은 비난 등에 대해 강하게 반론을 제기한 부분, 참고.

43. "Don Ennis Who Changed to Dawn Stacey Ennis Sacked by ABC News," News.com, June 18, 2014, http://www.news.com.au/entertainment/tv/don-ennis-who-changed-to-dawn-stacey-ennis-sacked-by-abc-news/story-e6frfmyi-1226958949813.

44. Don Kaplan, "ABC Producer Who Changed Gender 3 Times Was Fired in May for 'Performance-Related Issues,'" New York Daily News, June 17, 2014, http://www.nydailynews.com/news/national/abc-fires-exec-changed-gender-3-times-article-1.1832330#ixzz352vKQHou.

45. 2014. 5. 29. 일자 Time지 타이틀은 "오렌지[트랜스젠더를 의미]는 새로운 흑인이다.(Orange [referring to transgender] Is the New Black.)"였다. http://time.com/132769/transgender-orange-is-the-new-black-laverne-cox-interview/ 참조; 2015. 1. Amazon's TV 쇼 Transparent는 "Best TV Series, Musical or Comedy" 부문에서 Golden Globes 상을 수상했다. 또한 Entertainment Weekly는 이 쇼를 2014년 최고의 쇼로 선정했다. Holder 법무장관은 트랜스젠더 정체성이 민권의 한 종류라고 선언했다; J. Christian Adams, "Holder Decrees Crossdressing Protected Under Federal Law," PJ Media, December 19, 2014, http://pjmedia.com/jchristianadams/2014/12/19/holder-decrees-crossdressing-protected-under-federal-law/ 참조.

46. Stella Morabito, "Trouble in Transtopia: Murmurs of Sex Change Regret," The Federalist (블로그), November 11, 2014, http://thefederalist.com/2014/11/11/trouble-in-transtopia-murmurs-of-sex-change-regret/?utm_source=The+Federalist+List&utm_campaign=23d0544c79-RSS_DAILY_EMAIL_CAMPAIGN&utm_medium=email&utm_term=0_cfcb868ceb-23d0544c79-83773797. 자신의 성전환 수술에 관해, Verhelst는 다음과 같이 말했다, "나는 제2의 탄생을 축하할 준비가 되었다. 하지만 거울 속의 나를 들여다보고는 구역질이 났다. 새로운 가슴은 내가 생각했던 것과 달랐고, 새로운 생식기는 거부감이 있었다. 나는 … 괴물이 되고 싶지 않다." Michael Brown, "What the Sex

Change Industry Doesn't Tell You," CharismaNews, October 4, 2013, http://www.charismanews.com/opinion/in-the-line-of-fire/41250-what-the-sex-change-industry-doesn-t-tell-you 참조.
47. Damien Gayle, "Mother of Belgian Transsexual Who Chose to Die by Euthanasia after Botched Sex-Change Operation Says 'Her Death Doesn't Bother Me,'" Daily Mail, October 2, 2013, http://www.dailymail.co.uk/news/article-2441468/Mother-Belgian-transsexual-chose-die-says-death-doesnt-bother-me.html.
48. Morabito, "Trouble in Transtopia."
49. Erick Erickson, "Tolerate or Be Stamped Out," Townhall.com, August 7, 2014, http://townhall.com/columnists/erickerickson/2014/08/07/tolerate-or-be-stamped-out-n1875995.
50. 2014. 6. 5. 보도된 바와 같이, "뉴욕 주에서 출생한 사람은 성별 표시를 바꾸기 위해 성전환 수술 사실을 증명하는 증거를 제출할 필요가 없다." 뉴욕시에서는 아직 필요하다. Tony Merevick, "New York State Makes It Easier for Transgender People to Change Their Birth Certificates," BuzzFeed, June 6, 2014, http://www.buzzfeed.com/tonymerevick/new-york-state-makes-it-easier-for-transgender-people-to-cha 참조.
51. "Transgender Californians Celebrate Streamlined Name & Gender Changes," Transgender Law Center website, February 12, 2015 방문, http://transgenderlawcenter.org/archives/10611.
52. 2014. 5. 18. 포스팅된 이야기에 따르면, "아이들이 어린 나이에 출생성별을 거부하고, 트랜스젠더 권리가 점차 모멘텀을 얻어감에 따라, 대/소교육구 및 보수/진보 학군들이 함께 협력하여 성전환 중에 있는 청소년들이 혼란을 겪지 않도록 협력하고 있다." Lisa Leff, "Schools Work to Help Transgender Students Fit In."
53. Dan Tracer, "12-Year-Old Transgender Boy Granted Historic New Birth Certificate," Queerty, June 17, 2014, http://www.queerty.com/12-year-old-transgender-boy-granted-historic-new-birth-certificate-20140617 참조.
54. Wikipedia, s.v. "species dysphoria," http://en.wikipedia.org/wiki/Species_dysphoria 참조. 또한 Daniel Greenfield, "Forget Transgender, Get Ready for Transpecies," FrontPage Mag, March 2, 2013, http://www.frontpagemag.com/2013/dgreenfield/forget-transgender-get-ready-for-transpecies/ 참조. "성정체성장애"와 "종족장애" 사이의 차이점에 대한 학술연구에 대해서는, Fiona Probyn-Rapsey, "Furries and the Limits of Species Identity Disorder: A Response to Gerbasi et al.," Society & Animals 19 (2011): 294-301; https://www.academia.edu/2903078/Furries_and_limits_of_species_identity_disorder 참조.
55. LogoTV website, February 12, 2015 방문, http://www.logotv.com/video/what-i-think-im-an-animal/1706138/playlist.jhtml. 또한 Michael Brown, "The Girl Who Thought She Was a Werewolf Vampire," Townhall.com, October 3, 2011, http://townhall.com/columnists/michaelbrown/2011/10/03/the_girl_who_thought_she_was_a_werewolf_vampire 참조.
56. "Introduction: What Is a Therianthrope?" Therian-Guide.com, February 12, 2015 방문, http://therian-guide.com/?page=Introduction.

57. "What?! I think I'm an animal (Part 2)," YouTube video, 15:24, Breanne Abercrombie 업로드, April 24, 2013, https://www.youtube.com/watch?v=ubPjv90jHPk. 이 동영상을 YouTube에 올린 사람은, "내 이름은 '알파블루아이(Alpha Blue-Eye). 나는 파란 눈을 가진 하얀 북극 늑대다"라고 자신을 소개함.
58. 나는 한 부모 가정에서 자라난 아이들이 모범적인 인물로 성장할 수 있다는 가능성을 인정한다. 비록 그렇더라도, 한 부모 가정이 아이들을 양육하는 데 이상적인 환경이라고 말할 사람은 거의 없다.
59. 위 네 문단은 Brown, Queer Thing, 592-93에서 인용됨. 이 장을 끝냈을 무렵, Joshua Alcorn이라는 17살짜리 아이의 자살이 트랜스젠더 운동에 불을 붙였다. 그는 친구들 사이에서 "Leelah"라고 불렸다. 자살 당시 그는 자신의 크리스천 부모들이 자신의 성정체성을 받아주지 않았다는 것을 비난하며, 자살의 이유를 밝혔다. 이 비극적인 사건과 고통스러운 쟁점에 대해 내가 쓴 글, "Did Christian Parents Drive Their Child to Suicide?" CharismaNews, December 21, 2014, http://www.charismanews.com/opinion/in-the-line-of-fire/46616-did-christian-parents-drive-their-child-to-suicide 참조.

제6원칙: 거짓을 떨쳐낼 때까지 지속적으로 진리를 선포하라

1. Robert Reilly, 2014. 6. 11.일자 Michael Brown과의 인터뷰 (Line of Fire 라디오 프로그램) http://www.lineoffireradio.com/2014/06/11/two-cutting-edge-interviews-on-critical-social-issues/; Robert R. Reilly에 관한 상세한 내용은, Making Gay Okay: How Rationalizing Homosexual Behavior Is Changing Everything (San Francisco: Ignatius, 2014) 참조. Reilly의 책은 고려해 볼 필요가 있는 중요한 여러 가지 질문들을 제기하고 있다.
2. "Khruschev - We Will Bury You," YouTube, 4:38, Ryan Pouson 업로드, April 18, 2013, https://www.youtube.com/watch?v=Mm0yQg1hS_w 참조; 명백한 오역이 있었으며, 이 비디오에 인용된 어떤 보고서에 따르면 그가 정말 주장했던 바는 공산주의가 자본주의보다 오래 간다는 것이다.
3. 나의 글, "From Mao to Gucci," http://townhall.com/columnists/michaelbrown/2013/11/29/from-mao-to-gucci-n1754100/page/full 참조.
4. 또한 공산주의는 압제적으로 폭력적이었고, 그 역사에서 1억 명 가까운 사람들의 생명을 희생시켰다; Jean-Louis Panné, Andrzej Paczkowsk, et al., The Black Book of Communism: Crimes, Terror, Repression (Cambridge, MA: Harvard Univ. Press, 2014) 참조.
5. Marshall Kirk and Hunter Madsen, After the Ball: How America Will Conquer Its Fear and Hatred of Gays in the 90's (New York: Penguin, 1989), 153. Camille Paglia가 Vamps & Tramps 74쪽에 쓴 글을 인용하여 표현하자면, "10%는 미디어가 비열하게 반복하고 있는 순수 프로파갠다일 뿐이다. 이러한 사실 때문에 학자로서 나는 게이 운동가들이 진실을 무시하는 부도덕성을 경멸한다."
6. Kinsey에 관련된 연구, 그리고, 주요 게이 운동 단체들이 미국 내 동성애자 인구가 3% 미만이라는 사실을 인정하고 있다는 점에 관련된 연구에 대해서는, Michael L. Brown, A

Queer Thing Happened to America: And What a Long, Strange Trip It's Been (Concord, NC: EqualTime Books, 2011), 625n19 참조. 주목할 부분은, 영국(잉글랜드)의 공영방송인 Channel 4가 자국 내 동성애자 인구비율에 대한 자료를 기초로 2020년까지 사내 게이와 레즈비언 피용인 채용비율을 6%까지 높이겠다는 맨데이트를 도입했다는 사실이다. 이를 실행하지 않는 부서는 막대한 벌칙을 물도록 하고 있다. Nick Duffy, "Channel 4: Six percent of employees must be LGBT," PinkNews, January 12, 2015, http://www.pinknews.co.uk/2015/01/12/channel-4-six-percent-of-employees-must-be-lgbt/ 참조.

7. 많은 사례 중 한 가지 예시에 대해서는, Brown 저 Queer Thing, 163 참조.
8. Sandhya Somashekhar, "Health Survey Gives Government Its First Large-Scale Data on Gay, Bisexual Population," Washington Post, July 14, 2014, http://www.washingtonpost.com/national/health-science/health-survey-gives-government-its-first-large-scale-data-on-gay-bisexual-population/2014/07/14/2db9f4b0-092f-11e4-bbf1-cc51275e7f8f_story.html. 이 글에는, "2013년 통계조사에서 자신을 이성애자로 밝힌 응답자 비율이 압도적으로 96.6%에 달했다. 이에 더하여, 답변을 거부한 1.1%는 '답변을 잘 모르겠다' 또는 '기타'로 표기했다." 따라서, 그 1.1%에 해당하는 모든 사람이 게이라 하더라도 미국인 서른세 명 중 한 명 정도가 게이나 양성애자라는 뜻이 된다.
9. Joseph Patrick McCormick, "New UK Stats Find 1.6% of Adults Identify as Gay, Lesbian or Bisexual," PinkNews, October 7, 2014, http://www.pinknews.co.uk/2014/10/07/new-uk-stats-find-1-6-of-adults-identify-as-gay-lesbian-or-bisexual/.
10. Lymari Morales, "U.S. Adults Estimate That 25% of Americans Are Gay or Lesbian," Gallup, May 27, 2011, http://www.gallup.com/poll/147824/adults-estimate-americans-gay-lesbian.aspx.
11. USA Today 보도에 따르면, "Washington, D.C., Center for the LGBT Community의 대표이사인 David Mariner는 게이 통계수치가 질병관리본부의 자료보다 더 낮을 것이라고 믿는다고 했다. 그는 질문의 방식과 응답자의 연령 등으로 인해 차이가 생길 수 있다고 지적했다. Mariner는 질병관리본부가 Washington 지역 내 청소년들을 집중적인 대상으로 실시한 다른 조사결과는 게이나 레즈비언 및 양성애자가 15.3%로 집계되었다고 지적했다. 그는 젊은이들이 자신의 성정체성을 게이나 레즈비언 또는 양성애자로 표현하는 것에 더 적극적이고 별다른 불편함이 없는 성향을 갖는다고 말했다." Kim Painter, "Just over 2% Tell CDC They Are Gay, Lesbian, Bisexual," July 15, 2015, http://www.usatoday.com/story/news/nation/2014/07/15/gay-lesbian-bisexual-cdc-survey/12671717/ 참조. 실제로는, 이 수치는 젊은이들이 자신이 성정체성에 대해 확신이 부족하다는 것을 보여주는 바, 이것은 질문의 내용이 전형적인 사춘기 시절의 성적 발달에 관한 것이기 때문이고; 특히 미디어에서 친동성애 정보를 쏟아내고 있고 그것이 젊은이들에게 영향을 미치고 있으며; 이에 더하여, 학교 성교육 커리큘럼에 있어서도 젊은이들에게 동성애나 양성애를 경험해 볼 수 있도록 유도하며 후원하고 있기 때문이다. 충격적인 사실은, 선행연구들에 따르면, 같은 젊은이들이 10년 후에 같은 질문을 받게 될 경우 자신을 게이나 레즈비언 또는 양성애자로 인정하는 비율이 극적으로 떨어진다는 점이다. Margaret Rosario et al., "Sexual Identity Development among Gay, Lesbian, and Bisexual Youths: Consistency and Change over Time," Journal of Sex Research 43, no. 1 (2006): 46-58; online at http://www.ncbi.nlm.nih.gov/pmc/articles/PMC3215279/ 참조.

12. 기억할 것은, 미국 내 양성애자의 숫자에 대한 질문은 이 조사에서 누락되어 있다는 점이다. 이는 그 결과를 더욱더 충격적으로 만들고 있다.
13. Morales, "U.S. Adults Estimate That 25% of Americans Are Gay or Lesbian," 강조 추가.
14. Meredith Blake, "GLAAD: A&E, History, TNT 'Failing' in Terms of LGBT Representation," LA Times, October 2, 2014, http://www.latimes.com/entertainment/tv/showtracker/la-et-st-glaad-report-ae-history-tnt-fail-lgbt-representation-20141002-story.html.
15. Austin Ruse, "Slate: Conservatives Offended by New, Tiny Gay Numbers from CDC," Breitbart, August 5, 2014, http://www.breitbart.com/Big-Journalism/2014/08/05/Slate-Stikes-Back-at-the-New-and-Tiny-Gay-Numbers 에서 인용.
16. 유일한 예외는, '만약 당신 이웃에 게이들이 많이 산다면'이 될 것이다. (미주 23번 참조)
17. Kirk and Madsen, After the Ball, 149.
18. Marshall Kirk and Erastes Pill, "The Overhauling of Straight America," Gay Homeland Library, November 1987, http://library.gayhomeland.org/0018/EN/EN_Overhauling_Straight.htm; Erastes Pill은 Madsen의 필명이라는 점에 유의.
19. Shankar Vedantam, "Shift in Gay Marriage Support Mirrors a Changing America," NPR, March 25, 2013, http://www.npr.org/2013/03/25/174989702/shift-in-gay-marriage-support-mirrors-a-changing-america.
20. Paul Hitlin, Mark Jurkowitz, and Amy Mitchell, "News Coverage Conveys Strong Momentum for Same-Sex Marriage," Pew Research Center, June 17, 2013, http://www.journalism.org/2013/06/17/news-coverage-conveys-strong-momentum/ (강조 추가).
21. Brown, Queer Thing, 153-95 참조; 물론, 이 패러다임에 대한 예외는 신앙에 기초한 영화나 TV가 될 것이다.
22. David Ehrenstein, Larry Gross and James P. Woods 저, The Columbia Reader on Lesbians & Gay Men in Media, Society, and Politics (New York: Columbia Univ. Press, 1999), 336에서 인용. 그런 친숙한 TV 시트콤은 즉시 Modern Family, Glee 또는 Ugly Betty같이 이름만으로도 유명한 프로그램들을 떠올리게 한다.
23. Stevie St. John, "Lesbians Make a Life in Gay-Dominated West Hollywood," WeHoville, December 18, 2013, http://www.wehoville.com/2013/12/18/lesbians-make-life-gay-dominated-west-hollywood/.
24. 예를 들어, Thaddeus Baklinski, "2011 List of TV Networks Which Most Promote Homosexuality," August 4, 2011, http://www.lifesitenews.com/news/2011-list-of-tv-networks-which-most-promote-homosexuality 참조; 또한 GLAAD의 2014 Studio Responsibility Index, http://www.glaad.org/sri/2014 참조.
25. James Kirchick, "How GLAAD Won the Culture War and Lost Its Reason to Exist," Atlantic, May 2013, http://www.theatlantic.com/politics/archive/2013/05/how-glaad-won-the-culture-war-and-lost-its-reason-to-exist/275533/.
26. David and Jason Benham with Scott Lamb, Whatever the Cost (Nashville: W Publishing Group, 2015).
27. Benham 형제들은 현재 RightWingWatch.com에 등재되어 그 활동을 감시당하고 그 내역이 노출되는 상태에 있다. (당연히 나 역시도 이 목록에 등재되어 있다. 나는 그들을 초

대하여 내 라디오 쇼에서 안부인사를 하도록 함으로써 그 목록에 등재된 것이 별 것 아니라는 것을 깨닫고 알리도록 돕고 있다.); "David Benham," Right Wing Watch, http://www.rightwingwatch.org/category/people/david-benham 참조. 그들이 해고된 배경에 대한 전형적인 보도는 Deadline Team, "HGTV Pulls New Home-Flipping Series after Report Emerges Identifying Its Stars as Anti-Gay Activists," Deadline, May 7, 2014, http://www.deadline.com/2014/05/hgtv-pulls-new-home-flipping-series-after-report-emerges-identifying-its-stars-as-anti-gay-activists/ 참조. 이에 대한 비판으로는, Kirsten Powers, "Liberals' Dark Ages," USA Today, May 15, 2014, http://www.usatoday.com/story/opinion/2014/05/14/liberal-thought-police-lagarde-hgtv-benham-free-speech-column/9098133/ 참조.

28. Media Research Center, "Media Bias Basics," MRC.org, February 12, 2015 방문, http://archive.mrc.org/biasbasics/biasbasics.asp 참조. 책 자체에 대해서는, S. Robert Lichter, Stanley Rothman, and Linda S. Lichter, The Media Elite: America's New Power Brokers (n.p.: Hastings House, 1990) 참조.

29. Bill Muehlenberg는, "진실은 언제나 상처를 남긴다. 특히 그 진실을 미워하는 사람들에게 더욱 그렇다. 그런데, 이 진실을 미워하고 왜곡하고, 진실로부터 도망가는 집단들 중 하나가 바로 호전적인 동성애 로비 그룹이다. 참으로, 동성애 운동은 거대한 거짓의 산에 세워져 있다: 나는 이렇게 태어났다, 변화는 불가능하다, 내 라이프스타일은 다른 사람들에게 해를 끼치지 않는다 등등"이라고 말했다. Muehlenberg, "Truth-Telling and Homosexuality," CultureWatch, December 11, 2014, http://billmuehlenberg.com/2014/11/12/truth-telling-and-homosexuality-2/ 참조.

30. Jack Nichols, The Gay Agenda: Talking Back to the Fundamentalists (New York: Prometheus, 1996).

31. 현재 진행 중인 작업에 대해서는, http://americansfortruth.com/ 참조.

32. 2009. 6. 25. Towleroad 웹사이트에 포스팅된 동영상에서 인용, http://www.towleroad.com/2009/06/camille-paglia-gay-activists-childish-for-demanding-rights.html 참조. 기록 면에서 볼 때, LGBT들이 이 동영상에 대해 남긴 많은 댓글은 Paglia의 발언에 대해 매우 비판적이다; Andy Towle의 후속 글 내용 참고.

33. Kirk and Madsen, After the Ball, 330.

34. 이 사실을 내게 알려준 배우는 나와 사적인 친분관계가 있는 사람으로, 익명으로 제보하기를 원했다. 그의 제보는 Andrew Sullivan이 남긴 고통스러운 말들을 연상시킨다. Sullivan은 HIV에 감염되었으나, 누구로부터 감염된 것인지 알지 못한다고 털어놨다. 왜냐하면 그와 성관계를 한 남자들이 워낙 많았기 때문이었다: "너무 많아서, 신만이 아신다; 모두에게 의미와 존중감을 부여하기에는 너무 많다; 각각 사랑을 나누기에는 너무 많다; 잠시 즐기는 것 이상으로 자주 섹스를 하기에는 너무 많다, 하지만, 엄습하는 두려움과 외로움을 이길 수 있는 강력한 힘이 있다." Al Mohler "Gay Culture and the Riddle of Andrew Sullivan," on AlbertMohler.com, October 27, 2005, http://www.albertmohler.com/2005/10/27/gay-culture-and-the-riddle-of-andrew-sullivan/에서 인용.

35. Austin Ruse, "State Dept. Honors Advocate of Destruction of Marriage," Breitbart, June 23, 2014, http://www.breitbart.com/Big-Government/2014/06/23/State-Dept-Honoree-Calls-for-Destruction-of-Marriage/ 참조. Gessen이 그녀의 가족을 묘사하는

부분을 살펴보라: "우리는 아이 셋과 부모 다섯이 있다. ··· 대략, 그리고 나는 왜 부모 다섯을 합법화하지 않는지 모르겠다." 그녀의 친오빠는, 그녀의 두 번째 아내의 딸의 아버지이다. (위의 자료)

36. Dan Savage, "Why Monogamy Is Ridiculous," Max Miller와의 인터뷰, October 18, 2010, Big Think blog, http://bigthink.com/videos/why-monogamy-is-ridiculous에서 스크립트를 구할 수 있음.

37. 예를 들어, Andrew Gilligan, "'Paedophilia Is Natural and Normal for Males,'" Telegraph (UK), July 5, 2014, http://www.telegraph.co.uk/comment/10948796/Paedophilia-is-natural-and-normal-for-males.html 참조. Gilligan 보고에 따르면, 영국의 하절기 컨퍼런스에서 대학의 연구자들이, "소아성애적 관심은 자연적이며 남성들에게는 기본적인 현상이다. 실제로 아동들과 섹스를 하는 성소수자의 숫자는 상당히 크다. 일반적인 남자들도 아동들로부터 성적으로 끌림을 받는다." 보다 역겨운 내용은, Bill Muehlenberg, "Promoting Paedophilia," CultureWatch, August 7, 2014, http://billmuehlenberg.com/2014/07/08/promoting-paedophilia/ 참조. Brown, Queer Thing, 226-71 참조: 이 책에서 나는 소아성애 운동가들의 주장을 반박하는 데 게이 운동가들의 논리를 그대로 차용했다. 자세한 내용은, Les Kinsolving, "Baltimore Conference: Normalize Pedophilia," WND Commentary, http://www.wnd.com/2011/08/339113/ 참조 - 이 내용은 2011년 미국 내 소아성애 컨퍼런스에서 보고된 내용임. 소아성애가 생래적이며 불가변적이라는 논쟁이 점차 일반화되고 있는 바, 그 자세한 내용은, CBS Atlanta, "Study: Pedophiles' Brains 'Abnormally Tuned' To Find Young Children Attractive," CBS Atlanta, May 25, 2014, CBS Atlanta, http://atlanta.cbslocal.com/2014/05/25/study-pedophiles-brains-abnormally-tuned-to-find-young-children-attractive/ 참조.

38. Randy Shilts, The Mayor of Castro Street: The Life and Times of Harvey Milk(New York: St. Martin's Press, 1982), 6.

39. Michelangelo Signorile, "Tom Daley Is 20 Years Younger Than Dustin Lance Black ··· So What?" Huff Post Gay Voices, December 6, 2013, http://www.huffingtonpost.com/michelangelo-signorile/tom-daley-is-20-years-younger-than-dustin-lance-black-so-what_b_4397666.html. Signorile의 설명은 "게이들에 대한 가장 추악한 거짓말" 즉 "게이들은 나이 어린 십대들을 성적으로 더 학대하고 싶어한다"를 폐기해 버릴 뿐 아니라 이러한 성향에 대한 사회학적 이유들을 제공하고 있다. Signorile의 발언이 틀렸다고 주장하는 과학적 연구에 대해서는, Ryan C. W. Hall, MD, and Richard C. W. Hall, MD, PA, "A Profile of Pedophilia: Definition, Characteristics of Offenders, Recidivism, Treatment Outcomes, and Forensic Issues," available at http://www.abusewatch.net/pedophiles.pdf 참조.

40. Nigel Jaquiss, "Terry Bean Arrested on Charges of Sex Abuse of a Minor," Williamette Week, November 19, 2014, http://www.wweek.com/portland/blog-32476-terry_bean_arrested_on_charges_of_sex_abuse_of_a_minor.html 참조; 이 발언은 탈동성애 카운슬러이자 Voice for the Voiceless의 창시자이며 회장인 Chris Doyle이 Bean의 체포 소식을 보도하는 뉴스를 접하고 했던 말이다: "정말 충격적이고 비극적이다. 세계에서 가장 거대한 게이 운동단체의 설립자가 소년들을 학대하고 있었다. 그러면서 그 리더십들은 전미에 적용되는 법을 만들어 그 똑같은 아이들을 동성애 소아성애자들이 장악한

트라우마 치료 카운슬링 사무실에서 뽑아내 던져버렸다;" BarbWire, "Ex-Gays Call on Human Rights Campaign to Fund Reparative Therapy for HRC's Alleged Pedophile Founder and His Child Victim," November 21, 2014, http://barbwire.com/2014/11/21/ex-gays-call-human-rights-campaign-fund-reparative-therapy-hrcs-alleged-pedophile-founder-child-victim/ 참조.

41. Michael Brown, "Ted Haggard, Larry Brinkin, and Glaring Media Bias," Townhall.com, July 9, 2012, http://townhall.com/columnists/michaelbrown/2012/07/09/ted_haggard_larry_brinkin_and_glaring_media_bias/page/full 참조.

42. Matt Barber, "How Not Surprising: Top 'Gay' Charged with Raping Boy," WND Commentary, November 21, 2014, http://www.wnd.com/2014/11/how-not-surprising-top-gay-charged-with-raping-boy/.

43. "Are Same-Sex Unions the Same as Heterosexual Married Unions?" Winter Knight (blog), June 24, 2014, http://winteryknight.wordpress.com/2014/06/24/are-same-sex-unions-the-same-as-heterosexual-married-unions/ 참조.

44. Luis Pabon, "Why I No Longer Want to Be Gay," Thought Catalog (블로그), November 17, 2014, http://thoughtcatalog.com/luis-pabon/2014/11/why-i-no-longer-want-to-be-gay/; 예상한 바와 같이, 많은 댓글러들이 몰려들어 자기들 생각에 Pabon이 사실을 호도한다고 느끼는 부분을 공격했다.

45. James E. Phelan, Neil Whitehead, and Philip M. Sutton, "What Research Shows: NARTH's Response to the APA Claims on Homosexuality" (NARTH - National Association for Research and Therapy of Homosexuality - 의 Scientific Advisory Committee가 발표한 보고서), Journal of Human Sexuality 1(2009), 93. See http://www.narth.com/docs/journalsummary.html.

46. 미주 11 참조.

47. Press Association, "Gay Sex 'Linked to Drink and Drugs,'" Gazette & Herald (UK), July 31, 2014, http://www.gazetteandherald.co.uk/news/national/news/11380817.Gay_sex__linked_to_drink_and_drugs_/ 참조.

48. Monty Moncrieff, "Comment: Why Is Drug Use Higher in the Gay Community?" PinkNews, July 29, 2014, http://www.pinknews.co.uk/2014/07/29/comment-why-is-drug-use-higher-in-the-gay-community/.

49. Ben Johnson, "Relationship Problems, Not Family Rejection, Leading Cause of Higher Gay Suicides: Study," LifeSite News, May 30, 2014, http://www.lifesitenews.com/news/homosexuals-more-likely-to-commit-suicide-due-to-problems-with-gay-lovers-t; 실제 연구에 대해서는, http://onlinelibrary.wiley.com/enhanced/doi/10.1111/appy.12128/ 참조.

50. Michael Brown, "Sex Change Regret," CharismaNews, June 19, 2014, http://www.charismanews.com/opinion/in-the-line-of-fire/44353-sex-change-regret-don-ennis.

51. 최근 연구결과에 따르면, 자신을 게이라고 밝히는 사람이 처음 자신이 다른 사람과 다르다는 것을 느끼는 나이는 평균 12세다; 그리고, 자신이 게이라는 것을 확신하게 되는 평균 나이는 17세다. 나는 이렇게 태어났다라고 말하는 것은 분명 스스로에 대한 심리 투영의 문제이다. 큰 나이차가 아닐 수 없다! Pew Research Center, "A Survey of LGBT Americans," June 13, 2013, http://www.pewsocialtrends.org/2013/06/13/a-survey-of-

lgbt-americans/ 참조. 동성애자들의 커밍아웃 연령에 대한 연구는, Ellen Friedrichs, "What Is the Average Age to Come Out?" About.com, February 12, 2015 방문, http://gayteens.about.com/od/quesitons/f/What-Is-The-Average-Age-To-Come-Out.htm 참조.
52. American Psychological Association, "Answers to Your Questions for a Better Understanding of Sexual Orientation & Homosexuality," p. 2, APA.org, February 12, 2015 방문, http://www.apa.org/topics/lgbt/orientation.pdf.
53. Sexual Orientation & Homosexuality, American Psychological Association website, February 12, 2015 방문, http://www.apa.org/topics/lgbt/orientation.aspx.
54. "Royal College of Psychiatrists' Statement on Sexual Orientation: Position Statement PS02/2014: April 2014," p. 2, http://www.rcpsych.ac.uk/pdf/PS02_2014.pdf. 이러한 발전 과정에 대한 심도 있는 연구보고는, Blake Adams, "Is Biological Determinism on its Way Out?" Juicy Ecumenism (blog), June 12, 2014, http://juicyecumenism.com/2014/06/12/is-biological-determinism-on-its-way-out-or-why-choice-is-taboo-in-lgbtq-circles/ 참조.
55. Sherry Wolf, "Interview with John D'Emilio; LGBT liberation: Build a broad movement," International Socialist Review, no. 65 (May-June 2009), http://isreview.org/issue/65/lgbt-liberation-build-broad-movement.
56. Karen Booth, "Do Homosexuals Change?" Good News Magazine, May 23, 2014, http://karenbooth.goodnewsmag.org/do-homosexuals-change/; http://www.layman.org/homosexuals-change/.
57. "Lisa Diamond on Sexual Fluidity of Men and Women," YouTube 동영상, 44:26, Cornell University 업로드, December 16, 2013, https://www.youtube.com/watch?feature=player_embedded&v=m2rTHDOuUBw 참조. 중요한 역사적 고찰에 대해서는, David Benkof, "Nobody Is 'Born That Way,' Gay Historians Say," Daily Caller, March 19, 2013, http://dailycaller.com/2014/03/19/nobody-is-born-that-way-gay-historians-say/ 참조.
58. Andrew Belonsky, "When Bill de Blasio's Wife Was a Lesbian," Out magazine, September 3, 2013, http://www.out.com/news-opinion/2013/09/03/when-bill-de-blasios-wife-was-lesbian; Camille Paglia가 Dennis Prager 쇼에서 제시한 핵심적인 코멘트는, "Camille Paglia Talks Gender Politics with Dennis Prager," YouTube 동영상, 23:38, "Papa Giorgio" 업로드, January 10, 2014, https://www.youtube.com/watch?v=2xXThqohiZo 참조; 레즈비언인 Paglia는 사람이 동성애자로 태어난다는 사실을 증명할 "한 점 증거도 전혀 없다"고 단언했다.
59. Rebby Kern, "I'm Going Back to Bi: Confessions of a Former Lesbian," Advocate, June 26, 2014, http://www.advocate.com/commentary/2014/06/26/op-ed-im-going-back-bi-confessions-former-lesbian.
60. Camille Paglia, Vamps and Tramps: New Essays (New York: Vintage, 1994), 70. 주목할 부분은, Australia의 Tasmania 주에 있는 어느 학교 교목이 페이스북 댓글에 "동성애는 정상이 아니다", "동성애자로 태어나는 사람은 없다"라는 댓글을 올렸다가 격렬한 항의를 받았다. 결국 그는 공개사과를 해야만 했다: "나는 실수를 저질렀고, 또 실수로부터 배웠습니다. 나는 진심으로 내 행동에 대해 사과를 드립니다. 논란을 가져온 내 포스팅은 사려깊지 못한 행동이었습니다. 나는 내 고용주에게 다시는 이런 일이 재

발하지 않도록 협조하겠다고 다짐합니다." 이런 사과에도 불구하고 그는 결국 해고되었다 - 그리고, 그는 크리스천들을 위한 단체에서 일하게 되었다! 자세한 내용은, http://billmuehlenberg.com/2014/08/05/when-the-pink-mafia-are-in-control/ and http://billmuehlenberg.com/2014/08/08/christian-persecution-in-australia/ 참조.

61. Paglia, Vamps and Tramps, 77.
62. Adams, "Is Biological Determinism on its Way Out?"
63. Stephen Jimenez, The Book of Matt: Hidden Truths about the Murder of Matthew Shepard, Kindle ed. (Hanover, NH: Steerforth, 2013).
64. Julie Bindel, "The Truth Behind America's Most Famous Gay-Hate Murder," Guardian, October 26, 2014, http://www.theguardian.com/world/2014/oct/26/the-truth-behind-americas-most-famous-gay-hate-murder-matthew-shepard.
65. 이에 관한 모든 내용은 Jimenez의 책 The Book of Matt에 잘 정리되어 있음.
66. 위의 책, 로케이션 2116.
67. "Out Exclusives: Power 50," Out, February 13, 2015 방문, http://www.out.com/out-exclusives/power-50.
68. "Love, War - and Gay Marriage," Breitbart, March 19, 2009, http://bighollywood.breitbart.com/cwinecoff/2009/03/19/love-war-and-gay-marriage/. 현재 방문 불가능.
69. Christopher Doyle, "Transgendered 'Woman' Lies about Therapy 'Torture'," WND Opinion, March 21, 2013, http://www.wnd.com/2013/03/transgendered-woman-lies-about-therapy-torture/. 결국 "True Directions" 캠프는 상상 속의 허구로 보인다. 자신의 동성애 성향 때문에 고민하고 있는 한 남자가 내게 보낸 이메일의 내용을 살펴보자: "이유는 모르겠지만, 게이를 이렇게 야만적으로 치료한다는 이야기가 꾸며낸 것이라고 생각해 본 적은 없습니다. 내가 정말 수차례 반복해서 들었던 이름이 Ohio에 있는 True Direction이라는 캠프였습니다."
70. SPLC가 과오상담을 이유로 JONAH(Jews Offering New Alternatives for Healing)를 제소한 사건에 대해서는, Gina Miller, "SPLC's Baseless Attack on JONAH Is Evil Assault on Freedom," RenewAmerica, February 16, 2014, http://www.renewamerica.com/columns/miller/140216 참조.

제7원칙: 하나님을 염두에 두라

1. James Edwin Orr Jr., The Fervent Prayer: The Worldwide Impact of the Great Awakening of 1858 (Chicago: Moody Press, 1974) 참조. 부흥은 1857년에 시작되어 1858년경에는 미국 전 지역과 해외까지 확산되었다.
2. Mary Stewart Relfe, The Cure of All Ills (n.p.: League of Prayer: 1988), 49.
3. 예를 들어, Joseph Tracy, The Great Awakening: A History of the Revival of Religion in the time of Edwards and Whitefield (Boston: Charles Tappan, 1845; repr., n.p.: Counted Faithful, 2014) 및 Daniel Walker Howe, What Hath God Wrought: The Transformation of America, 1815-1848 (New York: Oxford Univ. Press, 2007) 참조. 영적대각성 운동과 노예폐지 운동과의 관계에 대해서는, Eric Metaxas, Amazing Grace (New York: Harper

Collins, 2009). 부흥이 미국 역사에 미친 영적 영향에 대해서는, Michael L. Brown, The End of the American Gospel Enterprise, 2nd ed. (Shippensburg, PA: Destiny Image, 1993) 참조.

4. Austin Ruse, "Pew Poll: GOP Youth Supports Gay Marriage," Breitbart, March 11, 2014, http://www.breitbart.com/Big-Government/2014/03/11/Poll-Shows-GOP-Youth-Supports-Gay-Marriage.

5. Sheryl Gay Stolberg, "Republicans Sign Brief in Support of Gay Marriage," New York Times, February 25, 2013, http://www.nytimes.com/2013/02/26/us/politics/prominent-republicans-sign-brief-in-support-of-gay-marriage.html?pagewanted%3Dall&_r=0.

6. David Von Drehle, "Gay Marriage Already Won," Time, April 8, 2013, cover, http://content.time.com/time/covers/0,16641,20130408,00.html.

7. Sarah Posner, "A Decade Later, Same-Sex Marriage Tide Has Almost Completely Turned," Aljazerra America, May 17, 2014, http://america.aljazeera.com/articles/2014/5/17/gay-marriage-10.html.

8. Jim Hinch, "Evangelicals Are Changing Their Minds on Gay Marriage and the Bible Isn't Getting in Their Way," Politico, July 7, 2014, http://www.politico.com/magazine/story/2014/07/evangelicals-gay-marriage-108608.html#ixzz38iEl3yLP. 한 가지 분명히 할 것은, Hinch의 논문에는 편향성이 없다는 사실이다. 물론 몇 가지 오류가 있으나, 고의적으로 보이지는 않는다. (예를 들어, Rick Warren 목사의 활동을 소개하며, Warren 목사가 결혼의 재정의를 반대하며 막후에서 활발히 활동했다는 등의 사례이다.)

9. Wayne Besen, "Gay Marriage Might Cause the GOP to Divorce the Religious Right," Truth Wins Out, February 26, 2013, http://www.truthwinsout.org/pressrelease/2013/02/33494/.

10. Gene Robinson, God Believes in Love: Straight Talk about Gay Marriage (New York: Vintage, 2012).

11. 예를 들어, Gary Hall 목사의 발언, "Gary Hall Says Homophobia Is a Sin: National Cathedral Dean Speaks Out During LGTB Weekend of Honor," Huffington Post, October 7, 2013, http://www.huffingtonpost.com/2013/10/07/gary-hall-national-cathedral-homobia-is-a-sin_n_4057614.html 참조.

12. 낙태 클리닉들이 빠른 속도로 문을 닫았다; Neil Stevens, "Abortion Clinics Are Closing. Slowly, We're Winning," RedState (blog), January 22, 2015, http://www.redstate.com/2015/01/22/abortion-clinics-closing-slowly-winning/ 참조. 낙태찬성론자 입장에서 텍사스의 상황은 매우 '위급'했다. 13개 낙태 클리닉들이 '하룻밤 사이에' 문을 닫았기 때문이다; Laura Bassett, "Situation In Texas Is 'Urgent' After 13 Abortion Clinics Close Overnight," Huff Post, October 3, 2014, http://www.huffingtonpost.com/2014/10/03/texas-abortion-clinics_n_5927698.html 참조.

13. Ruse, Pew Poll.

14. Nina Martin, "This Alabama Judge Has Figured Out How to Dismantle Roe v. Wade," New Republic, October 10, 2014, http://www.newrepublic.com/article/119766/tom-parker-alabama-judge-dismantling-roe-v-wade. Martin은 생명주의 옹호자가 아니라는 점에 주목.

15. Alan Suderman and David Espo, "House Majority Leader Cantor Defeated in Primary," Yahoo! News, June 11, 2014.
16. Ron Fournier, "Elites Beware: Eric Cantor's Defeat May Signal a Populist Revolution," National Journal, June 11, 2014, http://www.nationaljournal.com/politics/elites-beware-eric-cantor-s-defeat-may-signal-a-populist-revolution-20140611.
17. David G. Myers, "Wanting More in an Age of Plenty," Christianity Today, April 24, 2000, http://www.christianitytoday.com/ct/2000/april24/6.94.html.
18. 이하 Eskridge 인용문들은 Larry Eskridge, God's Forever Family: The Jesus People Movement in America(New York: Oxford Univ. Press, 2013), 11 참조.
19. Mark Engler and Paul Engler, "How to Duplicate the Sweeping Victory of Same-Sex Marriage," In These Times, July 14, 2014, http://inthesetimes.com/article/16956/same-sex_marriage_spurs_the_movement.
20. Aliyah Frumin, "Timeline: Bill Clinton's Evolution on Gay Rights," NBC News, March 8, 2013, http://www.nbcnews.com/id/51104832/t/timeline-bill-clintons-evolution-gay-rights/.
21. Michael Brown, "Equivocating or Evolving, President Obama Is Wrong Either Way," Townhall.com, May 12, 2012, http://townhall.com/columnists/michaelbrown/2012/05/12/equivocating_or_evolving_president_obama_is_wrong_either_way/page/full.
22. 동성애 문제에 대한 Obama 대통령의 시각에 대해서는, Tracy Baim, Obama and the Gays: A Political Marriage (Chicago: Prairie Avenue Productions, 2010) 참조.
23. Josh Nathan-Kazis, "Orthodox Population Grows Faster Than First Figures in Pew #JewishAmerica Study," Jewish Daily Forward, November 12, 2013, http://forward.com/articles/187429/orthodox-population-grows-faster-than-first-figure/?p=all.
24. Philip Jenkins, "The World's Fastest Growing Religion (Either Christianity or Islam, Depending on Location)," Real Clear Religion, November 13, 2012, http://www.realclearreligion.org/articles/2012/11/13/the_worlds_fastest_growing_religion.html.
25. 보다 자세한 자료 검색은 the World Christian Database at http://www.worldchristiandatabase.org/wcd/ 참조.
26. Alister McGrath, The Twilight of Atheism: The Rise and Fall of Disbelief in the Modern World (New York: Doubleday, 2006); 또한 그의 책, Why God Won't Go Away: Is the New Atheism Running on Empty? (Nashville: Thomas Nelson, 2011) 참조.
27. Albert Mohler, "Looking Back: TIME Asks, "Is God Dead?" AlbertMohler.com, September 21, 2009, http://www.albertmohler.com/2009/09/21/looking-back-time-asks-is-god-dead/.
28. 관련된 사례에 대해서는, Eskridge, God's Forever Family 참조.
29. "The Alternative Jesus: Psychedelic Christ," Time, June 21, 1971, http://content.time.com/time/magazine/article/0,9171,905202,00.html.
30. Jeff Jacoby, "Marriage and the 'Wrong Side of History,'" Townhall.com, June 18, 2014, http://townhall.com/columnists/jeffjacoby/2014/06/18/marriage-and-the-wrong-side-of-history-n1853054/page/full.

31. "Wesley to Wilberforce," Chrisitianity Today, January 1, 1983, http://www.christianitytoday.com/ch/1983/issue2/229.html; Wilberforce에 관한 상세한 내용에 대해서는, Metaxas, Amazing Grace 참조. 이 책에 번역 소개된 원본의 출처는 "Athanasius contra mundum."
32. Donald S. Whitney, "Revival Was the Church's Only Hope," EvanWiggs.com, February 12, 2015 방문, http://www.evanwiggs.com/revival/prepare/onlyhope.html.
33. 위의 자료.
34. 부흥과 문화적 변화에 대해서는 미주 3에 소개된 서적들 참조. 19세기 초에 있었던 Cane Ridge 부흥에 관한 많은 연구 중 하나로, Paul K. Conkin, Cane Ridge: America's Pentecost(Madison, WI: Univ. of Wisconsin Press, 1990) 참조. 제3차 영적 대각성 운동에 관한 내용에 대해서는 Paul Strand, "Capturing America's Heart: A Third Awakening?" CBN News, July 3, 2014, http://www.cbn.com/cbnnews/us/2014/May/Casting-a-Gospel-Net-Across-the-Nations-Heart/ 참조.

제8원칙: 이 책의 마지막 장을 여러분 자신이 쓸 각오로 결단하라

1. Elaine Showalter, Sexual Anarchy: Gender and Culture at the Fin de Siècle (New York: Viking, 1990), 3.
2. 다른 번역본으로는, "전에 있던 것도 다시 있을 것이며 이미 한 일도 다시 하게 될 것이니 세상에는 아무것도 새로운 것이 없다. '보라, 이것은 새 것이다' 하고 말할 수 있는 게 무엇인가? 그것은 우리가 태어나기 전에 오래 전부터 있었던 것이다"(현대인의 성경).
3. 관련 인용구에 대해서는, Preston Sprinkle, "Review of Matthew Vines, God & the Gay Christian, Part 2," Eternity Bible College's Theology for Real Life faculty blog, April 23, 2014, http://facultyblog.eternitybiblecollege.com/2014/04/review-of-matthew-vines-god-and-the-gay-/ship/.
4. Anthony C. Thiselton, The First Epistle to the Corinthians: A Commentary on the Greek Text(New International Commentary on the Greek New Testament)(Grand Rapids: Eerdmans, 2000), 452.
5. Amy Orr-Ewing, Is the Bible Intolerant? Sexist? Oppressive? Homophobic? Outdated? Irrelevant? (Downers Grove, IL: InterVarsity, 2005), 118-19.
6. Sifra Acharei Mot, parashah 9:8, Gail Labovitz의 "Same-Sex Marriage," Feminist Sexual Ethics에서 인용. [역자 해설: 'Sifra Acharei Mot'의 의미는 본문 역자 주 5번 참조]
7. Genesis Rabbah 26:5, 위의 자료; Leviticus Rabbah 23:9 (p. 2)의 병행구절 참조. [역자 해설: 'Rabbah'('위대한'이라는 뜻)는 Tanakh(타나크, 기독교의 구약의 원전에 해당하는 유대교 경전들)의 의미를 유대교의 율법 밖에서 해석하는 '아가다식 미드라쉬'(Addadic Midrash)의 일부; 참고로 위 미주 6번의 'Sifra'는 율법과의 관계 속에서 Tanakh를 해석하는 할라카식 미드라쉬(Halakhic Midrash)의 일부임 - 출처: 위키피디아]
8. Hullin 92b (모든 논의 내용은 92a에서 시작됨), 위의 자료, p. 3.
9. 흥미롭게도, 인도네시아 파푸아에 사는 Fayu 종족에서 활동하는 우리 사역학교 졸업생들의 보고에 따르면, 이 종족들은 2차대전 전까지 세상에 알려지지 않았던 사람들로 거

의 석기시대 생활여건 속에서 살고 있었는데, 이들 사이에 구전된 이야기 중에 인류를 휩쓴 대홍수 이야기가 있었다. Fayus 종족에 관한 자세한 내용은, Sabine Kuegler, Child of the Jungle: The True Story of a Girl Caught Between Two Worlds (New York: Warner Books, 2007) 참조.
10. Labovitz, "Same-Sex Marriage," 4.
11. Billy Hallowell, "Are the End Times Upon Us? Author Says 'Unrestrained Immorality' Mirrors 'Pandemic Godlessness' Seen in the Bible," The Blaze, May 2, 2014, http://www.theblaze.com/stories/2014/05/02/are-the-end-times-upon-us-author-says-unrestrained-immorality-mirrors-pandemic-godlessness-seen-in-the-bible/ 참조, Jeff Kinley, As It Was in the Days of Noah: Warnings from Bible Prophecy about the Coming Global Storm (Eugene, OR: Harvest House, 2014) 언급.
12. 예수님께서 우리 세대에 오지 않으신다 하더라도, 오늘 당신이 하나님과 올바른 관계 속에 머물러야 하는 것은 여전히 중요한 사실이다. 누구도 내일 일을 장담할 수 없기 때문이다.
13. 물론 유대인들 중에도 이런 관행을 따르는 사람들이 있다. 그러나, 유대인들은 다른 민족과 달리 오래 인내했다.
14. Tom Strode, "Young Evangelicals Defy Sexual Liberalism," Baptist Press, July 9, 2014, http://www.bpnews.net/42941/young-evangelicals-defy-sexual-liberalism. Regnerus 교수는 동성결혼 가족에서 자라난 아이들은 한 아버지와 한 어머니 밑에서 자란 아이들과 같지 않다는 취지를 담은 연구결과를 발표하자마자 매우 심각한 직업적 공격을 감수해야 했다는 사실을 유념하라. 그 배경에 대해서는, Peter Sprigg, "What You Need to Know about the Mark Regnerus Study of Homosexual Parents," Family Research Council 블로그, September 7, 2012, http://www.frcblog.com/2012/09/what-you-need-to-know-about-the-mark-regnerus-study-of-homosexual-parents/ 및 Peter LaBarbera, "U. of Texas Dismisses Homosexual Extremist Scott Rose's Misconduct Complaint against Prof. Mark Regenerus, Author of 'Gay Parenting' Study," Americans for Truth about Homosexuality, August 31, 2012, http://americansfortruth.com/2012/08/31/u-of-texas-dismisses-homosexual-extremist-scott-roses-misconduct-complaint-against-prof-mark-regenerus-gay-parenting-study/ 참조.
15. Strode, "Young Evangelicals Defy Sexual Liberalism."
16. 위의 책.
17. John Lomperis, "Young United Methodists Reject Gay Marriage," Juicy Ecumenism(블로그), July 23, 2014, http://juicyecumenism.com/2014/07/23/young-united-methodists-reject-gay-marriage/.
18. http://www.gallup.com/poll/1576/abortion.aspx.
19. Marshall Kirk and Hunter Madsen, After the Ball: How America Will Conquer Its Fear and Hatred of Gays in the 90's (New York: Penguin, 1989), xv.
20. 간략히는, "Homosexual Agenda Platforms from 1972-2000 [및 기타 자료]" 참조. 원래는 http://www.afa.net/homosexual_agenda/agenda.asp에 발표되었으나, "Polycarp"에 의해 Free Republic, May 8, 2003, http://www.freerepublic.com/focus/f-news/908140/posts 으로 이전·발표되었다.

21. Carl Wittman, "Refugees from America: Gay Manifesto" (1970), History Is a Weapon (블로그), February 13, 2015 방문, http://www.historyisaweapon.com/defcon1/wittmanmanifesto.html.
22. 심지어 게이 신학자들 중에는 사도 바울이 이러한 보수적 기독교인들에 대해 경고를 했었다고 주장하는 사람도 있다. 그들은 이들이 사단의 속임수에 빠져 다른 사람들이 결혼도 하지 못하도록 막고 있다고 비난한다! 물론 사도 바울이 언급한 사람들은 잘못된 금욕주의자들이었다. 그들은 남자가 진실로 영적이 되려면 여자와 결혼해서는 안 된다고 주장했다. 성경을 완전히 뒤엎는 소리를 하다니! 디모데전서 4:1-3에 나와 있는 사도 바울의 지적을 읽어보라; 성경을 완전히 왜곡하고 있는 어느 게이 운동가의 활동에 대해서는, "The Bed Keeper: A Biblical Case for Gay Marriage: Chapter 2: God Sanctioned Gay Marriage," Brian Bowen Ministries website, February 13, 2015 방문, http://brianbowenministries.com/2-god-sanctioned-gay-marriage.html 참조.
23. Dale Carpenter, "Fourth Circuit strikes down Virginia ban on same-sex marriage," The Volokh Conspiracy (블로그), July 27, 2014, http://www.washingtonpost.com/news/volokh-conspiracy/wp/2014/07/28/fourth-circuit-strikes-down-virginia-ban-on-same-sex-marriage.
24. Phil Reese, "HRC Store Vandalized; Radical Queer Group Claims Responsibility," Washington Blade, June 29, 2011, http://www.washingtonblade.com/2011/06/29/hrc-store-vandalized-radical-queer-group-claims-responsibility/#sthash.RV2X8FWQ.dpuf. 그들이 집중적으로 문제를 제시했던 부분은 HRC로부터 받은 막대한 규모의 수입과 그 리더들의 고액 급여였다. (표면적으로는 얼마 되지 않아 보였다.) 그들의 발언 중 가장 저질스러운 부분들은 생략했다.
25. Ryan Janek Wolowski, "HRC Human Rights Campaign Building Vandalized on the day of the National Equality March," October 11, 2009, https://www.flickr.com/photos/ryanisland/4480625191/.
26. 어느 게이 저널리스트 한 사람이 내게 사석에서 전해 준 말에 따르면, 그런 운동을 길들이는 데 도움이 되는 두 가지 요소가 있다고 한다: 첫째는, 남자 게이 선구자들 중 많은 사람들이 AIDS로 죽었고; 둘째는, 레즈비언들이 보다 중요한 리더십 역할을 차지했다.
27. 이러한 상실감은 - 인정하든 안하든 - 현실적인 문제다; 이에 관한 어느 한 여성의 이야기를 소개한 자료, Dawn Stefanowicz 저 Out from Under, http://www.dawnstefanowicz.org/index.html 참조.
28. 이에 대한 변형된 형태로서 어느 정도 가능성이 보이는 시나리오는, 게이 운동이 승리를 거두더라도 결국 그들이 할 수 있는 일이라고는 자신들의 아젠다에 반대하는 믿음의 사람들의 입을 계속해서 철저히 틀어막는 것뿐이다.
29. 내 요청에 따라 그들의 리더십이 내게 개인적으로 전달해 온 내용.
30. 운동가 Frank Kameny의 죽음에 대해 Townhall.com에 쓴 나의 글 "The Death of a Gay Activist Pioneer," October 19, 2011, http://townhall.com/columnists/michaelbrown/2011/10/19/the_death_of_a_gay_activist_pioneer/page/full.
31. 분명히 하지만, 사도 바울은 고린도전서 6:9-10에서 (희랍말 두 단어의 뜻을 합친 의미의) 동성애를 하는 사람들을 음행을 하는 사람들, 우상을 숭배하는 사람들, 간음을 하는 사람들, 도둑질하는 사람들, 탐욕스런 사람들, 술 취한 사람들, 비방하는 사람들과 함께 '불

의한 사람들'이라고 지칭하고 있다. 하지만, 그는 어떤 사람이 단순히 동성인 다른 사람에게 낭만적이고 성적으로 끌린다는 이유만으로 그를 악하다고 하지는 않았다.

32. 다시 한 번 분명히 하지만, 사도 바울은 데살로니가후서 1:5-10에서 예수님이 재림하시면 하나님을 거역하고 복음을 믿지 않는 모든 사람들에게 불 같은 심판이 있을 것이라고 가르치고 있다. 다시 한 번 강조하지만, 어느 특정 그룹만 심판을 받는다고 한 것이 아니다.
33. Colin Smith, "Jonathan Edwards' Powerful Example of Leaving a Godly Legacy," Unlocking the Bible (블로그), June 4, 2012, https://www.unlockingthebible.org/jonathan-edwards-leaving-a-godly-legacy/.
34. A. E. Winship, Jukes-Edwards: A Study in Education and Heredity(Harrisburg, PA: R. L. Myers, 1900); "Jukes"는 가명이었음에 유의. 비록 어느 집단에서는 Winship이 활용한 사회적 이론들이 작동하지 않는 경우가 있을 수 있겠지만, 그가 수집한 증거들은 매우 설득력이 있다.
35. Smith, "Jonathan Edwards' Powerful Example of Leaving a Godly Legacy."
36. 현대의 죽음의 문화에 대해 Franklin Graham이 논평한 내용에 유의: Michael W. Chapman, "Franklin Graham: America's 'Culture of Death' Stems From a 'Sinful, Godless Worldview That Rejects Christ,'" cnsnews.com, January 12, 2015, http://cnsnews.com/blog/michael-w-chapman/franklin-graham-americas-culture-death-stems-sinful-godless-worldview-rejects 참조.
37. 부흥과 관련된 그의 활동에 대한 소개는 The Revival Writings of Jonathan Edwards: Account of the Revival of Religion, A Faithful Narrative, Distinguishing Marks of a Work of the Spirit of God, Thoughts Concerning the Present Revival (Amazon Digital Services, 2012) 참조.
38. "The Return of the Spirit," Christian History, no. 23, 24 - Donald S. Whitney, "Revival Was the Church's Only Hope," EvanWiggs.com, February 12, 2015 방문, http://www.evanwiggs.com/revival/prepare/onlyhope.html 에서 인용.
39. Peter Hitchens, "So Much for 'Father's Day' - in a Country Where Fatherhood Is Dying Out," Peter Hitchens's Blog, June 16, 2013, http://hitchensblog.mailonsunday.co.uk/2013/06/so-much-for-fathers-day-in-a-country-where-fatherhood-is-dying-out.html. 보다 구체적인 통계자료에 관해서는, note that "1964년 미국 신생아의 93%가 기혼가정에서 난 아이들이다" 참조. 현지는 59% 이하 수준이다. PPD Staff, "Father's Day 2014 Poll: Importance Diminished, But Role Remains Paramount," People's Pundit Daily, June 15, 2014, http://www.peoplespunditdaily.com/2014/06/15/polls/fathers-day-2014-poll-importance-diminished-role-remains-paramount/ 참조.
40. Ben Johnson, "'THE WRONG SIDE OF HISTORY' 2.0," BarbWire, October 2, 2014, http://barbwire.com/2014/10/02/wrong-side-history-2-0/#SFf0s1tcuV5swE7X.99.
41. 위의 자료.
42. Andrew Walker, "A Church in Exile: Hillsong Shifts on Homosexuality," First Things (blog), October 17, 2014, http://www.firstthings.com/blogs/firstthoughts/2014/10/a-church-in-exile.
43. 분명하게 말하지만, 마치 하만이 유대인들을 죽이고 싶어 했던 것처럼 게이 운동가들이 우리를 죽이고 싶어 한다는 것을 의미하는 것이 결코 아니다. 내가 표현하려는 것은, 그

들은 우리를 침묵시키고 싶어 하며 우리의 반대를 중단시키고 싶어 한다는 것이다.
44. Mike Huckabee의 발언과 유사한 내용에 대해서는, Matt Barber, "Mike Huckabee at Marriage March: 'We Will Not Bow Our Knees to Nebuchadnezzar!,'" Freedom Outpost, June 22, 2014, http://freedomoutpost.com/2014/06/mike-huckabee-marriage-march-will-bow-knees-nebuchadnezzar/ 참조. 흥미로운 것은, Bill O'Reilly가 전혀 다른 각도에서 전통적인 미국이 다시 돌아오게 될 것이라고 믿고 있다는 점이다; "Why Traditional America Is Poised to Come Back," Fox News, December 18, 2014 http://video.foxnews.com/v/3951591969001/why-traditional-america-is-poised-to-come-back/?#sp=show-clips 참조.

성공할 수 없는 동성애 혁명

1판 1쇄 발행 _ 2017년 2월 20일
1판 2쇄 발행 _ 2019년 6월 5일

지은이 _ 마이클 브라운
옮긴이 _ 자유와인권연구소
펴낸이 _ 이형규
펴낸곳 _ 쿰란출판사

주소 _ 서울특별시 종로구 이화장길 6
편집부 _ 745-1007, 745-1301~2, 747-1212, 743-1300
영업부 _ 747-1004, FAX 745-8490
본사평생전화번호 _ 0502-756-1004
홈페이지 _ http://www.qumran.co.kr
E-mail _ qrbooks@gmail.com / qrbooks@daum.net
한글인터넷주소 _ 쿰란, 쿰란출판사
등록 _ 제1-670호(1988.2.27)
책임교열 _ 유정우

ⓒ 자유와인권연구소 2017 ISBN 978-89-6562-984-9 93230

책값은 뒤표지에 있습니다.
이 출판물은 저작권법에 의해 보호를 받는 저작물이므로 무단 복제할 수 없습니다.
파본(破本)은 구입처에서 교환해 드립니다.